믿음의 공화국

게임이론으로 풀어낸 법경제학의 새로운 패러다임

믿음의 공화국

The Republic of Beliefs
: A New Approach to Law and Economics

게임이론으로 풀어낸 법경제학의 새로운 패러다임

카우식 바수 지음 | 박연진 옮김 · 오진환 감수

이화여자대학교출판문화원

한국의 독자들에게

이 책의 내용은 문헌이나 조사에 기반했다기보다는 경험에서 나온 것이다. 그렇다 보니 예의 실험적인 글쓰기가 그렇듯이 숙고의 시간이 유독 길었다. 산업조직론과 개발경제학을 강의할 당시부터 법과 경제학의 교차점에는 늘 관심이 있었지만, 이 책의 아이디어가 구체화된 것은 7년간 정책입안의 세계에 있을 때였다. 처음에는 인도 정부의 수석 경제고문으로, 이후에는 세계은행의 수석경제학자로 있으며 만난 여러 국가의 입법가들이 부정부패와 불법행위를 막느라 애를 먹고 있었고, 정책입안가들은 시장 내 과점행위와 씨름하며 기존의 독점금지법을 통해 문제를 해결하려 하고 있었다.

이 시기에 주류 법경제학에 대한 우려가 커졌다. 근본적으로 되짚어야 할 경제학 분야라는 확신이 들었다. 기존의 신고전주의 법경제학은 여러모로 우리에게 도움이 되었지만, 동시에 그 토대에는 바로잡아야 할 깊은 결함이 있었다. 나는 법의 실효성을 결정적으로 좌우하는 것은 사람들의 믿음, 그리고 표현의 자유를 보장하는 사회적 분위기라는 생각을 발전시켜갔다. 이 생각의 뿌리는 토머스 셸링Thomas Schelling의 연구와 계몽주의 시대의 가장 저명했던 철학자 데이비드 흄David Hume의로까지 거슬러 올라간다.

그런데 내게는 선대의 학자들에게 없던 이점이 있었다. 그때는 없던 게임이론의 아이디어와 개념을 활용할 수 있었던 것이다. 정책입안의 세계에 몸담은 7년간은 글 쓸 시간이 없어 틈틈이 메모하고 머릿속에 아이디어를 담았다. 그러다가 코넬대학교로 돌아와 연구하고 가르치는 생활을 하게 돼서야 마침내 글을 쓸 수 있었다. 그 결과가 이 책이다.

기쁘게도 그간 이 책은 탁월한 평가를 받아왔고, 이미 몇몇 언어로 번역되었거나 현재 번역 중에 있다. 그럼에도 한국어판의 출간 소식은 더욱 반갑게 다가온다. 1992년 초 처음 서울에 갔을 때 나는 한국에 매료되었다. 1960년대에 가망 없는 실패 사례로 치부되었던 저소득 국가 한국은 1970년대와 1980년대, 그리고 1990년대를 거치며 놀라운 경제 성장을 이뤄내 유럽의 선진국과 유사한 모습을 하고 있었다. 『이코노미스트*Economist*』의 2022년 3월 4일자 기사에 따르면, 1989년 당시 한국의 1인당 국민소득은 일본의 절반 수준을 밑돌았다. 하지만 이후 꾸준한 상승세를 보였고, 2018년에 이르자 구매력 평가Purchasing Power Parily: PPP 기준 국민소득이 일본을 넘어서기에 이르렀다. 물론 그간 기복도 있었을 테고 정책상의 시행착오도 있었겠지만, 전반적으로 봤을 때 현재 한국 경제는 가히 놀라운 수준에 이르고 있다.

이런 부분은 이 책에도 언급되어 있는데, 한국의 경제 성장이나 발전을 논하기 위해서가 아닌 그것과는 전혀 다른 이유, 즉 한국과 역사를 같이했고 1950년대까지만 해도 경제적으로 비슷한 수준에 있었음에도 이후에는 완전히 다른 길을 간 또 다른 나라와 비교하기 위해서이다. 물론 그 나라는 북한이다. 북한과 남한의 사례는 사람들 사이의 믿음과 사고, 그리고 표현의 자유를 보장하는 사회적 분위기에 따라 사회적인 결과가 어떻게 달라지는가를 다른 그 어떤 나라보다도 선명하게 보여준다. 결국 믿음은 사회규범과 문화뿐 아니라 '국내총생산의 증가'와 같은 객관적인 경제 지표에도 영향을 미치게 된다.

바바라 드믹Barbara Demick의 훌륭한 저서인 『부러울 거 없어요: 북한의 평범한 사람들*Nothing to Envy, Ordinary Lives in North Korea*』(Random House, 2015)의 서두에 이를 잘 보여주는 언급이 있다.

> 한국, 일본, 그리고 이제 중국은 경제적 번영으로 빛을 발한다. 수백 마일 상공에서도 작고 흰 점으로 드러나는 전광판과 차량등, 가로등, 패스트푸드 체인의 네온사인은 이곳 사람들이 부단히도 에너지를 소비하며 21세기를 살아가고 있음을 보여준다. 그런데 그 가운데 잉글랜드만 한 크기의 암전 지대가 있다. 2,300만 명이 사는 나라가 바다마냥 텅 비어 있는 것을 어떻게 이해해야 할까. 북한은 오롯이 여백이다.

경제학자들이 하듯이 무역 정책, 산업 정책, 재정 적자, 통화 개입, 조세율, 관세율의 차이에 주목하는 것으로는 한국과 북한 사이의 거대한 격차를 제대로 이해할 수 없다. 물론 이러한 정책도 영향을 미쳤을 것이다. 그러나 두 나라 사이에 격차가 커진 근본적인 이유를 냉정히 바라본다면 정책은 부차적인 요소였음이 드러난다. 그 근본적인 이유는 제도, 정치문화, 법의 특성, 사회적 통제의 차이와 관련된다. 이런 이유로 두 나라의 앞길은 각기 조금씩 방향을 달리했고, 그 차이가 점차 확대되면서 완전히 다른 경로로 나아갔다.

같은 책(70쪽)에서 드믹은 다음과 같이 적고 있다.

> (북한에) 적응하려는 평범한 시민들은 생각이 너무 많아지지 않게 스스로를 다잡아야 한다. (…) 새로운 선전선동과 더불어 북한의 정권은 주민들 간의 광범위한 감시망을 강화한다. 불평할 거리가 많아지면 많아질수록 누구도 불평을 하지 않게 하는 것이 더 중요해진다.

애초에 사람들 간의 제재가 어떠한 역할을 하는지에 대해, 일상생활의 측면이 아닌 '독재 정권의 출현'이라는 측면에서 관심을 갖게 된 데에는 바츨라프 하벨Vaclav Havel의 글과 그가 말한 '후기 전체주의 체제'가 계기가 되었다. 상호 간에 부과되는 제재와 믿음만으로 국가 전체를 억압하는 이 체제는 마치 덫과 같아서 일단 걸려들면 빠져나오기가 대단히 어렵다.

이제 곧 여러분이 읽게 될 이 책은 믿음의 근본적인 역할에 관한 '연구'로서의 탐색이다. '연구'를 강조한 이유는, 이 책이 앞서 언급한 바츨라프 하벨의 체코슬로바키아부터 오늘날 북한에 이르는 어떤 큰 실제 사례에 관한 글이 아니기 때문이다. 이 책은 법과 경제, 그리고 사회 체제에 관한 일반 이론을 전개해가려는 시도이다. 독자들에게 게임이론의 기초를 짚어줌으로써 사전 지식이 없는 사람도 읽고, 그 이론을 적용해 법경제학의 표준모델을 비판적으로 검토할 수 있게 하기 위함이다. 그리고 이 모든 것은 초점접근 법경제학을 펼치기 위한 서설이다.

이 책은 법경제학 분야의 연구자들과 학생들을 위한 이론을 다루며, 되도록 일반화가 가능하도록 풀어냈다. 그러나 초점접근은 현실 세계에서도 폭넓게 적용될 수 있고, 사회들 간의 큰 격차를 이해하는 데에도 도움이 되며, 보다 창의적인 정책적 사고를 가능케 함으로써 궁극적으로는 우리가 세상을 더 나은 방향으로 이끌어 나가는 데 도움이 되리라 믿는다.

감수를 비롯하여 한국어판 출간을 위해 여러모로 애써준 나의 제자, 이화여자대학교 오진환 교수와 고된 번역 작업을 맡아준 박연진 씨에게 감사를 전한다.

2022년 11월

미국 뉴욕에서

카우식 바수

법은 살아 있는 제도인가, 종이에 적힌 한낱 잉크 자국인가? 왜 어떤 법은 잘 지켜지고 어떤 법은 제대로 안 지켜지는가? 사람들이 법을 어겨도 아무 일도 일어나지 않을 거라 믿으면 그 법을 과연 법이라고 할 수 있는가? 무엇보다, 법이 어떻게 사람들의 행동을 바꿀 수 있는가? 기존 법경제학의 테두리에서 답을 찾기 어려운 질문들에 대해 세계은행 부총재Senior Vice President 겸 수석경제학자Chief Economist를 역임한 카우식 바수Kaushik Basu 코넬대학교 교수는 이 책을 통해 이렇게 밝힌다. "법 자체는 사람들의 행동을 바꾸지 못한다. 하지만 우리 모두가 주위 모든 사람이 법을 지킬 것이라 기대할 때 그 법은 살아 있는 제도가 된다. 여러 가능성이 혼재하는 상황에서 법 시행으로 인해 더 나은 결과를 가져올 수 있다는 믿음이 사회 구성원들에게 심어지면 그 법은 존재 의의가 있다. 즉 법 자체보다 법에 대한 믿음이 중요하며 사람들의 믿음이 바뀔 때 행동이 바뀌는 것이다." 그래서 이 책의 제목은 '믿음의 공화국The Republic of Beliefs'이다.

본래 법경제학은 'Law and Economics', 즉 '법 그리고 경제학'인데, 방점을 어디에 찍느냐에 따라 관점이 달라진다. 법학자들은 경제학 모델을 활용하여 각종 법 분야를 세밀히 분석한다. 즉 경제학적 방법론이 보조 수단이고 법 사례 분석이 주가 된다. 이에 비해 경제학자들은 법적 관심사를 수단으로 하여 경제학 모델에 적용해보는 것이 주목적이다. 가령 1991년 노벨경제학상을 수상한, 법경제학의 선구자로 알려진 로널드 코즈Ronald Coase 시카고대학교 교수는 거래비용transaction cost에 대한 연구를 기업 차원에서 사회 전체로 확장하면서 외부효과의 내부화internalizing externalities를 통한 효율적 자원 배분이라는 경제학의 근본 화두에 천착했다. 이듬해의 수상자이자 또 다른 시카고대학교 교수인 개리 베커Gary Becker는 법경제학을 연구했다기보다는 '합리적 선택'이라는 경제학의 대명제 아래 차별, 교육, 결혼, 가족 등 전방위적 주제를 신고전주의 모델로 설명하고자 했고, 그 일환으로 범죄와 처벌에 대한 비용편익분석cost-benefit analysis of crime and punishment을 통해 합리적 처벌 수준을 제시하기도 했다(책 2장에서 소개된 B>pF 모델로, 범죄를 저지름으로써 얻는 이득과 발각되어 처벌받을 때의 기대비용을 비교하여 이득이 더 클 때 범죄를 선택한다는 내용이다).

방점을 법에 두던 경제학에 두던, 기존의 법경제학은 법도 낯설고 경제학의 수리적 모델에도 익숙하지 않은 대다수의 사람에게 난해한 응용 분야로 여겨지고 있다. 그런 면에서 이 책은 부제에서 밝힌 것처럼 새로운 접근법a new approach을 소개하는데, 이는 게임이론의 관점에서 쉽게 풀어쓰는 접근을 말한다. 법보다는 경제학에 무게가 실려 있지만 한계효용이니 무차별곡선이니 하는 생소한 경제용어를 알 필요도 없고 미분을 통해 소비자나 생산자의 최적 선택을 도출하는 수학적 과정을 찾아볼 수도 없다. 저자가 차근차근 설명해주는 게임이론의 분석틀을 따라가다 보면 어느새 이 책이 던진 질문에 대한 답을 자연스럽게 찾아가는 자신을 발견하게 될 것이다.

그 점에서 이 책은 친절하다. 서론 성격의 1장 이후 2장에서는 단일 균형unique equilibrium 상황하의 시민 두 명의 선택만으로 가장 기초적인 모델(<게임 2-1> 참조)을 도입하고 벌금이라는 법적 개입legal intervention (<게임 2-2> 참조)을 설정해놓았다. 3장에서는 기존 모델을 포괄하고, 법 집행자인 경찰까지 포함하여 3인으로 확장한 모델을 통해 다중균형multiple equilibrium(<게임 3-2>, <게임 3-3> 참조)을 논하고 있다. 이어 4장에서는 순차게임sequential game에 기반하여 경찰의 상위 행정기관까지 포함하는 모델로(<게임 4-1>, <게임 4-2>, <게임 4-3> 참조) 확장해 차근차근 논의를 전개하고 있다.

이 과정에서 근간이 되는 개념은 2005년 노벨경제학상 수상자인 토머스 셸링Thomas Schelling에 의해 발전된 '초점focal point'이다. 그런 면에서 이 책은 코즈도 아니고 베커도 아닌 셸링 버전의 게임이론식 법경제학을 이야기한다. 책에 따르면, 여러 결과를 예측 가능한 다중균형 상황에서 법이 더 나은 균형을 초점으로 부각시키고, 그 결과가 실현될 것이라는 믿음을 사회 전반에 심어줌으로써 사람들의 인식과 행동을 바꿔주는 역할을 할 수 있다. 즉 법을 통해 개인의 믿음과 행동이 바뀌고, 서로에 대한 믿음이 초超신뢰meta belief로 연결되어 사회 전체적으로 선한 결과가 실현될 수 있을 때 비로소 법은 국가가 부여해준 권위를 등에 업고 살아 있는 제도로 자리매김할 수 있다는 것이다. 이때 '초신뢰'에서의 '초', 즉 'meta belief'에서의 'meta'는 근원, 본질, 나아가 그것을 넘어선 더 상위의 초월적이고 보편적인 대상 혹은 현상을 지칭할 때 쓰는 접두어인데, 주로 '~을 넘어선', '~을 초월한', '~에 대한' 등의 의미로 쓰인다. 간단명료하게 대치할 만한 마땅한 우리말 표현을 찾지 못해 '초超'로 번역했음을 짚고 넘어가고자 한다.

법은 여러 개의 균형 중 더 나은 곳으로의 방향만을 제시할 뿐 스스로 새로운 균형을 만들어내지는 못한다. 이러한 법의 한계를 무시하고 단일균형만 존재하는 상황에서 균형이 아닌 곳으로 법이 사회를 이끌어 가기를 기대한다면 그 법은 결국 실패하게 될 것이다. 운전자들이 일시정지 표지판을 정지가 아닌 주의 정도로만 생각하고 경찰도 이에 대해 신경 쓰지 않는다면 <운전자, 경찰> = <정지 안 함, 단속 안 함>이라는 유일한 균형만이 존재하게 될 텐데, 이러한 사회에서는 아무리 운전자들에게 정지 표지판 앞에서 정지하라고 해보았자 공허한 구호로만 남을 여지가 많다. 하지만 이 균형에 덧붙여 <운전자, 경찰> = <정지함, 단속함>까지 다중균형으로 존재하는 사회에서는 법이 이 균형을 초점으로 부각시켜 실현 가능성을 높여줄 수 있을 것이다. 그렇게 되려면 정지하지 않는 것이 잘못된 행동이라는 인식과, 그런 행동을 할 경우 경찰에게 반드시 단속될 것이라는 신뢰할 수 있는 믿음이 사회 전반에 강하게 자리 잡고 있어야 한다. 그 점에서 경찰의 영문 표기가 'law enforcement officer', 즉 법집행관이라는 것을 되새길 필요가 있다.

또한 법이 초점으로서 제대로 기능하려면 여러 개의 초점 중에서 단연 돋보여야salient 한다. 이 책에도 설명되어 있듯이 통신 수단 없이 외국의 낯선 공항에서 누군가와 만나기 위해서는 소위 '만남의 장소'라고 쓰인 표지판 앞에서 만나자고 하는 것이 자연스러운 결정일 것이다. 그 만남의 장소가 일종의 초점인데, 이 표지가 보이지 않아도 문제가 되지만 너무 많아도 서로 만나지 못하고 헤매기 십상일 것이다. 인도에 카스트 제도 금지법이 있음에도 불구하고 여전히 몇몇 지역에서 제대로 집행이 안 되는 까닭은 카스트 금지라는 신생 법과 오랫동안 굳어진 관습이 서로 다른 초점으로 충돌하고, 후자가 전자보다 더 돋보이기 때문이다. 많은 개발도상국에서 이와 비슷한 예는 충분히 찾아볼 수 있다. 따라서 이 책은 개도국이 직면한 여러 이슈에 관심이 있는 독자들에게 더 큰 의미로 다가올 것이다.

책의 후반부에는 다중균형 및 초점을 기반으로 다양한 주제가 소개되고 있다. 5장에서는, 관행으로 여겨지는 사회규범들도 깊게 들어가보면 결국 원래부터 그랬던 것이 아니라 그 사회 구성원들의 믿음과 균형반응이 그러한 규범들의 기저에서 작동하고 있다는 것을 시간엄수punctuality, 차별discrimination, 아동노동child labor 등 다양한 사례를 통해 전달하고 있다. 6장에는 권력, 독재, 사회적 억압, 표현의 자유, 부정부패 등과 같이 주류 경제학에서 잘 다루지 않는 주제가 북한의 경우를 포함해 여러 예시와 함께 다뤄지고 있다. 그리고 마지막 두 장인 7장과 8장에는 합리성에 대한 비판적 재해석, 행동경제학적 초점접근법, 정당성, 무작위 통제실험을 포함한 통계기법의 해석과 관련된 윤리적 어려움과 한계, 그리고 이와 대비되는 직관의 중요성, 나아가 세계화 시대에 걸맞는 국제기구의 역할과 세계헌법global constitution 제정 가능성 등의 주제가 진지하면서도 무겁지 않게, 수많은 사례와 함께 소개되고 있다.

저자의 개인적인 경험도 무척 흥미롭다. 런던정경대학교London School of Economics: LSE에서 유학한 후 원래 목표했던 변호사가 아닌 경제학자로서 인도에서 교편을 잡았던 시절, 그리고 2009년 인도 정부 경제수석고문에 임명되어 정책 결정권자로 활약하는 기간에 관찰해온 인도라는 국가에 대한 단상, LSE 박사 졸업 직전 치렀던 세계은행 채용 시험에는 떨어졌지만 훗날 부총재로 임명된 일화 등이 책 곳곳에 소개되어 수업 중간중간 해주시는 교수님의 재밌는 이야기를 듣는 듯하다.

저자는 실제로 '잘 가르치기로' 유명한 교수님이다. 박사과정 유학 시절 바수 교수님의 개발경제학 강의를 들은 적이 있다. 이 분의 해박한 지식, 친절한 설명, 강의에 대한 열정에 매료되어 시간 가는 줄 모르고 수업을 들었던 기억이 생생하다. 이 과목 수강은 내게 인생의 전환점이 되기도 했는데, 수업에서 배웠던 빅푸시Big Push 모델을 공간적으로 변용하여 빈곤의 덫Poverty Trap과 산업화Industrialization라는 기존의 다중균형에 덧붙여 부분 산업화partial industrialization 내지 중진국 함정middle income trap을 또 다른 균형으로 모색해보는 박사논문의 기초를 완성할 수 있었고, 이를 계기로 이 분을 지도교수로 모시고 인생의 롤 모델로서 지금까지 소중한 인연을 이어오고 있다. 박사논문을 검토받을 때는 여러 번 빨간펜으로 첨삭 및 오탈자 교정도 봐주시고, 또 여러 차례 댁으로 불러 식사 대접과 함께 많은 조언을 해주셨는데, 그러한 교수님의 세심하고 사려 깊은 면모가 이 책에 고스란히 담겨 있는 듯하다. 교수님의 세심함에 보답하고, 또 그러한 자세를 따르고 싶은 마음으로 책의 필요한 부분들에 '감수자주'를 달아 내용 이해에 도움이 될 만한 추가 설명을 제시했다. 이 책은 곳곳에 미소가 지어질 법한 재치 있는 표현들이 많이 등장한다(가령 3장 2절의 '브렉시트 투표'에 대한 부연이라든지 8장 4절의 '눈꺼풀과 귀꺼풀'에 대한 소회를 보라!). 유머와 위트가 가득한 교수님의 평소 말투가 그대로 느껴진다.

마지막으로 이 번역서의 출간을 위해 애써준 이화여자대학교출판문화원 주소현 원장님과 이혜지 주간님, 이지예 선생님, 그리고 번역 작업으로 고생하신 박연진 선생님께 이 자리를 빌려 감사를 전한다. 모쪼록 법경제학의 새 지평을 여는 이 책이 많은 독자에게 사랑받기를 바라는 마음이다.

2022년 12월

이화여자대학교 국제대학원 교수

오진환

차례

여는 글

이 책은 나를 뜻밖의 방식으로 다시 법으로 돌아가게 만들었다. 최대한 멀리 기억을 돌이켜보면 내 꿈은 변호사였다. 변호사가 되고 싶은 이유는 두 가지였다. 우리 아버지는 콜카타 북부, 별 특색이라고는 찾아볼 수 없는 지역의 작고 비좁은 집에서 성장했다. 할아버지가 일찍 돌아가신 후 집안은 가난으로 곤두박질쳤고, 가족을 부양해야 했던 아버지는 가정교사 일을 하며 야간학교에 다녔다. 당시에는 법학이 학위를 따기가 가장 쉬운 학문이었다. 법조계나 기업 쪽에 연줄이 없었던 아버지는, 그렇게 찾아주는 의뢰인도 없이 작은 사무실이나 지키고 있는 그 많은 변호사 무리에 낄 준비가 되어 있었다. 그런 그가 훗날 당신 소유의 법률회사를 갖고 콜카타에서 가장 저명한 사무변호사가 된 것은 놀라운 반전이었다. 나 자신은 물론이고 일가친척 모두가 당연히 나도 법학을 공부해 아버지의 회사를 이어받으리라 생각했다. 그리고 변호사가 되고 싶었던 또 다른 이유는 어릴 때 논리 퍼즐 게임을 좋아해서였다. 당시 나는 변호사가 된다는 것이 추론하는 재미에 빠져 사는 것이라고 생각했다.

런던정경대학교가 모든 것을 바꾸어놓았다. 창 너머까지 강의실 안을 들여다보는 학생들로 빼곡히 들어찼던 아마티아 센Amartya Sen의 사회선택론 수업과 투자계획론 수업에 나는 완전히 매료되었다. 순수이성의 눈으로 사회와 경제를 통찰하는 방법에 대해 간단명료하면서도 완전무결하게 보여준 시카고학파의 모리스 펄먼Morris Perlman은 나에게 깊은 영향을 미쳤고, 칠판에 써 내려간 수식과 기호들이 마치 예술 같았던 고타로 스즈무라Kotaro Suzumura도, 그리고 맥스 스튜어Max Steuer와 다른 몇몇 학자도 그러했다. 경제학 석사과정을 끝내갈 무렵 아마티아 센이 나를 박사과정에 받아주면 변호사 시험을 포기하겠다고 마음먹었다. 불안에 떨며 부모님께 인생 계획이 바뀌었다고 고했다. 괜히 고심하실까 봐 번복하지 않을 결정이라는 말도 덧붙였다.

델리에서 학생들을 가르치던 처음 몇 년은 참담하기 그지없었다. 한때의 기분으로 인생을 통째로 바꿔버리는 실수를 저지른 게 아닌가 싶었고, 운영하던 법률회사의 문을 닫게 된 아버지께도 죄송했다. 하지만 내가 낙심한 것을 알고 그 기분을 떨쳐내게 도와준 사람도 아버지였다. 아버지는 내 결정이 어쩌면 맞을 거라고, 변호사가 됐더라면 벌이는 훨씬 더 좋았겠지만 열 곳, 스무 곳쯤 되는 돈 많은 회사들을 끼고 돌아가는 인생이 되었을 텐데, 반면에 경제학을 연구하면서 살면 더 자유로울 테고 또 세상도 나를 향해 활짝 열릴 거라고 하셨다. 그 확신에 찬 말씀이 좋았지만 정말 그렇다는 생각은 조금도 들지 않았다. 하지만 결국 그 말씀이 옳았으니 다행이다.

막 이력을 쌓기 시작했을 무렵의 일로 또 하나 되짚어볼 것이 있다. 그때는 실망했지만 지금은 다행이다 싶은 일인데, 박사과정을 마칠 즈음에 세계은행의 '영프로페셔널 프로그램'에 지원한 적이 있었다. 첫 심사를 통과하고, 최종 면접을 보게 되었으니 파리로 오라는 연락을 받은 나는 엄청난 기대를 안고 그곳으로 향했지만 결국 최종 면접에서 떨어지고 말았다. 지금 와서 생각해보니 그때 세계은행에서 이력을 쌓았다면 멋진 일이었겠지만, 내 기질로는 추상적인 분석 연구가 조금도 재미있지 않았을 테니 오히려 그 경험이 내겐 손해였을 것이다.

이 책은 오래 구상해서 짧은 기간에 썼다. 여기서는 법의 실효성과 관련한 몇 가지 근본적인 질문에 주안점을 두었다. 사실 나는 프린스턴대학교 대학원에서 산업조직론을 가르치던 1989~1991년 당시에 미국 반독점법에 관한 자료를 두루 살펴볼 기회가 있었는데, 그때부터 이 질문들에 대해 고민하기 시작했다. 나는 법경제학을 관심 있게 연구하면서 수년간 여러 현실적인 이슈와 노동법, 아동노동, 가격 차별화, 임대료 통제에 관한 글을 썼지만, 그사이 법경제학의 이면에 놓인 방법론적 결함은 애써 못 본 척했다.

이후 2009년부터 7년간은 정책 입안의 영역에 있으면서 부패 방지, 식량권, 복지권 등 현실 세계에서 벌어지는 법경제학의 여러 이슈를 다뤘다. 그러나 방법론적 문제에 대해서는 그것을 파고들 기회도 여력도 없었다. 이는 정책을 수립할 때 피할 수 없는 문제로서, 무딘 도구를 쓰거나 실행력이 없거나, 선택지가 그 둘 중 하나인 경우가 많다 보니 결국 논쟁의 여지가 있음을 알면서도 그러한 도구나 방법을 쓸 수밖에 없는 것이다.

그러던 중 세계은행 수석경제학자 임기를 마칠 무렵, 나를 괴롭혔던 근본적인 문제이자 이 책의 바탕이 되기도 한 문제를 들여다볼 기회가 찾아왔다. 그때 세 차례에 걸쳐 특별강연을 하게 되었는데, 첫 강연은 아마티아 센의 초청으로 2015년 3월 런던정경대학교에서, 두 번째는 같은 해 4월 13일 D. 게일 존슨D. Gale Johnson의 초청으로 시카고대학교에서 진행했다. 그리고 마지막으로 2016년 6월 14일 루이앙드레 제라르바레Louis-André Gérard-Varet를 기리는 자리가 엑상프로방스에서 마련되어 그곳의 많은 청중 앞에 섰는데, 그즈음에는 그간의 대략적인 아이디어가 보다 구체적인 품새를 갖춘 터였다. 프린스턴고등연구소와 인도통계대학교에서 열린 학회에서 이 책의 주제를 다루었을 때 청중으로 자리해주었던 분들께 감사한다. 법경제학에 대해 가지고 있던 다소 모호한 생각들을 이 두 차례의 강연으로 다듬어나갈 수 있었다. 나를 초청해주고 또 유용한 조언과 비평을 해준 올리비에 바겐Olivier Bargain과 팀 베슬리Tim Besley, 크레이그 캘훈Craig Calhoun, 존 리스트John List, 로저 마이어슨Roger Myerson, 데브라이 레이Debraj Ray, 필립 레니Phil Reny, 대니 로드릭Dani Rodrik, 니컬러스 스턴Nick Stern에게 크나큰 감사를 전한다.

런던에서 아마티아 센의 강연에 서고 얼마 되지 않았을 때 책을 쓰고 싶다는 생각이 들었지만, 세계은행에서 일할 당시에는 계속 짬이 나질 않다가 마침내 방해받을 일이 사라지고 나서야 집필에 들어갈 수 있었다. 세계은행 임기를 끝낸 다음날인 2016년 10월 1일이 그 시작이었다. 2017년 가을부터 코넬대학교에서 학생들을 가르치기 시작하면 책을 쓸 시간이 없겠다 싶었다. 코넬대학교 노사관계대학Industrial and Labor Relations School에서 동부 34번가에 완벽한 피난처를 마련해준 덕분에 대부분의 글을 뉴욕에서 썼고, 더러 이타카에서도 썼다. 답해야 할 이메일, 검토해야 할 책, 읽어야 할 논문을 다 제쳐두고 온전히 집필에만 몰두한 시기였다. 당시는 나와 아내가 워싱턴 생활을 끝내고 이타카와 뉴욕에 집을 마련해 이사를 하던 때이기도 했다. 뉴욕살이는 처음이라 특히 품이 많이 들었다. 이사를 하면서 아내 알라카에게 도움이 되지 못했다는 걸 너무나 잘 알고 있다. 죄책감을 못 느끼는 게 천성이라 그나마 다행이었다. 아버지께는 앞서 이미 감사를 전했고, 이번에는 내가 물려받은 이러한 천성의 근원임이 틀림없는 어머니께 감사를 전한다. 15년쯤 전에 어머니가 이타카로 우리를 만나러 오신 적이 있다. 모든 일에 책임감을 느끼는 알라카는 자신의 타고난 죄책감에 대해 어머니께 토로하며, 혹 어머니도 비슷한 감정으로 괴로워하시는지 물었다. 어머니는 당신도 똑같다며 알라카를 위로하고는 덧붙이기를, 당신은 여태껏 잘못을 한 번도 해본 적이 없어서 다행히 그런 감정을 겪을 일도 없었다고 하셨다. 그때 어머니의 연세는 83세이셨다.

책을 쓰기까지 오래 걸렸던 만큼 이미 언급한 이들 말고도 감사를 전할 사람이 더 있다. 델리에 살면서 막 이력을 쌓기 시작했을 때 세계 유수의 연구기관으로부터 몇 차례 초빙을 받은 적이 있다. 덕분에 이 분야, 특히 정치권력과 일반 대중의 믿음에 관해 초반에 품었던 관심사들을 발전시켜나갈 수 있었다. 당시에는 내세울 만한 학문적 성과도 없었는데 벨기에 루뱅라뇌브에 위치한 CORECenter for Operation Research and Econometrics 연구소로 나를 불러준 자크 드레즈Jacques Dreze와 영국 코번트리의 워릭대학교 닉 스턴Nick Stern, 그리고 프린스턴고등연구소의 앨버트 허시만Albert Hirschman에게 부족하나마 감사를 전한다. 워릭대학교에서 한 연구와 고등연구소에서 한 연구 가운데 일부는 이 책의 연구자료로 바로 활용했다.

이 책에서 법경제학과 관련해 이야기할 내용은 기본적으로 추상적인 개념이며, 주류 경제이론에서 다루는 만큼 수학적이지는 않다. 이 책을 구상하던 초기에 칼레 모에네Kalle Moene와 존 로머John Roemer가 해준 조언에 힘입어 집필에 들어갈 수 있었다는 것도 꼭 말해두고 싶다. 이 책의 아이디어에 관해 수년간 다음의 여러 경제학자와 대화를 나누고, 이메일을 주고받고, 학회에서 의견을 나누었다. U. K. 아난다바르다난U. K. Anandavardhanan, 카르나 바수Karna Basu, 칼리안 차터지Kalyan Chatterjee, 티토 코르델라Tito Cordella, 샨타 데바라잔Shanta Devarajan, 마틴 듀펜버그Martin Dufwenberg, 데브죠티 고세Devajyoti Ghose, 인더밋 길

Indermit Gill, 로버트 하킷Bob Hockett, 칼라 호프Karla Hoff, 루이스펠리페 로페즈칼바Luis-Felipe López-calva, 스티븐 루크스Steven Lukes, 아난디 마니Anandi Mani, 아짓 미슈라Ajit Mishra, 스티븐 모리스Stephen Morris, 데릭 닐Derek Neal, 마틴 오스본Martin Osborne, 장필립 플래토Jean-Philippe Platteau, 데이비드 로젠블랫David Rosenblatt, 발렌틴 세이들러Valentin Seidler, 아마티아 센, 클라우디아 세풀베다Claudia Sepulveda, 닐람 세티Neelam Sethi, 마이클 싱어Michael Singer, 람 싱Ram Singh, 장칼로 스파뇰로Gianca Spagnolo, 수부 수브라마니안Subbu Subramanian, 요르겐 와이블Jorgen Weibull에게 감사를 전한다. 마이클과 수부는 이 책의 퇴고를 앞둔 때에 원고를 처음부터 끝까지 다 읽고 여러모로 조언을 해주었는데, 덕분에 마지막에 엄청나게 큰 도움이 되었다.

이 책에서 수행한 바와 같은, 너무나 중요한 학제 간 연구의 풍토를 마련해준 코넬대학교에도 특히 감사를 전한다. 행동 연구, 전략 연구, 논증 분야에서 세계적인 이론가들을 만나게 해준 곳이 코넬로, 이들은 나의 경제학과 동료들이었다. 코넬은 또한 유관 학과 학자들의 폭이 다양하다는 점에 있어서도 특별했다. 이들은 학구적이면서도 따뜻하며 우정어린 분위기를 만들어냈고, 나의 지성의 벗이 되어주었다. 열거하자면 길지만, 또다시 잊어버리기 전에, 메리 카첸슈타인Mary Katzenstein, 피터 카첸슈타인Peter Katzenstein, 아이작 크램닉Isaac Kramnick, 엘리자베스 롤링스Elizabeth Rawlings, 헌터 롤링스Hunter Rawlings에게 감사를 전한다. 위대한 지적 혁신은 여러 시대, 여러 나라에서 이루어졌지만 나는 여전히 현대의 지성 세계는 고대 그리스로부터 발원했다고 확신한다. 나를 매료시킨 이 시기와 당시의 주요 인물들에게 품었던 그 열정을 아직 학문적으로는 다 따라가지 못했다. 이 방면에 박식한 헌터 롤링스를 보며 부끄러움을 느꼈고, 조금씩 글을 읽어가며 따라가려고 노력했다.

감사로는 충분하지 않고 사과를 해야 할 사람들도 있다. 법이론가들과 법학자들이다. 이 책을 쓰면서 내가 법학 문헌을 제대로 파악하지 못하고 있다는 것을 절감했다. 내 관심사가 법과 경제학이 만나는 지점에 있음에도, 경제학 쪽의 이야기만큼 법학 쪽의 이야기를 잘 알면 얼마나 좋을까 하고 바라게 된다. 이 책을 쓰기로 마음먹고 법학 문헌을 읽기 시작했을 때, 법률가들은 경제학자들보다 더 장황하다는 사실을 이내 깨달았다. 법학 문헌을 제대로 파악하기 위해 노력을 기울여야 했고, 여전히 미진한 부분이 있음을 안다.

잠시 머물렀던 세 지역에 대해서도 말해두고 싶다. 나는 다양한 사람들에게 강의를 하고 다양한 배경의 학자들과 의견을 나누는 일을 늘 중요하게 생각해왔다. 2016년이 끝나갈 무렵 나는 세 장소에 각기 몇 주씩 머물며 행복한 시간을 보냈는데, 한 곳은 멜버른의 모나시대학교였고, 두 번째 장소는 뭄바이의 인도공과대학교였다. 멜버른의 야라강과 뭄바이의 포와이호를 따라 뻗은 긴 산책길은 생각에 잠기기에 완벽한 환경이었다(포와이호에 표범 출몰을 알리는 경고문이 있기는 했다). 그리고 세 번째 장소였던 앨버트 허시만 민주주의 연구소는 2017년 5월 제네바에 설립된 기관으로, 나는 이곳에서 한 주간 머물며 강연하고 견해를 나누며 도움을 받았다.

세계은행에 있는 동안에는 책을 다잡고 쓰진 못했지만, 그래도 바쁜 일정 가운데 짬을 내어 조금씩 쓰곤 했다. 기꺼이 남을 돕는 마음씨를 타고난, 그리고 일의 능률을 높이는 유머 감각을 갖추었으며 심지어 재미있기까지 한 사람들에 둘러싸여 있는 것은 정말 축복이었다. 러번 쿡Laverne Cook, 인더밋 길, 비비언 혼Vivian Hon, 그레이스 소렌슨Grace Sorensen, 빈타오 왕Bintao Wang에게 특히 감사한다. 내가 뉴욕으로 집을 옮겨 이 책을 쓰기 시작했을 때 그레이스 리Grace Lee는 유능한 조력자가 되어주었고, 이타카에서 마지막으로 원고를 검토할 때는 하오쿤 선Haokun Sun이 자료 조사에 큰 도움을 주었다. 그레이스와 하오쿤 두 사람 모두에게 무척 감사하다.

프린스턴대학교출판부와 일하는 것은 멋진 경험이었다. 출판부와 연락하기 시작하면서 흡족한 마음이 들었던 데에는 피터 도허티Peter Dougherty가 그곳의 주간이라는 이유도 있었다. 그가 기억을 할지 모르겠지만 도허티는 1980년대에 썼던 내 초기작의 (젊은) 편집자였다. 이번 책 역시 새러 캐로Sarah Caro와 긴밀히 협력했다. 모든 단계에서 아낌없이 조언을 해주며 이 일에 많은 관심을 쏟은 캐로는 인간적인 따뜻함까지 지닌 보기 드문 편집자이다. 이 글의 탁월한 평가자가 되어준 프린스턴대학교출판부의 두 익명 관계자에게도 감사하며, 많은 평가와 제안, 격려를 해준 제니 볼코비츠키Jenny Wolkowicki에게도 감사를 전한다.

가족들도 모두 내 설득에 넘어가 원고의 여러 부분을 읽고 평가를 해주었다. 카르나 바수, 딕샤 바수Diksha Basu, 샤브남 파루키Shabnam Faruki, 마이키 매클리어리Mike McCleary에게 감사를 전한다. 마지막으로 아내 알라카 바수Alaka Basu는 내가 원고를 수정하고 검토하는 동안 전체를 다 읽기도 하고 여러 부분을 여러 차례 읽기도 했다. 내가 그간 만난 사람 중에 가장 지적인 인간과 결혼했다는 말은 과장이 아니다. 그래서 단점도 있지만, 책을 쓰고 평가를 받는 데에는 온전히 장점이다.

이 책을 읽는 방법에 대해 간단히 언급할까 한다. 이 책은 한 가지 중심 주제로 연결되어 있다. 처음 네 장은 순차적이다. 표준 법경제학 모델을 제시하고, 그 모델의 문제점과 내재된 모순을 서술한 뒤, 게임 이론을 개략적으로 설명하고, 이어 이 책의 핵심 주제인 초점접근법에 대한 논지를 펼쳐나간다. 5장에서는 이 새로운 접근법을 응용해 제시하며 법과 사회규범이 맞닿아 있는 지점을 분석한다. 첫 다섯 장은 이 글의 핵심적인 아이디어에 이르기 위한 한 권의 완결된 얇은 책으로도 볼 수 있다.

한편 마지막 세 장은 보다 사변적이며 각기 독립적으로 읽힐 수 있다. 부정부패의 만연, 전체주의의 기원과 위험, 글로벌 차원의 지배구조와 질서가 당면한 과제 등, 현실 세계의 다양한 문제를 어떻게 초점 접근법으로 바라볼 수 있는지에 대해 짚는다. 이 부분은 결론적인 답이 아닌 밑작업이다. 이즈음에서 책을 덮는 독자들이 없었으면 하는 바람에 마지막 세 장은 가급적 간결하게 쓰려고 노력했다. 나는 간단명료한 경제학 이론에 흥미가 있는 사람이라 간결한 것을 좋아한다.

간결함을 좋아하는 배경이 또 하나 있기는 하다. 바로 문학이다. 「파리 리뷰Paris Review」 1982년 여름호에 실린 영국 시인 필립 라킨Philip Larkin의 인터뷰를 읽은 뒤로 나는 줄곧 간결함의 필요성을 절감해왔다. 라킨은 다른 사람이 쓴 시는 듣기보다 스스로 읽는 것이 현명하다며, 그래야 자기가 전체에서 어디쯤을 읽고 있는지, 즉 "얼마나 나아왔고 또 얼마나 남았는지how far you are from the end." 알 수 있게 된다고 했다.

2017년 8월 1일

뉴욕에서

카우식 바수

1장

왜 법경제학인가

The Republic of Beliefs

A New Approach to Law and Economics

1. 법경제학의 기원

경제학자들과 법학자들은 '왜 그토록 많은 법이 제자리걸음만 하며 시행이 안 되는가'라는 질문에 줄곧 관심을 기울여왔다. 그러나 이보다 더 흥미롭고 철학적으로 어려운 문제는 그 반대의 경우이다. 어떻게 그 많은 법이 잘 시행되어 국가의 법집행 주체들에 의해 집행되고, 또 시민들은 그것을 따르는 것일까? 법이란 어차피 종이에 적힌 글자일 뿐이지 않은가. 생각해보면 기껏 '종이에 잉크로' 몇 자 써넣었다고 해서 어째서 사람의 행동이 바뀌어야 하는지, 과속방지법이 새로 쓰였다는 이유로 왜 운전자들은 더 천천히 달리고, 단속공무원들은 많지도 않은 과속 운전자들을 쫓아가 위반장을 발부하려 드는지야말로 의아한 일이다.

법경제학에서는 질문을 회피하는 방식으로 이 문제를 다뤄왔다. 종이 위의 잉크가 촉발한 행위라는 이 어려운 문제를 정면으로 다루는 것이 이 책의 목표이다. 이어질 글에서는 이 수수께끼를 열거하고 서술한 뒤에 해법을 제시한다. 이를 통해 우리는 의구심을 품게 되고, 그다음에는 기존의 접근법을 거부하게 되고, 결국 더 풍성하고 설득력 있는 법경제학 방식으로 갈아탈 수밖에 없게 된다. 게임이론에 근거한 이 새로운 접근법을 통해 우리는 왜 어떤 법들은 시행되는 반면에 왜 또 다른 많은 법은 먼지만 쌓이며 시행되지 않는지를 훨씬 풍부하게 이해할 수 있을 것이다. 경쟁과 담합, 무역과 교환, 노동과 규제에서부터 기후 변화, 갈등 해결에 이르는 현실의 여러 부문에서 법경제학이 차지하는 중요성을 고려했을 때, 그에 대한 올바른 이해가 가져다줄 이익은 크다. 이 글은 법과 경제 양쪽에 걸쳐 있는 중요한 지점을 다루는 만큼 성장과 평화뿐 아니라 침체와 갈등을 이해하는 데에도 못지않게 중요하다.

사회과학의 여러 학문분과 사이에 놓인 영토는 대개 황무지에 가깝다. 그렇지 않다는 선언에도 불구하고 여전히 학제 간 연구는 드물고, 방법론과 이데올로기의 차이에다 각자의 완고함까지 더해져 성공적으로 수행되기가 어렵다.

이 메마른 풍경에서 법과 경제가 합류하는 지점은 두드러진다. 서로의 존재를 인정하고 심지어 서로가 필요함을 보여주는 글을 법학자와 경제학자들이 쓰게 되면서 1960년대에 나름의 학문 분야로 자리 잡았고, 이후 중요성을 획득했다. 그 필요성이 워낙 확연하고 폭이 넓은 분야이다 보니 학제 간 연구의 일반적인 걸림돌에도 끼어들 여지를 내어주지 않았다. 법은 늘 만들어지고 시행되며, 형편없이 고안된 법은 경제 활동의 발목을 잡고 잘 만들어진 법은 경제 활동을 크게 진척시킨다는 것을 비단 경제학자나 법학자가 아니더라도 안다. 그렇다 보니 법과 경제가 만나는 지점은 그 분야가 명명되기 전부터도 크게 주목받는 영역이었다. 예컨대 미국의 경우, 기업 간 담합에 대한 우려는 19세기 말로 거슬러 올라간다. 1890년의 셔먼 반독점법과 이후 1914년의 클레이튼 반독점법, 1936년의 로빈슨-패트먼 법은 법을 통해 시장의 경쟁을 규제하고 담합을 막으려 한 대표적인 사례이다.

흔히 그렇듯이 실천은 원리에 앞섰다. 법경제학이라는 연구주제가 없을 때도 작은 원리들은 드러났고, 정책입안가들과 법률가들은 그 원리를 실천에 옮겼다. 예컨대 미국의 입법자들과 정치 지도자들은 담합을 막으면 국내 소비자에게는 득이 되지만 해외 무대에 있는 자국 회사들에게는 손해라는 사실을 금세 깨달았다. 그러므로 다른 나라의 생산자와 경쟁하며 그곳 국민들에게 물건을 팔 때는 자국 기업들끼리 담합을 통해 가격을 고정시킬 수 있게 해주고, 그 외의 경우는 국내시장 반독점보호법 위반으로 처벌하는 것이 유리하다. 이런 배경에서 1918년 웹-포머린 법이 만들어졌고, 생산품의 상당량이 해외 수출을 목적으로 한다는 증빙을 한 기업에 한해 담합금지법 조항을 면제해주게 되었다. 후에 이를 배운 일본도 자국의 독점금지법에 예외를 두어 수출카르텔에 대해서는 일부 조항을 면제해주었다.

법의 힘을 빌린 시장 영향력은 일본이 제2차 세계대전에서 패한 직후에도 두드러지게 구현되었다. 연합군은 정교하게 고안된 반독점법을 서둘러 일본에 도입했는데, 이것이 이른바 1947년 독점금지법이다. 훗날 일본은 자국 기업에 다시 활력을 불어넣기 위해 이 법을 개정했다.

앞선 미국의 사례만큼 직접적이지는 않더라도 법경제학의 '실천'은 일상생활에 중요한 영향을 미치며, 그 실천의 역사는 오랜 시간을 거슬러 올라간다. 인류는 글을 쓸 수 있게 되자마자 곧 법을 기록했다. 가장 잘 알려진 초기 기록물은 함무라비법전이다. 이 법은 고대 바빌로니아 언어인 아카드어로 쓰였으며, 기원전 1750년경 사망한 바빌로니아 6대 왕 함무라비의 통치기에 그 틀을 갖추어 돌에 새겨졌다. 증거의 중요성, 피고의 권리 등 함무라비법에 담긴 사상은 오늘날까지도 남아 전한다. '눈에는 눈'으로 익히 알려진 유명한 복수의 법칙도 이 법에서 기인한다. 법칙은 살아남았지만 반론도 양산했다. 그로부터 4000여 년 후 '눈에는 눈이 세상을 눈멀게 할 것이다'라고 한 간디의 경고가 그것이다.

사실, 문자를 발명하기 전부터 법 개념이 존재했다는 주장도 일견 타당하다. 구전으로 전승되는 관습의 형태를 보면 알 수 있다. 또 넓게 보면 법이 인류의 역사를 앞선다고 주장하는 사람들도 있다(Hadfield, 2016의 논의 참조). 실험연구를 통해 입증된 바에 따르면 꼬리감는원숭이는 공평함에 대한 인식이 있고, 공평하지 않게 노는 원숭이에게는 벌을 주는 습성까지 있다. 그러나 이 글에서는 이 같은 광범위하고 포괄적인 법 개념까지 나아가지는 않기로 한다.

'법의 기원은 무엇인가', '법은 무엇인가', '왜 사람들은 법을 지키는가'라는 질문은 오랫동안 논의의 대상이 되어왔다. 인류의 삶에 막대한 영향력을 미친 '법실증주의legal positivism' 찬반 논쟁은 이 논의를 많은 부분에 걸쳐 가열시켰는데(Kelsen, 1945; Hart, 1961; Raz, 1980 참조), 이 논쟁은 결국 존 오스틴John Austin(1832)의 다음과 같은 주장에 대한 견해이기도 했다. 즉 그는 "한 사회에서 주권자의 위치를 점한 사람 혹은 집단이 어떠한 명령을 내린다고 할 때, 그 명령이 정확히 반영되는 정치사회라면 그 사회에서는 법명제가 참이라고 주장했다. (오스틴이) 정의하는 주권자는 '**그의 명령에 모두가 반복적으로 복종하고, 그 자신은 누구에게도 반복적으로 복종하지 않는 상태에 있는** 사람 혹은 집단'을 뜻한다."(Dworkin, 1986, 33쪽. 강조는 저자). 하지만 그 명령에 왜 복종해야 하는지, 주권자는 왜 누구에게도 복종하지 않아도 되는지(이 주장이 어느 정도는 사실이라고 볼 때)는 오스틴뿐 아니라 후대의 법학자와 철학자들도 제대로 설명해내지 못했다.

오스틴과 허버트 라이어널 A. 하트Herbert Lionel A. Hart는 모두 법실증주의자였으나, 법을 '명령'으로 보는 오스틴의 견해와 달리 하트는 법을 '규칙'의 개념으로 보고 주권자 혹은 상위의 권위자에 의한 강제가 불필요할 수 있음을 시사했다. 의무의 준수는 자연적으로 내재한 하나의 요소라는 것이다. 이러한 법관념은 정의와 공평에 대한 인식이 선천적인 것임을 전제한다.

이 책의 목적을 위해 법에 대한 공식적인 정의를 알 필요는 없다(그런 정의는 있지도 않다). 공식적인 정의가 없어도 연구 분야에 대한 논의와 발전이 가능한 경우가 더러 있는데, 지금이 그러하다. 법은 사회적으로 합당한 행동의 규칙으로 구성되며, 준법사회 혹은 법치주의가 자리 잡힌 사회란 사회 구성원들이 법을 따르는 사회라는 정도의 언급이면 충분하다. 공평과 정의를 법에 내재한 속성으로 간주하지도 않을 것이다. 이 글에서 논의하는 법은 숭고하고 정의로운 법일 수도 있고, 부당하고 억압적인 법일 수도 있다. 그보다 이 책에서는 초기의 논의와 논쟁 가운데 일부가 불필요했음을 보여주려 한다. 게임이론game theory에 근거해 새롭게 법에 접근해간다면, 앞선 논의들 가운데 일부는 오류이고, 방법론적으로 결함이 있으며 한정된 어휘에 묶여 있음을 알게 될 것이다. 현대 게임이론의 부상으로 우리는 논의를 촉진하는 개념과 어휘를 만들어낼 수 있게 되었고, 담론의 조악한 언어에 가려 발전해온 몇몇 논의를 걷어낼 수 있게 되었다. 과학 발전의 많은 부분이 문법과 어휘를 구성하는 구체적인 면면에 기반을 두고 예측될 수 있는 것만은 아니다.

이 새로운 접근법을 통해 지금의 사회가 어떻게 법을 지키는 사회가 되었는지 이해해보고자 한다. 2007년부터 2010년까지 영국 총리를 역임한 고든 브라운Gordon Brown은 "법치가 자리 잡기까지는 늘 처음 500년이 가장 힘들다."라고 했다(World Bank, 2017, 95쪽). 이 평은 더러 농담으로 취급되지만 사실 그렇지 않다. 법이 뿌리를 내려 법치가 우세하려면 일반 대중이 그 법을 신뢰해야 하고, 또 다른 사람들이 그 법을 신뢰한다는 것을 신뢰해야 한다. 이 신뢰와 초超신뢰meta belief(높은 단계의 신뢰, 신뢰에 대한 신뢰, 촘촘히 연결된 신뢰)가 사회에 뿌리를 내리기까지는 아주 오랜 시간이 걸릴 수 있다. 이 문제는 이 책에서 중요하게 다뤄질 것이다.

여담이지만, 앞서 인용한 말을 흔히들 고든 브라운이 한 것으로 믿는데 실제 그것을 증명할 만한 기록은 없는 듯하다. 고든 브라운이 했다고 믿는 유일한 이유는 당사자가 아니라고 한 적이 없기 때문이다. 하지만 만약 여러분이 그의 입장이라면 이처럼 역사에 길이 남을 말을 자신이 했는데 굳이 나서서 안 했다고 우길 일은 없지 않은가?

다시 기원의 문제로 돌아가서, 오늘날 우리가 아는 법은 고대 그리스 시기에 구체적인 형태를 갖추었다. 아테네의 솔론Solon과 스파르타의 리쿠르고스Lycurgus는 흔히 '서구 법·정치사상의 창시자'로 여겨진다(Hockett, 2009, 14쪽). 기원전 638년 도시국가 아테네에서 태어난 솔론은 국가 혼란기에 최고행정관의 자리에 올랐다. 솔론은 모든 시민을 위한 단일한 법정을 만드는 데 기여했을 뿐만 아니라, 이 책의 관점에서 본다면 더 중요하게는 경제생활을 구현하는 법에 관심을 기울였다. 특화와 거래를 권장했고, 상업에 대한 입장도 확실히 해 일부 재화는 상거래를 허용하되 일부 재화는 금지했다. 이를 통해 국가 간 무역뿐 아니라 보호주의의 역사도 오래되었음을 알 수 있다.

스파르타의 솔론 격인 리쿠르고스는 스파르타 헌법 '레트라Rhetra'의 창시자로 여겨지곤 한다. 그에게서 비롯되었다는 아이디어와 법질서는 사회적 평등과 부의 재분배에까지 관련된다. 리쿠르고스가 권력을 잡았을 당시에는 이미 부의 불평등이 극심했고, 그는 평등하게 토지를 소유할 수 있는 법을 마련하고자 했다. 경제에 관한 이런 중요한 규칙들 가운데에는 '남자는 무리를 지어 공적으로 식사를 해야 한다'는 등의 별난 규칙도 끼어 있었다. 리쿠르고스에 대해 더 상세한 정보를 얻기 힘든 이유는, 법은 종이에 적는 것이 아니라 따라야 할 규범으로서 마음에 새겨야 하는 것이라고 본 그의 믿음으로 인해 현재 확인 가능한 자료가 없기 때문이다. 그렇다 보니 당연히 그의 법이 존재했는지 의문이라는 사람이 많고,[1] 심지어 일부 역사가는 리쿠르고스의 존재 자체에 회의적이기도 하다.

2. 법경제학의 부상

다행히 법경제학law and economics이라는 연구 분야의 등장과 관련해 리쿠르고스 같은 실존의 문제는 제기되지 않는다. 물론 그 뿌리는 훨씬 더 과거로 거슬러 올라가나, 법경제학의 탄생이 1960년대라는 데에는 타당한 근거에서 합의를 보았다. 대표적인 논문이 몇 편 있었고, 그중에 로널드 코즈Ronald Coase(1960)와 귀도 칼라브레시Guido Calabresi(1961), 게리 베커Gary Becker(1968)의 논문이 가장 두드러졌다.[2] 수년 만에 법경제학은 대단히 영향력 있는 분야임이 명백해졌다. 근래에 선스타인(Sunstein, 2016, 53쪽)은 이와 관련하여, "'법경제학' 분야는 법사고legal thinking의 혁명을 가져왔다. 지난 100년간 법학에 가장 큰 영향을 미친 지적 발전이라 할 만하다. 반독점, 환경보호, 고속도로 안전, 건강보험, 원자력, 노동 권익을 다루는 방식에 있어서 미국과 유럽 등지의 규제

1 이는 게임이론가들이 흔히 믿는 바와 반대된다. 게임이론가들은 법은 모두에게 알려져야 할 뿐만 아니라 알려져 있다는 사실이 알려져야 하고, 알려져 있다는 사실이 알려져 있다는 사실이 알려져야 한다는 식으로 계속되어 이른바 공통지식이 되어야 한다고 믿는다. 해드필드(Hadfield, 2016, 26쪽)는 이 점을 상당히 명시화하고 있다. 이 책에서도 법경제학에 접근해가는 방식에 있어서는 공통지식이 중요한 역할을 할 것이다.

2 법경제학으로 볼 만한 흐름의 시작은 19세기 후반에 주간州間 철도국의 운영을 고심하며 시장 경쟁 촉진 및 반독점 규제 도입을 꾀했던 미국 경제학자들의 연구로 거슬러 올라간다는 주장도 있다(Hovenkamp, 1990; Mercuro & Medema, 1997; Medema, 1998). 흥미롭게도 이런 앞선 시대의 법경제학 연구는 1960년대의 연구와 달리 불평등에 훨씬 더 관심을 기울였고 주류 시장경제학과도 거리를 두었다.

당국에 큰 영향을 미쳤다."라고 언급했다. 재무·금융 규제의 수립에서부터 재정적자 관리를 위한 정책과 법에 이르기까지 다른 많은 분야에 대해서도 쉽게 더 많은 이야기를 이어가며 법경제학의 영향력에 대한 관심을 이끌어낼 수 있을 것이다. 법경제학은 분명 그럴 만한 흥미로운 주제이다.

그러나 법경제학의 원리를 적용하는 과정에서 부딪힌 문제들이 있었다. 그중 가장 큰 문제는 법의 이행이다. 신흥경제국과 개발도상국에서 특히 그렇듯이, 많은 경제 또는 국가가 계속해서 맞닥뜨리는 어려움은 법이 종종 이행되지 않는다는 것이다. 예컨대 인도는 독립 후 지식인들의 열정과 식민지 역사, 그리고 식민지 이전 시기의 경험까지 더해져(Roy & Swamy, 2016 참조) 법이 흠잡을 데 없이 쓰였는데, 이토록 잘 쓰인 법이 실제로는 형편없이 작동하는 경우가 많다는 평가가 흔히 반복된다. 법에 대한 집단적인 외면에 가깝다.

또 하나의 난관은 부정부패의 문제이다. 많은 개발도상국과 일부 선진국에 만연한 부정부패는 경제적 성과를 왜곡하고 훼손하는 결과를 낳으며 시민들의 삶을 지치게 한다. 그렇다면 부패란 무엇일까? 그 형태는 다양하겠지만 결국에는 법을 위반하는 것이 부패이며, 뇌물의 경우처럼 국가 관료를 비롯한 법의 집행 주체와 개별적으로 혹은 집단적으로 결탁하는 형태를 띤다. 왜 어떤 법은 지켜지는데 다른 어떤 법은 위반되고 부패할까? 표준 법경제학 연구로는 만족스러운 답을 내놓지 못한다.

부정부패를 이해하지 못하고, 그렇다 보니 그 대응책도 어설플 수밖에 없는 점은 법경제학의 가장 큰 실패 가운데 하나이다. 법을 집행해 주리라 믿었던 사람들이 뇌물에 관대하거나 취약하다는 데에서 표준 법경제학 모델의 불협화음이 드러나며, '경찰의 경찰은 누가 되는가'라는 난감한 철학적 질문이 제기된다. 이는 곧 국가 안에서 더 높은 단위, 또 그보다 더 높은 단위의 역할이라는 복잡한 문제로 이어진다. 법경제학이 상당히 독립적인 학문이 되면서 오늘날 부정부패의 경제학은 비중 있는 연구 주제가 되었으며, 이 책에서는 우선 새로운 법경제학의 구성요소를 살펴본 후에 부정부패의 경제학에 대해서도 충분히 다루게 될 것이다.

3. 법집행기구와 집행 주체

경찰, 재판부, 법원 등의 법집행기구는 오늘날 법과 중요한 대응 관계를 이룬다. 특히 집행기구와 집행 주체의 유무는 법과 사회규범을 구분 짓는 기준이 되곤 한다. 사회규범은 공적인 기관의 개입 없이도 이행된다고 믿어지는 반면, 현대 국가는 법 개념과 결정적인 대응 관계에 놓여 있는 것이다. 국가가 법에 권한을 부여한다.

아마 이 글을 읽는 사람 중에는 앞서 내가 '믿어지는'이라는 어구를 쓴 데에서 회의적인 시각을 감지했을지도 모르겠다. 그랬다면 맞게 보았다. 이 부분은 뒤에서 상세히 짚어보기로 하자. 사실 이런 의구심이 싹튼 데에는 인류학자들의 글이 계기가 되었다. 그들은 어떤 사회규범의 경우 대단히 정교하고, 북로디지아(현재의 잠비아)의 바로체족이 그랬듯 소위 원시사회의 사회규범 역시 대단히 공적으로 이행되었음을 보여준다(Gluckman, 1955; Hadfield, 2016의 논의 참조).

전통적인 사고의 틀 안에서 국제법을 논할 때는 법집행기구의 유무가 핵심적으로 다루어진다는 점에 주목할 만하다. 실제로 국가 간 중재, 국제무역 분쟁, 화폐 전쟁의 영역만 하더라도 국내 갈등의 경우와 같은 집행기구가 없는 것이 사실이다. 헤이그국제사법재판소가 있기는 하지만 거기에 규칙과 법을 집행할 능력이 얼마나 있는지는 의문이다. 다양한 국제기구를 창설하고 글로벌 단위로도 법원과 사법 시스템을 모방해보고자 노력했지만, 그 영향력은 제한적이다. 이렇다 보니 글로벌 규범을 지키지 않았을 때 이를 제재하기 위한 장치를 각 국가 단위에서 직접 만들어내는 경우도 많았다. 1996년 제정된 미국 헬름스버튼 법Helms-Burton Act이 좋은 예이다. 미국은 쿠바를 고립시키기 위해(나아가 쿠바 경제에 타격을 주기 위해) 배척했고, 쿠바와 거래를 하거나 쿠바에 투자하는 나라까지도 응징했다. 이는 사적 제재의 한 형태이기도 했지만, 부재 상태에 있는 국제적 사법권을 만들어내려는 시도이기도 했다.

국제노동기구ILO, 세계무역기구WTO, 브레턴우즈Bretton Woods 체제에서 만들어진 기구들(세계은행World Bank과 국제통화기금IMF) 등의 국제기구가 특별히 이러한 문제를 다루기 위해 연이어 창설되면서 노동 관행 및 국제무역 관행에 영향력을 행사하고, 나아가 글로벌 통화·재무 정책을 통제할 다소나마의 법을 이끌어내고자 했다. 그 시도의 성공 여부는 차치하고라도, 그만큼 빠르게 글로벌화되는 세계에서 국제적 이행력을 갖춘 법이 부족한 것만은 분명하다. 1492년 크리스토퍼 콜럼버스가 아메리카 대륙으로의 신항로를, 1498년 바스쿠 다가마가 인도로의 신항로를 개척한 사건을 기점으로 15세기 말부터 멀리 바닷길로 나가는 일이 흔해지자 국제법의 필요성도 곧 가시화되었다. 이후 해상에서의 소규모 접전이 고조되었고, 1603년 2월 25일 새벽에는 네덜란드인들이 포르투갈 소유의 선박 '산타카타리나호'를 싱가포르 해협에서 나포하는 유명한 사건이 벌어졌다. 네덜란드 측은 선박 나포에 대한 변론을 위해 저명한 법학자 휘호 더 흐로트를 불렀다. 훗날 흐로티위스

Grotius로 더 잘 알려진 휘호 더 흐로트는 이 사건을 계기로 1604년에 국제법을, 그리고 그에 관한 자신의 견해를 체계적으로 정리하기 시작했다. 이를 국제법 연구의 시초로도 볼 수 있다.

세계화와 새로운 다국가 간 활동, 특히 중요하게는 유로존과 유럽연합, 그리고 최근 들어서는 유럽연합을 탈퇴하려는 몇몇 국가의 사례를 경험하며 국제법 및 그 시행은 시급한 주제가 되어가고 있다.[3] 이 책은 보다 방법론적인 이슈를 다루므로 이 주제를 직접 살피지는 않겠지만, 마지막 장에서 관련된 몇 가지 질문을 다시 살펴보기로 하자.

4. 법경제학의 어젠더

개인적으로 법경제학에 관심을 갖게 된 것은 산업조직론과 임대료 통제rent control[4]에 관한 연구를 하면서부터였다. 독점금지법 등의 법이 미치는 영향력과 효력을 이해해보려 했던 것이 계기가 되었다.[5] 하지만 두 질문 모두 답을 찾기는 힘들었다. 법은 어떤 이유에서 집행력을 발휘할까? 즉 시민들은 법을 지키지 않으면 경찰에 연행될까봐, 또 판사에게 처벌을 받을까봐 무서워서 따른다 하더라도 경찰과 판사는 왜 의무를 수행하는 것일까? 의회가 종이에 써놓은 규칙이든, 왕의 명령으

3 세계은행의 정책 결정과 관련한 나의 최근 연구에서도 이 논의를 다뤘다. 세계은행의 정책 결정에는 여러 국가가 관여된다. Basu(2016a)와 Basu & Stiglitz(2015)를 참조할 것.

4 감수자주: 가령 주택 임대료 시장에서 공급자의 독점 혹은 과점 때문이든, 아니면 단순히 수요가 많아서든 간에 시장 균형 가격이 너무 높다고 판단될 경우 정부가 나서서 인위적으로 균형가격보다 낮은 지점에서 가격 상한선을 설정하는 정책을 말한다.

5 이 부분은 Basu(1993)에서 간략히 다루었고, 일부 주제는 Basu(2000)에서 더 논의했다. 임대료 통제에 관해서는 Basu & Emerson(2000)을 참조할 것.

로 돌에 새긴 기록이든, 또 요즘 세상에서처럼 디지털화된 문서이든, 결국 이 장의 초반부에서 언급했듯이 법이란 그저 종이에 잉크로 끼적여놓은 것에 불과하지 않은가?

그러다 후에 정책 결정에 관여하게 되면서 예기치 못하게 이 분야에 대한 관심이 되살아났다. 인도 정부의 수석경제고문Chief Economic Adviser으로 일하던 2010년 당시 늘 보고받던 문제가 하나 있었는데, 바로 부정부패였다. 꾸준하고 은근하게 말썽이라 딱히 기삿거리는 되지 않았지만 그렇다고 그냥 넘길 수도 없는 일들이었고, 스캔들이라 할 만한 사건까지 연이어 터지면서 부정부패는 중요한 이슈로 떠올랐다.

인도에는 저소득가구에 식량을 공급하기 위한 포괄적 보조금 지원 제도가 있다. 이 제도는 현재 '식량에 대한 권리'로 보호된다. 그런데 받아 마땅한 것을 받으려는 때에 뇌물을 강요당하거나 식량 수급이 거부되는 식으로 저소득가구의 식량권이 보호받지 못하는 경우가 태반이다. 정부가 저소득가구 공급용으로 매수하는 양곡의 40% 이상이 시스템 밖으로 새어나가고, 저소득층에게 먹을거리를 제공해야 할 거래상들이 이 양곡을 팔아 사적인 이문을 남긴다는 실증적 증거가 농후하다.[6]

다른 많은 영역에서도 시민들이 당연히 누려야 할 권리에 대해 뇌물을 강요받는다는 것을 보여주는 유사한 증거가 있다. 운전면허 시험을 잘 봐서 이제 막 면허증을 받으려는 찰나에 담당자가 뇌물을 요구하거나, 소득세 환급 신청을 하고 최종 증빙 서류를 발급받으려는데 누군가 뇌물을 쥐어달라고 한다. 전부 열거하자면 끝이 없다. 이 문제를 들여다보면서 알게 된 사실은, 인도에서는 법에 따라, 즉 1988년 제정된 부패방지법에 따라 뇌물 공여자와 수수자가 똑같이 유죄 판결을 받는다

---

6 Khera(2011)와 Jha & Ramaswami(2010)를 참조할 것.

는 것이다.

그러니 인도에서 그토록 뇌물이 횡행하는 이유 중 하나는 쉽게 알 수 있다. 일단 뇌물이 전달되면 준 쪽과 받은 쪽의 이해가 완전히 일치하게 된다. 그리고 적발될 경우 양쪽 다 벌금을 물거나 징역형을 받게 된다. 인도에서는 뇌물의 공여자와 수수자가 상호 뇌물이 오고 간 사실을 숨기기로 공모하더라도 놀라울 게 없는 것이다. 그래서 관리들은 걸리지 않으리라는 확신에서 과감하게 뇌물을 받는다. 어떻게 해야 할지는 분명해 보였다. 당연한 권리를 두고 누군가가 뇌물을 요구한 경우(나를 이를 '괴롭힘 뇌물harassment bribe'이라고 부른다), 최소한 이때라도 준 쪽과 받은 쪽의 죄는 반드시 구분되어야 한다. 괴롭힘 뇌물의 '공여'는 적법 행위로 간주해 수수와 차등을 두는 방식으로 1988년 부패방지법을 개정하자는 것이 나의 제안이었다.

당시는 정부에서 일한 지 몇 달 되지 않았던 때라 나는 순진한 풋내기처럼 짧은 글 하나를 재무부 웹사이트에 올렸다(Basu, 2011b 참조). 하지만 의회에서는 격분하며 내 발상의 비윤리성을 따져 물었고, 의원들은 국무총리와 재무장관 앞으로 편지를 보내 나의 이 범법적 행실에 대한 해명을 요구했다.

다행히 의원들에게 보낼 답장을 내가 맡아서 작성했다. 덕분에 당장의 위기는 어느 정도 막았지만, TV를 비롯한 여러 뉴스 매체의 공격은 계속되었다. 이 일에 관해서는 다른 책(Basu, 2015)에서도 썼으니 여기서 자세히 언급하지는 않겠다. 간단히 결론을 맺자면, 이번에는 사뭇 다른 경로를 통해서이기는 했지만, 나는 법경제학에 다시 관심을 갖게 되었다.

당시 논쟁에 뛰어들 때만 해도 나는 인도 부패방지법의 배경을 잘 모르고 있었다. 그래서 이 이슈에 대해 글은 써봤으니 이제는 관련 문헌을 읽어보기로 마음을 먹었다. 그러면서 큰 틀에서 이 주제에 다가설 수 있었다. 법을 위반하는 행위들이 얼마나 노골적으로 이루어지고 있는지는 금세 확연해졌다. 서로 결탁해 법망을 빠져나가는 일이 뇌물의 영역에서 일어나는 것만도 아니었다. 문서에는 있지만 다들 무시하는 법이 아주 많다는 사실도 알게 되었다.[7] 그러자 왜 어떤 법은 지켜지고 어떤 법은 무시되는지 의문이 들었다. 물론 우리 경제학자들에게는 답이 없었고, 더 중요하게는 왜 그런지를 이해할 수단이 없었다. 법경제학이라는 연구 분야는 오늘날의 경제생활에 막대한 기여를 했지만, 그 한계 또한 분명하다.

이 책은 전통적인 법경제학, 이른바 신고전주의 법경제학의 전반에 걸쳐 드러나는 큰 결함에 관해 다룬다. 이 결함을 나는 '종이 위의 잉크 ink on paper' 문제라고 부른다(Basu, 1993). 여기서는 이 결함에 대한 관심을 이끌어내어 설명하고, 이어서 주의 깊게 재구성해나가고자 한다. 물론 대대적인 수술이 될 것임이 분명하나, 이것이 우리가 그간 이루어낸 모든 성과를 잘못이라 비난하는 것은 아님을 처음부터 꼭 강조해두고 싶다. 마치 수학에서 드러나는 것과 유사하다. 때로 우리는 수학의 토대적 오류에 맞닥뜨리곤 한다. 대개 이런 일은 우리가 불현듯 모순이나 난제를 발견하고, 그에 대해 알아보니 어떠한 문제의 원인이 부주의함이나 인쇄상의 실수가 아닌, 수학이라는 학문적 토대로부터 발현된 보다 심층적인 것임을 깨닫는 순간에 일어난다. 그 문제들이 다 드러났는지도 논란의 여지가 있으며, 여전히 수학에는 그러한 토대적인 오류가 있다. 그렇다고 해서 기존의 교육을 받지 말아야 한다는 뜻은 아니

7 추산에 따르면(Debroy, 2000) 인도에는 연방정부와 주정부를 아울러 3만 개가 넘는 법이 있다. 이 가운데 먼지만 쌓여가는 법의 수가 가장 큰 비중을 차지하고, 더 나쁘게는 심지어 간간이 오용하거나 전략적으로 이용하기 위한 목적으로 악용되기도 한다.

며, 단지 우리의 앞날에 걸림돌이 있을 것이라는 것, 그간 우리가 굳건하다 믿어온 지식 가운데에는 그렇지 않은 지식이 있고, 우리가 알고 있던 것 중에는 버리고 바꿔야 할 것이 있음을 깨닫게 될 수도 있다는 것이다. 그러니 흥미롭기도 하다.

법경제학의 경우에도 비슷하다. 결함을 메워가다 보면, 바라건대 보다 굳건한 학문이 될 것이다. 기존의 지식 가운데 일부는 그 타당성을 잃겠지만 학문으로서는 더 풍성해져 우리에게 새로운 통찰을 안겨주고, 이전에는 제대로 다루지 못했던 모순과 역설이 더는 생겨나지 않도록 만들어줄 것이다.

이 책은 법과 경제, 그리고 게임이론에 대한 사전 지식이 없는 일반 독자들도 읽을 수 있게 쓰였다. 그렇다 보니 중간중간 방향을 틀어 기초 개념에 대한 논의를 펼치기도 한다. 전문 법학자나 게임이론 전문가에게는 이런 부연이 사족이거나 단순한 주의 환기 정도에 불과할지도 모르겠다. 하지만 이러한 전략에 힘입어 익숙한 구조가 해체되고 재결합되는 광경을 목격하는 데에 관심이 있을지 모를 초심자부터 전문가까지, 보다 많은 독자에게 이 책이 가치가 있기를 바란다.

이렇듯 두루 아우르는 취지에서 다음 장은 표준 법경제학, 즉 신고전주의 법경제학 모델을 간단히 설명하는 것으로 시작한다. 이어 이 모델의 토대에 놓인 몇 가지 모순을 제시한다. 그 후에는 방향을 틀어, 전통적인 법경제학 가운데 가장 뛰어난 부분을 취하고 그 토대 위에서 모델을 재건한다. 물론 모델을 재건한다는 것이 결코 쉽지 않으며, 이 책이 됐든 다른 어떤 책이 됐든 한 권의 책으로는 완성하기 어렵다는 것을 안다. 그럼에도 기존의 모델을 어떻게 고쳐나가야 하는지에 대해 상당히 폭넓게 기술할 수 있으리라 기대한다.

이 책에서는 게임이론의 논의를 활용한다. 시차가 없는 게임 혹은 정규형 게임normal-form game으로 시작해 행위자들이 시차를 두고 펼치는 전략적 상호작용 게임, 이른바 전개형 게임extensive-form game으로 나아간다. 이 모든 논의에서는 관련된 연구도 언급한다. 법학과 경제학 양쪽 모두에 저명한 저자들이 있고, 이들에게는 이 책에서 다루고 있는 것과 같은 결함을 꿰뚫어보는 통찰력이 있다. 이들의 연구를 언급하며 유사점과 차이점을 짚어볼 것이다. 학문적 모험은 그 본연의 특성상 집단적인 노력으로 이룰 수 있다.

이러한 틀을 기본으로, 시카고학파와 예일학파의 차이(이 논쟁을 둘러싼 짧고 명쾌한 개관은 Sunstein, 2016 참조), 개인 단위에서 이루어지는 합리성과 도덕성의 역할, 부정부패를 막는 최선의 방법, 법이 더 잘 시행되게 하는 방법 등과 같은 법경제학의 일반적인 하위 주제에 대해서도 간간이 논의의 흐름을 벗어나 살펴볼 것이다.

아우르고자 노력하는 한편으로, 나는 또한 우리가 답이 정해져 있지 않은 질문에 계속해서 직면할 수밖에 없음을 인정한다. 새로운 모델은 새로운 모델 나름대로 답을 낼 수 없는 문제가 있다. 이러한 문제에 대해서는 최대한 투명하게 짚어나가겠지만 몇몇 문제는 마지막 몇 장까지 기다려야 할 수도 있다. 이 부분에 대해서는 나보다 뛰어난 누군가가 이 프로젝트를 더 잘 완성해주리라 기대하며 할 수 있는 한 명료하게 풀어내보겠다.

2장

법경제학의 간략한 역사

1. 법과 법 시행 사례

이 책은 야심찬 어젠더를 제기한다. 곧 법경제학이라는 학문의 상당 부분에 걸쳐 결함이 드러나며, 이 때문에 법경제학의 몇몇 굵직한 성과에도 불구하고 여전히 이 분야가 그 토대에서부터 도전을 받고 있다는 주장이다. 법경제학의 약점은 개발도상국에서 가장 잘 드러난다. 법은 그럴싸하게 쓰였는데 실제로 작동은 되지 않는다는 게 많은 개발도상국에서 나타나는 한결같은 레퍼토리이다. 대개 그 해명이라 해봐야 부정부패, 형편없는 통치구조, 정치 지도자의 의지력 부족을 들며 얼렁뚱땅 넘어가는 식이다. 이 장에서는 현재 법경제학 연구의 기저에 넓게 자리한 개념적 오류와 이 학문이 상정되어온 방식에 대한 관심을 이끌어냄으로써 법이 왜, 어떻게 행동에 영향을 미치고 또 더러는 그렇지 못한지를 더 깊이 이해해보고자 한다.

그러나 정작 힘든 일은 (명료하게 풀어내면 충분히 이해될 수 있는) 문제를 지적하는 것이 아니라 오류를 밝혀낸 뒤에 이 분야를 재건하는 일이다. 그러자면 법, 게임이론, 경제학, 철학 등의 여러 분야를 다룰 수밖에 없고, 대단히 흥미로운 논리 퍼즐에 맞닥뜨리게 되어 결국 엄청난 과업을 떠안게 된다. 그럼에도 불구하고 법경제학 분야의 개념 틀을 새로이 구축한다면 경제적 성과와 시행의 효과성 측면에서 보다 나은 법을 만들 수 있으므로 재건에 따르는 이익은 상당하다. 따라서 이 책에서는 결함을 바로잡아가며 법경제학 연구의 기본 틀을 마련해갈 것이다. 이로써 흥미진진한 새로운 가능성이 활짝 열릴 것이고, 그 가능성의 어젠더 가운데 일부는, 물론 이 책에서도 뒤에서 다루긴 하겠지만 워낙 그 폭이 넓고 결론도 열려 있어 많은 부분이 앞으로의 과제로 남을 것이다.

1장에서 설명한 것처럼 신고전주의 법경제학 모델의 뿌리는 긴 역사를 거슬러 올라간다. 하지만 이론화된 기본 틀을 마련하려는 중요한 움직임이 1960년대에 있었고, 그 가운데 코즈(Coase, 1960)와 칼라브레시(Calabresi, 1960), 베커(Becker, 1968)가 대표적이다. 구체적으로 보면, 범죄와 처벌에 관한 종합적인 모델을 제시한 베커의 연구는 그로부터 파생된 연구와 비평들 모두에 결정적인 영향을 미쳤고, 이 책에서 다루려는 내용도 그중 하나이다.[1] 베커는 법경제학의 기본 틀을 마련하려던 것이 아니라 단지 주류 신고전주의 경제학의 아이디어를 일부 차용해 범죄를 예방할 가장 좋은 방법을 분석하려던 것이었고, 부정부패도 그러한 범죄 가운데 하나였다. 그러나 베커의 모델은 수학적 모델이었으므로 이론화된 체계를 마련할 수밖에 없었고, 이것이 곧 법경제학의 기본 틀이 되었다.

이 책에서 내가 법경제학 분야를 다룬다고 할 때의 방점은 법학과 경제학 중 '경제학'에 있다. 하트(Hart, 1961)를 위시한 법학자들과 법철학자들은 법이 어떻게 제 역할을 발휘하는지, 적법성의 근간은 무엇인지, 그리고 법을 지키는 이유는 무엇인지를 개념화하기 위해 오랫동안 노력했다. 이러한 연구 가운데 일부를 언급하며 해당 논의를 가져오겠

1 Becker & Stigler(1974), Cooter & Ulen(1988), Baird, Gertner, & Picker(1994), Mercuro & Medema(1997), Schafer & Ott(2005), Persson & Siven(2006), Paternoster(2010)도 참조할 것. Murphy & Coleman(1997) 3장은 범죄 처벌의 배경에 관한 논의를 법경제학뿐 아니라 법철학·법윤리학에 이르는 보다 폭넓은 차원에서 탁월하게 풀어낸다.

지만, 그보다는 (법) '그리고 경제학', 즉 하트보다는 칼라브레시와 코즈에 주안점을 두고자 한다. 이러한 맥락에서 다음 절에서는 경제학자들이 제시하는 범죄 처벌 모델의 핵심 개념을 주의 깊게 살펴보겠다. 그러나 우선은 현실적인 문제, 즉 실제 법의 시행부터 시작해보자.

여기에서 다룰 사례는 내가 인도 정부 고문으로 봉직할 때 직접 겪은 일이다. 인도에는 필요한 최소한의 식량을 모든 시민(물론 그 대상은 저소득층이다)에게 공급하는 대규모 프로그램이 있으며, 현재 이 프로그램은 법으로 보장된다.[2] 프로그램의 운영 방식은 이러하다. 1964년부터 시행된 인도식품공사법에 따라 설립된 국영기업인 인도식품공사Food Corporation of India는 정부의 식량 가격 안정화 프로그램과 저소득층을 위한 식량 지원 프로그램의 집행을 담당한다. 인도 정부는 매년 최저수매가를 발표하고, 농가는 이 가격으로 식품공사에 식량을 판매할 권리를 갖는다. 대개 최저수매가는 농가가 정부에 식량을 팔고 싶을 만큼 높게 책정된다. 식량을 취합하는 시스템이 효율적이고 취합하는 창구의 수가 많은 주州에서는 정부, 즉 식품공사가 이 프로그램에 따라 상당한 양의 쌀과 밀가루를 매입한다. 그러나 농가가 곡물을 팔고 싶어도 취합하는 창구가 없어 최저수매가의 존재가 그저 명색일 뿐인 주나 지역도 있다.[3]

---

2 식량권법으로 잘 알려진 인도의 식량보장법National Food Security Act(2013)은 예측하기 어려운 시장의 극심한 변동으로부터 저소득층을 보호하려는 노력의 일환이다. 여기서의 극심한 시장 변동이란 경제학자들이 오랫동안 관심을 기울여온 주제(Johnson, 1976 참조)이자 인도 양곡 정책의 핵심적인 부분이다.

3 최저수매가가 상당히 높게 책정되므로 대對정부 매도는 공급과잉이다. 따라서 정부는 (정부 관계자 누구도 이를 하나의 전략으로 인정하지 않겠지만) 인도의 상당 지역에 매입 창구를 두지 않는 방식으로 효과적으로 공급과잉을 관리한다. 그렇다 보니 인도의 어느 지역에 위치해 있는가에 따라 농가는 불공평한 경쟁의 장에 놓인다. 이 점은 비판받아 마땅하지만, 이 책의 주된 논쟁점은 아니다(다만 간단히 언급하자면, 나는 정책결정자로서 개선의 노력을 쏟았으나 성공하지 못했다).

취합된 곡물 중 일부는 곡물이 부족할 때를 대비해 예비로 비축된다. 한편 그 외의 많은 곡물은 빈곤선 이하below poverty line 가구로 분류돼 정부로부터 카드를 발급받은 저소득가구에 판매하도록 되어 있다. 빈곤선 이하 가구를 대상으로 한 곡물 판매는 이른바 배급상 또는 공공유통점을 통해서 이루어지는데, 전국적으로 그 수가 약 50만 곳에 이른다. 식품공사는 양곡을 시장가보다 낮은 가격에 배급상에 판매한다. 배급상은 이 가격에 약간의 마진을 붙여(하지만 지침에 따라 미리 정해졌고 시장가보다는 여전히 낮은 가격으로) 양곡을 저소득가구에 팔되, 정부에서 정한 가구당 최대 몇 kg까지만 판매 가능하다는 쿼터도 지켜야 한다. 꼭 필요한 양의 양곡을 낮은 가격으로 살 권리를 저소득가구에게 보장해준다는 취지에서이다. 이 시스템은 막대한 노력을 들여 설계되었고, 현재는 의회를 통과해 법으로 시행 중이다.

그런데 문제는 이 법이 곳곳에서 위반된다는 것이다. 몇몇 훌륭한 연구에 따르면, 식품공사가 공급하고 식량 지원 시스템에 따라 유통되어야 할 곡물 가운데 43~54%가 지난 10년간 시스템 밖으로 새어나간 것으로 나타났다(Jha & Ramaswami, 2010; Khera, 2011). 이 누수에는 흥미로운 패턴이 나타난다. 즉 쌀보다는 밀가루 유용이 훨씬 더 많았고, 쌀과 밀가루를 통틀어서는 2004~2005년에 유용량이 최고조에 달해 저소득가구에 공급되어야 할 양곡의 절반 이상이 그들에게 이르지 못했다. 그 후 개선이 되기는 했으나 미미한 수준에 그친다. 이 모든 점이 다 흥미롭고 분석할 만하지만, 여기에서는 인도 사회 전반에 걸쳐 긍정적인 변화를 가져올 수 있었던 이 선의의 법이 의도적으로 위반되었다는 사실에 주목하고자 한다.[4]

4 식량 공급과 관련해서는 Basu(2015)에서 상세히 설명하고 비판했다.

문제는 법의 의도가 아니라 설계이다. 아주 많은 곡물이 새어나간다는 것은 저소득층이 자신들에게 돌아갈 공공부조를 받지 못한다는 뜻이고, 그렇지 않았을 경우보다 국가의 재정 균형에 더 큰 압박이 가해진다는 뜻이다. 법이 제대로 실행되지 못하는 직접적인 이유는 쉽게 알 수 있다. 배급상처럼 공무를 대신하는 사람들, 그리고 정부의 관리들이 이 프로그램을 성실하게 로봇처럼 이행하리라는 것, 즉 보조금이 지원된 식량을 식품공사로부터 받아 이를 다시 저소득층에게 기계적으로 배급하리라는 전제에서 식품공사법과 그보다 앞서 있었던 식량배급 규정이 쓰였기 때문이다.[5] 하지만 애석하게도 배급상은 법을 지킬지 말지 '합리적'으로 판단했다. 실제로는 인도의 많은 배급상이 식품공사에서 받은 양곡 중 일부에 웃돈을 붙여 일반 시장거래로 팔았고(이런 일이 횡행한다), 저소득층이 보조금 배급 식량을 받으러 오면 받은 물량이 동났다거나 아직 받지 못했다고 하며 돌려보냈다. 다른 곡물을 섞어 파는 사례도 있었다.

경제고문이었을 당시에 나는 배급상들의 실상을 직시하고, 식품공사가 보조금이 지원된 식량을 배급상에 넘기지 않는 것이 부분적으로나마 해결책이 될 수 있다고 주장했다. 대신, 기본적으로 소액의 기초소득이 되게끔 바우처, 푸드스탬프, 현금의 형태로 저소득층에게 직접 보조금을 주어 이들이 필요한 식량을 민간 판매업자로부터 살 수 있게 해야 한다고 생각했다. 저소득층에게 보조금을 주면서 농가나 민간 공급상에게 직접 양곡을 구매하라고 하면 누수가 훨씬 덜할 터였다. 다른 곡물을 섞어 파는 일만 하더라도, 사람들은 그 동네에 그런 가게가 있

---

5 지배구조와 부패, 심지어 정치기구와 부패 간의 유착에 관한 연구는 폭넓게 이루어져왔다(일례로 Mishra, 2006; Rose-Ackerman & Palifka, 1999[2015] 참조). 학계의 연구를 직접 적용해본 경험이었던 만큼, 개인적으로는 인도에서의 경험에서 특히 배운 바가 많았다.

다는 사실을 알면 자연히 다른 가게를 이용하게 될 것이다. 물론 지원금을 다 양곡을 사는 데 쓰지 않을 수도 있겠지만, 적어도 지금처럼 지원금이 배급상에게로 흘러들지 않고 저소득층에게 모두 돌아가기는 할 것이다.

어쨌든 지금의 내 관심사는 이 부분과 관련한 것은 아니고, 개발도상국에서 종종 법이 좋은 효과를 내지 못하는 이유를 지적하려는 것이다. 그 이유는 법에 악의성이 있어서가 아니라(물론 부유한 나라에서든 가난한 나라에서든 그런 경우가 있기는 하다) 공무를 수행하는 사람들이 법을 실행하지 않기 때문이고, 법의 설계에 그 취지가 충분히 반영되지 않았기 때문이다.

인도의 1988년 부패방지법과 관련해서도 이런 논쟁이 있었다. 1장에서 언급했듯이 인도에 있을 당시에 나도 개입된 바 있다. 부패방지법은 뇌물을 써서 법을 피해가는 문제를 다룬다. 이 법에서 흥미로운 점은 이것이 어떤 측면에서는 '법 위의 법' 또는 '법에 대한 법meta law', 즉 다른 법이 더 잘 집행되게 하는 법이라는 점이다. '정부 관리를 뇌물로 매수해서 불법 행위를 할' 여지를 없애자는 게 이 법의 취지이다. 경찰, 징계권자, 그 외 공무를 집행하는 사람 등과 같은 인도의 공무원들을 평범한 시민들을 바라볼 때처럼 현실적인 시각으로만 본다면 이 법에 오류가 생기지 않겠느냐는 것이 내 주장의 시작이었다. 부패방지법에 따라, 특히 이 법의 제12조에 따라 뇌물 수수자와 공여자가 똑같이 유죄로 취급되어 처벌을 받는다는 사실에서 문제가 생긴다.[6] 이런 균형

---

6 이 법의 제24조에 따라 명목적으로는 공여자가 면책될 수 있음을 밝혀둘 필요가 있겠다. 그러나 수년간 이 조항의 면책 실효성은 관료를 상대로 뇌물 수수에 걸려들게 하는 식의 함정수사를 꾀한 언론인에게만 주로 적용되었다(Basu, 2011b). 그 외에는 이 법의 적용을 받아 뇌물 공여자와 수수자가 똑같이 처벌받는다.

을 깨고 한쪽에 무게를 싣는 방향으로 법을 개정한다면, 즉 이 경우에는 뇌물을 받은 공무원만 유죄 처분된다면, 받은 쪽은 준 쪽이 뇌물 수수 사실을 누설할 가능성을 더 크게 상정할 것이고 그 가능성을 알기 때문에 애초에 뇌물을 받길 꺼릴 것이다.[7] 공무수행자를 적절히 모델화하지 못해서 생긴 문제를 일깨운다는 점에서 이 법은 이 책에서의 논의의 맥락과 특히 맞닿아 있다.[8]

저소득층에게 충분한 식량을 보장하기 위한 인도의 정책이나 뇌물 수수를 막기 위한 인도의 법을 살펴보며 그러했던 것처럼, 각 법안을 세세히 따져본다면 우리는 더 좋은 대안을 마련할 수 있을지도 모른다. 그러나 앞서와 같은 일이 생기는 더 중요한 원인은 표준으로 받아들여지는 신고전주의 법경제학 모델에서 법의 역할을 개념화하는 방식에 근본적으로 오류가 있고, 그 사고방식이 정책 영역 전반에 걸쳐 침투해 있기 때문이다. 그 오류를 설명하고 바로잡을 방법을 제시하기에 앞서 법경제학 표준 모델에 대해 간략히 짚어보기로 하자.

---

7 뇌물 수수와 법집행 주체의 취약성이라는 주제에 대해서는 많은 연구 문헌이 있다. 그 가운데 일부 논의를 Basu, Bhattacharya, & Mishra(1992)와 Basu, Basu, & Cordella(2016)에서 다루었다. 뇌물 수수와 법집행 주체의 동기라는 문제를 다룬 최근의 분석으로는 Pethe, Tandel, & Gandhi(2012), Abbink, Dasgupta, Gangadharan, & Jain(2014), Spengler(2014), Suthankar & Vaishnav(2014), Dufwenberg & Spagnolo(2015), Oak(2015), Dharmapala, Garoupa, & McAdams(2015), Pani(2016)가 있다.

8 여기서뿐 아니라 이후에 이 주제를 포괄적으로 다룰 때도 뇌물 수수와 여타 다른 유형의 부정부패가 경제의 효율성을 강화할 가능성은 배제하겠다. 일부 경제학자는 강화한다는 관점을 취하며, 당장에는 그럴 수 있음을 부정하지 않는다. 그러나 뇌물 수수와 부정부패는 사회의 도덕적 결을 크게 훼손시키고 신뢰를 갉아먹어 경제적·사회적·정치적 삶에 막대한 상처를 입힌다는 것이 나의 견해이다. 어쨌든 뇌물 및 다른 유형의 부정부패를 막을 최선의 방법이 무엇인가라는 질문을 다루기 위해 이 논쟁을 해결하고 가야 하는 것은 아니다.

2. 전통적인 법경제학

예컨대 누군가 돈이 되는 광물을 캐볼까 하고 새로운 사업을 구상 중이라고 하자. 이 활동을 '석탄 채굴'이라고 부르자. 일단 석탄 채굴은 합법적인 활동이라고 전제한다. 이 사람은 이번 모험이 이윤을 남길지만 따져보면 된다. 표준 경제학 모델에 따르면, 기본적으로 이 행위의 주체는 땅속에서 쓸 만한 석탄을 찾아낼 확률과 이를 통해 얻는 예상 수입을 계산해보고, 필요한 장비를 빌리거나 사는 데 드는 돈이나 인건비 등의 사업 비용을 따져볼 것이다. 전자(예상 수입)에서 후자(비용)를 빼면 이 모험에서 기대되는 순수익 또는 순이익이 산출된다. 이 순수익을 B라고 하자. 표준 경제학에 따라 B가 +값이면 사업가는 채굴을 진행한다. +값이 아니라면 할 가치가 없다고 판단하고 석탄 채굴 프로젝트를 포기한다.

합리적인 의사결정을 이와 같이 표준화해 바라보는 시각에는 취약점이 있고, 또 그에 합당한 비판을 받기도 했다. 의사결정에 내재된 이기심이라는 발상에 문제가 제기되었고, 계산 역량에 한계가 없다는 저변의 전제가 도전을 받았으며, 인간을 움직이는 원동력은 단지 이윤만 있을 뿐인지 아니면 시기, 낙인, 신분 상승 등이 더해지는지가 의문시되었던 것이다. 이는 중요한 문제들이고 이와 관련해 지금까지 나온 문헌의 수도 아주 많지만,[9] 여기서는 이런 비판을 고려하지 않겠다. 일단은 합리적인 행위 주체를 타당한 전제로 간주하고 이기심에 대해서는

---

9 관련 문헌은 Veblen(1899)에서 Sen(1973; 1997), Tversky & Kahneman(1986), Basu(2000), Bowles(2004), Thaler & Sunstein(2008), Gintis(2009), Kahneman(2011), Benabou & Tirole(2006), Ellingsen & Johannesson(2008), World Bank(2015)에 이르기까지 많다.

언급하지 않겠다. 행위에 대한 보다 폭넓은 의문점은 뒤에서 다시 짚어 보기로 하자.

이제 정부가 자연환경을 고려해 석탄 채굴을 금지하는 법을 새로 시행하게 되었다고 가정하자. 채굴을 하다 적발된 사람에게는 모두 벌금 F 달러를 부과하는 규정도 생겼다. 경찰력과 통치구조의 질적 수준을 고려했을 때 적발될 확률은 p이다. 새로운 법에 따라 앞서 언급한 행위 주체인 석탄 채굴 사업가의 셈법과 판단 기준도 바뀐다. 쉽게 예상할 수 있듯, 이제 이 사업가의 석탄 채굴 프로젝트는 다음의 전제가 충족되어야 진행된다.

$$B > pF$$

즉 채굴을 통한 순수익이 이 활동의 불법성, 간단히 말해 '범죄'로 인해 예상되는 비용을 넘을 때만 이 프로젝트는 진행된다. 그러니 정부가 이 범죄를 꼭 막을 생각이라면 p와 F를 다음과 같이 정해야 한다.[10]

$$B \leq pF$$

이상이 법경제학 표준 모델에 관한 아주 짧은 설명이다. 새로운 혜안을 주고, 과거 법학자들이 고심했던 법 순응에 대한 불분명한 해석에서 벗어나게 해주는 등, 이 모델은 여러 측면에서 우리에게 도움이 되었다. 예컨대 우리는 이 모델을 통해 국가가 p와 F라는 두 가지 변수

10 엄밀히 짚고 갈 겸 언급하자면, 범죄가 실행되든 실행되지 않든 상관없다고 보는 사람은 후자 쪽을 선택한다고 보고 임의로 중립이 아니게 전제했다. 덧붙여 실제로도 그랬으면 하는 바람이다.

로 범죄를 통제할 수 있음을 알게 된다. 이론의 여지는 있지만 대개의 경우 F보다 p를 높이는 데 국고가 더 많이 들어간다. p를 높이려면, 즉 범죄를 저질렀을 때 적발될 확률을 높이려면 경찰 인력, 감시 카메라, 경찰차 등이 더 많이 있어야 하지만 F는 '범죄자가 적발되어 유죄로 판명될 시' F를 납부하여야 한다는 단 한 차례의 의사결정만 있으면 되기 때문이다.

따라서 신고전주의 모델의 흥미로운 함의 가운데 하나는 p를 낮게 두고 F를 크게 높였을 때 가장 효과적으로 범죄를 통제할 수 있다는 점이다. 즉 적발될 가능성은 낮지만 적발되면 벌금이 엄청나다. 그러나 이걸 어디까지 밀고 나갈지는 한계가 있다. 우선 많은 국가, 적어도 모든 선진국은 유한책임법을 두고 일정 수준 이상으로는 국가가 처벌하지 못하도록 한다.[11] 이런 법이 없는 가난한 나라는 범죄자도 그만큼 가난하므로 일정 수준 이상의 벌금을 내지 못한다. 여기서 논의의 축을 더 밀고 나가, 경제적인 처벌에 한정하지 않고 고문을 허용하는 데로까지 나아간다면 F는 크게 높아진다. 그러나 대부분의 사회에서 고문은 윤리적으로 용납되지 않기에 F에는 상한선이 따른다. 따라서 정부는 p를 높여 pF값을 B만큼 키워야 한다.[12] 요약하면 이 간단한 모델을 통해서도 많은 연구자료와 정책 어젠더가 도출된다는 것으로, 실제 정책 설

11 유한책임법이 없을 때 어떤 문제에 직면하게 되는지는 Stern(1978)에 잘 나타나 있다.

12 감수자주: 과속에 대한 교통 범칙금을 예로 들자면, 한국은 OECD 국가들에 비해 p는 상대적으로 높은 반면에 F는 상당히 낮은 편이다. 그나마 p가 높은 것은 단속을 하는 경찰 인력이 많아서가 아니라 곳곳에 있는 단속카메라 때문으로, 그마저도 네비게이션이 카메라의 위치를 친절히 알려주는 덕분에 그 앞에서 잠깐 동안만 제한 속도를 지키면 걸릴 일이 거의 없다. 그러므로 효과적인 과속 억제를 위해서는 경찰 인력이 불시에 단속한다는 믿음이 사회 전반에 자리 잡고 있어야 하겠고, 단속 인력 증원이 여의치 않으면 F라도 지금보다 2~3배로 올려야 pF가 B보다 현격히 커지고, 그래야 단속카메라가 없는 곳에서도 과속운전이 근절될 수 있을 것이다.

계의 목적에서든 정책 비판의 목적에서든 이 모델에 기반한 연구보고서는 무수히 많다.[13]

이 모델은 명백한 비판에 놓이기도 했고, 그로 인해 모델이 더 다채로워지기도 했는데, 이러한 비판 가운데에는 이 책에서 결과적으로 이르고자 하는 주된 주장의 토대가 되는 내용도 숨어 있다. 예컨대 범칙금이나 벌금을 부과하는 즉시 뇌물 수수의 가능성도 열린다는 지적이다. 그러니 앞서 제시한 범죄 통제의 방정식은 한눈에 보이는 것만큼 단순하지 않을 수 있다. 일단 적발된 범죄자는 경찰과 뇌물 협상에 들어갈 수 있다. 따라서 뇌물 수수 범죄를 애당초 막을 방법을 찾으려면 뇌물에 관한 이론이 필요하다. 또 만약 뇌물 수수가 범죄라면 분명 누군가는 뇌물 수수 범죄로 처벌을 받지 않으려고 또 다른 뇌물을 줄 것이다. 여기에는 분명 또 다음 단계의 문제가 있고, 같은 논리로 가면 세 번째, 네 번째, 다섯 번째 단계의 문제가 발생한다.[14]

말하자면 뒤따르는 어젠더가 많다. 그렇다고 여기서 그만둘 일은 아니다. 이보다 더 중요하게 이 책에서 말하려는 바는 베커 모델의 개념적 기초를 밝히는 것으로, 이 부분은 명시적이지 않은 경우가 더러 있어 긴 숙고 없이 받아들여지곤 한다. 베커 모델의 토대인 주류 신고전주의 경제학에 따르면, 사람들에게는 선호preference 또는 효용함수utility function가 확고히 자리잡고 있고, 이기적으로 행동하며, 누구든 더 많은 것을 원한다고 가정한다. 또한 개개인의 한계효용은 체감diminishing marginal utility하며, 더 일반화하면 볼록 선호convex preference(극단적인 조

13 Rose-Ackerman(1975), Lui(1986), Klitgaard(1988), Bardhan(1997), Mishra(2006), Borooah(2016), Burguet, Ganuza, & Montalvo(2016) 등을 참조할 것.

14 Cadot(1987), Basu, Bhattacharya, & Mishra(1992)에 이런 내용 및 관련된 주장이 나온다. Mookherjee & Png(1995), Hindriks, Keen, & Muthoo(1994), Rahman(2012), Chernushkin, Ougolnitsky, & Usov(2013), Spengler(2014)도 참조할 것.

합으로 구성된 상품의 묶음보다는 여러 상품이 섞여 있는 묶음을 더 선호하는 것 — 옮긴이주)를 띤다고 가정한다.

이 틀에서 도덕의 역할은 설정되지 않는다. 또 이 모델에서 벌금은 가격과 동일하다.[15] 시속 100km를 초과하면 불법이라는 말을 듣고 또 인지했음에도 그보다 빨리 차를 몰아 벌금 100달러를 문다고 가정하면, 베커 모델에서 이 가정은 '100km를 초과해 운전해도 되지만, 그 결과로서 벌금 100달러를 내야 한다'라는 말과 같다. 베커는 이것이 많은 인간 행위를 이해하는 강력한 전제임을 보여주었다.[16] 쿠터는 경제학자의 접근 방식을 법학자들의 접근 방식과 구분 지으며 "거의 모든 경제학자가 (…) 도덕적 회의주의를 적용한다. (…) 경제학적으로 법을 분석해냈다는 것은 회의적 모델의 위력을 보여준다."라고 말하기도 했다(Cooter, 2000, 1577-1588쪽). 위험감수와 불법행위법에 관한 칼라브레시의 저명한 논문(Calabresi, 1961)에서 그가 시카고학파의 입장을 취했는지는 논박의 여지가 있지만, 도덕적 회의주의는 이른바 예일학파와 시카고학파 간 접근 방식의 차이이기도 하다(Calabresi, 2016; Sunstein, 2016).[17]

우리는 법에 대한 이러한 경제학적 접근의 기원을 베커를 비롯한 1960년대의 일부 학자와 연관 지어 살펴보았으나, 그 뿌리는 법철학자

15 법경제학에서 이런 유의 합리적 행위자 모델을 활용하는 것에 대해 법철학적 관점에서 비판한 내용은 Nussbaum(1997)을 참조할 것.

16 흔히 '법명령이론imperative theory of law'으로 알려진 것처럼, 법이 통하는 이유는 다만 제재가 뒷받침되는 명령이기 때문이다. 관련한 논의로는 Raz(1980)가 잘 알려져 있다.

17 칼라브레시는 Pigou(1920)를 인용해 이를 "자원 할당의 타당화allocation of resources justification"라고 부르면서 "기본적으로 그 근간에는 윤리적으로 특정하게 상정하는 바가 있다. 그 가운데 아마 가장 중요한 것은, 사람들은 무엇이 자신에게 가장 유리한지를 대체로 안다는 점이다."라고 했다(Calabresi, 1961, 502쪽). 만약 칼라브레시가 신고전주의 경제학자였다면 "대체로"라는 말은 쓰지 않았을 것이다.

인 한스 켈젠Hans Kelsen의 연구(1945)로 거슬러 올라간다는 점도 언급해 둘 필요가 있다. 켈젠은 법이 평범한 시민들을 향한 명령이 아니라, 국가의 관리들을 향한 명령이라고 강조했다. 즉 법은 평범한 시민이 특정한 행동을 했을 때 국가의 관리가 특정한 행위(처벌)를 해야 한다는 명령이고, 평범한 사람들이 법에 따라 행동하는 이유는 관리들의 그러한 행위를 향한 두려움 때문이라는 것이다. 따라서 신고전주의 법경제학에 대한 비판(이 비판은 이 장의 마지막 절에서 시작해 이 책의 상당 부분에 걸쳐 이어나갈 것이다)은 앞서 인용한 1960년대 논문에만 있는 것이 아니라 켈젠의 선구적인 연구에도 있다.

게임이론은 무한정의 소비 욕구를 전제하지 않으므로 신고전주의 경제학보다는 상대적으로 이해하기 수월하다. 다만 게임이론은, 개개인에게는 외적 요인에 의한 선호, 효용함수, 보수함수payoff function가 있어 이를 극대화하는 행위를 선택한다고 전제한다.

이 기본적인 가정은 여러 분야에서 비판받아왔다. 이기심을 가정해 보자. 만약 이런 가정이 사실이라면 다른 사람을 돕기 전에 본인의 산소마스크부터 챙기라는 기내의 안전 안내 방송은 군더더기가 될 테지만, 다행히 실제로는 그렇지 않다. 또한, 예컨대 일관성consistency과 같이 교과서에서나 가정하고 있을 법한 인간의 합리성에 대해서도 의문이 제기되어왔다. 센(Sen, 1993 참조)의 몇몇 연구에서 그러했고, 최근 들어서는 행동경제학(World Bank, 2015 참조)에서도 문제를 제기했다. 법학자들 역시 문제로 인식한다. 법학자들에 따르면 사람들은 세금을 낼 때 항상 비용편익분석만을 따르지 않는다(Posner, 2000). "개인의 이익 추구를 우선시하는 경제 모델에서는 조세순응도가 낮을 것으로 예측하지만(즉 사람들이 세금을 잘 내지 않을 것으로 예측하지만), 미국이나 스위스 등지에서는 이례적으로 높은 조세순응도를 보인다."라는 지적도 있었다(McAdams, 2000, 1579쪽). 하지만 이에 대해 부연하자면, 여러 개발도상국과 신흥경제국을 비롯해 일부 선진국(어느 나라인지는 구체적으로 밝히지 않는 게 좋겠다)의 조세순응도가 낮다는 점에서 여전히 개인은 높은 수준의 합리성을 보여주고 있으니 앞서 언급한 연구 결과에 신고전주의 경제학자들이 풀 죽을 필요는 없겠다.

낮은 조세순응도는 중요한 비판 요소로서 이 비판의 주된 출처는 법이론가들이며,[18] 이 부분에 대해서는 뒤에서 다시 다루겠다. 나는 신고전주의의 가정이 늘 타당하지는 않지만 유용한 측면이 있다고 생각한다. 이 책 가장 앞의 초반부에서 다루려는 부분이기도 한 신고전주의 주류 법경제학의 주된 결함은 개인의 합리성이라는 가정을 정책집행자에게는 적용하지 않는 비일관성에 관한 것이지 가정 자체와 관련된 것은 아니다. 주류 법경제학이 제시하는 어떤 분석은 다른 어떤 부분에서의 가정과 모순된다(이 장 끝부분에 나오는 합리적 개인과 기계적 정책집행자를 생각해보자). 따라서 나는 좀 더 무디게 비판하고자 한다. 즉 그 가정에 의문을 제기하는 것이 아니라 그 가정이 전반적으로 볼 때 일관되지 않음을 보여주고자 한다. 여러분의 이데올로기가 무엇이고, 범죄를 처벌하는 규범에 대한 여러분의 입장이 무엇인지와 상관없이 신고전주의 법경제학 모델만으로는 부족하다는 것이다. 이 모델은 '내적으로' 오류이다.

더 덧붙이기 전까지는 일단 이 같은 기조로 주류 신고전주의 경제학에서 말하는 인간의 합리성이라는 가정을 설명해두기로 하자. 법경제학에 대한 신고전주의의 앞선 가정을 문제 삼지 않고도 이 접근법의

---

18 칼라브레시의 성찰이 담긴 최근의 글(Calabresi, 2016)이 좋은 예이다. 또한 포스너(Posner, 2000, 3장)는 인간 행동 방식의 원동력이 되는, 이기심을 넘어선 일련의 동기들에 관해 논의한다. 물론 행동경제학에서도 이 부분을 많이 다룬다.

토대가 되는 다른 특성에 의문을 가질 만하다는 주장이 제기될 수 있다. 이러한 방법론적 비판을 배경에 깔고, 신고전주의 방법론 혹은 시카고학파의 방법론을 범죄 처벌의 문제에 적용했을 때 그 방법론이 어떻게 활용되는지 살펴보자.[19]

법의 어떤 지점이 인간의 행동을 변화시킬 잠재력을 촉발하는 것일까? 앞서 기술한 신고전주의 법경제학의 접근에 따르면, 법은 행위의 유형을 달리했을 때 얻는 대가를 바꿔놓음으로써 개개인의 행위를 변화시키는 듯하다. 실제로 경제학자들과 법경제학자들은 그렇게 가정한다(Baird, Gertner, & Picker, 1994 참조). 맥애덤스(McAdams, 2000, 1650쪽)는 "국가는 개인에게 책임이나 처벌을 부과해 불법 행위를 저질렀을 때 대가를 치르게 하고, 그 결과 위법보다는 준법이 우위dominant 전략이 된다."라고 했다. 그는 또한 "법에 의해 부과되는 공적 제재를 통해 행위의 대가를 높이거나 낮추는 것이, 법이 일상에서 개개인의 행동에 영향을 미치는 첫 단계이다."라고 언급했다. 게임이론의 언어로 말하면, 법은 게임의 규칙을 바꾸고 게임은 규칙에 의해 기술되므로 결국 법은 사람들이 펼치는 게임을 바꿔놓는다.[20]

이는 법학자들의 관점에도 상당히 부합하는 것으로, 자연법학주의에서 독립해 넓게는 법실증주의자로 불리는 학자들의 경우에 특히 그러하다. 이 학자들에게 법은 흔히 통치자나 국가로부터 비롯되는 행동 규칙과 연결되며, 그 규칙을 위반했을 때 따르는 처벌·제재와 연결된다. 이러한 사상은 제러미 벤담Jeremy Bentham과 존 애덤스John Adams의

19 '전통적 법경제학 접근'이라는 말은 '신고전주의적 접근', '시카고학파적 접근'과 혼용하여 이 책 전반에 걸쳐 사용했다.

20 롭슨(Robson, 2012, 1쪽)은 현대 법경제학의 핵심적인 아이디어를 명쾌하게 설명하며 "법이 정한 규칙은 시장 프로세스에 참여하는 개개인에게 제시되는 인센티브를 바꿔놓음으로써 시장의 결과에 영향을 미친다."라고 했다.

연구에도 나타나며, 켈젠(Kelsen, 1945), 하트(Hart, 1961)와 같은 후대의 법학자 및 철학자들이 이 사상의 핵심을 더 또렷하게 짚고 다듬어나갔다. 예컨대 하트는 1차 규범과 2차 규범을 구분했다. 특히 그는 선대의 연구자들과 거리를 두었으며, 오스틴의 명령이론과 제재에 기반한 켈젠의 이론과는 더욱 그러했다.[21] 일부 비평가의 언급처럼 하트의 연구는 법이 이끌어내는 행동과 사회규범이 이끌어내는 행동 사이의 차이 유무에 대한 결론을 모호하게 남겨두었다. 이 주제에 대해서는 뒤에서 다루기로 하자.

자연법 등의 초기 이론과 법실증주의이론 가운데 어느 하나로 딱 잘라 구분 짓기를 거부한 진중한 학파도 있었으므로 이 선대의 학파 역시 법을 게임 규칙의 기술로 보는 견해에 일조했다고 하겠다(Starr, 1984 등 참조).

지금까지도 그랬고 또 앞으로도 계속 언급할 개념이라 되도록 모호함을 없애는 것이 중요한 만큼, 논의를 더 이어가기 전에 게임의 기본 개념과 균형 상태에 대해 살펴보자.

3. 게임이론

게임이론은 곧 상호합리성에 관한 분석을 말한다. 상대가 나보다 영리할 재간이나 의도가 없는 자연환경 및 기계 장치일 때의 합리적 의

21 그러나 레이시는 자신이 저술한 하트의 전기(Lacey, 2004)에서, 하트의 메모장을 보면 그가 선대의 연구자들에 대한 견해로서의 연구보다는 1차 규범에 관한 연구를 더 많이 했음을 알 수 있다는 흥미로운 견해를 밝힌다. 하트의 1961년 저작을 우리가 직접 읽었을 때 받는 인상과는 다르다.

사결정, 그리고 상대도 나만큼 합리적이어서 내가 어떻게 나올지를 예측하는 상황에서의 합리적 의사결정, 이 둘은 분명히 차이가 있다. 그래서 우리는 일기예보를 보고 우산을 챙길지 말지 결정할 때 '내가 우산을 챙기면(혹은 안 챙기면) 그 모습을 보고 자연이 비를 내릴지도(혹은 안 내릴지도) 모른다'라는 걱정은 대개 하지 않는다. 그러나 소련이 쿠바에 탄도미사일을 배치한 상황에서 개인적 전략과 국가적 전략을 선택해야 했던 1962년의 존 F. 케네디는 니키타 흐루쇼프가 무슨 생각을 할지 거듭 따져보았을 테고, 또 상대가 자신의 속마음을 어떻게 짐작하고 있을지도 분명히 따져보았을 것이다. 이는 전형적인 게임이론의 문제이다.[22] 오먼은 "흔히 게임이론이라고 불리는 분야는 '상호의사결정이론Interactive Decision Theory'이 더 설명적인 명칭이 아닐까 싶다."(Aumann, 1987, 2쪽)라고 했다.

게임이론의 맥락에서 범할 수 있는 가장 큰 실수는 상대 플레이어의 합리성을 고려하지 않는 것이다. 몇 년 전 게임이론에 익숙하지 않은 독자들을 대상으로 『사이언티픽 아메리칸*Scientific American*』에 쓴 글에서 나는 게임이론의 핵심 개념을 보여주기 위해 인도에서 들었던 다음과 같은 이야기를 인용했다(Basu, 2007). 어느 모자 장수가 이 마을에서 저 마을로 가던 길에 졸음이 왔다. 그래서 그는 잠시 나무 그늘에 모자 꾸러미를 내려놓고 잠이 들었는데, 깨어보니 황당하게도 모자가 다 사라진 게 아닌가. 알고 보니 원숭이들이 나무 꼭대기 위로 모자 꾸러미를 가져가버린 터였고, 모자는 모두 원숭이들의 머리에 씌워져 있었다. 화도 나고 다급해진 모자 장수는 자기가 쓰고 있던 모자를 벗어서 위

22 명확히 하자면, 소소하기는 하지만 일기예보에 따라 어떤 옷을 입을지 결정하는 것도 게임이론의 문제로 생각할 수 있다. 기본적으로 이 게임은 플레이어가 한 명인데, 이렇게 본다면 개개인의 일반적인 의사결정도 모두 특수한 형태의 게임이론이다.

로 던졌고, 모자는 다시 땅으로 떨어졌다. 그런데 잘 알려져 있듯이 원숭이는 따라하기의 명수이다. 이내 모든 원숭이가 모자를 위로 던졌고 모자들은 모두 땅으로 떨어졌다. 모자 장수는 그제야 한시름을 놓았다. 그는 떨어진 모자들을 챙겨 다시 길을 떠났다.

40년 후, 할아버지를 따라 모자 장수가 된 그의 손자가 모자 꾸러미를 가지고 이 마을에서 저 마을로 가던 길에 졸음이 왔다. 그래서 그는 잠시 꾸러미를 내려놓고 잠이 들었는데, 깨어보니 나무 위 원숭이들의 머리에 모자가 모두 씌워져 있었다. 그는 다급해졌다. 이제 어쩌지? 그러다 할아버지께 들은 이야기가 생각났다. 이거다 싶어 그는 자기가 쓰고 있던 모자를 벗어 던졌고, 이내 모자는 땅으로 떨어졌다. 그런데 그때 원숭이 한 마리가 어기적 내려오더니 모자 장수가 던진 모자를 주워들고는 야무지게 팔 아래께에 끼웠다. 모자 장수에게로 걸어온 원숭이가 그를 찰싹 때리더니 말했다. "할아버지는 너만 있는 줄 아니?"

이 이야기의 교훈은 게임이론적 사고의 핵심이다. 전략을 선택할 때는 상대가 합리적임을 인지하라. 이 장의 앞부분에서 이미 살펴보았듯이 정부의 많은 복지 프로그램이 제대로 작동하지 않는 이유는 프로그램을 집행하는 사람도 나름의 욕망과 욕구를 지닌 행위자라는 사실을 고려하지 않은 채 그것이 설계되기 때문이며, 인도의 식량 배급 시스템에서는 배급상이 이 예에 해당한다.

체계적으로 게임을 설명하기 위해서는 세 가지 요건이 갖춰져야 한다.[23] 첫째, 플레이어player의 집합을 특정해야 한다. 둘째, 각각의 플레

23 여기서 말하는 게임은 정규형normal-form 또는 전략형 게임strategic-form game이다. 전개형extensive-form 게임은 4장에서 간단히 짚어본 뒤 이후에도 그에 대한 설명을 이어갈 것이다. 베어드와 거트너, 피커(Baird, Gertner, & Picker, 1994)는 게임이론과 법의 접점에 대해 보다 포괄적이고 훌륭한 논의를 펼쳐나가며 전개형extensive-form, 불완전 정보incomplete information, 협동적 협상이론cooperative bargaining theory에 대해서도 다룬다. 왜 협동적 게

이어에게는 실현 가능한 일련의 전략 또는 행동이 있고, 플레이어는 그중 하나를 선택해야 한다. 셋째, 모든 플레이어가 각자의 행동을 선택했다면 각 플레이어는 보수payoff 혹은 대가를 받는다. 이는 이른바 보수함수payoff function로 명시된다. 이때 각각의 플레이어는 모두의 보수함수에 대해 알고 있다고 가정한다. 각 플레이어의 목표는 자기 자신이 받는 보수를 극대화하는 선택을 하는 것이다. 각자의 보수를 극대화하는 활동이 이른바 합리적 행위이다. 대부분의 게임이론에서는 모든 플레이어가 합리적이고, 나아가 합리성을 공통지식common knowledge으로 전제한다. 합리성이 공통지식이라는 말은, 곧 모든 플레이어가 다른 모든 플레이어가 합리적임을 알고, 모든 플레이어가 다른 모든 플레이어가 합리적임을 안다는 것을 모든 플레이어가 알고, 모든 플레이어가 합리적임을 다른 모든 플레이어가 안다는 것을 모든 플레이어가 안다는 것을 다른 모든 플레이어가 안다는 뜻이며, 독자들은 분명 내가 이쯤에서 멈추기를 바랄 것이다. 어쨌든 더 위의 단계로 가더라도 이런 식의 가정은 모두 타당하다.[24]

게임에서 균형 상태를 이루게 되는 결과는 무엇일까? 이 질문에는 여러 방식의 답이 있으며, 이 여러 방식은 뒤에서 다시 만나게 될 것이다. 일단 여기서는 가장 널리 쓰이는 개념인 내시균형Nash equilibrium에 대해 살펴보기로 하자. 여러 전략의 가능한 조합 가운데에서 누군가 다

임이론cooperative game theory이 이번 절에서 기술하는 비협동적 게임이론non-cooperative game theory만큼 폭넓게 쓰이지 않는가는 대단히 흥미로운 주제이다. 이를 바꾸기 위해 우리가 해결해야 할 과제에 대해서는 Maskin(2016)의 논의를 참조할 것.

24 합리성이 공통지식으로 자리잡혀 있는가 아닌가는, 늘 그렇지는 않지만 종종 결정적인 차이를 만든다(Aumann, 1976; Basu, 1977). Rubinstein(1989), Morris & Shin(1998), Gintis(2010)는 이러한 상위 체계의 지식이 무엇을 해내는지를 여러 영역에 걸쳐 설득력 있게 기술한다.

른 전략으로 이탈해 선택을 하더라도 그중 더 나은 결과를 얻는 플레이어가 단 한 명도 나타나지 않을 경우, 각 플레이어마다 취하고 있는, 하나의 전략 혹은 행위로 구성된 조합을 내시균형이라고 부른다.

가장 유명한 게임인 '죄수의 딜레마Prisoner's Dilemma'를 예로 방금 설명한 개념을 살펴보자. 한 우화에서 그 명칭이 유래한 죄수의 딜레마는 두 명의 플레이어1과 플레이어2가 있고, 각각의 플레이어는 행동 A와 행동 B 가운데 하나를 반드시 선택해야 하는 게임이다. 뒤에서 잘 나타나겠지만, 여기서 B는 '나쁜 행동**B**ad behavior'을 뜻하는 것으로 본다면 유용한 기호가 되겠다. 선택에 따르는 보수는 <게임 2-1>에 제시된 보수행렬에 나타나 있다. 플레이어1은 가로행 가운데 행동을 선택하고, 플레이어2는 세로열 가운데 행동을 선택한다. 두 플레이어가 얻는 보수는 보수행렬에 제시되어 있다. 두 숫자의 짝으로 구성된 보수 중 왼쪽에 있는 숫자는 가로행에서 행동을 선택하는 플레이어1이 얻는 값이고, 오른쪽에 있는 숫자는 세로열에서 행동을 선택하는 플레이어2가 얻는 값이다. 여기서는 보수를 주로 달러로 언급하겠지만, 행복이나 '효용'의 단위로도 볼 수 있다.

		플레이어 2	
		A	B
플레이어 1	A	7, 7	1, ⑧
	B	⑧, 1	②, ②

<게임 2-1> 죄수의 딜레마[25]

* A: 준법, B: 위법.

죄수의 딜레마 게임에 참여하는 플레이어들이 합리적이라면 결과는 당연히 (B, B)이다. 상대방이 어떤 선택을 하든 관계없이 각각의 플레이어에게 최선의 선택은 B이기 때문이다. 물론 그 결과는 절망스럽다. 둘 다 7달러를 얻을 수도 있었는데 각각 2달러밖에 얻지 못하기 때문이다. 이는 우리가 일상의 여러 지점과 맥락에서 맞닥뜨리게 되는 익숙한 전개이기도 하다. 공유지의 비극tragedy of the commons이 그 예이다. 공유지에서 개개인은 개별적인 이해를 충족하기 위해 환경을 착취하고 과도하게 방목하는 등 집단적으로 나쁘게 행동한다. 루소의 '일반의지'에 대한 런시만과 센(Runciman & Sen, 1965)의 해석에서도 이러한 개념이 등장한다.

잘 드러나듯이 (B, B)는 내시균형이다. 만약 플레이어1이 혼자 A로 이탈했다가는 지금의 2가 아니라 1의 보수를 얻게 되어 이탈할 이유가 없기 때문이다. 플레이어2도 마찬가지이다.

죄수의 딜레마의 한 가지 문제는 누구도 거부할 수 없는 지점으로 떠밀린다는 것이다. 상대방이 어떤 선택을 하든 상관없이 자신은 B를 선택할 것이므로 이 선택의 게임이론적 성격, 즉 의사결정의 쌍방향적 성격은 관심사가 아니게 된다. 이와 관련된 또 하나의 게임이자 이 책 전반에 걸쳐서 논의를 이끌어가기에 좋은 도구인 '여행자의 딜레마Traveler's Dilemma'(Basu, 1994b)를 예로 들어 살펴보자.

멀리 섬 여행을 마치고 돌아오던 두 여행자가, 여행지에서 같이 산 똑같은 모양의 기념품이 비행기에서 파손되었다는 사실을 알게 된다. 이들은 항공사에 변상을 요구했고, 항공사 측 관리자는 다음과 같이 제안한다.[26] 자신은 이 낯선 기념품의 가격을 전혀 모르겠으니 두 사람이

25 이 게임에서 각 플레이어가 선택하게 되는 전략의 결과로서 얻는 보수에는 ○를, 내시균형이 성립하는 선택의 조합에는 배경을 음영 처리하여 표시했다. 이후 제시되는 모든 게임의 보수행렬 표에서도 같은 식으로 표시되어 있다.

26 결말의 힌트를 주자면, 원래 이야기에서 이 관리자는 항공사 후임들에게 '회사의 수완가'로 묘사된다. '술책에 능한 사람'이라는 뜻에서이다.

각각 2에서 100까지의 수 중에 하나를 적어달라는 것이다. 만약 두 사람이 같은 값을 써내면 그 값을 진짜 가격으로 쳐서 변상할 것이고, 반면에 두 사람이 다른 값을 쓰면 둘 중 더 낮은 값을 진짜 가격으로 쳐서 그 값을 변상하되 각각 보상과 처벌을 부과하겠다는 제안이다. 이때 보상은 낮은 값을 쓴 사람에게 (정직의 대가로) 2달러를 더 주는 것이고, 처벌은 높은 값을 쓴 사람에게 (부정의 대가로) 2달러를 덜 주는 것이다. 따라서 두 사람 다 97을 쓰면 둘 다 97달러를 받지만, 만약 여행자A는 97을 쓰고 여행자B는 50을 쓴다면 A는 48달러를 받고 B는 52달러를 받는다.

잘 알 수 있듯이 유일한 내시균형은 (2, 2), 즉 A와 B 모두 2를 선택할 때이다. 분명 이 딜레마에서처럼, 가능하면 상대방이 선택한 값 바로 아래의 값을 선택하는 것이 언제나 최선이다. 따라서 둘 중 누구도 선택을 달리해서 더 나은 결과를 얻을 수 없는 유일한 한 쌍의 전략은 둘 다 2를 선택하는 것이 되고 만다.

이 게임은 합리적인 플레이어가 공통지식으로서 합리성을 갖추고 그야말로 철저한 추론을 거쳐 (2, 2)라는 예측값에 이르는 방식으로 설계된다. 그 추론 방식 가운데 하나는 100에서 시작된다. 나와 상대방 모두 100을 선택하면 나는 100달러를 받는다. 꽤 괜찮은 결과이지만(사실 그 기념품은 싸구려였다), 둘 다 100을 써내느니 내가 99를 쓰면 나는 101을 받으므로 그게 더 낫다는 게 금세 분명해진다. 그런데 만약 나와 상대방 모두 합리적이라면 상대도 99로 바꿀 것이다. 이렇게 되면 나는 99달러를 받는다. 그러니 이제는 98로 바꾸는 게 낫다(바꾸면 나는 100달러를 받는다). 하지만 상대방도 역시 똑같이 생각할 것이다. 이 '후진귀납법backward induction'의 논리는 계속되고, 결국 두 사람은 (2, 2)에 이르게 된다.

또 다른 추론 방식은 이러하다. 100이 결코 유리한 선택이 아니라는 것은 금방 알 수 있다. 대신 99는 상대방의 선택이 뭐든 100보다는 항상 나은 선택이고, 상대가 선택하기에 따라서는 실제로 100보다 99가 나을 수 있다. 따라서 나와 경쟁자가 모두 합리적이라면 두 사람 다 가능한 전략에서 100을 제외한다. 100을 제외하면 99보다 98이 낫다는 게 분명해진다. 따라서 99는 제외된다. 이 과정이 계속되고, 살아남는 단 하나의 결괏값 (2, 2)에 이른다. 이것이 '열등전략의 반복적 제거 iterated deletion of dominated strategies' 논리이며, 여행자의 딜레마의 경우 이 논리는 '합리화 가능rationalizable' 결과를 이끌어내는 논리와 동일하다(Bernheim, 1984; Pearce, 1984).

이는 당연한 결과이다. 여행자의 딜레마는 모든 체계적인 추론이 같은 결과에 이르게끔 만들어졌고, 의도적으로 직관을 내치는 과정이다(Basu, 1994b; 2007).[27] 실험이나 이론을 통해 게임이론의 구조화된 예측이 옳지 않음을 보여주는 문헌은 많다.[28] 예컨대 후진귀납법의 주장은 두 플레이어 모두의 합리성을 공통지식으로 전제한다. 즉 A는 B가 합리적임을 알고 B는 A가 합리적임을 알며, A는 B가 A가 합리적임을 아는 것을 알고 B는 A가 B가 합리적임을 아는 것을 안다. 그렇게 끝없이 이어진다. 우리는 이 가정이 진짜 그럴듯한지 반론을 통해 짚어볼 수 있다. 이 문제에 대해서는 뒤에서 다시 짚어볼 기회가 있을 것이다.

당장 여기에서 관심은 이 두 게임을 통해 우리가 법의 필요성을 인식할 수 있다는 점이다. 시장의 '보이지 않는 손'을 통해 이기적인 개인

---

27 비슷한 게임으로 철학자 마틴 홀리스Martin Hollis(1994)가 제시한 생강쿠키 게임Gingerbread Game에서는 철학적 함의가 더 두드러진다.

28 Goeree & Holt(2001), Wolpert(2008), Pace(2009), Gintis(2009), Arad & Rubinstein(2012), Manapat, Rand, Pawlowitsch, & Nowak(2012), Capraro(2013), Morone, Morone, & Germani(2014) 등을 참조할 것.

은 사회적으로 최적의 결과에 이른다는 주장이, 여기서는 명백히 실패하고 그 개인은 '법의 손'의 안내를 받게 된다.[29] 그렇다면 앞서 간단히 살펴본 신고전주의 법경제학의 접근에 국한해서는 어떻게 법의 손의 안내를 받을 수 있을까? 그 해결책은 법을 이용해 사회가 더 나은 결과로 옮겨가도록 하는 것이다. 맥애덤스(McAdams, 2000, 1650쪽)는 "국가는 개인에게 책임이나 처벌을 부과해 불법 행위를 저질렀을 때 대가를 치르게 하고, 그 결과 위법보다는 준법이 우위전략이 된다."라고 했다.[30]

죄수의 딜레마에 법이 개입했을 때 어떻게 될지는 쉽게 살펴볼 수 있다.[31] B라는 행위가 불법이고 B 행위를 선택하는 사람은 누구든 2달러 상당의 벌금을 내야 한다고 가정하자. 실제 2달러라는 금액일 수도 있고, 2달어치의 고통만큼 일정 기간 수감되는 것일 수도 있다. 이러한 변화는 <게임 2-2>의 보수행렬과 같이 게임의 양상을 바꿔놓는다. 이 새로운 게임이 <게임 2-1>과 유일하게 다른 점은 이제 누구든 B(위법)를 선택하면 보수가 2만큼 줄어든다는 점이다.

새로운 게임의 우위전략은 A(준법)를 선택하는 것이다. 즉 상대 플레이어가 어떤 선택을 하든 A(준법) 행동을 선택해야 유리하다. 그리고 이 선택은 결과를 바꾼다. 플레이어들은 서로 좋은 결과(A, A)에 이르며, 이 역시 내시균형이다. 그대로 두면 나쁜 결과에 갇히는 경향이 있

---

29 구조화된 이론에서는 사회적 최적화의 개념을 구체적으로 정의 내린다. 이 정의에서는 빌프레도 파레토Vilfredo Pareto가 최초로 고안한 개념이 활용된다. '파레토 최적' 사회에서는 다른 누군가를 더 불리하게 만들지 않으면 내가 더 유리해지는 것이 불가능하다.

30 Coase(1960), Calabresi(1961), R. Posner(1977), Schauer(2015)의 글도 유사한 개념에 기초한다.

31 정치기구의 역할이 사람들의 진짜 이익을 실현시키는 데 있음을 보여주는 것이 죄수의 딜레마의 핵심 과제라고도 할 수 있다. 스웨드버그(Swedberg, 2005, 83쪽)의 말처럼 죄수의 딜레마는 "행위 주체가 각자의 이익을 극대화하려면 기존의 체제를 바꾸어야 하는 상황의 예"로 볼 수 있다. 이어 스웨드버그가 "이 경우에 기존의 체제란 미국의 사법 시스템이다." 라고 덧붙인 걸 보면 그는 법의 특수한 역할을 잘 알고 있었다.

		플레이어 2	
		A	B
플레이어 1	A	⑦, ⑦	①, 6
	B	6, ①	0, 0

<게임 2-2> 벌금을 부과했을 때 죄수의 딜레마

* A: 준법, B: 위법.

는 사회를 더 나은 사회적 상태로 전환하는 것, 이것이 법의 가장 중요한 목적 가운데 하나이다.[32]

여행자의 딜레마에서도 이와 유사한 법적 개입을 생각해볼 수 있다. 어떤 숫자가 됐든 그 여행자가 선택한 n이라는 숫자만큼 벌금 '100-n'을 내야 하는 법이 시행된다고 하자. 즉 만약 100을 선택하면 벌금을 전혀 내지 않지만, 그보다 숫자가 작아질수록 벌금은 늘어난다. 이 벌금을 여행자의 딜레마 보수에 대입해보면, 이렇게 해서 바뀐 여행자의 딜레마에서는 더 큰 숫자를 선택하게 되는 새로운 내시균형이 만들어짐을 알 수 있다. 예컨대 이제는 (100, 100)이 내시균형이다.

이 예는 법경제학의 전통적인 관점을 보여준다. 법의 역할은 사회에서 펼쳐지는 게임을 바꿔놓는 데에 있다는 것이다. 이제 죄수의 딜레마 게임은 <게임 2-1>에서 <게임 2-2>로 바뀌었다. 앞선 예에서와 같이 이를 통해 사회는, 우리가 달성하려는 것이 무엇이든 간에 파레토 우위의 결과Pareto-superior outcome(구성원 모두의 후생이 증가하는 자원의 배분 상태 — 옮긴이주) 혹은 더 정당하거나 더 공평한 결과를 달성한다. 정리하

---

32 이것이 법의 유일한 목적은 아니다. 정의, 공정, 개인의 자유와 관련된 다른 목적이 응당 있고, 이 목적은 앞서 살펴본 파레토 사회의 목표와 상충될 수 있다. 상충되는 예로는 "자유의 역설liberty paradox"(Sen, 1969)이 가장 잘 알려져 있다. Gaertner, Pattanaik, & Suzummura(1992)도 참조할 것.

자면 이것이 전통적·신고전주의적·시카고학파적 접근이다. 이 모델은 명료함과 투명성으로 단연 두각을 드러냈고 곧 법경제학뿐 아니라 정책 설계의 초석이 되었다. 이로써 현재와 같은 법경제학의 입지가 마련된 것이다.

4. '종이 위의 잉크' 비판과 신고전주의의 오류

앞서 언급한 대로 전통적인 접근법은 나름의 미덕이 있지만, 그럼에도 불구하고 결함이 있다. 이를 살펴보기 위해 새로운 법을 가정해보자. 의회 혹은 그 국가 내의 새로 법을 제정하는 어딘가에서 법이 논의된다. 제정된 시점에서 보면 으레 이 새로운 법은 종이 위에 적힌 글자이거나, 혹은 요즘 같은 세상에서는 디지털 문서에 불과하다. 법에는 대개 '~을 하면 안 된다', '~을 했다가는 벌금을 물거나 감옥에 간다'라고 쓰여 있다.

여기서 드는 의문은 개개인이 무엇을 해도 '되는지'나 어떤 대가를 치르는지가 왜 종이에 적힌 글자만으로 달라지는가이다. 만약 모두가 종이 위의 잉크를 무시하기로 작정하고 원래 하던 대로 하면 분명 모두에게 이전과 똑같은 결과가 돌아갈 것이다. 예컨대 개개인이 그 법이 없을 때와 똑같은 행동을 선택한다면 종이에 끼적거린 글자로는 결과에 영향을 미치지 못한 채, 분명 법이 없을 때와 똑같은 결과를 얻게 된다. 따라서 간단히 사람들이 하는 게임이라고 치고 이 게임에서 개개인이 선택할 수 있는 전략과 얻게 되는 보수를 일반적으로 따져보면, 새로운 법은 그 전략과 보수를 바꿀 수 없고 따라서 사람들이 하는 게임을 바꿀 수 없다. 나는 이를 '종이 위의 잉크' 문제로 설명한 바 있다

(Basu, 1993).[33] 전통적인 법경제학 모델은 분명히 이 문제에 대해 짚어볼 필요가 있다.[34]

문제를 더 깊이 이해하기 위해 범죄 처벌에 관한 베커의 모델로 돌아가보자. 애초에 우리는 왜 새로운 법이 게임을 바꿔놓는다고 생각했을까? 채굴이라는 똑같은 행동으로 얻는 이익이 과거에는 B였다가 새로 법이 시행된 후에는 'B−pF'가 되기 때문이라는 것을 그 이유로 짐작해볼 수 있다.

이는 얼핏 보면 채굴 사업가의 보수함수가 바뀐 듯하다. 이 유명한 모델을 기술할 당시의 게리 베커도 그렇게 보았음이 분명하다. 그러나 정말 보수가 달라졌다면 분명 그 이유는 불법 채굴 사업가를 경찰이 체포해서이고, 체포하는 데 성공한 경찰이 사업가에게 F 달러의 벌

---

33 실제로는 디지털로 기록되거나 종이에 적히지 않는 사례도 있다. 이와 관련해 12세기에 래널프 드 글랜빌Ranulf de Glanvill은 지금의 우리가 보기에는 생경한 견해를 제시했다. "비록 잉글랜드의 법은 글로 쓰여 있지 않지만 법이라 부르기에 어폐가 없다. 이것은 실력자들의 조언과 이를 뒷받침하는 왕자의 권위에 힘입어 위원회에서 다루어진 문제들이 공표에 이른 것으로, '왕자의 심기에 족하면 법의 위력을 지닌다'라는 것 역시 하나의 법이기 때문이다."(Hall, 2002, 2쪽).

34 감수자주: '의문'이 제기된 이 문단부터가 전통적인 법경제학의 관점(신고전주의적 접근법)과는 대척점에 있는, 이 책의 접근법이 처음 도입되는 중요한 분기점이라 할 수 있다. 하지만 저자의 설명만으로는 왜 이 책의 접근법이 중요한지가 잘 와닿지 않는 독자들, 즉 "아니, 어떻게 법을 단지 '종이 위의 잉크'로만 치부하면서 모두가 그걸 무시하고 안 지킬 수 있지? 그게 가능한가?" 하는 의구심을 갖는 이들도 있을 것이다. 이런 의구심을 갖는 사람은 대개 '법은 무조건 지켜야 하는 것이다'라고 믿는 쪽이거나, '법을 안 지키면 100% 적발되게 되어 있다'라고 믿는 쪽이다. 이들을 위해 간단한 보충 설명을 덧붙이자면, 흔한 '금연 표지판'을 떠올려보자. '이곳에서 흡연 시 과태료 10만 원'이라는 문구 밑으로 사람들이 피다 만 담배꽁초가 수북이 쌓여 있는 상황을 떠올리면 좀 더 이해가 쉬울 것이다. 이런 상황은 개발도상국에서 더 쉽게 찾아볼 수 있다. 즉 '불법을 저지르면 벌금이 얼마'라는 법 자체보다도, '불법을 저지르면 반드시 걸리며, 주위 사람들 모두 법을 잘 지킨다'라는 '믿음'을 모든 사회 구성원에게 심어주는 것이 더 중요한 것이다. 그게 이 책에서 말하고자 하는 핵심이며, 이 책의 제목이 '믿음의 공화국The Republic of Beliefs'인 이유이다. 물론 다중균형임을 전제해야 하지만, 이에 대해서는 뒤에서 차차 설명하도록 하겠다.

금을 부과했기 때문이다. 하지만 경찰은 법이 없더라도 똑같이 행동할 수 있다. 만약 모든 사람이 법이 제정된 후에도 법 제정 이전과 같은 방식으로 행동한다면, 이들은 모두 이전과 같은 보수를 받을 것이다. 따라서 종이에 잉크로 몇 자 적었다거나 컴퓨터에 디지털 문서를 남겼다는 사실로는, 즉 법으로는 사람들이 하는 게임을 바꿔놓지 못한다. 모든 플레이어가 동일한 행위의 조합을 선택한다면 그들에게 돌아가는 보수는 동일할 수밖에 없다. 법 혹은 종이 위의 잉크[35]로는 바뀌지 않는다.

과속방지법도 마찬가지이다. 시속 100km보다 빨리 달리는 것이 금지되고, 위반해 적발될 시에는 일정액의 벌금을 부과하는 새로운 과속방지법이 시행되었다고 하자. 얼핏 보기에 이 법은 사람들이 하는 게임을 바꿔놓을 듯하다. 시속 100km보다 빨리 달리기로 결정했을 때, 법이 제정되기 전에는 시간 절약이나 사고 위험 대비 이익을 따졌다면 이제는 이보다 우선해서 벌금에 따르는 예상 비용을 더해야 할 것만 같다. 그러나 여기에는 '단속공무원은 법에 따라 곧이곧대로 벌금을 부과하는 로봇 같은 존재'라는 가정이 깔려 있다.[36]

---

35 감수자주: 흥미로운 것은, 흡연 금지, 과속 방지와는 달리 종이 위의 잉크로라도 존재하는지조차 모른 채 무시되는 법도 있다는 것이다. 가령 흔히 썬팅이라 불리는 윈도우 틴팅은 자동차 유리 가시광선 투과율 기준이 법적으로 명시되어 있음에도 불구하고 단속조차 이루어지지 않을뿐더러 그런 법이 있는지조차 모르는 경우가 허다하다. 그마저 도로교통법과 국토부 자동차 안전기준에서 제시하는 투과율 및 과태료가 서로 달라 있으나 마나 한 법이 되어버렸다. 그런 사이에 운전자의 프라이버시 보호라는 이유로 점점 차 유리창이 어두워져, 보행자에게 눈짓 혹은 손짓으로 신호를 보내기는 더 어려워졌다. 3장의 각주 33에서 보행자를 배려하는 운전문화에 대해 언급한 부분과 함께 읽어보면 좋겠다.

36 감수자주: 한국처럼 도로 곳곳에 과속 방지 카메라가 설치되어 있는 곳에서는 '로봇 같은 존재'가 맞는 가정일지도 모른다. 하지만 단속 카메라가 있는 구간에서는 제한 속도로 달리다가 카메라만 지나치면 바로 속도를 올려본 경험이 없었는지 생각해보면, 과연 그 가정이 실효성이 있는 것인지 자문해보지 않을 수 없을 것이다.

신고전주의 법경제학의 실수는 의도치 않은 전제, 즉 법집행 주체를 고려 대상에 넣지 않거나 이들을 법에서 하라는 대로 기계적으로 움직이는 로봇으로 취급하는 데에서 비롯된다.[37] 만약 운전자, 단속공무원, 공무원 징계권자, 국무총리 등 이 게임의 모든 플레이어가 합리성에 기반하여 전략적 상호작용을 하며 각자의 이익을 극대화하려는 게임의 플레이어로서 마땅히 포함된다면, 이 법은 게임을 바꿔놓지 못할 게 분명하다. 모두가 법이 없을 때와 똑같이 행동한다면 법으로 써놓았다는 사실만으로는 보수가 바뀌지 않을 것이기 때문에 법이 시행된 후에도 이들은 모두가 똑같은 보수를 받게 된다.[38] 이는 전통적인 법경제학 접근법의 오류로서 경제학자들의 많은 분석에 오점을 남기고, 이 같은 개념적 오류에 터 잡은 기획은 정책을 훼손시킨다.

법으로 인해 죄수의 딜레마가 어떻게 바뀌었는지 잠시 생각해보자.[39] 바뀐 이유는 이제 누군가 나쁜 행동 B(위법)를 하면 그에게 2의 벌금이 부과되기 때문이다. 그렇다면 '누가' 벌금을 부과하는가? 일반적으로는 경찰, 단속공무원, 징계권자 등 '누군가' 그 일을 하는 사람이 있기 마련이다. 그렇다면 새로운 법에서 금지하는 행동에 벌칙이 부과되게끔 하는 자리에 있는 누군가는 왜 애초에 사람들이 벌이는 게임의 장 속에서 하나의 부분으로 포함되지 않는가? 다시 말해 <게임

37 법 제정과 동시에 클릭을 하면 로봇 수십만 대의 작동모드가 바뀌는 날을 그려볼 수 있다. 그러나 지금 우리가 사는 세상은 그렇지 않다.

38 더 디지털화된 시대로 접어들면 분명히 이 부분도 달라질 것이다. 어떤 법은 컴퓨터와 로봇을 통해 모니터링 및 시행이 이루어지고, 새 법의 도입 시기에 맞추어 컴퓨터와 로봇이 자동으로 바뀐 역할을 수행하도록 특정 모드로 설정해두는 것도 가능할지 모른다(World Bank, 2015). 그러나 우리는 아직 그 근처에도 가 있지 않으며, 설사 그런 시대에 접어들더라도 인간의 자유의지와 인간 행위의 필요성이 결코 완전히 지워지지는 않을 것이라는 반론이 가능하다.

39 '여행자의 딜레마'에도 유사하게 적용된다.

2-1>에서 두 사람 간의 게임으로 서술된 죄수의 딜레마는 사회에서 벌어지는 상황을 모두 담고 있지 않다. 벌칙을 부과하는 권력을 가진 또 다른 사람이 최소한 한 명은 있고, 이 사람은 자신이 행동에 나설 때를 기다린다. 그런 사람이 있고 그 사람이 플레이어들에게 고통을 줄 권력을 가졌다면, 그 사람 역시 이 게임의 한 부분으로서 서술되어야 한다.

죄수의 딜레마에 등장하는 두 사람뿐 아니라 벌금이나 제재를 부과할 힘을 가진 사람까지 모든 플레이어를 포함해 온전히 이 게임을 서술한다면 새로운 법이 게임을 바꿀지는 확실치 않아진다. 이 세 번째 사람은 법이 없더라도 벌금을 부과할 수 있기 때문이다.[40] 그렇다면 법이 통과된 후에도 이 세 플레이어는 법이 시행되기 전에 할 수 있었던 모든 행동을 똑같이 할 수 있고, 이 셋이 특정한 세 가지 조합의 행동을 선택할 경우 그것이 어떠한 조합이든 이들은 항상 법이 있기 이전에 받았을 똑같은 보수를 받는다. 이로써 기존의 법 관점에 대한 '종이 위의 잉크' 비판으로 돌아가게 된다. 만약 사회에서 벌어지는 게임이 우선 온전히 기술된다면, 법은 게임을 바꾸지 못할 것이다.

결과적으로 베커 모델이 불완전한 기술이거나, 혹은 국가의 정책집행자(경찰, 징계권자, 판사)가 항상 법에 따라 행동한다고 가정하거나 그

---

40 감수자주: 2장 마지막 단락에 등장하는 '시속 100km를 초과하지 않더라도 벌금을 부과하겠다고' 생각하는 단속공무원을 떠올리면 된다. 특히 이런 상황은 개발도상국에서 접하기 쉬운데, 운전을 하고 있으면 외국인이라는 걸 알아채고 경찰이 차를 세워 온갖 구실을 대며 벌금을 부과하는 경우도 있고, 공항 입국 심사대에서 역시 계속해서 질문을 해대며 입국을 허락하지 않을 것처럼 행세하며 은근슬쩍 돈을 요구하는 경우도 있다. 하지만 대부분의 개도국 하위직 공무원들의 처우가 열악한 것을 감안한다면 이에 대해 부패한 공권력의 횡포라고만 몰아세우기도 어렵다. 또 다른 경우로, 관습이나 비공식적 사회규범이 법을 대체할 만큼 강력해서 법 없이도 처벌이 가능한 사회를 생각해볼 수도 있는데, 이에 대해서는 5장에 자세히 설명되어 있다.

둘 중 하나이다. 그런데 정책집행자가 기계적으로 임무를 수행한다고 가정함으로써 시카고학파 모델 혹은 신고전주의 모델은 일관성이 없는 한 쌍의 전제를 두게 되는 셈이다. 즉 평범한 개인은 자신의 효용 또는 보수를 극대화하기 위해 행동하는 무한히 합리적인 주체로 간주하는 반면, 정책집행자는 기계적으로 임무를 수행하도록 프로그램화되어 있는 존재라고 간주하는 것이다. 이로써 전통적인 모델은 불완전하거나 일관되지 않은 한 쌍의 전제에 기반을 두고, 인간은 전적으로 합리적이라고 가정하면서도 공무원을 기술할 때는 슬쩍 이 가정을 거스르게 되는 것이다.

다시 말해서 평범한 플레이어와 정책집행자를 온전히 다 포함해 게임을 기술하고도 전통적인 법경제학 모델이 타당하려면, 모든 평범한 시민은 자신의 보수를 극대화하는 신고전주의적 행동 주체인 반면에 공무원은 사사로움 없이 국가의 명령을 수행하기 위해 대기 중인 행위자라는 이상한 전제를 두어야 한다. 이러한 이중잣대는 의도된 것은 아닌데, 신고전주의 모델에서는 모든 행위자가 각자의 효용을 극대화하는 주체라는 점을 상당히 확고히 하고 있기 때문이다. 1960년대 초에 법경제학 모델이 등장하면서 어쩌다 보니 모순에 빠졌고, 이 점은 명백한 오류로 남았다. 그러나 이러한 비판을 하는 중에도 1960년대에 발전된 전통적인 법경제학의 중요성만큼은 강조해두고 싶다. 이것은 당시 우리에게 하나의 기본 모델을 제시했고, 그것은 지금도 값지다. 물론 이제는 한켠으로 미뤄둘 때가 되었지만, 이어질 장에서 보듯이 여전히 좋은 출발점이 된다. 그 기본 모델에 내재한 결함을 바로잡으면 더 풍부하고 일관된 모델을 만들 수 있다. 7장에서 보겠지만 심리학이나 사회학 등의 인접 학문에서 아이디어를 가져올 때 이런 관점을 활용하면 인간의 동기부여에 관한 보다 현실적인 모델을 끌어낼 수 있으며,

이를 통해 허버트 하트로부터 현시대에 이르기까지 법학자들이 강조해 온 사상에 보다 견고한 틀을 부여할 수 있다.

법과 법철학 문헌에 근거해 이러한 연구를 살펴보면, 이 책에서 말하려는 내용은 흔히 영향력 연구impact study라 불리는 부문에 속한다. 프리드먼(Friedman, 2016, 2쪽)은 "이 가운데 어떠한 행동이 법 시스템 안에서 특정한 종류의 영향력 혹은 힘을 미치는가? 여기서 '영향력'은 여러 방식을 띠며 특정한 법·규칙·원칙 또는 제도와 일상적으로 결부되는 행위를 뜻한다."라고 설명했다.[41] 그러나 나는 일반적인 영향력 연구에서 한 단계 더 나아가고자 한다. 다시 프리드먼을 인용하면(Friedman, 2016, 2쪽), 영향력 연구에서 제기되는 전형적인 질문은 가령 "이혼이 용이한 법체제하에서는 가정의 해체가 쉽게 일어나는가?", "불법 행위 규정과 의료과실에 대한 소송법이 있으면 의사들의 행동이 달라지는가?"와 같은 것이다.

이 책은 법의 제정이나 개정에 따르는 시민들의 행동 변화와 관련해, 이러한 영향력 연구가 촉발하는 질문들을 제기하는 한편으로 다음과 같은 질문도 던진다. 즉 "이혼이 용이한 법체제하에서는 판사들이 쉽게 이혼 판결을 내리는가? 만일 그렇다면 그 이유는 무엇인가?", "새로 과속방지법이 생겨서 시속 100km 제한 등의 규정이 정해졌을 때 단속공무원이 제한 속도를 초과한 차량을 세우고 운전자에게 위반장을 발급하는 이유는 무엇인가? 이 법이 단속공무원에게 '시속 100km를 초과하는 사람을 봐도 모른 척해야지' 혹은 반대로 '시속 100km를 초과하지 않아도 이 법을 구실 삼아 벌금을 부과해야지' 하는 생각을

41 법의 실효성을 높이는 데 있어 이 문제는 현실적으로 대단히 중요하다(Bull & Ellif, 2017 참조).

갖게 만드는 동인으로 작용하지는 않겠는가?" 이러한 질문은 여러 철학적인 문제를 낳는다. 가장 큰 어려움은 실증적 양상을 드러내는 것이 아니라 그 양상을 해명하는 데 있다. 왜 단속공무원은 법을 집행하는가? 왜 교통부 책임자는 법을 집행하지 않는 단속공무원을 처벌하는가? 이 같은 질문은 분명 영향력 연구의 범주 안에 있음에도 불구하고 거의 제기되지 않는다. 또 제기되더라도 이런 질문들이 우리를 힘들게 하리라 은연중에 짐작해 대충 둘러대고 다른 주제로 넘어간다. 그러나 현대 게임이론의 기초적인 개념을 활용하면 이 질문들에 명확히 답할 수 있고, 이를 통해 법경제학에 대한 새로운 접근을 발전시켜나갈 수 있다. 이어질 두 장에서는 이러한 부분을 다루어보기로 하자.

3장

초점접근 법경제학

1. 현저히 부각되는 '믿음'

전통적인 접근법이 지닌 오류는 충분히 설득력이 있다. 전통적인 법경제학의 토대가 되는 두 가지 전제를 구체적으로 살펴보면, 사람들은 외적인 요인에 의해 선호, 효용함수, 보수함수를 부여받고 이를 극대화하기 위해 노력한다는 것, 그리고 새로운 법은 특정한 행동을 했을 때 사람들이 얻는 보수를, 또는 같은 말이지만 그들이 하는 게임을 바꿔놓음으로써 그 결과에 영향을 미친다는 것인데, 이 두 가지 전제는 서로 모순된다.[1] 현실의 게임을 온전히 기술한다면 그 안에는 평범한 시민뿐 아니라 국가의 정책집행자도 포함되므로 법 자체는 개개인이 취하는 선택지나 보수함수를 바꾸어놓지 못한다. 즉 평범한 시민들과 정책집행자를 모두 포함해 본다면 새로 법을 쓰거나 기존에 있던 법을 바꾸는 것만으로는 중요한 변화를 이끌어낼 만한 침투력을 얻을 수 없다.

그렇다 보니 난감한 질문이 생긴다. 그렇다면 대체 법이 행동과 결과를 바꿀 수 있긴 한 걸까? 법은 종이 위에 쓰인 글자일 뿐이라 게임을 바꿔놓지 못한다는 비판은, 얼핏 보기에도 법은 행동에 어떠한 영향도 미치지 못한다는 결론으로 이어지는 듯하다. 하지만 법은 영향을 미친다. 우리 주위만 둘러봐도 법이 시행되고, 그것이 사람들의 행동을

1 이는 곧 흔히들 이야기하는 '게임의 규칙을 바꾼다'라는 말과 같다.

바꾸고, 그 결과 법이 없을 때 벌어졌던 것과는 다른 사회적 결과를 이끌어내는 사례가 많다. 물론 법은 자주 사회에서 무시되고, 더러는 시행되지 못한 채 먼지만 뒤집어쓰고 있는 것이 사실이다. 앞서 살펴보았듯이 개발도상국에서 특히 그러하지만, 그렇다고 꼭 개발도상국에만 국한되는 문제도 아니다. 그럼에도 불구하고 법이 종종 행동에 영향을 미친다는 것은 여전히 사실이다. 속도위반이나 주차 단속에 걸려본 사람이면 누구나 안다. 이제 우리의 과제는 왜, 그리고 어떻게 법이 행동에 영향을 미치는지를 앞서 제시한 '종이 위의 잉크' 비판의 관점에서 설명하고 이해하는 것이다. 이미 언급했듯이 이는 '영향력 분석'의 한 형태이나(Friedman, 2016), 분석의 층위는 일반적으로 이루어지는 수준보다 더 토대적이다.

보수함수가 바뀌고 게임이 달라지는 이유를 기존의 관점으로는 타당하게 설명하지 못한다고 할 때, 법이 행동에 영향을 미친다고 해명할 방법은 딱 하나뿐인 듯하다. 법이 인간의 행동을 바꿀 수 있는 것은, '다른 사람들이 어떤 행동을 할 것인지 혹은 하지 않을 것인지'에 대해 대중이 갖는 믿음을 바꿀 수 있을 때뿐이다. 만약 법이 게임의 규칙을 바꿔놓지 못하고, 모든 사람의 이전과 똑같은 행동으로 인해 보수의 변화도 이끌어내지 못한다면, 법이 우리의 행동을 바꿀 수 있는 유일한 길은 법에 따라 공표된 내용이 다른 사람의 행동을 변화시킴으로써 그것이 우리의 입장에서는 최적의 행동으로 구성되는 요인이 되는 것이다. 법이 어떻게 타인의 행동을 바꾸는가에 대해서는 더 논의가 필요하다. 눈치 빠른 독자라면 '사람들이 행동을 바꾸는 이유는 결국 다 비슷하지 않을까'라는 생각이 들기 시작했을 것이다. 사람들은 남들이 다르게 행동할 것이라 믿고, 그 예상대로 행동을 바꾸게 되리라는 생각 말이다.[2]

만약 새로운 과속방지법에 따라 최고 시속이 100km로 정해졌다면, 그 속도보다 빨리 운전했을 때 우리는 경찰이 우리의 차를 세우고 벌금을 부과할 것이라고 예상한다. 이러한 믿음으로부터 시속 100km 이하로 차를 몰겠다는 결정이 나온다. 그렇다면 경찰은 왜 100km보다 빨리 달리는 차를 멈춰 세울까? 경찰관으로서는 과속방지법이 새로 시행되었으니, 시속 100km를 초과한 차를 세워 벌금을 물리지 않았다가는 경찰국장에게 해고를 당하거나 임금 인상을 거부당할 빌미가 될 수도 있다는 생각에서 그랬을 수 있다. 물론 경찰국장의 행동에도 이유가 있어야 한다. 개개인의 행동 변화를 끌어내려면 개개인의 믿음이 내적으로 일관된 구조여야 하고, 이러한 믿음이 다른 사람들의 믿음과도 견고히 맞물려 있어야 한다. 그럴 때여야만 사회 구성원 전체의 행동 패턴이 바뀌는 것이다.[3]

수갑과 감옥과 총으로 뒷받침될지언정, 법의 위력을 구성하는 기본 형식은 사회 구성원들의 머릿속에 심어진 믿음의 구조에서 비롯된다. 그 믿음의 구조는 평범한 시민, 경찰, 정치인, 판사에 이르는 사회 구성

2 감수자주: 즉 행동의 변화는 믿음의 자기실현적 결과인 셈이다. 가령 어떤 물건의 가격이 오를 것이라 예상해, 그러한 믿음에 근거하여 모든 사람이 사재기에 나선다면, 실제로 그 물건의 가격은 오르게 마련이다. 경제학에서는 이를 자기충족적 예언 혹은 자기실현적 예언self-fulfilling prophesy이라고 하는데, 이것은 국제 유가나 환율의 변화에서부터 장바구니 물가 변화에 이르기까지 많은 경제 현상을 설명한다.

3 감수자주: 즉 우리는 다른 사람들이 모두 다 법을 지킬 것이라고 믿으면 자신도 그렇게 행동하려 하고, 아무도 법을 지키지 않을 것이라고 믿으면 자신도 안 지키는 쪽으로 행동하려 하는 경향이 있다. 가령 여러 선진국에서는 신호등이 없는 도로에서도 정지 신호만 보이면 사람이 지나가든 말든 차를 무조건 세우는 것이 하나의 보편 규범처럼 되어 있는데, 나는 유학 시절 이러한 광경이 처음에는 낯설고 어색했으나 차츰 모두가 엄수하는 모습에 적응하여 어느덧 스스로 따라서 지키게 되었던 경험이 있다. 이처럼 다른 사람이 어떤 행동을 취할지에 대한 믿음에 근거하여 자신의 최선의 선택을 찾는 것이 내시균형의 핵심이고, 개인의 믿음이 서로 맞물려propped up, locked in 초신뢰가 형성될 때 모두의 행동이 바뀌게 되는 것이다.

원들이 상호작용하고 서로 얽히며, 누군가의 힘은 강화되고 또 누군가의 힘은 약화되어 힘과 권력의 장대한 집합체가 형성되고, 그리하여 때로 너무나 강해진 힘으로 모든 개개인을 압도함으로써 그것이 위로부터 부여된 불가해한 강권이라는 환상을 만들어낸다. 사실 공화제 국가의 가장 중요한 구성요소(물론 힘과 권력도 포함된다)는 매일매일을 살고 일상의 과업을 해나가는 평범한 사람들의 믿음과 기대에 기반을 둔다. 바로 이러한 점에서 우리는 모두가 믿음의 공화국의 시민이라고 할 수 있다.

이러한 발상의 기원은 18세기 중반, 특히 데이비드 흄David Hume으로까지 거슬러 올라간다. 흄은 정부에 관한 글에서 "사실 독재자의 '분노'는 그 자체만으로는 어떠한 위력도 지니지 않는다. 그것은 대중에게 '두려움'이라는 기제를 심어주기 때문에 하나의 국가적 '권위'로서 작용하는 것에 불과하다. 즉 독재자 일개인이 지니는 물리적 힘은 미약할 따름이며, 다만 그에게 권위를 부여하는 그 이상의 다른 힘들은 모든 대중의 합의된 동의에 기반을 두어야만 정당성을 얻을 수 있게 되는 것이다."라고 지적했다(Hume, 1742[1987], 네 번째 에세이, 6번째 단락). 여기서 말하려는 바는, '중요한 것은 나의 믿음이고, 다른 사람의 믿음에 대한 나의 믿음이며, 나의 믿음에 대한 다른 사람의 믿음'이라는 점이다.

이러한 정치권력의 익명성을 포착해내고 평범한 사람들의 믿음과 행동, 삶의 일상성에서 비롯되는 권력의 기원을 포착해낸 또 한 명의 빼어난 작가가 프란츠 카프카Franz Kafka이다. 막강한 권위의 존재를 모호하게 남겨둔 그의 역작 『심판*The Trial*』에서 그 단서가 잘 드러난다.

흄과 카프카가 놀라운 통찰력으로 깨달은 바는 정확했으나, 이들은 그 깨달은 바에 체계적인 형태나 구조를 부여할 수단까지는 제시하지 않았다. 내가 이렇게 흄의 견해만을 강조하고 있다 보니, 흄보다 훨씬 더 넓은 영역에서 글을 썼고 법과 통치권 분야의 권위자로 평가받는 철학자 토머스 홉스Thomas Hobbes와는 거리를 두는 것으로 비칠 수도 있겠다. 그 짐작이 맞다.

홉스가 선구적인 기여를 했음은 분명하다. 저명한 정치철학자 노르베르토 보비오Norberto Bobbio는 홉스를 역사상 가장 위대한 자연법 사상가로 꼽았다.[4] 그럼에도 불구하고 나는 주권을 사회의 부수적 장치로 여겼다는 점에서[5] 17세기 초반의 홉스 역시 그 자신은 몰랐겠지만, 20세기 중반의 신고전주의 경제학자들과 같은 덫에 빠졌다고 생각한다.

흄의 견해를 발전시켜나가려면 18세기 당시에는 알려지지 않았던 게임이론의 아이디어와 개념이 필요하다. 흄의 핵심적인 통찰을 가져와 그 통찰에 체계적인 구조를 부여하고 이를 통해 새로운 법경제학 이론을 끌어내는 것이 우리가 해야 할 일이다. 이는 지금부터 내가 하려는 바이기도 하다.[6] 하지만 이에 앞서 사람들 간의 믿음이 어떻게 서

---

4 그러나 노르베르토는 1988년에 홉스 탄생 400주년을 기념해 열린 대규모 학회를 언급하며 "관광산업을 촉진하기 위해 기획되는 학회가 점점 더 많아지고 있다."라고 했다(Bobbio, 1989, 197쪽).

5 이는 『리바이어던*Leviathan*』의 「시민법Of Civil Laws」 26장에서도 잘 드러난다(Hobbs, 1668[1994]). 그러나 홉스에게는 선뜻 이해되지 않는 모호함이 있다. 『리바이어던』에 나타난 홉스의 법관념을 분석하며 골드스미스(Goldsmith, 1996)가 한 말에 따르면, 홉스는 법을 "복종의 의무"(274쪽)를 진 사람에게 내려진 명령으로 보았다. 만약 그렇다면 법을 집행하는 주체의 필요성이 명확히 설명되지 않는다. 또한 홉스가 제시하는 해법이 '시민들이 군주나 의회를 선택하는 것'임은 명백하다. 그런데 일단 선택된 의회는 다시 강해져 시민들의 통제를 벗어난다. 즉 외적 권위로 나아간다. 당대에 홉스는 수학을 숭상하고 수학적 방법론을 활용할 것을 주장했다. 법과 군주의 권위에 대한 홉스의 분석은 수학적 이해가 곧 논리력으로 이어지지 않음을 보여준다. 홉스를 여러 각도에서 바라보았던 쿠터(Cooter, 1982, 18쪽)는 "홉스의 정리定理"에 대해 "계몽적인 거짓"임은 인정하나 성립할 수 없는 명제라고 주장했다.

6 흄의 이러한 개념을 여러 측면에서 포착해 글을 쓰고 분석한 사람들이 19세기와 20세기에도 있었으나 모든 측면을 아우르지는 못했다. 최근에는 이런 틀에서의 연구가 더 많아졌다. 루크스(Lukes, 1974)와 하벨(Havel, 1986)은 정치권력과 전체주의까지도 인간 상호 간의 믿음이라는 측면에서 개념화했고, 하벨은 전통적 관점의 압제자와 피압제자가 공모자라

로 견고히 맞물려 있는가를 설명할 때 활용될 주된 도구인 초점과 균형에 대해 간략히 짚어보기로 하자.

2. 초점과 균형

경제학자라면 이 절의 내용 대부분이 이미 익숙할 것이다. 하지만 왜 어떤 법은 제대로 시행되지 못하는가에 대한 새로운 설명과 법경제학의 새로운 이론으로 여러분을 이끌기 위해서는 초점의 기본적인 개념에 대해 설명할 필요가 있다. '초점focal point'은 현대 게임이론에 등장한 다소 미스터리한 개념이다. 직관적으로는 명확하지만 정의를 내리기는 어렵다. 명확한 정의가 결여되어 있음에도 통하는 '듯한' 유용한 개념이며, 이 개념이 지닌 힘은 많은 현실적인 문제를 해결하는 데 활용될 수 있다.

우리는 이미 게임의 균형 개념에 대해 접했다. 균형에 대해 말할 때 이 책에서는 대부분 내시균형의 개념을 활용할 것이다. 이미 살펴보았듯이 내시균형은 개개인의 행동 또는 전략의 선택으로서 다른 모든 사람의 선택에 비추어 그 누구도 다른 행동으로 이탈할 이유가 없는 상태이다.

균형 개념을 적용할 때 중요한 문제는, 현실에서는 균형이 여럿인 상황이 많다는 점이다. 예컨대 빨리 달리는 차를 가진 두 사람이 고속

는 주장으로 이어갔다(Basu, 1986). 게임이론에 근간해 이 책에서 취하고 있는 방향과 맞닿는 개념은 Lewis(1969), Cooter(1998), Sunstein(1996a; 1996b), Posner(2000), Mailath, Morris, & Postlewaite(2007; 2017), McAdams(2015)에서 살펴볼 수 있다. 나 역시 여러 방식으로 이 개념에 대해 논의했다(Basu, 1993; 1998; 2000). 내용은 뒤에서 다시 보며 이 책과의 연관성을 짚어보기로 하자.

도로가 잘 깔린 무인도에 정착하게 되었다고 하자(게임이론에서 추상적이고 예시적인 상황을 가정할 때는 왜, 어째서 그런 이상한 상황이 생겼는지 따지느라 시간을 낭비하지 않는 게 상책이다). 이제 이 두 명의 새로운 주민은 오른쪽, 왼쪽 중 어느 쪽으로 주행할지를 결정해야 한다. 이 예를 '섬게임'이라고 하자. 그리고 하나 더, 당연하겠지만 두 사람 모두 교통사고를 원하지 않는다고 전제한다. 따라서 두 사람이 선택할 수 있는 유일한 전략은 '좌측주행' 또는 '우측주행'이다.

다른 사람들이 모두 좌측주행을 선택한다면 당연히 자신도 좌측주행을 하는 것이 유리하다. 똑같은 논리가 우측주행에도 적용된다. 다시 말해 '섬게임'에는 모두 좌측주행을 하는 것과 모두 우측주행을 하는 것이라는 두 개의 균형이 있다. 만약 모두 좌측주행을 하는데 자신만 단독으로 전략을 바꾼다면 사고를 당하고 곤경에 처하게 될 것이다. 모두 우측주행을 선택한 경우에도 마찬가지이다. 이런 유의 게임에서는 '혼합전략mixed strategy'을 선택하는 것도 가능하다. 즉 '나는 어떤 시간에는 좌측주행을 하고 어떤 시간에는 우측주행을 하겠다'라고 한다면 균형이 더 생긴다. 이 게임에서도 두 명의 플레이어가 각기 하루의 반은 좌측주행을 하고 나머지 반은 우측주행을 하기로 결정하면 이것도 하나의 균형이 된다. 사고를 부를 만한 상당히 혼란스러운 균형이지만 이 균형 상태에서 둘 다 각자의 안위를 위해 단독으로 할 수 있는 일은 없다.

현실적이면서도 균형이 여러 개인 게임은 쉽게 만들어낼 수 있다(혼합전략이 없다고 해도 그렇다). 어쩌다 보니 균형이 두 개 이상인 이 모든 경우에, 발생할 수 있는 문제는 플레이어들이 그 여러 개의 균형을 영리하게 파악해내더라도 모두 똑같은 하나의 균형으로 수렴될 확실한 방법이 없다는 것이다. '섬게임'의 경우를 보자. 상대의 선택이 좌측주행 균형으로 향했으리라 믿는 사람도 있겠지만, 우측주행 균형으로 향했으리라 믿는 사람도 분명 있을 것이다. 그 결과는 끔찍하다. 즉 사람들은 나쁜 균형에 직면하고, 어떠한 균형에도 안착하지 못하는 혼란에 빠질 수 있다.

이 지점에서 초점 개념이 제역할을 발휘한다(Schelling, 1960). 초점 개념은 인류에게서, 특히 공통의 문화적 배경을 공유하는 사람들 사이에서 흔히 보이는 직관력, 즉 여러 개의 균형 가운데 하나를 선택하는 문제에 직면했을 때 다른 사람들이 어떤 선택을 할지 추측해내는 능력에서 도출된다. 개념 정의가 다소 모호하긴 하지만 초점은 결과적으로 대단히 유용하며, 일각에서는 이 개념이 진화에 뿌리를 둔다고 주장한다(Binmore & Samuelson, 2006; Sugden, 1989도 참조. Young, 1993; Janssen, 2001).

'섬게임'에서 만약 두 사람이 다 독일에서 왔다면, 상대방도 그동안 우측주행을 하며 살았을 테니 우측주행을 선택할 것이라고 각기 추론할 수 있다. 그리고 여기서는 이 추론이 통할 수 있다. 기본적으로 초점은 현저히 눈에 띄는 하나의 내시균형으로서 사람들의 협력적인 행동을 이끌어낸다. 문제는 어느 쪽이 초점인지 판단할 방법이 없을 때이다. 예컨대 새로 온 주민 중에 몇몇은 좌측주행 문화권인 영국에서 왔고 몇몇은 독일에서 왔다면 초점이 어디인지 합의에 이를 만한 뚜렷한 방법이 없다. 브렉시트 투표를 막 마치고 온 터라면 더더욱 그렇다.

이렇게 애매하기는 하지만 인간의 행동을 이해하기 위해서뿐 아니라 현실적으로 활용하기 위해서도 초점 개념은 중요하다. 의도적으로 초점을 만드는 예는 많다. 가장 좋은 예로 공항에서의 만남을 들 수 있다. 두 사람이 특정한 시간에 공항에서 만나기로 했는데 깜박 잊고 약속 장소는 정하지 않았다고 해보자. 이제 두 사람은 공항에서 기다릴

장소를 각자 정해야 하는 게임에 직면했다. 두 사람이 같은 장소를 선택한다면 다행히 만날 수 있지만, 만일 둘의 선택이 엇갈린다면 안타까운 일이다.

분명 이 게임에는 내시균형이 여러 개이다. 두 사람 다 같은 장소를 선택한다면 이들의 선택은 균형에 이른다. 하지만 서로 협력해 확실히 같은 균형을 향해 가기에는 균형이 너무 많다는 사실에서 문제가 생긴다. 다행히 많은 공항관리국이 의도적으로 초점을 '만들어' 이 문제를 해결해왔다. 공항 안에 잘 보이는 곳을 골라 '만남의 장소'라는 표지판을 설치하는 방법으로 간단히 문제를 해결할 수 있는 것이다.

이 방법은 반드시는 아니지만 상당히 통한다. 여행자들 혹은 플레이어들은 표지판이 놓인 곳을 초점 균형으로 받아들인다. 그래서 만약 우리가 공항에서 친구와 만나기로 했는데 미리 장소를 정하지 못했다면, 우리는 친구도 그곳에서 기다리리라는 사실을 알고 또 우리가 그곳에서 기다리리라는 사실을 친구도 알겠거니 하고 '만남의 장소'에서 기다린다. 어째서 이 방법이 상당히 통하는지는 잘 설명되지 않지만, 실제로 통한다는 사실이 중요하다.[7]

이 부분에서 감을 잡았다면, 초점 개념이 우리의 일상에서 얼마나 널리 쓰이는지는 주변을 둘러보기만 하면 된다. 일례로 초점 개념은 일상생활의 언어에서도 폭넓게 사용된다. 일요일인 내일 친구들과 동네 커피숍에서 만나기로 했다고 하자. 다들 일요일에 한가하고 시간도 언제든 괜찮다고 한다. 그러자 한 명이 "그럼 오후 4시로 하자."라고 말

7 감수자주: 물론 휴대전화가 보편화된 21세기에는 이처럼 균형이 여러 개 있을 이유가 없다. 특히 네비게이션 기능이라든지 광대역 통신망을 기반으로 한 데이터 로밍 서비스, 와이파이 등의 인터넷 설비가 구축되어 해외에서도 만남이 용이해진 오늘날에는 더욱 그렇다. 하지만 휴대폰 배터리가 없거나 휴대폰을 분실하여 친구와 연락을 못 하는 경우라면 어떻게 할 것인가? 아마도 '만남의 장소'에서 기다리게 되지 않을까?

한다. 그리고 다들 헤어졌다. 일요일이 되고, 친구들은 모두 4시에 만나 즐거운 시간을 보냈다.

이 만남이 어떻게 가능했을까? 친구들은 말하자면 일요일에 게임을 한 셈이다. 각자 언제 커피숍에 도착할지 선택을 해야 했다. 이때 모두 같은 시간을 선택하면 내시균형이 성립한다. 그렇다면 어떻게 친구들 모두가 똑같은 시간을 선택해 협력의 문제를 해결했을까? 그럴 수 있었던 이유는 토요일에 마지막으로 말한 문장이 초점을 만들었기 때문이다. 모두가 다른 친구들이 4시에 오리란 걸 알았고, 그래서 다들 4시에 가는 것이 유리했던 것이다. 만일 이런 일이 브라질이나 인도(모두 시간을 잘 안지키기로 유명한 나라이다. — 옮긴이주)에서 있었다면 도착 시간은 4시 30분이 되었겠지만 논리적 전개는 다르지 않다. 언어는 종종 초점을 만들어 행동을 이끌어낸다.

초점이 어떻게 만들어지는가는 엄밀히 정의되지 않는다. 또 개념상 모호함도 없지 않다. 앞선 예에서 만약 이 친구들이 각각 일본 사람과 인도 사람이었다면 이들은 만나는 시간이 4시인지, 4시 30분인지 헷갈렸을지 모른다.

초점은 앞으로도 여러 차례 언급될 개념이므로 명확한 이해를 위해 한 가지 예를 더 살펴보자. <게임 3-1>과 같이 가로행과 세로열이 각각 4개인 16개의 빈 정사각형들로 이루어진 판을 사이에 두고 두 명의 플레이어가 마주 앉아 있다. 두 플레이어는 각기 하나의 정사각형을 선택해야 하며, 두 사람이 같은 정사각형을 선택하면 둘 다 1,000달러를 받지만 그렇지 않으면 둘 다 아무것도 받지 못한다. 이 게임을 '정사각형 게임'이라고 하자.

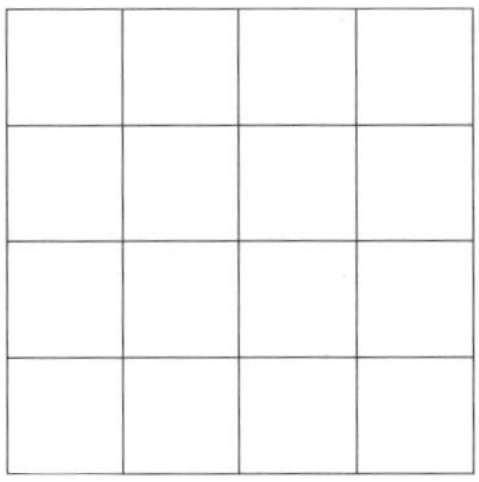

<게임 3-1> 정사각형 게임

물론 이 게임의 내시균형은 16개이다. 이 게임에서는 두 사람이 하나의 정사각형으로 조율되지 않아 아무것도 얻지 못할 가능성이 크다. 만약 두 사람이 온전히 무작위로 선택을 한다면 각각의 기대수입은 상대가 자신과 같은 정사각형을 고를 확률인 16분의 1에 1,000을 곱한 값인 62.5달러이다. 이 게임에서 초점은 상당히 실질적인 도움이 된다.

초점 균형을 만드는 방법 중 하나는 어느 하나의 정사각형 위에 노란 돌처럼 눈에 띄는 징표를 올려두는 것이다. 이렇게 하면 달리 말이 필요 없다. 이게 곧 초점이 될 가능성이 크다. 두 플레이어 모두 노란 돌이 놓인 정사각형을 선택하고 1,000달러를 받는다. 이 정사각형과 저 정사각형이 전혀 다르지 않은 상황에서 노란 돌이 놓인 정사각형은 다른 모든 정사각형과 확연히 구분되어, 인간의 정신작용은 곧장 그곳에 집중되고 상대방 역시 그러하리라는 것을 안다. 따라서 플레이어들은 협력의 문제를 해결하고 같은 정사각형을 고를 것이다.[8]

---

8 마이어슨(Myerson, 2004, 93쪽)은 이와 같은 개념을 더 재미있게 환기시키며 다음과 같은 논의로 공정함에 관련된 민감한 문제를 제기했다. “한 무리의 참가자들이 (…) 각자 독립적으로 한 명의 이름을 종이에 써내야 한다. 모두 같은 이름을 쓰면 각각 100달러씩을 받고, 기명된 사람은 200달러를 받는다. 그 외의 경우에는 모두가 보상을 받지 못한다. 참가자들은 서로 일면식도 없다. 그러나 게임이 시작되기 직전에 누군가 걸어들어와서 크고 빛나는 왕관을 한 사람에게 씌우고 나간다.” 이로써 왕관을 쓴 사람이라는 초점이 만들어질 가능성이 있다. 왕관을 쓴 사람은 무작위로 선택되었을 수도 있고 그렇지 않을 수도 있으므로, 이

무엇이 초점을 만드는지 엄밀히 정의 내리지 못하면서 계속 초점 개념을 쓰는 것을 불편해하는 사람들도 있다. 엄밀한 정의 없이는, 지금 내가 이 책에서 하듯이 초점 개념을 폭넓게 적용할 수 없다고 생각하는 이들도 있을지 모른다. 여기에 나는 말馬을 정의 내리지 못하면서 말을 잡으러 간(그리고 결국에는 잡은) 원시 부족의 이야기로 답하고자 한다. 비록 특정 정의를 가지고 '이것이 말이다'라고 규정짓지는 못하지만 이 부족에게 '말'은 중요한 범주이다. 정의가 없어도 통하는 이유는, 사람들의 머릿속에 있는 공통된 범주 덕분에 정의를 내리지 못한 채로도 합의할 수 있기 때문이다. 물론 오해도 낳는다. 이 원시 부족 중에 누군가는 노새를 좇고 또 누군가는 말을 좇다가 결국 아무것도 잡지 못할 수도 있다. 사실 이 책에서도 그와 같은 문제에 맞닥뜨리며, 이때 생기는 초점 개념의 모호함은 집단행동의 불안정성을 이해하는 데 도움이 된다. 앞으로 살펴보겠지만 초점의 이러한 모호함은 불법 행위와 대립 행위에 관한 중요한 통찰을 가져다준다.

3. 초점을 만드는 법[9]

이제 이 장 1절의 말미에서 하던 이야기로 돌아가보자. 여기서 제시하는 개념의 핵심은, 보다 탄탄한 법경제학 이론으로 나아가기 위해서

예는 공정과 공평에 관한 흥미로운 문제를 제기한다(McAdams, 2015, 3장 참조). 만약 참가자 중 한 명이 이런 아이디어를 내어 자기 머리에 왕관을 쓴다면 문제는 윤리적으로 더 복잡해진다(이런 계략을 쓰는 독재자도 있다). 이제 왕관을 쓴 사람이 현저히 부각되었으므로 사람들은 그 뻔뻔함과 교활함에 분개하면서도 그 이름을 쓰고 싶은 유혹을 느낀다.

9 감수자주: 이 절의 원제는 'The Law as a Focal Point'로, 직역하자면 '초점으로서의 법'이 된다. 하지만 법 그 자체가 초점이라기보다는 여러 균형 중에서 좋은 균형을 초점으로 부각

는 '법이 사람들의 믿음에 영향을 미치는 방식으로 그 영향력을 발휘한다'라는 인식을 토대로 삼는 것이 첫 단계가 되어야 한다는 것이다. 그 형태는, 사람들의 믿음에 직접 영향을 미치는 방식, 그들의 믿음에 대한 믿음에 영향을 미치는 방식 등 여러 복잡한 유형을 띨 수 있다. 그러나 일단 이러한 인식이 생기면 이 접근법을 체계화하기 위한 통로가 초점이라는 사실이 분명해진다. 성공한 법은 우리 모두가 살면서 벌이는 게임, 종종 '현실게임game of life'(Binmore, 1994)이라고 불리고 나는 더러 경제게임economy game이라고도 부르게 될 게임에서 새로운 초점을 만들어내어 사람들의 행동을 바꾸어놓는 법이다.

경제게임 혹은 현실게임은 개개인이 선택하는 행동과 전략을 모두 아울러 기술하는 말로,[10] 여기서의 개개인이란 평범한 시민뿐 아니라 경찰, 판사, 배심원, 국무총리 등 모든 사람을 가리킨다. 이 게임에서 모든 개개인 혹은 플레이어는 자연의 법칙에 따라 가능한 그 어떠한 행동·행위·전략도 선택할 수 있다. 그리고 각자 어떤 행동을 선택했는지에 따라 모든 사람은 각기 보수 또는 효용을 얻는다(편의상 달러로 표시하기로 하자). 앞서 살펴보았듯이 이를 보수payoff함수라고 부른다. 여기서는 'payoff'라는 용어가 유용한데, '결실'이라는 뜻으로도 쓰이기 때문이다. 법경제학은 법을 통해 경제게임의 결과와 행동이 어떤 결실

하는 역할을 한다는 데에 방점이 두어져야 한다는 점에서 '초점을 만드는 법'으로 번역했다. 5장 1절의 '법의 역할은 결국 초점을 만드는 것에 지나지 않는다'라는 문장과도 일맥상통한다. 즉 '법시행'은 앞 절에서 소개한 정사각형게임의 특정 칸에 노란 돌을 두는 것과 같다는 것으로, 이때 돌 그 자체가 초점이 아니라 돌이 위치한 특정 칸이 초점이라는 것이다. 하지만 이 절에서는 '위법'과 '준법'이 모두 균형일 때 '준법'이 초점으로 채택되게끔 하는 상황을 소개한다. 곧 '법시행'이라는 돌 때문에 '준법'이라는 초점이 부각하게 되는 상황이다. 물론 그런 점에서 본다면 '초점으로서의 법'도 틀린 표현은 아닐 것이다.

10 Mailath, Morris, & Postlewaite(2017)의 표현으로는 '물리 법칙'이 허용하는 모든 행위이다.

을 맺는지를 살펴보는 연구로 볼 수 있기 때문이다.

1절에서 주장했듯이 현실게임에서 법은 개개인이 선택하는 행동 또는 전략을 바꾸지 못하고, 따라서 각자의 보수함수도 바뀌지 않는다. 다만 다른 사람이 어떻게 하리라는 개개인의 믿음을 바꿔놓을 뿐이다. 이렇게 해서 바뀐 믿음은 각자의 전략을 바꿀 수 있고, 그렇게 해서 사회를 새로운 균형, 즉 사람들의 행동이 바뀌고 사회적인 결과가 달라지는 균형으로 이끈다. 말하자면 법이 행위와 결과에 영향을 미치는 유일한 방법은 사회를 새로운 균형 혹은 새로운 행위조합에 이르게 하는 것이다. 법은 특정한 균형과 특정한 행위 유형을 현저히 부각하는 도구일 뿐이다. 새로운 법이 효과를 내려면 기본적으로 새로운 초점을 만들어내야 한다.

이제 우리는 초점접근 법경제학에서 내세우는 핵심적인 주장 가운데 하나를 언급할 수 있게 되었다. 법은, 현실게임 혹은 경제게임에서 새로운 초점을 만들어내야지만 그 효과를 발휘하며, 그럴 때에만 법이 개개인의 행동과 집단적 결과에 영향을 미치게 된다. 특히 법이 '종종' 이러한 방식으로 효과를 낸다는 것이 아니라 '항상' 그렇다는 것이 여기서 내가 강조하고 주장하려는 바이다. 이 지점의 이해가 중요한 이유는 '특정한 유형'의 법이 어떻게 효과를 내는가를 초점 개념을 활용해 파악함으로써 법경제학에 크게 기여한 저명한 법학자와 법이론가들이 있기 때문이다(일례로 Cooter, 1998; McAdams, 2000; 2015 참조).[11] 하지만 나는 그보다도 더 보편적임을 주장한다. 법이론가들이 초점 개념을 적용해 펼치는 주장과 이 책에서 취하는 입장 간에는 중요한 개념적 차

11 포스너(Posner, 2000, 3쪽)는 "바람직한 형태의 비非법적 협력이 강화되고 바람직하지 않은 형태의 비법적 협력이 약화될 가능성을 놓고 우리가 개입의 종류를 달리해 평가할 수 있는가?"라는 수사적인 물음으로 같은 논지를 펼쳤다. Geisinger(2002)도 참조할 것.

이가 있다. 이 부분은 뒤에서 다시 살펴보자.

법의 시행은 앞서 본 '정사각형게임'에서 특정 칸에 노란 돌을 두는 것과 같다. 법은 게임을 바꾸지 않는다. 선택할 수 있는 전략이 같고, 규칙이 같으며, 보수도 달라지지 않는다. 그럼에도 불구하고 새로운 법은 마치 노란 돌처럼 게임과 결과에 영향을 미친다. 다른 사람이 어떻게 하리라는 자신의 예상을 바꾸고 자신이 어떻게 하리라는 다른 사람의 예상을 바꿈으로써 영향을 미친다. 또 어쩌면 그보다 높은 단계의 믿음higher order beliefs, 즉 믿음에 대한 믿음beliefs about beliefs: meta belief에도 영향을 미친다. 또한 다시 강조하건대, 법이 때때로 이렇게 작동한다는 것이 아니라 이것이 곧 법이 작동하는 방식이라는 것이다.

이 주장에는 흥미로운 반전이 있다. 법이 초래하는 결과는 어찌 됐든 하나의 균형이므로, 그 결과는 법 없이도 생길 수 있다. 즉 '법을 만들어 가능해진 결과는 법 없이도 생길 수 있다.'[12] 표현의 자유를 금지하는 법이 사람들의 자유로운 발언을 억누른다면, 그처럼 자유로운 발언을 억누르는 일은 법이 없어도 생길 수 있다는 것이다. 즉 표현의 자유는 법이 아닌 사회규범, 곧 비공식적인 사회적 제재나 배척당할 위협을 통해서도 똑같이 억압될 수 있으므로, 어떤 사회에 표현의 자유가 있는지 알고 싶다고 해서 그 사회의 법만을 연구하는 것으로는 충분하지 않다는 것이다. 나는 다른 책(Basu, 2000)에서도 같은 주장을 제기한 바 있다. 인도의 카스트제도는 법으로 뒷받침되지 않지만 많은 시골 지역사회에서 법 못지않은 강제력을 띠며 구성원의 행동을 제약한

---

12 평범한 시민집단, 사업체, 길드가 스스로의 행위를 관장할 목적으로 자기강제력을 띤 규칙을 만들어내는 데 성공한 예는 많기도 하고, 특별히 놀라운 사실도 아니다(Bernstein, 1992; Grief, 1993; Greif, Milgrom, & Weingast, 1994; Myerson, 2004; Dixit, 2004; 2015). 이는 임의로 명령을 내릴 수 있다는 뜻도 되며, 많은 문헌에서 관련 내용을 다루고 있다(Elster, 1989; Sugden, 1989; Ellickson, 1991; Hadfield & Weingast, 2013 등 참조).

다(Akerlof, 1976).[13]

앞서 인도의 맥락에서 간단히 살펴본 것과 같은 유의 식량보장법이 있다고 하자. 그 법에 따라 바우처를 지급받은 저소득층은 민간 식료품점에 가서 바우처로 음식을 사고, 식료품점 주인은 그 바우처를 은행에 가져가서 돈으로 교환한다. 만약 지금 내가 제시한 방식대로 법이 작동할 가능성이 있다면, 이상하게 들릴지 모르지만 이 전반적인 시스템은 법이 없이도 작동된다. 이 균형에서 누군가는 바우처를 인쇄해 가난한 사람들에게 나누어줄 테고, 그러면 가난한 사람들은 바우처를 시장에 가져가서 음식을 살 것이다. 그리고 식료품점 주인들은 바우처를 은행에 가져가서 현금으로 바꾼다. 즉 법이 제정된 시점에 이미 모두(시민, 경찰, 판사)가 법이 있는 사회에서 하는 대로 하고 있었다면 기존의 행위는 내시균형에 부합하게 된다. 그러니 그 결과는 법이 없이도 유지될 수 있었다. 이런 논증이 낯설게 들리는 단 한 가지 이유는, 안타깝게도 법에 대한 일반적인 관점이 우리 사고의 너무나 많은 부분을 차지해 상황을 제대로 볼 수 있는 능력을 변질시켰기 때문이다.

이해를 높이기 위해 '죄수의 딜레마'로 돌아가보자. 개개인을 나쁜 결과로부터 벗어나게 하려면 법을 어떻게 활용해야 할까? 사회를 더 나은 결과로 이끄는 것은 법경제학 분야의 핵심 동력 가운데 하나이다. 그러나 게임(이 경우에는 '죄수의 딜레마')이 정확하게 서술되고, 또 그것이 현실게임의 온전한 서술이라면 답은 간단하다. 즉 법은 나쁜 결과로

13 이 개념에 대해서는 5장에서 상세히 서술한다. 얼핏 보기에는 이런 평가가 논리적이지 않아 보인다. 또한 케인즈학파의 정책을 두고 프랭크 한Frank Hahn(1980, 289쪽)이 조롱조로 부연한 다음과 같은 평이 연상될지도 모르겠다. 즉 그는, "정부의 거시정책과 관련해 일부 경제학자는 역설적이라고 할 정도까지는 아니지만 다소 어폐가 있는 입장을 취한다. 필요하지도 않은 정책을 모델에 대입해 논의하니 어폐가 생기는 것이다."라고 이야기했다.

부터 개개인을 구할 수 없다.[14]

그럼에도 나쁜 행동에 벌금을 부과하고 두 명의 죄수에게 집단적으로 더 나은 방향의 결과를 제시하는 등의 논의를 하는 것은, 사실은 우리가 이 게임을 현실에서 실제 전개되는 게임으로 여기지 않기 때문이다. 그도 그럴 것이, 벌금을 부과하려면 최소한 또 한 사람, 즉 단속하고 처벌할 경찰 혹은 단속공무원이 있어야 한다. 실제로 이런 사람이 존재한다면 애초에 이 사람도 로봇이 아닌 합리적 선택을 하는 게임의 한 축으로 설정되었어야 한다.

여기서 더 나아가보자. 다소 억지스러운 게임을 설정할 텐데, 실제 문제를 해결하기 위해서가 아니라 새로운 접근법을 설명하기 위한 목적에서이다. 이를 위해 제3의 인물인 경찰 혹은 플레이어3을 가정해보자. 먼저 앞에서와 같이 두 플레이어가 '죄수의 딜레마' 게임을 펼친다. 그런데 이 게임에는 경찰도 개입해 선택을 한다. 만약 경찰이 왼쪽 L을 선택하면 플레이어1과 플레이어2가 얻는 보수는 '죄수의 딜레마' 때와 같다(<게임 2-1> 참조). 하지만 경찰이 오른쪽 R을 선택하면 플레이어1과 플레이어2에게는 2단위만큼 벌금이 부과된 보수가 따른다(<게임 2-2> 참조). 즉 두 명의 플레이어는 나쁜 행동 B를 선택했을 때 2단위만큼 처벌을 받는 것이다. 이때 플레이어1과 플레이어2가 나쁜 행동으로 처벌을 받을 것인지 아닌지는 물론 플레이어3의 행동에 따라 결정된다. R은 '법집행Regulation enforcement'에서, L은 (경찰의) '묵인Laxity'에서 따왔다고 생각하면 경찰의 이러한 행동에 대한 명명을 기억하기 더 좋을 것이다.

---

14 감수자주: 뒤에서 자세히 나오겠지만, 이 경우는 단일균형 상황이기 때문에 법이 게임을 바꿀 수 없게 된다. 다중균형 상황에서 법이 '더 나은 균형'을 초점으로 부각시킬 때에만 사회가 변하는 것이다.

이 게임을 온전히 서술하기 위해서는 경찰이라는 플레이어가 얻게 되는 보수를 구체화할 필요가 있다. 여기서는 설명에만 목적이 있으므로 굳이 이야기를 만들어내지 않고, 간단하게 경찰이 R(법집행)을 선택하면 플레이어1과 플레이어2가 어떤 선택을 하든 관계없이 경찰은 1의 보수를 얻는다고 가정하자. 하지만 만약 경찰이 L(묵인)을 선택하면 그가 얻는 보수는 플레이어1과 플레이어2의 선택에 따라 달라진다. 만약 두 사람 다 A(준법)를 선택하면 경찰은 0을 얻는다. 반면에 둘 다 그 외의 선택을 하면 경찰은 2를 얻는다.[15] <게임 3-2>의 두 가지 보수행렬에 이 내용이 제시되어 있다. 단순하게 모든 선택은 동시에 이루어지는 것으로 가정한다. 즉 이 두 행렬은 세 플레이어가 벌이는 정규형 게임에 관한 서술이다.[16]

L

	A	B
A	7, 7, 0	1, ⑧, ②
B	⑧, 1, ②	②, ②, ②

R

	A	B
A	⑦, ⑦, ①	①, 6, 1
B	6, ①, 1	0, 0, 1

<게임 3-2> 죄수의 딜레마 현실게임1
* A: 준법, B: 위법, L: 묵인, R: 법집행.

---

15 감수자주: 'Laxity'를 '묵인' 내지는 '해이', '방종'으로 볼 경우, 경찰은 플레이어들이 불법적 방종을 행할 때 이를 보고 동질감을 느낌으로써 자신의 보수를 얻게 되며, 반면에 플레이어들은 법을 잘 지키는데 경찰만 해이하기로 선택한다면 경찰 자신은 마음이 편치 않아 0의 보수를 얻게 된다고 생각할 수 있다. 다만 이는 저자가 언급했듯 다소 억지스러운 게임일 수 있다. 이 게임의 목적은 두 개의 균형 (B, B, L)과 (A, A, R) 중 하나인 (A, A, R)이 법의 시행으로 초점화되어가는 과정을 보여주는 것이므로 여기서 각 보수의 의미에 대해서는 깊게 생각하지 않도록 하자.

16 감수자주: 플레이어1과 플레이어2의 최선의 선택이 무엇인지는 각 보수행렬 안에서 행과 열을 비교함으로써 알 수 있는 반면, 플레이어3이 어떤 선택을 할지는 행렬끼리의 비교를 통해 이해할 수 있다. 이 게임은 초점접근 법경제학의 핵심이 되는 매우 중요한 사례이기 때문에, 두 개의 내시균형을 구하는 방법을 숙지해두자.

이 게임은 '죄수의 딜레마'에 갇힌 두 명의 플레이어뿐 아니라 필요하다면 행동에 나서는 또 다른 사람(이 경우에는 플레이어3)이 있다는 점에서 '현실게임'의 요건에 부합하므로 이 게임을 '죄수의 딜레마 현실게임1'이라고 부르자. 또 다른 형태인 '현실게임2'도 뒤에서 살펴볼 것이다. 게임1의 내시균형은 두 개이다. 즉 제시된 보수행렬 표를 보면 쉽게 알 수 있는 내시균형의 두 가지 결과는 (B, B, L), (A, A, R)로, 이 두 결과는 (2, 2, 2), (7, 7, 1)이라는 세 축의 보수로 이어진다.

법이 없는 상태에서 이 게임이 (B, B, L) 균형에 이르렀다고 하자. 이제 플레이어들은 (2, 2, 2)의 보수를 받는다. 다른 선택으로 이탈해도 더 나은 결과는 없다. 그런데 집단적으로 볼 때 이 균형은 플레이어1과 플레이어2에게 좋지 않다(둘 다 A를 선택했더라면 모두 7의 보수를 받을 수 있었으므로 — 옮긴이주). 바로 이 지점에서 법이 개입한다. 새 법이 시행되면서 B(위법) 행동을 잘못으로 규정하고 그것을 선택하는 사람 모두에게 2달러의 벌금을 부과한다. 이 새 법은, 잘못을 저지른 사람에게 처벌이 내려지는 세상을 경찰이 구현해낼 것이라 단언하고 있다. 즉 경찰은 R(법집행)을 선택하리라는 것이다.[17]

따라서 법은 단지 사회가 (A, A, R)로 이동하도록 촉구할 뿐이다. 새로운 접근법에 따르면, 법의 힘은 오직 (A, A, R)을 초점화하는 능력에서 나온다. 그래서 시민과 경찰의 믿음을 의도대로 바꾸고, 사회는 실제로 그 지점에 다다른다. 법은 공항 터미널에 '만남의 장소' 표지판을 두는 것, 혹은 '정사각형게임'에서 하나의 정사각형 위에 노란 돌을 두

17 감수자주: 엄밀히 말하면 '경찰이 R을 선택하리라고 플레이어들이 믿는 것'이다. 이 게임은 정규형 게임 혹은 동시진행형 게임이기 때문에 플레이어들과 경찰이 동시에 선택하게 되어, 즉 플레이어들의 입장에서는 경찰이 어떠한 선택을 하는지 모른 채 그저 '어떠한 선택을 하리라'는 믿음만을 가지고 자신들에게 가장 유리한 선택을 할 뿐이다.

는 것과 같다. 이 구조에서 법은 단순한 예측이다. 법은 모든 가능한 균형 가운데에서 하나를 선택하고, 그 균형이 발생하리라 말함으로써 그 결과가 초점이 되기를 희망한다. 법이 하는 일은 신뢰의 체계를 만드는 것이고, 만약 모두가 그 체계를 신뢰한다면 모두가 믿는 그대로 이루어지게 되는 것이다.

꼭 이해해야 할 점은 이 게임이 전혀 특별하지 않다는 사실이다. 여기서 법이 하는 일은 다른 어떤 규칙으로도 할 수 있다. 또 모두가 법을 외면하고 무시하기로 마음먹으면 법은 아무런 영향력도 미치지 않을 것이다. 반면 법이 예측을 바꿔놓는 데 성공하면 그것은 구속력을 갖고 위로부터 사회를 통제하는 철권의 모습을 띠게 될 것이다. 철학계의 뛰어난 사상가들이 이 허상(철권의 모습을 한 법)에 속았다는 사실에 비추어 볼 때, 흄은 그것으로부터 벗어났다는 점에서 다른 사상가들과 구분된다. 외적 요소로서 법이 지닌 힘은 늘 외피에 그친다. 법은 개개인의 믿음에 영향을 미치는 것 외에는 그 이상의 무엇도 할 수 없다. 곧 좋은 쪽으로든 나쁜 쪽으로든 우리는 모두 믿음의 공화국의 시민이다.

법은 명령의 언어를 쓰지만 실제로는 행위의 예측에 불과하다. '나쁘게 굴면 경찰이 너를 벌할 것이다', '나쁘게 굴어도 경찰이 너를 벌하지 않으면 그 경찰은 상관에게 벌을 받을 것이다'와 같이 법은 결말을 가리키며 그곳으로 가라고 설득한다. 법이 사람들을 이끄는 방향이 균형이라면, 이들에게 '다들 그 방향으로 갈 것'이라는 신뢰가 형성되는 순간, 이들은 초신뢰로 '결집된다locked-in.'

그런데 만약 현실게임에 균형이 단 하나라면, 즉 구체적으로 균형에 이르는 전개 안에서 단 하나의 결과만이 생긴다면 법은 아무것도 할 수 없게 된다. 이는 전통적인 법경제학 모델에서 벌어지는 일과 결정적으로 다르다. 예를 들어 앞선 게임에서 (A, A, R)이라는 결과에 따르는 보수가 (7, 7, 1)이 아니라 (7, 7, −1)이고 다른 모든 보수는 변하지 않았다면,[18] 유일한 내시균형은 (B, B, L)이고, 법이 뭐라 하든 결과는 변하지 않는다. 법은 게임을 바꾸지 못하고 게임은 단일균형이므로 시민들은 그 결과로 운명지어지는 것이다. 법은 이미 있던 균형으로 사회를 이끌어갈 뿐, 기존의 법경제학에서 가정한 대로 새로운 균형을 만들어내지는 못한다.[19] 경찰, 판사, 국무총리처럼 어떤 사람은 국가의 법집행 주체라는 역할을 맡고, 또 어떤 사람은 평범한 시민의 역할을 맡겠지만 이 모두가 현실게임의 참가자들일 뿐이다. 그리고 결국 법의 실효성은 우리 모두와 우리가 지닌 신뢰감에, 우리가 타인에게 무엇을 기대하는지에, 그리고 그 기대에 우리가 어떻게 응하는지에 의해 좌우된다.[20]

때로 법이 시민들의 행동과 사회적 결과에 영향을 미친다는 사실은, 현실게임의 균형이 대개 여러 개임을 보여준다. 실제로, 많은 경제

---

18 감수자주: 법집행을 하는 과정에서 발생할 수 있는 비용을 고려하여 경찰의 보수를 -1로 조정했다고 볼 수도 있다. 하지만 이 역시 보수 자체에 큰 의미를 부여하기보다는 균형이 하나만 존재하는 상황을 만들기 위해 임의로 제시한 숫자라고 보는 편이 나을 것이다.

19 최소한 전통적인 법경제학에서 가정하는 것처럼 직접적으로 만들어지지는 않는다. 뒤에서 살펴보겠지만, 그래도 새로운 균형이 만들어지는 방법이 있기는 하다. 물론 그 과정은 전통적인 법경제학에서와는 차이가 있다.

20 위스턴 H. 오든Wystan H. Auden의 시적인 표현으로는 이러하다(「법은 사랑처럼Law, Like Love」 중에서).

어떤 이는 말하네, 법은 우리의 운명
어떤 이는 말하네, 법은 우리의 국가
또 어떤 이는 이렇게도 말하네
법은 이제 없다고,
법은 죽어버렸다고.
그리고 언제나 소란하고 성난 군중은
몹시도 불쾌하고 떠들썩한 목소리로 외치네,
법은 우리라고,
또 언제나 유순한 바보는 이렇게도 말하네,
법은 바로 나라고.

학자가 믿는 것과 달리 경제생활에는 균형이 아주 많은 경우가 대부분이다.[21] 경제 정책을 수립하는 모험이 힘들면서도 흥미진진한 이유가 여기에 있다. 그도 그럴 것이, 만일 경제게임에 단 하나의 균형만 있다면 그 경제가 안착할 곳은 오직 하나이므로 법이 이끌어낼 수 있는 결과가 없다. 마이어슨은 이 주장을 명료하게 풀어낸다. "제도에 수학적 모델을 올바르게 적용하면 답이 여러 개라는 사실을 쉽게 알 수 있다. 실제 제도는 문화적 규범과 정당성에 대한 전통적 관념 등 여러 요인에 따라 결정되기 때문이다. 실제 게임의 경제학적 구조에서 (…) 하나의 해결책만 인정한다면 그 제도는 그다지 효과적이지 않을 것이다."(Myerson, 2006, 12쪽).[22]

---

21 현실에서 다중균형의 가능성을 특히 개발도상국의 맥락에서 탁월하게 풀어낸 글로는 Hoff & Stiglitz(2001)가 있다. 이와 관련해서는 '빈곤의 덫poverty trap'과 '빈곤의 지속persistence of poverty'을 밝히려는 연구가 많다(Bowles, Durlauf, & Hoff, 2006 참조). 마찬가지로 다중균형 관점에 근거해 있으나 잘 다루어지지 않는 개념으로 '불평등의 덫inequality trap'이 있다. 사회가 이 상태에 놓이면 소득 재분배가 잘 이루어지지 않고 경제적 효율성이 낮은 균형에 갇힌다(Bourguignon, Ferreira, & Walton, 2007). 공교육을 받은 노동자들은 모두 가난한 집 출신이고 부자들은 모두 어려서부터 특별한 교육을 받아 계속 부자로 산다면(Roemer, 1998), 이 구조에서는 불평등의 덫에 갇혀 그렇지 않았을 때보다 생애소득이 낮아진다. 이 책의 다른 부분에서도 논의하겠지만 흥미롭게도, 경제에 영향을 미치는 사회적 요인과 정치적 요인이 만나는 지점에서 이와 같은 균형이 발생한다.

22 이 책(Myerson, 2006)에서 마이어슨은 '초점효과focal-point effect' 개념을 활용해 제도를 설명하고 있으나, 흥미롭게도 초점의 '점' 개념을 바수와 와이블(Basu & Weibull, 1991)의 제한집합과 같은 집합지향적 솔루션 개념으로 확장한다. 여기서도 같은 경로를 따른다면(실제로 그렇게 하는 것이 매우 적합하다) 우리가 주목해야 할 개념은 '구획으로 제한되는 초점focal curb'이다. 즉 어떤 이유에서든지 현저히 두드러지는 제한집합이 있고, 그 결괏값의 집합 안에서 게임이 끝난다는 사실을 모든 플레이어가 아는 경우, 새로운 법은 의도한 하나의 결과가 아니라 가능성이 있는 여러 결과로 이루어진 하나의 집합을 향해 사회를 이끈다. 이 점에 대해서는 이 장의 5절에서 자세히 살펴보겠다. 이 개념이 중요한 이유는 실제로 현실에서의 게임은 워낙 복잡해서 의도하는 행위를 정확히 기술하기가 사실상 불가능하기 때문이다. 법이 행위를 특정할 수 있는 상황이란 몇몇 제한적인 경우에 국한되곤 한다. 따라서 비교와 해석의 과정을 거치며, 이 상황에서 저 상황으로 확장해갈 수밖에 없다. 레비의 책에서 관련 주제를 다루고 있다(Levi, 1949; Swedberg, 2014, 4장도 참조). 이 주제를 이론화

강조를 위해 부연하자면, 하나의 경제나 사회에는 경제학자들의 말처럼 일반적으로는 다중균형, 실은 아주 많은 다중균형이 존재한다.[23] 물론 일어날 수도 있었다는 것이지, 결국에는 하나의 결과만이 나타나게 마련이다. 일어날 가능성이 있는 모든 결과를 다중균형으로 고려하는 것이 경제학자들의 습성이다. 경제학뿐 아니라 심리학, 정치학, 사회학, 나아가 해양학, 기상학 등을 두루 아울러 설명하는 학문 분야가 있다면 실제로 일어나는 하나의 균형만 고려할 수 있을지도 모르겠다. 다만 경제학 하나로 단일 균형을 특정하는 것은 오만이다. 즉 경제학자는 가능한 모든 분석 도구를 활용하고, 여기에 법학, 정치학 등 인접 학문의 도움을 받음으로써 우리는 우리가 살면서 겪는 대부분의 상황에 수많은 균형이 존재할 수 있음을 보여야 한다. 경제학은 그렇게 다중균형 상황에서 일어날 수 있는 모든 결과를 집합으로 제시할 수 있어야 하고, 실제 일어나는 일이 이 결과 집합의 어디 쯤에 있는지 짚어낼 수 있어야 하는 것이다.

초점접근법은 인간의 비합리성이 아니라 법의 표현적 기능expressive function 혹은 제시적 역량suggestive power에 기초한다. 법은 협력을 촉진할 목적으로 '제시되는' 도구일 뿐이다. 제시적 역량은 연구자들뿐 아니라 우리의 일상생활을 눈여겨보는 사람들을 통해서도 기록되어왔다. 비디아다르 S. 나이폴Vidiadhar S. Naipaul이 쓴 한 명작 소설의 주인공 '비

하는 데에는 집합지향적 균형 개념이 유용하며, 이 개념에는 모호함과 의도가 개입될 여지가 있다. 하딘(Hardin, 1989)도 헌법의 역할을 개념화하며 이 같은 관점을 제시했다. 하딘은 헌법이 계약이라기보다는 협력을 위한 장치로서 전체 인구집단의 행위에 상호 강화적인 기대를 만들어내는 것으로 본다.

23 현실적인 환경에서 어떻게 균형이 여러 개일 수 있는가에 대해서는 Basu & Van(1998), Platteau(2000), Hoff & Stiglitz(2001), Morris & Shin(2001), Basu & Weibull(2003) 등의 논의를 참조할 것.

스와스'는 어느 작은 마을에 위치한, 친척이 운영하는 고급 주류점에서 일을 하게 된다. 그곳에서 주인공은 "'인디언 메이든', '화이트 코크', '파라키트'는 모두 똑같은 럼인데 가격도 다르고 병에 붙은 라벨도 다르다."라는 사실을 곧 깨닫는다. 이어 나이폴은 "각 브랜드마다 그 브랜드를 고수하는 사람들이 있다."(Naipaul, 1961, 61쪽)라며, 탁월한 시선으로 인간의 나약함을 지적한다.

물론 현실에서는 단순히 행동에 라벨을 붙여 명명하는 것만으로도 법이 행위에 영향을 미치는 상황이 있다. 이 부분은 법의 표현적 기능과 맞닿아 있다(Sunstein, 1996b).

이제 정리해보자. 왜 어떤 법은, 혹은 어떤 나라의 법은 지켜지는데 다른 법이나 다른 나라의 법은 예사롭게 무시되는가? 이 질문은 줄곧 법경제학의 어려운 과제였다. 실제로 이 문제는 오랜 철학적 논쟁에 기반한다. "왜 우리가 자연법을 따라야 하는가(혹은 그 어떤 규범이든 간에 왜 우리가 그 규범을 따라야 하는가)를 해명하는 문제는 철학의 오래된 문제들 가운데 하나이다."[24]

데이비드 흄의 시대부터 오랫동안 이어져온 논의를 새삼스레 다시 언급하고, 게임이론의 개념까지 활용하여 이 책에서 주장하려는 바는 분명, 한낱 우리의 머릿속에 있는 믿음일지라도 그것을 매개로 서로 간에 만들어낸 사회적 압력을 인식하는 순간, 왜 우리가 그 자체로는 개인적 이해에 부합하지 않음에도 불구하고 때로 법이 시키는 대로 하는지를 이해할 수 있게 된다는 점이다. 이는 법의 사회적 자기강제self-enforcing 메커니즘으로서 법을 막강하게 해주는 작용을 한다. 사회규범

24 『스탠퍼드 철학 백과*Stanford Encyclopedia of Philosophy*』 중 「휘호 흐로티위스Hugo Grotius」 관련 표제에서 인용했다(https://plato.stanford.edu/entries/grotius/).

도 마찬가지이며, 이 메커니즘을 통해 법과 사회규범으로 강제된 행동에 대해 공통된 토대가 마련된다. 법으로 강제된 행동과 사회규범으로 강제된 행동은 보기와 달리 서로 그리 멀리 떨어져 있지 않다(자세한 논의는 5장에 제시되어 있다).

4. 법시행의 실제

법경제학에 대한 새로운 접근법은 우리에게 중요한 통찰을 주며, 법이 어떻게 경제적인 결과에 영향을 미치는가를 더 심층적이고 정확히 이해하게 해준다. 기존의 법경제학에서 초점접근 법경제학으로의 이동은 경제 균형에 대한 부분적인 분석에서 벗어나 일반적인 분석으로 진일보한 것이라 할 만하다.

부분균형partial equilibrium 분석은, 시장 내의 상황(변수)이 바뀌더라도 연구 대상이 되는 특정한 시장의 외부 변수들은 변하지 않는다는 전제에서 작동한다. 이 부분균형 분석은 간편한 모델이지만 오류가 있는데, 우리가 잘 알고 있듯이 시장 안의 변화는 종종 시장 너머의 변수에 영향을 미치고, 그래서 시장 안에서 발생하는 결과까지 바꿔놓기 때문이다. 실제로 부분균형의 결과만으로는 경제 전체를 일관되게 설명하지 못하는 경우가 있었다. 이런 연유로, 주류 경제학에서는 19세기 후반에 관점의 전환이 일어났는데, 그 중심에는 레옹 왈라스Leon Walras를 위시한 많은 경제학자가 기여한, 그리고 이후 20세기 중반에 이르러서는 케네스 애로Kenneth Arrow, 제라드 드브루Gerard Debreu 등의 경제학자들(Arrow & Debreu, 1954)이 보다 정교하게 다듬은, 일반균형모델general equilibrium model이 자리 잡고 있다(일반균형은 모든 시장이 동시에 균형을 이룬 상태를 뜻하며, 이 모델에서는 개별시장과 다른 부문의 상호성을 고려해 모든 시장을 연관지어 분석한다. ― 옮긴이주). 물론 모든 연구가 그러하듯이 이 분야에서도 후속 연구가 더 나와야 하겠지만, 부분균형 분석에서 일반균형 분석으로의 전환은 성장과 번영, 기근과 경기침체에 이르기까지 경제적·사회적 현상을 이해하는 원리로서 경제학이 갖는 힘을 크게 증진시켰다.

법경제학에도 비슷한 잠재력이 있다. 전통적인 법경제학은 전체 경제게임의 '한 부분segment'에만 집중했고, 중요한 플레이어를 논의의 장 밖에 남겨두었으며, 이들을 로봇 같은 법의 추종자로 가정하는 방식으로 작동했다. 초점접근 법경제학은 경찰과 판사 등을 포함한 경제게임 전반을 고려한 후에 법이 어떻게, 그리고 왜 작동하는지를 설명하려 했다. 앞서 살펴보았듯이 이러한 관점의 전환은, 법은 곧 게임의 규칙이자 보수함수를 바꾸는 도구라는 데에서 벗어나, 법을 플레이어의 믿음을 변화시키고 나아가 플레이어의 행동을 바꾸는 촉매(비록 그러할 힘이 없다 할지라도)로서 작용하는 도구로 바라보도록 분석의 패러다임 자체를 바꿔놓았다.

초점접근 법경제학의 중요한 기여 가운데 하나는 언제, 그리고 왜 그토록 많은 법이 시행에 이르지 못한 채 종이 위에서 잠자게 되는지, 또 그런 일이 왜 특정한 사회, 특히 개발도상국이나 신흥경제국에서 더 많이 일어나는지를 더 잘 이해할 수 있게 해준다는 점이다.

어떤 법이 시행되지 못하는 첫 번째 이유는 그 법이 경제를 균형이 아닌 지점으로 이끌기 때문이다. 사람들에게 특정한 방식으로 행동할 것을 요구하는 법을 도입하고 모든 사람이 법에서 제시한 대로 행동하리라고 가정했을 때, 그중 한 사람이라도 다르게 행동하는 것이 이익이라면 분명 그 법은 이행되지 않고, 이행된다 해도 지속되지 않는다(즉 제시된 행동은 균형을 만들어내지 못한다). 즉 법은 동질적이고 합리적이라고 간주되는 모든 인간(국가의 행위 주체와 시민)이 스스로를 강제하여 누가 뭐라 하지 않아도 지킬 때 이행된다. 물론 대부분의 주류 미시경제학은 이 가정에 기반한다. 그런데 흥미롭게도 기존의 전통적인 법경제학은 이 가정을 모든 평범한 시민에게는 엄격히 전제했지만 국가의 행위 주체에 대해서는 노골적으로 무시했다.

만약 균형이 아닌, 즉 초점이 아닌 결과로 사회 전체를 이끄는 법이 제정된다면 그 법은 시행되지 못할 운명에 처한다. 이 점을 흥미로운 사례를 통해 살펴보자. 앞서 언급한 '죄수의 딜레마 현실게임1'을 조금 변형하여, 플레이어3의 왼쪽 보수행렬에 있는 모든 보수를 2로 바꿔보는 것이다. 이제 새로 시행된 법에 따라 플레이어1과 플레이어2는 A(준법) 행동을 선택할 것이고, 플레이어3은 L(묵인) 행위를 선택할 것이다. 이 법은 결코 시행될 수 없다. 플레이어1과 플레이어2가 다른 사람들이 모두 그 법을 지킬 것이라고 예상하더라도 두 사람이 굳이 A를 선택할(법을 지킬) 이유가 없기 때문이다.[25] 즉 이 법은 게임의 균형이 아

---

25 감수자주: 플레이어3이 L을 선택할 경우 보수는 2이고, R을 선택할 경우 보수는 1이며, 게임의 보수는 모든 플레이어가 공통지식으로 알고 있는바, 따라서 플레이어1과 플레이어2 두 사람은 플레이어3이 무조건 L을 선택할 것이라 믿기 때문이다. 즉 다음과 같은 상황이며, 이때의 내시균형은 (B, B, L) 하나이다.

L

	A	B
A	7, 7, ②	1, ⑧, ②
B	⑧, 1, ②	②, ②, ②

R

	A	B
A	⑦, ⑦, 1	①, 6, 1
B	6, ①, 1	0, 0, 1

따라서 어떤 상황에서도 경찰이 단속하지 않을 것이라는 믿음이 사회 전반에 가득할 경우 아무리 좋은 법이 나와도 아무도 법을 지키지 않게 된다. 경찰이 'Law Enforcement Officer(법집행관)'라고 불리기도 하는 이유를 곰곰이 생각해보게 되는 대목이다.

닌 결과를 목표로 삼기 때문에 실패할 수밖에 없다. 기존의 접근법과 달리 법경제학에 대한 새로운 접근법은 법이 균형을 '창출'하지 못한다고 단언한다. 법은 그저 기존에 있던 어떤 균형 중 하나로 사회를 이끌어갈 뿐이다. 우리가 흔히 하는 중대한 실수는 이 같은 법의 한계를 깨닫지 못한 채 균형이 아닌, 그래서 지속 가능하지 않은 결과를 무리하게 사회에 제시하려 할 때 생긴다. 이 경우에 결국 우리 앞에 놓이는 것은 실패할 운명의 법이다.[26]

법이 시행되지 못하는 두 번째 이유는 법이 명료하지 않거나, 다른 법에서 그 법과 상충되는 행동을 모순되게 요구하고 있어 그 법을 위반할 수밖에 없는 구조이기 때문이다. 실제로 많은 국가가 이러한 경우에 해당하며, 주류 연구 문헌에도 이에 대해 널리 언급하고 있다.[27] 이 경우를 초점접근법으로 보면 초점이 만들어질 수 있는 방법이 없으므로 문제는 더 심각해진다. 모순된 메시지는 노골적으로 서로 모순되는 법에 의해서뿐만 아니라 더 미묘한 방식으로도 초래된다. 때로 법은 징표와 신호, 즉 이른바 표현적 유형을 통해서도 제시되기 때문이다. 선스타인은 '행위는 표현적이고 행위는 의미를 수반한다. (…) 법원에 갈 때 화려한 넥타이를 매고 가는 변호사는 자의식과 타인을 향한 태도에서 '나는 남들과 다르다'라는 신호를 보내는 것이다."라고 말한다(sunstein, 1996b, 2021쪽). 이 신호는 자신을 낮추고 의뢰인을 돋보이게 해야 하는 '변론'이라는 변호사 본연의 언어적 유형과 모순되어 결과적으로 혼란을 초래할 수 있다.

---

26 여기서 주장하는 것은 메커니즘 설계 연구의 차원이므로 더 자세히 다룰 필요는 없다(관련 문헌으로는 Myerson, 1983; Maskin & Sjotrom, 2002; Sen, 2007 참조).

27 해드필드는 최근의 저서에서 "가난한 나라나 개발도상국에도 공식적인 법 규정과 시스템이 없지 않다. 오히려 너무 많아서 그 누구도 그것을 모두 지킬 수 없는 경우가 많다."라고 지적한다(Hadfield, 2016, 289쪽).

때로 정부는 마키아벨리식 의도(마키아벨리즘은 국가 발전을 위해서는 모든 수단·방법이 허용된다는 국가 지상주의적 정치사상이다. — 옮긴이주)에서 이런 상반된 신호를 주고, 시민들이 어떻게 행동해야 할지 헷갈려 하게 내버려두기도 한다. 그러나 일반적으로 이는 법이 오랜 기간에 걸쳐 그 수가 많아지고, 그래서 서로 모순이 생기면서 초래된 적재의 결과이다. 의회도 이 점을 안다. 법에서 '다른 법의 조항에도 불구하고'라는 단서가 자주 붙는 것은 이러한 까닭에서이다.[28] 상반되는 두 법에서 모두 이런 통고를 하고 있다면 이 단서는 전혀 효과가 없다.

법이 시행되지 못하는 세 번째 이유는 두 번째 이유와도 어느 정도 연관된 것으로, 초점이 특정되지 않고 다소 개방적이라는 점, 즉 어떤 집단인가에 따라서 무엇이 초점을 이끌어내는지가 명확하지 않은 데에서 비롯된다. 같은 신호에도 어떤 집단은 그 신호를 좇고, 다른 집단은 무시한다. 예컨대 집단의 정체성을 공유하는 플레이어들은 초점에 협력하기가 쉽다(Habyarimana, Humphreys, Posner, & Weinstein, 2007; Boettke, Coyne, & Lesson, 2008 참조). 그렇다 보니 어떤 합당한 이유에서 이미 기존의 초점에 익숙해진 집단이라면 새로운 초점이 제시되었을 때 협력하기가 더 어려워진다.

이런 맥락에서 '정사각형게임'의 제일 위 왼쪽 정사각형을 선택하는 데 대체로 익숙해진 사회가 있다고 해보자. 즉 두 명이 게임을 한다면 둘 다 제일 위 왼쪽 정사각형을 고를 가능성이 크다. 이 가능성은, 말하자면 이들이 1,000달러를 얻을 수 있게 도와주는 사회적 규범이다. 그

---

28 "적용 시점을 기준으로 '이 법에 반하는 다른 법이 있다 하더라도' 당 은행의 자산 가운데 일부를 중앙기관에 수수료로 납부하지 아니한다."와 같은 실제 예가 있다. 이 예는 인도의 은행규제법Banking Regulation Act(1949)에서 직접 인용한 것이다. 만약 은행이 이 법을 근거로 들어 다른 법에서 내라고 한 것을 내지 않고 빠져나가려 한다면 흥미로운 볼거리가 될 것이다.

런데 이제 어떤 사람이 나타나 도와주겠다며 다른 정사각형 위에 노란 돌을 올려놓고는 게임을 하라고 한다. 그럼 누군가는 노란 돌이 놓인 곳이 초점이라 예상하고, 또 다른 누군가는 관행대로 여전히 왼쪽 위 정사각형이 초점이라는 전제를 고수할 것이다. 이렇게 되면 오히려 협력은 더 어려워지게 된다.

이는 얼핏 보기에는 사변적인 예제 같지만 그렇지 않다. 크랜턴과 스와미(Kranton & Swamy, 1999)는 한 중요한 논문에서 식민지 인도의 농업자금 융자시장에 관해 다루었다. 이 융자시장은 규범에 따라 작동하는 비공식 시장으로,[29] 작동은 했지만 상환 불이행과 그에 따르는 신용 고갈로 원활하게 돌아가지 않았다. 이를 개선할 생각으로 인도의 영국인 지배자는 뭄바이 데칸에 민사법원을 만들었다. 하지만 그 결과 융자시장의 기능이 오히려 악화되고 효율성이 저하되었다.[30] 크랜턴과 스와미는 이 노력이 농부들에게 도움이 되지 않았음을 과거의 자료를 들어 보여준다. 두 사람은 여러 가지 원인을 꼽고 있는데, 물론 개혁이 단편적인 성격을 띤 것도 그 이유 가운데 하나이다. 하지만 관행과 규범을 법률과 법원으로 대체하려 한 것이 두 개의 초점을 만들어냈기 때문일 수도 있으며, 이는 실제로도 그러하다. 경쟁하는 두 개의 초점 가운데 하나의 초점이 승자로 부상해 현저히 두드러지기까지 적어도 한동안은 새 법이 도움이 되기는커녕 상황을 악화할 수 있다.[31] 1장에서

29 비슷한 논조에서 애쓰모글루와 존슨, 로빈슨(Acemolgu, Johnson, & Robinson, 2005)은 어떻게 문화를 매개로 한 사회가 특정한 균형으로 협력해갈 수 있는가를 설명한다. 이런 점에서 문화는 법의 역할을 해낼 수도 있고, 같은 이유로 법의 효력을 막는 걸림돌이 될 수도 있다.

30 이를 뒷받침하는 대단히 흥미로운 미시적 사례로, 베버와 캐머러(Weber & Camerer, 2003)의 통제실험 결과에 따르면 조직문화가 상이한 기업 간의 합병은 성과 저하를 낳는 것으로 나타났다.

31 이와 유사한 관점에서 포스너(Posner, 2004, 4쪽)는 다음과 같이 말한다. "제안된 법이 받

언급한 고든 브라운의 견해가 대단한 통찰력을 갖는 것도 이러한 이유에서이다. 초점 개념에는 자기실현적 요소가 있는 만큼, 관습이나 사회규범 등의 다른 수단을 제치고 사람들이 법을 가장 두드러진 행위의 조정자로 인정하게 되기까지는 오랜 시간이 걸릴 수 있다.

또 다른 비유로, 만약 히스로 공항의 한 관계자가 '만남의 장소'라는 표지판이 있는 곳까지 걸어가려면 너무 멀다는 이유로 장소를 달리해서 두세 군데에 표지판을 두기로 한다면, 결국 이 경우에도 역시 프로젝트는 실패할 것이다.

초점이라는 법의 토대를 인식했다면 이제 우리는 법이 현저히 부각되도록 별도의 주의를 기울여야 한다. 이를 위해서는 교육을 비롯해 여러 유형의 설득이 수반되어야 하며, 그런 후에도 법이 효력을 띠기까지는 시간이 걸린다는 사실을 인정해야 할 수도 있다. 그런데 이 과정에는 위험부담이 따른다. 시간이 너무 오래 걸린다면 사람들이 법을 경시하게 될 수 있고, 그렇게 되면 법 전반에 걸쳐 실효성을 잃을 수 있다. 실제로 개별 법안이 효력을 잃으면 시민들은 법을 무시해도 된다고 여길 수 있다. 누구도 법에 주의를 기울이지 않는 일부 개발도상국이 이러한 상태에 가깝다고 하겠다.[32] 그리고 이런 상태는 전적으로 합리적

아들여지는가는 (…) '집단행동의 문제collective action problem(다수의 사람 혹은 조직체로 구성되는 집단이 공통의 이해관계가 걸린 문제를 스스로 해결하지 못하는 상황 — 옮긴이주)가 있는가'라는 측면과 '법 기구가 우수하게 작동하는가'라는 측면에 의해서만 좌우되지 않는다. '법 외부의 시스템이 집단행동의 문제를 기존에 어떻게 다루어 왔는가' 그리고 이런 '법 외부의 시스템에 법이 어느 정도까지 개입할 수 있는가'에도 법 수용의 성패가 달려 있다."

32 그러나 결코 개발도상국에 국한되지 않는다. 마일라스와 모리스, 포슬웨이트(Mailath, Morris, & Postlewaite, 2017)가 지적했듯이 20세기 미국의 예도 많다. 일례로 제2차 세계대전 당시 미국 태생의 일본계 미국인들은 재산을 몰수당하고 감옥에 보내졌다. 미국 헌법에 반하는 불법이었지만 국가의 역할수행기구는 집단적으로 이를 못 본 체했고 대법원도 그중 하나였다. 또한 애쓰모글루와 잭슨(Acemoglu & Jackson, 2015)은 영국과 프랑스에서 집단적으로 법이 무시된 사례를 보여준다.

이다. 만약 공항에 간 사람 중 그 누구도 '만남의 장소' 표지판에 관심조차 두지 않는다는 걸 다들 안다면, 그 표지판 앞에서 친구를 기다리는 것은 어리석은 행동이 된다. 친구의 취향이 책인지 맥주인지 생각해보고 서점이나 주점을 시도하는 편이 낫다.

이러한 문제는 새로이 산업화·근대화의 과정을 겪고 있는 국가와 개발도상국에서 만연하다. 이들 국가의 대부분은 오랜 기간 사회규범, 봉건적 관습, 문화적 관행에 기대어 일종의 경제생활을 구현해왔다. 거래나 교환과 같은 단순한 경제 기능이 이루어지기 위해서는 기본적인 규범과 관습이 뒷받침되어야 한다. 부의 총량 및 효용을 극대화하려는 개인의 추동력만으로 경제 기능이 이루어지지 않는다는 사실은 이미 밝혀져 있다(Basu, 2000, 4장). 봉건적 천명을 통해서든, 혹은 좀 더 일반적으로 점진적인 진화의 과정을 거쳐서든, 이들 사회는 균형선택적 규범equilibrium-selection norms(균형으로 선택된 사회규범. 자세한 논의는 5장 전반부 참조)을 획득하기에 이르렀고, 이 규범이 초점의 역할을 함으로써 경제생활을 가능케 했다. 정확히 말하면, 현존하는 사회는 모두 이런 기본적인 규범이 자리 잡힌 사회이다.

오늘날에는 식민 지배를 받은 경험이 있는 가난한 나라가 과거 점령국이었던 선진국으로부터 법과 규정을 들여오는 등의 방식으로 근대화의 과정이 이루어진다. 그리고 이 경우 법은 오랜 시간에 걸쳐 사회적 진화와 관습을 통해 굳어진 기존의 초점과 경쟁한다. 이때 기존의 규범을 밀어내기란 쉽지 않다. 쉽기는커녕, 많은 경우에 이러한 법은 오래된 초점이 있는 상태에서 다시 초점을 만들어내려고 시도하므로 더더욱 쉽지 않아진다. 개발도상국과 신흥경제국의 법이 모든 사람에게서 예사롭게 무시당하는 가장 큰 이유가 여기에 있다.

어떻게 일부 식민지 통치자가 이 점을 직관적으로 간파했는가에 대한 역사적으로 매우 흥미로운 사례가 있다. 워런 해스팅스Warren Hastings는 벵골 통치기인 1772~1781년 인도에 근대법을 도입한 대표적인 인물이다. 로이와 스와미(Roy & Swamy, 2016, 17-18쪽)는 해스팅스의 노력이 '유례없고 혁명적인 것'이었다고 평가한다. 해스팅스는 '토착민의 종교 규범을 이해하고 재구성하여 유지하는 것'을 과업으로 삼았다. 곧 그는 '완전히 새로운 질서도, 완전히 전통적인 질서도 시도하지 않는 법체제'를 시행했다. 이 전환에 힌두교 성직자 '판딧'과 이슬람교 율법학자 '울레마'를 끌어들이려 했던 노력은 해스팅스가 전략적으로 사고했고, 전통의 대전환이 초래할 문제를 인식하고 있었음을 보여준다.

그렇다고 이를 고귀한 의도에서 나온 것으로 오해해서는 안 된다. 무굴제국 '나와브nawab'(지역을 다스리는 대관 또는 지방장관) 법정의 세무 담당이었던 난다쿠마르가 해스팅스를 뇌물죄로 기소하자, 대법원 법관은 난다쿠마르가 죄를 허위로 꾸며냈다며 이 사건을 돌려보내고 그에게 사형을 선고했다. 형은 1775년 8월 5일에 집행되었다. 대법관은 해스팅스의 친구였다.

초점에 관한 이러한 논의는 중요한 개념적 문제를 내포하며, 이 문제를 이해함으로써 우리는 법이 보다 성실히 준수되는 환경을 만들 수 있다. 문제의 핵심이 되는 질문은 어떻게 초점을 '지울' 것인가로, 이에 대해서는 그간 연구가 전혀 이루어지지 않다시피 했다. 초점이 어떻게 '형성되는가'에 대한 이해도 충분하지 않을 수 있지만, 그나마 그에 관해서는 아주 많은 관심이 이어져왔고, 우리에게 기초적인 이해도 있다. 반면 어떻게 초점이 지워지거나 대체되는지에 관해서는 전혀 알려진 바가 없다. 그런데 새로 생긴 법이 더 잘 시행되려면 이 부분을 이해해야 한다. 불완전하게나마 행위의 조정자로서 현저히 부각되었던 이전의 결과가 집단의 믿음으로부터 삭제되어야 새 법이 더 효과적으로 기능할 수 있다. 이 문제가 상당히 어려운 이유는, 사람들이 이미 특정 유형의 행동에 익숙해져 있다면 조정자 역할을 하는 징표를 없애더라도 바뀌는 것은 전혀 없을 것이기 때문이다. 과거 '만남의 장소' 표지판이 유명한 햄버거 가게 바로 앞에 있었다고 해보자. 그로부터 수년이 지나 표지판은 없어졌어도 사람들은 여전히 햄버거 가게 앞을 만남의 장소로 활용할지 모른다. 이러한 유의 문제에서 기억은 지우기 힘든 흔적을 남기는 경향이 있다.

그런데 한 가지 우리가 알아야 할 점은, 많은 것이 한 사회가 지닌 초신뢰meta belief에 의해 좌우된다는 사실이다. '법이 일단 제정되면 모두 그 법을 따른다, 즉 법이 준수된다'라고 다들 알고 있다면 그 신뢰 자체로 법은 현저히 부각된다. 즉 모두가 '법은 지키라고 있는 것이다'라는 믿음을 공유한다면 법이 효과를 발휘할 가능성은 커진다. 그런데 이 같은 토대적 전제가 없는 사회에서는 새로운 법이 공표되어도 효과가 나타날 가능성이 크지 않다. 따라서 '특정한 법을 따르는 것이 이익에 부합하는가'라는 문제를 따지기에 앞서, '법은 지키라고 있는 것'이라는 보다 토대적인 신뢰를 갖는 것이 필요하다.

여기서 나는 '우리가 여전히 신고전주의의 패러다임(즉 '모든 사람에게는 외적으로 주어진 선호 혹은 효용추구 기능이 있고, 이를 극대화하는 결정을 내린다'라는 주류의 논의) 안에서 살아가고 있다는 이유만으로도 누구든 법을 따를 것이고, 그러니 법을 따를지 말지를 결정하는 것은 순전히 이익의 최적화에 달려 있음'을 강조하려는 것이 아니다. 그럼에도 불구하고 법은 지키라고 있는 것이라는 신뢰를 사람들이 사전에 가지고 있는지 아닌지는 중요하다. 이 신뢰가 법에 초점을 만들 기회를 주기 때문이다. 이 토대적 신뢰가 없다면 사람들은 새로운 법을 알아차리지도 못하거나, 분명 진지하게 받아들이지도 않을 것이다. 만약 우리가 빨간불은 '멈춤', 파란불은 '보행'이라는 뜻을 모르는 사회에 산다면 보행자는 빨간불을 보고도 멈추지 않을 것이고, 보행 신호가 파란불이고 주행 신호가 빨간불일 때 차가 보행자의 앞을 지나더라도 그냥 내버려둬야 할지 모른다. 개발도상국 가운데에는 이 토대적 신뢰가 취약하고, 법이 이행되지 못하는 문제가 상당 부분 그러한 취약성에 기인하는 경우가 많다.[33] 애초에 사람들이 인식하지 못하는 신호로는 초점을 만들어낼 수 없다.

앞서 2장에서 언급한 인도의 식량보장법을 비롯해, 낮은 가격으로 저소득가구에 식량을 공급하려 한 과거의 여러 국가적 방편이 왜 그렇게 형편없이 작동했는가와 관련해서도 이러한 논의가 일부 이루어지고 있다. 식량보장법에서 애초에 내시균형이 아닌 특정 지점을 시도한 것인지도 모른다. 배급상은 곡물을 시장가격보다 낮게 저소득가구에 판매하려 하지 않을 것이다(물론 이러한 주장은 이익에 따라서 행동하는 배급상을 경찰이 찾아내어 처벌하지 않는다고 가정해야 타당하다). 다른 사회에서

33 감수자주: 이 점에서 한국의 경제 수준에 미치지 못하는 운전문화, 특히 보행자에 대한 배려가 아쉽다. '보행자 앞에선 차를 완전히 세우고, 횡단보도 앞에선 신호등이 있든 없든, 또 보행자가 있든 없든 일단 멈춰야 한다'라는 의식이 과연 모든 운전자에게 있는지, 다들 멈출 것이니 나도 멈춰야겠다는 믿음을 운전자들이 공유하고 있는지 짚어보아야 한다. 초등학교 근처 횡단보도에서 학부모들이 '녹색어머니회'라는 이름으로 교통지도를 하는 모습을 흔히 볼 수 있는 것 역시 다르게 생각하면 운전자들 사이에 이런 믿음이 초신뢰로 공유되지 못해서가 아니겠는가(물론 초등학생 자녀를 둔 아빠로서 '어머니회'라는 명명부터 시정되길 바란다). 그런 의미에서 2022년 7월 12일 개정되어 보행자 보호의무가 한층 강화된 도로교통법이 잘 기능하길 바란다. 어린이 보호구역 내 신호등이 없는 횡단보도 앞에서 보행자가 있든 없든 무조건 멈춰서야 하고, 우회전을 할 때 보행자가 횡단보도를 통행하려고 길 옆에 서 있기만 해도 일시정지해야 하는 것을 골자로 하는 이 법을 통해 안전한 교통문화가 정착되기를 바라는 마음이다. 그러려면 위반시 과태료 얼마 벌점 몇 점이라는 것 보다 모두가 이 법을 지킨다는 믿음을 운전자 모두가 공유하고, 법에 대한 토대적 신뢰가 구축되어야 할 것이다. 이에 대한 보다 자제한 논의는 7장 3절을 참조하기 바란다.

라면 배급상들이 법을 지키는 경우가 많을 텐데, 그 이유는 배급상들이 준법정신을 타고났기 때문이 아니라 법을 어겼을 때 경찰로부터 받을 처벌을 두려워하기 때문이다. 그런데 만약 이 지점이 내시균형의 하나라면, 왜 굳이 경찰은 잘못한 배급상을 찾아내어 처벌하려는 노력을 들이는지가 설명되어야 한다.

물론 가능성이 있는 균형을 법이 의도적으로 가리킬 수도 있다. 배급상은 잘못하면 경찰에게 처벌을 받으니 저소득가구에게 먹을거리를 나누어주고, 경찰은 잘못하면 징계권자에게 징계를 당하니 처벌을 하는 식의 균형 말이다. 그러나 이 사회에서는 법 위반이 너무나 횡행하여 새로운 법이 초점이라는 신호가 사람들에게 잘 와닿지 않는다. 다른 사람이 초점으로 여기지 않으니 자신도 초점으로 여기지 않는다. 그리고 다른 사람들이 그러는 이유도 자신과 같다.

5. 제한된 구획으로서의 초점

이제까지 초점 개념에 기초해 법경제학 이론을 간단히 살펴보았다. 이 책에서 초점 개념과 관련된 균형 개념으로 제시한 내시균형은 게임이론 경제학의 핵심이고, 또한 다른 대부분의 균형 개념 역시 내시균형의 토대적 발상, 즉 자기강제력self-enforcement에서 파생된 것이다. 이러한 이유로 법경제학 이론은 몇 가지로 일반화가 가능하다.

이 접근법을 더 복잡한 상황에 적용한다면 집합지향적 균형set-valued equilibria 개념을 생각해볼 수 있다. 집합지향적 균형 상태에서는 각 플레이어가 하나의 단일한 전략이 아닌, 여러 전략으로 구성된 하나의 전략집합을 선택할 수 있다. 이게 왜 중요한지 <게임 3-3>을 통해 살펴

		플레이어 2		
		L	C	R
플레이어 1	T	①, ①	0, 0	0, 0
	M	0, 0	2, ③	③, 2
	B	0, 0	③, 2	2, ③

<게임 3-3> 구획 제한 게임

* T: 위, M: 가운데, B: 아래, L: 왼쪽, C: 중간, R: 오른쪽.

보자.[34] 플레이어1은 T(위), M(가운데), B(아래) 전략 가운데 하나를, 그리고 플레이어2는 L(왼쪽), C(중간), R(오른쪽) 전략 가운데 하나를 선택할 수 있다. 두 플레이어가 받는 보수는 보수행렬에 제시되어 있으며, 모든 논의에서 플레이어의 선택은 순수전략pure strategy을 전제한다.[35]

잘 드러나듯이 이 게임의 균형은 하나, 즉 (T, L)이다.[36] 만약 플레이어2가 L을 선택하면 플레이어1은 T를 선택하는 게 낫고, 반대의 경우도 마찬가지이다. 그런데 이제 플레이어2가 '나는 C나 R 중에 하나를 선택하겠다'라고 말한다. 이렇게 되면 플레이어1은 M이나 B를 선택하는 것이 매우 합리적이다. 반대로 플레이어1이 그렇게 하면 플레이어2도 C나 R을 선택해야 실제로 유리해진다. 그 결과로서 플레이어1은 {M, B} 전략집합에, 플레이어2는 {C, R} 전략집합에 선택을 한정시키는 자기강제력 균형이 성립하게 된다. 이것이 제한집합curb set 개념에 깔린 대략적인 발상이며(Basu & Weibull, 1991), 여기서 '제한'이란 '합리적 행위라는 전제 아래 닫힌' 집합을 뜻한다. 좀 더 일반화하면, 플레이

34 이 게임은 Basu & Weibull(1991)에서 가져왔다.

35 즉 '나는 75%의 확률로 T를 선택하고 25%의 확률로 B를 선택하겠다'라는 식의 조건부 확률 전략은 쓰지 않는다.

36 그러나 이 게임의 '혼합' 전략 균형은 2개 이상이다.

어 각각이 유한한 수의 실현 가능한 전략을 가진 게임에서 제한집합이란, 각각의 플레이어에게 주어진 실현 가능한 전략집합의 부분집합들의 모임이다. 이에 따라 다른 모든 플레이어가 특정한 부분집합을 선택할 것이라고 각 플레이어가 믿는다면, 우리 자신도 그 집합 밖의 전략을 쓸 이유가 없어진다.[37]

법경제학 연구에서 집합지향은 중요한 개념이다.[38] 실제로 마이어슨이 지적했듯이(Myerson, 2006), 제도적 장치를 이해하기 위해서는 개별적인 행위보다 행위의 집합을 고려하는 것이 적절할 수 있다. 이를 살펴보기 위해 <게임 3-3>에서 두 명의 플레이어가 (T, L) 균형에 묶여 가장 낮은 보수 (1, 1)만을 얻고 있다고 해보자. 이 경우라면 분명 법을 이용해 사회를 더 나은 결과로 이끌어야 한다. 하지만 문제는 자기강제력이 있는 또 다른 지점이 없다는 것이다. 만약 플레이어2가 C를 선택하면 플레이어1은 B를 선택한다. 그러면 플레이어2는 R로 바꾸고, 그렇게 플레이어2가 R을 선택하면 플레이어1은 M으로 바꿔서 플레이어2는 다시 C를 선택한다. 이런 식으로 계속된다.

그러나 사회 구성원들이 어디에 안착할지 모르거나 아예 안착할 곳이 없더라도, 두 플레이어가 {T, L}을 피해 플레이어1은 M과 B 중에 하나를, 플레이어2는 C와 R 중에 하나를 고수한다면 둘 다 더 나은 결과를 얻게 된다. 이 경우 법은 사회를 하나의 초점이 아닌, 이른바 '구

37 선택할 수 있는 전략의 수가 무한히 많은 게임에서의 '제한'의 이론적 정의를 언급만 하고 가겠다. 그것은 각 플레이어에게 하나씩 주어진, '비非공집합'과 '작은 구획에 한정된 전략들의 부분집합의 곱집합'이다. 따라서 만약 다른 플레이어들이 이 부분집합 안에서 선택할 것이라고 각각의 플레이어가 믿는다면, 이들에게는 굳이 자신의 전략 부분집합 밖에 있는 전략을 선택할 이유가 없어진다.

38 물론 제한curb은 집합지향적 균형의 한 예에 불과하다. 선행연구에서는 관련된 다른 개념도 다룬다. 그 예로 Bernheim(1985), Pearce(1984), Voorneveld(2002), Arad & Rubinstein(2017) 등이 있다.

획으로 제한되는 초점focal curb', 즉 각각의 플레이어가 선택할 수 있는 전략의 집합으로 이끄는 데에 활용될 수 있으며, 이러한 전략집합(플레이어마다 하나씩 주어진)의 모음은 합리적인 행위라는 조건 아래 닫혀 있게 된다.[39]

이제 누구도 T나 L을 선택해서는 안 되는 법이 시행되었다고 하자. 만약 모두가 이 법을 따를 것이라고 플레이어들이 신뢰한다면 각각의 플레이어는 법을 지키는 것이 유리하다. 법이 준수되는 사회에서 어떤 일이 벌어질지 정확히는 알 수 없지만, 그에 대한 전략은 {M, B}, {C, R}에 국한된다.

구획으로 제한되는 초점이라는 이와 같은 개념이 앞서 제시한 '정사각형게임'에 어떻게 적용되는지를 살펴보는 것도 흥미롭다. 각각의 플레이어는 여러 개의 전략으로 구성된 하나의 부분집합을 선택할 수 있다(16개의 전략 가운데에서 선택해 플레이어당 하나의 전략집합을 구성할 수 있다). 쉽게 알 수 있듯이, 두 사람이 동일한 부분집합을 선택한다면 그 부분집합을 구성하는 쌍은 하나의 제한집합을 구성한다. 그리고 두 사람이 서로 다른 부분집합을 선택한다면 그 부분집합을 구성하는 쌍은 항상 구획을 이루지 못한다. 정리하자면 이 '정사각형게임'에는, 물론 구획을 이루지 못하는 부분집합도 많지만, 제한집합을 이루는 부분집합의 수도 매우 많다.

우리는 이 게임에서 법이 무엇을 할 수 있는지 알 수 있다. 법이 없는 상태에서 출발해보자. 각 개인은 다른 사람들이 어떤 선택을 할지 알 수 없으므로 어떤 행동이든 똑같이 가능하다고 간주한다. 앞서 이

---

39 다른 사람의 선택에 대응해서 나의 전략집합 밖으로 나가는 일에는 누구도 관심이 없다고 했을 때 그러하다.

미 살펴보았듯이 이 상태에서 각자 기대할 수 있는 결과는 62.5달러이다. 이제 전체 정사각형 판 중에서 북서쪽에 있는 네 개의 칸을 제외하고는 다른 그 어떤 정사각형도 선택해서는 안 되는 법이 시행되었다고 하자. 이 법은 사회에 하나의 '점point'이 아니라 여러 개의 행위 조합을 지시한다. 그런데 흥미롭게도 각각의 플레이어가 자신의 선택을 북서쪽 네 개의 정사각형에 한정시킴으로써 하나의 제한집합이 만들어졌다고 한다. 그래서 만약 각각의 플레이어가 상대 플레이어도 북서쪽 집합 가운데에서 선택하리라 믿는다면, 각 플레이어는 이 네 개의 정사각형이 아닌 다른 정사각형을 선택할 이유가 없어진다. 이 경우에 법은 하나의 초점이 아니라 초점의 제한 구획을 만들어낸 것으로 볼 수 있다. 또 하나 흥미롭게 짚어볼 수 있는 것은, 사람들이 모든 사람이 법을 지키리라 신뢰한다면 각각의 플레이어는 최소한 250달러의 기대보수를 보장받는다는 것이다. 초점의 제한에 속하는 네 개의 선택 가능한 전략 가운데 하나를 플레이어들이 무작위로 선택했을 때, 다른 사람이 고른 정사각형과 같은 정사각형을 자기가 고를 확률은 4분의 1이고, 따라서 기대수익은 1,000의 4분의 1이 되기 때문이다.

법의 언어는 모호하기도 하므로 하나의 점을 넘어 제한된 구획으로 초점을 확장해가는 것은 중요하다. 그렇게 함으로써 법과 법적 절차의 내재적 모호성이 수용되는 대단히 중요한 공간이 형성된다. 법의 모호성은 큰 주제이다. 로푸키와 베이라우흐(Lopucki & Weyrauch, 2000, 1407쪽, 1409쪽)는 "원칙대로라면 법적 절차는 법원이 사실을 판단하고, 그 사실에 법을 적용해 결과를 이끌어낸다."라고 말한다. 그리고 "이 '원칙'과, 법률적인 전략을 통해 그 절차를 현실적으로 쉽게 조정할 수 있다고 보는 또 다른 관점이 어떻게 상호 공존할 수 있는가"에 대해서도 언급한다. 모호성은 법 해석에서뿐만 아니라 특정 인물의 법 위반

여부에 대한 판단을 두고 인간의 행위를 해석할 때도 생겨난다. 최근 콜(Cole, 2017b)은 '도널드 트럼프의 여행 금지법'이라는 대단히 흥미로운 사례를 논한 바 있다. 트럼프는 이 법에서 특정한 종교를 표적으로 삼을 수 없었다. 그래서 종교 대신 다수의 특정 국가를 금지하는 것으로 법의 문구를 정했다. 그럼에도 불구하고 하와이주의 연방판사와 메릴랜드주의 연방판사는, 콜이 언급했듯이(5쪽), "이 명령이 이슬람 신자들을 표적으로 삼은 점은 허용될 수 없다."라는 이유로 트럼프의 명령에 집행금지 판결을 내렸다. 두 판사는 문자 이면의 진의에 근거하여 판단을 내린 것이다. 이들은 트럼프가 이슬람교도의 미국 입국을 금지하겠다는 선거 공약을 자주 반복했던 점, 또 트럼프가 제1차 여행금지 명령에 서명을 했던 2017년 1월 당시에 이슬람교도를 직접 거론하지는 않았으나 사람들을 바라보며 "그게 무슨 뜻인지 우리 모두 알잖아요."(Cole, 2017b, 6쪽)라고 했던 점을 판결의 근거로 들었다.

여기서 이 문제에 대해 더 들어가지는 않겠지만, 두 판사는 '법이 의문의 여지 없이 '단 하나의' 초점을 향해 사회를 이끈다'라는 생각이 무용할 수 있음을 보여준다. 우리는 구획으로서의 초점과 같이 집합지향적인 목표점을 이끌어내야 한다. 물론 이후에는 여기서 더 나아가, 여러 개의 균형을 포함하되 하나의 균형으로 수렴될 필요가 없는 행위의 영역으로 사회를 이끄는 법을 연구하게 될지도 모르겠다. 예컨대 두 플레이어가 얻는 보수가 어떤 균형에서는 하잘것없고, 또 어떤 균형에서는 그보다 훨씬 나은, 여러 개의 균형이 존재하는 상황을 생각해볼 수 있다. 어쩌면 우리는 법의 힘을 빌려 사회를 나쁜 균형에서 빼내어 좋은 균형들을 포함하는 구역(비록 그 구역 자체는 균형 또는 '지향되는 지점 혹은 집합'이라 할지라도)으로 옮겨놓고 싶어질지도 모른다.

이런 경우에 법은 사회를 특정한 하나의 균형이 아닌 여러 균형 가운데 하나로 이끈다. 이때 법은 초점 '지표point'를 만드는 것이 아니라, 최대한 적합한 말을 생각해보자면, 이른바 '부정negative의 초점 지대area'를 만드는 시도를 하게 된다. 즉 사회가 안착해서는 '안 되는' 지대에 있는 집합을 특정하는 것이다. 이는 곧 하나의 균형을 부각하는 대신, 우리가 가지 말아야 할 부정의 지대와 사회가 안착할 수 있는 그 밖의 지대로 결과를 분할한다. 그 밖의 지대는 하나의 점 균형 혹은 집합지향적 균형이 아닌 무정형의 구역에 가깝다.[40] 바라건대, 펼쳐지고 있는 것이 현실의 게임인 만큼 결국 사회는 이 무정형의 구역 '안'에 있는 균형 가운데에 안착할 것이다. '여행자의 딜레마' 게임의 맥락에서도 이러한 개념이 구체적으로 적용되며, 이는 7장 2절에서 더 자세히 논의하기로 하자.

이쯤에서 모호성에 관련된 설익은 아이디어를 하나 더 제시해보고자 한다. 어쩌면 이 아이디어가 앞으로 체계화하고 발전시켜가야 할 가치를 지닌 것인지도 모르겠다. 경제학자나 게임이론가들이 모델화하는 게임과 달리, 현실에서는 지금 펼쳐지고 있거나 앞으로 펼쳐질 게임에도 때로는 모호함이 있다. 현실게임에서는 앞으로 우리가 어느 정도의 확률로 게임A를 펼치고, 또 어느 정도의 확률로 게임B를 펼칠 것이라는 사실이 허용된다. 사실 진짜 현실은 이보다 더 모호하다. 우리는 미래에 어떤 게임들이 불쑥 등장할지 알 수 없다. 그러니 잘 정의된 일련의 게임들 각각에 대해서, 앞으로 살면서 그중 하나를 겪게 되리라는

---

40 법의 내재적 모호함의 기원은 그 역사가 오래되었다. 싱어(Singer, 2005, 121쪽)는 칸트에게서도 분명 그 기원을 찾을 수 있다고 하며, 칸트는 "사실관계에 법을 적용하는 것이 통상적인 일의 수순과는 동떨어져 있다고 이미 지적한 바 있다. 사실관계에는 오히려 '옳고 그름의 판단력Urteilskraft'이 필요하다."라고 했다. 이 책의 범위에서 한참 벗어나기는 하지만, 모호함이 단순히 법의 한 측면이 아니라 법을 더 효과적이고 심지어 더 공정하게 만드는 데에 기여한다는 주장도 가능하다.

것을 미리 알고 확률을 부여할 수는 없다. 즉 현실에서는 우리의 삶에 앞으로 불쑥 등장할 가능성이 있는 게임들이 무엇인지 미리 알 수 없는 경우가 많다는 것이다. 그 결과 초점을 미리 특정하는 데에 있어서 흥미로운 문제가 생겨난다. 즉 '이 사회에서 나와 다른 사람들이 앞으로 어떤 게임을 펼칠지를 모르는데 어떻게 초점을 특정하는가?' 또한 '사회를 이끌어가는 초점을 법에 담으려면, 적절한 시점에서 미리 법을 구체화할 수 없는 상황도 생길 수 있지 않은가?' 하는 문제이다.

이 문제를 해결하는 한 가지 방법은 '초점 인물focal person' 또는 '초점 플레이어focal player'의 개념을 확립해가는 것이다. n명의 사람이, 내일 게임이 펼쳐진다는 사실은 알지만 그 게임이 어떤 게임인지 모르고, 여러 게임 가운데에서 실제로 펼칠 게임을 선택할 수 있을지 여부조차 모른다고 가정하자. 다만 어떤 게임이 등장하든 그 게임에는 균형이 여러 개라는 사실만은 안다. 다 같이 차선의 균형에 발목 잡히지 않을 한 가지 확실한 방법은, 플레이어 중 한 명을 미리 '초점 플레이어'로 특정하는 것이다. 우리가 무슨 게임을 하고 있는지 명확해지면 미리 정해진 초점 플레이어가 특정한 균형을 선택해서 가리키고, 그러면 다른 플레이어들이 그 가리킨 곳이 게임의 초점임을 알게 된다는 개념이다.

여기서 우리는 흥미로운 사실을 깨닫는다. 즉 왜 우리가 법보다 우선해서 리더를 정해야 하는지를 이해하게 되는 것이다. 리더는 단지 초점 플레이어로서, 진행 중인 게임이 명확해졌거나 명확해져가고 있을 때 일정한 방식으로 행동할 것을 사람들에게 제시해, 그 집단을 특정한 결과로 이끄는 역할을 한다. 갑작스럽고 예상치 못한 사건 사고에 부딪힐 수밖에 없는 전쟁이나 갈등 상황에서 적합한 '리더'가 있는 것이 중요한 이유도 이 때문이며, 이때 리더는 초점 플레이어로서의 역할을 한다.[41] 리더의 역할과 법·관습의 역할이 서로 어떤 영향을 주고받고, 또 연계

되는지에 관한 연구 및 모델화도 흥미로운 지점이다.

이러한 개념과 아이디어는 정제되고 더 체계적으로 구조화되어야 하겠으나, 이는 이 책의 논의 범위 밖에 있으며, 이 책의 저자로서 나의 역량을 넘어선 경제학자의 영역이다. 보다 뛰어난 학자와 전문가들이 실질적이고 현실적인 초점접근법을 법경제학에 적용하며 현실적으로 수정해가고, 또 필요한 때에는 그 맥락에 부합하게끔 이러한 아이디어들을 더 발전시켜나가주리라 기대한다.

---

41 마이어슨(Myerson, 2017, 6쪽)은 자치적으로 운영되는 마을 공동체와, 그 마을의 방어적 군사행동에 필요한 리더십에 관해 논의하며, "군사작전에서는 전투에서 사람들이 위험한 행동에 나서도록 명령을 내리는 리더가 필요하다는 점을 이해해야 한다."라고 지적한다. 마이어슨은 영도적인 지역 가문의 토호를 국가가 지도자로 승격시켜야 한다는 헨리 메인Henry Maine의 뛰어난 연구(1871)에서 이 논의의 맥락을 가져왔다. 마이어슨이 하려는 분석의 방향과는 다르지만, 나는 이 논의가 '왜 우리에게 지도자가 필요한가', '왜 사람들은 지도자에게 복종하는가'라는 질문을 제기한다고 생각한다. 분명 복종이라는 행위는 인간으로서 갖추어야 할 전략 가운데 하나이다. 지도자를 초점 플레이어로 보는 개념을 발전시켜나간다면 우리가 이러한 상황을 보다 다층적으로 이해하는 데 도움이 될 것이다.

4장

선점우위 효과

1. 전개형 게임과 법

지금까지는 현실게임에서 모든 플레이어(평범한 시민과 국가의 법집행 주체)가 펼치는 상호작용이 동시에 일어나는 것으로, 혹은 게임이론식으로 말하면 이른바 정규형 또는 전략형 환경에서 일어나는 것으로 간주했다. 이러한 상호작용은 엄밀히 한 시점에서 이루어지는 것은 아니지만 세세한 부분을 감추고 동시에 이루어지는 것인 양 제시된다. 그런 만큼 순차적으로 펼쳐지는 게임, 혹은 보다 공식적인 용어로는 전개형 환경에서 펼쳐지는 게임의 측면에 좀 더 집중해서 앞 장의 논의를 명확히 살펴볼 필요가 있다. 정규형 게임과 전개형 게임의 핵심적인 차이는, 후자의 경우 특정한 방향으로 상호작용을 조정해가는 주도권이 종종 선발先發 경기자에게 있다는 것, 이른바 선점우위 효과first-mover advantage가 나타난다는 것이다. 그러나 이러한 분석도 얼핏 보이는 것만큼 단순하지는 않은 것이, 후발後發 경기자에게는 최종 결정권이라는 우위와 앞의 상황을 알고 움직일 수 있다는 이점이 있기 때문이다. 한편 전개형 게임은 법이 어떻게 인간의 상호작용을 형성하는지에 관한 이해를 풍부하게 해주며, 우리를 철학적인 역설과 대면하게 한다.

전개형 게임의 예로서 <게임 3-2> '죄수의 딜레마 현실게임1'을 변형해보자. 이 게임은 두 기간에 걸쳐 다음과 같이 순차적으로 펼쳐진다. 먼저 제1기에는 두 명의 평범한 개인 혹은 시민이 '죄수의 딜레마'

정규형 게임을 펼친다. 이후 제2기에는 경찰이 네 가지 행동, 즉 아무도 처벌하지 않음(행위 N), 플레이어1을 처벌(행위 1), 플레이어2를 처벌(행위 2), 플레이어1과 플레이어2를 모두 처벌(행위 12) 중 하나를 선택한다. 이때 처벌은 처벌받는 플레이어의 보수가 2단위만큼 감소함을 뜻한다. 이 게임을 온전히 기술하기 위해서는 경찰, 즉 플레이어3의 보수가 무엇인지를 정해야 한다. 가장 단순하게 보면 플레이어3의 보수는 변하지 않는 것으로, 즉 2단위에 고정되는 것으로 가정할 수 있다. 여기서는 좀 더 현실적으로 각각의 플레이어를 처벌할 때마다 경찰의 보수가 1단위만큼씩 줄어든다고 가정하자(경찰봉을 들어올렸다가 내리는 수고를 감안하여 한 명 처벌할 때의 보수는 1, 두 명 처벌할 때의 보수는 0이라고 치자). 이렇게 해서 <게임 4-1>과 같은 2단계의 전개형 게임이 펼쳐지는데, 전개되는 모양을 본떠 이를 '빗자루게임'이라고 부르자.

이 게임나무에서 보듯이 플레이어1은 w마디에서 첫 번째 선택을 한다. 즉 그는 A(준법)나 B(위법) 중 하나를 선택한다. 이때 플레이어2는

	부분게임a				부분게임b				부분게임c				부분게임d			
플레이어 1의 보수	7	5	7	5	1	-1	1	-1	8	6	8	6	②	0	2	0
플레이어 2의 보수	7	7	5	5	⑧	8	6	6	1	1	-1	-1	②	2	0	0
플레이어 3의 보수	②	1	1	0	②	1	1	0	②	1	1	0	②	1	1	0

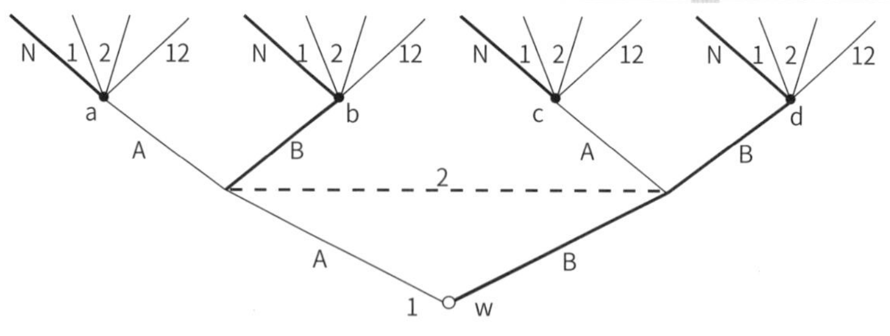

<게임 4-1> 빗자루게임

* A: 준법, B: 위법, N: 모두 묵인, 1: 1을 처벌, 2: 2를 처벌, 12: 1, 2 모두 처벌.

플레이어1이 어떤 선택을 했는지 모른다. 게임나무상에 이 부분은 플레이어1의 첫 선택이 무엇이었는지에 따라 갈라진 두 마디를 잇는 점선으로 표시되어 있다. 이제 플레이어2는 A(준법)와 B(위법) 가운데 하나를 선택한다. 플레이어2가 플레이어1이 무엇을 선택했는지 모른 채 선택을 한다는 사실은 이 두 사람의 선택이 동시 행위에 준한다는 것을 뜻한다.[1]

이 게임에는 여러 개의 (내시)균형이 있다. 그중 하나는 경찰 혹은 플레이어3이 어떤 상황에서든 N(모두 묵인)을 선택하고, 플레이어1과 플레이어2는 각각 B(위법)를 선택했을 때이다.[2] 그 결과는 정규형 '죄수의 딜레마' 게임의 결과와 같다. 즉 이 경우에는 시민 혹은 경찰 그 어느 쪽도 단독으로 이탈해서 더 나은 결과를 얻을 수 없다.

흥미롭게도 이 게임에는 또 다른 균형이 있다. 그 균형은 이러하다. 즉 플레이어1과 플레이어2 모두 A(준법)를 선택하고, 플레이어3은 a마디에서는 N(모두 묵인)을, b마디에서는 2(2를 처벌)를, c마디에서는 1(1을 처벌)을, d마디에서는 12(1, 2 모두 처벌)를 선택한다. 다시 말해 플레이어3은 플레이어1이나 플레이어2 중 누군가가 B(위법)를 선택했을 때 그 플레이어를 처벌한다.[3] 이 전략은 세 결괏값이 한 쌍(플레이어당

1 후발 경기자가 선발 경기자의 선택을 모른 채 두 사람이 연이어 선택을 하는 것과 두 사람이 동시에 선택을 하는 것이 같은가 하는 문제에는 철학적으로 어려운 쟁점이 얽혀 있다. 이 부분에 대해서는 다른 책(Basu, 2000, 2장)에서 논의했다. 어쨌든 지금의 맥락에서는 이 문제를 차치하고 가도 무리가 없다. (덧붙여, 순차진행인 전개형 게임에서 정규형 게임을 설명하기 위해 후발 경기자인 플레이어2가 어디에 있는지 모른다는 의미로 <게임 4-1>에서처럼 점선으로 표시하기도 하는데, 이를 정보집합information set이라 부른다.—감수자주)

2 감수자주: 이에 대해 각 게임의 마디를 굵은 선으로 처리했고, 이 균형에 상응하는 보수를 음영 처리했다. 하지만 바로 다음 쪽에 나오듯 이 게임에는 또 다른 균형이 있는데, 이에 대해서는 편의상 굵은 선 혹은 음영 처리를 생략했다.

3 감수자주: 각 플레이어의 선택, 즉 전략은 엄밀히 말해 완결된 행동 계획a complete action plan, 다시 말해 모든 가능한 상황에 대해 어떻게 선택할지에 대한 계획이다. 따라서 시민들

각기 하나의 결괏값)이고, 잘 드러나듯이 내시균형을 이룬다. 즉 단독으로 이탈해도 더 나은 결과를 얻을 수 없다.

누구든 B(위법)를 선택하는 사람은 경찰의 처벌을 받는 법이 시행되었다고 하자. 만약 플레이어1과 플레이어2 모두 이 법을 믿는다면 두 사람은 A(준법) 행동을 선택할 것이다. 그리고 경찰도 두 플레이어 모두 A를 선택할 것을 믿는다면 법에 따라 그 자신이 경찰로서 해야 할 일을 하지 않았을 때 얻을 것이 없다. 이 경우에 시민들이 A(준법)를 선택하면 정작 경찰은 아무도 처벌하지 않는다(B를 선택할 때에만 처벌이 이루어진다). 이제까지 기술한 대로 새로운 법은 단지 균형을 현저히 부각할 뿐이다. 새로운 법 이전의 균형, 즉 시민들이 B(위법)를 선택하고 경찰이 시민들을 처벌하지 않는 지점도 하나의 균형으로 남아 있다. 이 균형이 아니라 법을 따르는 균형이 생기리라 예상할 수 있는 유일한 이유는 '모두가 법을 지킬 것'이라고 모두가 신뢰하기 때문이다. 법은 새로운 초점을 만들고, 앞서 살펴본 대로 이는 행동에 영향을 미친다.

2. 부분게임 완전성에 관한 또 다른 기법

앞서 말한 내시균형이 전개형 게임에서는 이른바 '부분게임 완전균형subgame perfect equilibrium'이 아닐 수 있다는 언급은 하고 넘어가야 할 듯하다.[4] 이 책에서는 내시균형을 적절한 균형으로 보는 관행을 따르기

이 모두 A를 선택하더라도 경찰은 시민들이 B를 선택하는 상황까지 고려해 전략을 수립하게 된다.

4 감수자주: <게임 4-1>의 (B, B, N)도 부분게임 완전균형으로, 후진귀납법으로 금방 확인해 볼 수 있다. 후발 경기자인 경찰을 먼저 고려하면 N을 선택했을 때의 보수가 가장 높으므로(2, 1, 1, 0), 경찰이 N을 선택할 것이라고 믿는 것이 합리적이다. 이러한 믿음에 근거하여

로 했으므로 이 부분이 문제가 되지는 않는다. 그러나 우리의 분석이 내시균형의 활용에 '근거한다고' 믿는 독자가 있다면 그 믿음은 떨쳐버리는 게 좋겠다. 이제, 응용편에 해당하는 이번 절에서는 만약 우리가 상대적으로 거친 개념인 내시균형이 아니라 부분게임 완전균형 개념을 활용하더라도 앞서 살펴본 분석을 확장해 앞 절의 사례와 유사한 결과에 이를 수 있음을 보이고자 한다. 부분게임 완전성을 직관적으로 개념화할 경우 앞으로 펼쳐질 특정한 상황에서 플레이어들이 활용하겠다고 말한 전략상의 내시균형이, 실제로 그 상황이 생겼을 때 활용할 만한 가치가 있다는 것이다. 즉 굳이 실행에 옮길 이유가 없으므로 '신뢰할 수 없는 위협'은 누구도 믿지 않고, 그래서 어떠한 실질적인 대응도 취해지지 않는다.

이게 어떻게 작동되는지 간단히 살펴보기 위해 앞서 <게임 3-2>에서 제시한 '죄수의 딜레마 현실게임 1'로 돌아가 이 게임을 전개형 게임이라고 가정해보자. 먼저 플레이어3 또는 경찰이 L(묵인)과 R(법집행) 중 하나를 선택하고, 이어서 플레이어1과 플레이어2가 동시에 A(준법) 또는 B(위법) 중 하나를 각각 선택한다. 따라서 플레이어1과 플레이어2는 선택을 하는 시점에서 이 게임이 왼쪽 보수행렬인지 오른쪽 보수행렬인지를 안다. 만약 왼쪽이라면 분명히 둘 다 B(위법)를 선택할 것이고, 오른쪽이라면 둘 다 A(준법)를 선택할 것이다. 곧 플레이어3은 자신이 L(묵인)을 선택하면 이 게임이 (B, B, L)로 끝나면서 2를 얻고, R(법집행)을 선택하면 (A, A, R)로 끝나면서 1을 얻는다는 사실을 이미 안다. 따라서 플레이어3은 L(묵인)을 선택하고 이 게임은 예외 없이 (B,

---

플레이어1과 플레이어2가 <게임 2-1>과 같이 모두 B를 선택하게 되는 것이다. '완전'하다는 것은 플레이어들 간에 '신뢰할 수 없는 위협'이 제거되었다는 뜻으로, 전개형 게임의 내시균형 중에는 완전하지 않은 균형도 존재한다.

B, L)로 끝난다.[5] 지금까지 설명한 내용이 바로 전개형 게임에서 '부분게임 완전균형'의 개념이다. 게임에서 장차 일어날 가능성이 있는 각 상황에 대해 각각의 플레이어가 취하겠다고 말한 선택, 그리고 그 선택이 이루는 내시균형은 실제로도 플레이어의 이익에 부합한다. 다시 말해 완전균형일 때에는 신뢰할 수 없는 위협은 통하지 않는다. 만약 플레이어1과 플레이어2가 항상 A(준법)를 선택하겠다고, 무슨 일이 있어도 그렇게 하겠다고 말하면, 이 말을 믿은 플레이어3이 R(법집행)을 선택하게 되는 (A, A, R)도 또 하나의 균형으로 도출되겠지만, 이 균형은 완전해지지 않는다. 설사 경찰이 L(묵인)을 선택하더라도 플레이어1과 플레이어2는 A(준법)를 선택하겠다는 셈인데, 이 말은 신빙성이 없기 때문이다.[6]

---

5 감수자주: <게임 3-2> '죄수의 딜레마 현실게임1'의 전개형 변환. <게임 3-2>는 세 플레이어가 동시에 선택하는 정규형 게임인 데 비해 이 사례는 플레이어3이 먼저 선택하고 그 결과를 본 플레이어1, 플레이어2가 나중에 선택하는 전개형 게임이기 때문에 이전에는 등장하지 않았던 완전균형 (B, B, L)과 불완전균형 (A, A, R)에 대한 논의가 가능해진다. 다음에서 완전균형은 불완전균형에 비해 좀 더 짙게 음영 처리를 했다.

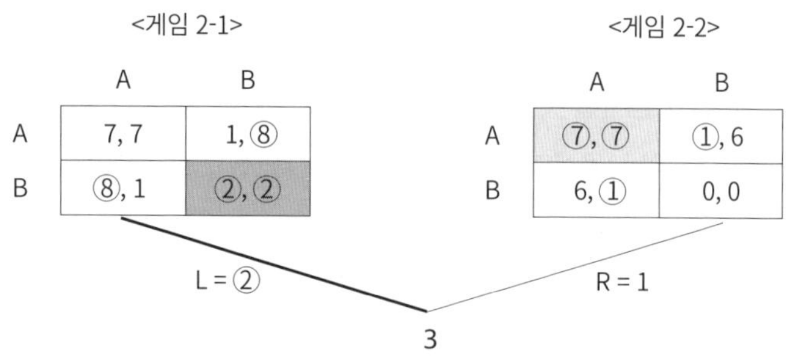

6 감수자주: 실제로 경찰이 L(묵인)을 선택하는 상황에서는 <게임 2-1>에서와 같이 각 플레이어가 결국 B(위법)를 선택할 것이기 때문이다. 즉 '무슨 일이 있어도 A를 선택할 것'이라고 다짐한 두 플레이어의 주장은 전혀 믿을 만한 것이 못 된다.이를 모른 채 플레이어1과 플레이어2의 신뢰할 수 없는 말만 믿고 경찰이 더 적은 보수에도 불구하고 R(법집행)을 선택한다면 그렇게 도출된 균형 (A, A, R)은 불완전하다.

지금까지 살펴본 게임에는 결과적으로 (B, B, L)에 이르는 단 하나의 부분게임 완전균형이 있다. 만약 이것이 현실게임이고 우리가 부분게임 완전성을 합당한 균형 개념으로 간주한다면, 플레이어1과 플레이어2에게는 가혹한 결과이겠지만 법이 이 결과를 바꾸기 위해 할 수 있는 일은 없다.

부분게임 완전성을 더 나은 균형 개념으로 활용하고자 할 때 분석의 영역을 넓혀 법의 힘으로 사람들의 행동을 바꿀 수 있음을 보여주는 간단한 방법이 있다. 이를 위해 다중균형 정규형 게임이 전개되는 세 번째 시기를 추가해보자(Basu, 2000에서도 예시로 들었다). 가령 징계권자인 플레이어4가 있다고 하자. '빗자루게임'에 제시된 두 시기가 끝난 후, 경찰(플레이어3)과 징계권자(플레이어4) 사이에 상호작용이 생기면서 징계권자는 '징계 유예(S)'와 '징계(P)' 중 하나의 행동을 선택하고, 이에 따라 경찰은 '징계에 대한 방어 태세(D)'를 선택하거나 '현행 유지(S)'를 선택한다.[7] 이렇게 해서 <게임 4-2>와 같은 정규형 게임, 즉 '경찰과 징계권자의 게임'이 도출된다.

이제 빗자루의 끝마디 각각에 세 번째 시기를 덧붙여 이 현실게임 전체를 앞서 기술한 '빗자루게임'의 틀에서 생각해보자. 제3기에 플레이어3과 플레이어4는 정규형 '경찰과 징계권자의 게임'(<게임 4-2> 참조)을 펼친다. 기본적으로 게임을 제3기까지 다 기술하려면 빗자루게임의 제2기 끝마디에 있는 보수를 가져와서, 이 값에 <게임 4-2>에서 얻는 보수를 더해 제3기의 보수를 정해야 한다. 즉 이제 온전히 기술된 이 현실게임에는 네 명의 플레이어가 제3기에 걸쳐 등장하며, 최종적

7 감수자주: 여기서 징계권자의 선택 옵션인 '징계 유예(S)'와 경찰의 선택 옵션인 '현행 유지(S)'는 모두 가만 두는 상태를 뜻하는 'status quo'에서 따왔고, '징계에 대한 방어 태세(D)'는 'Defense'를 의미한다.

		플레이어 4	
		S	P
플레이어 3	S	④, ④	0, 2
	D	1, 0	①, ②

<게임 4-2> 경찰과 징계권자의 게임

* 플레이어3: 경찰, S: 현행 유지, D: 방어 태세 / 플레이어4: 징계권자, S: 방관, P: 징계.

인 보수는 방금 더한 값이 된다.

제3기에 펼쳐지는 게임에는 두 개의 균형, 즉 징계가 유예되어 경찰이 4를 얻는 결과와 징계가 내려져 경찰이 1을 얻는 결과가 있다. 둘 중 어떤 결과가 선택되느냐에 따라 여러 부분게임 완전균형이 도출된다. 전략 B(위법)를 선택하면 처벌된다고 명시한 새로운 법이 공표된다면 경찰은 모든 B 행동 선택자를 실제로 처벌하게 된다. 이는, 만약 경찰이 B(위법) 행동을 선택한 사람을 처벌하지 않는다면 마지막 단계에서 플레이어4가 P(징계)를 선택해, 이에 따라 플레이어3은 D(방어 태세)라는 선택에 이를 수밖에 없음을 누구나 예상할 수 있기 때문이다. 물론 경찰은 4의 보수를 원하겠지만, 플레이어4가 확실히 P를 선택할 것이라고 경찰이 믿는다 가정하면, 경찰은 S를 선택해 0의 보수를 얻느니 D를 선택하고 1의 보수를 얻고자 할 것이다. 즉 경찰은 분명히 법을 집행하는 쪽이 유리하다. 그리고 이는 연쇄적으로 플레이어1과 플레이어2의 선택에도 영향을 미쳐 이들이 결국 준법을 택하게 될 수도 있는 것이다.[8]

---

8 감수자주: 경찰이 법을 집행할 것이라는 시민들의 믿음은 충분히 합리적이고 신빙성이 있으므로, (A, A, D, P)은 부분게임 완전균형이 된다. 즉 징계권자라는 플레이어를 한 명 더 불러들임으로써 이전 사례의 (B, B, L)이라는 암울한 결과보다 훨씬 더 나은 결과를 부분게임 완전균형으로 도출할 수 있다.

물론 이 게임에는 (S, S)로부터 파급되는 '나쁜' 부분게임 완전균형도 있으므로 반드시 법이 제시한 대로만 결과가 발생하지는 않는다. 그러나 앞선 예와 같이 법은 초점을 만들고, 그 초점이 균형이기만 하다면 법이 이행될 '가능성'이라도 있는 것이다.

'모두가 법을 준수할 것이라는 신뢰' 그 자체를 모두가 신뢰하는 사회에서 살아간다면, 즉 우리가 법이 현저히 부각되는 사회에 산다면 법은 사람들의 행동에 영향을 미칠 것이다. 만약 현실게임에 단 하나의 균형만 있어서, 법이야 어떻든 사회는 균형으로 뒷받침되는 그 하나의 결과에 안착할 뿐이라면 이때의 법은 아무런 효과도 내지 못한다.[9] 이것이 초점접근 법경제학의 핵심이다.

3. 빈말과 돈 태우기로서의 법

현실게임 혹은 경제게임을 시간에 걸친 상호작용으로 바라본다면 초점접근식 법 개념을 활용해 더 다층적이고 복잡한 모델을 만들 수 있는 새로운 장이 열린다. 이 두 가지 새로운 장을 이번 절에서 탐색해보자. 이는 완전히 색다른 모색은 아니며, 게임이론가들이 발전시킨 아이디어를 적용하는 것에 지나지 않는다.

그 첫 번째는 게임이론의 빈말 개념을 적용해보는 것이다. 빈말 cheap talk(게임의 참여자들이 얻는 보수에 직접적인 영향을 미치지 않는 의사소통 — 옮긴이주)이란, 게임이 시작될 때 혹은 게임이 진행 중일 때 말을

9 감수자주: 다시 말해 균형이 여러 개 있어야만 법이 '좋은 균형이 초점이 되게끔' 부각하는 '정사각형게임에서의 노란 돌'의 역할을 할 수 있게 된다는 것이다.

하고 의견을 밝히는 재량으로서 비용이 들지 않는다(Crawford & Sobel, 1982; Blume & Sobel, 1995; Farrel & Rabin, 1996; Ellingsen, Ostling, & Wengstrom, 2013). 비용이 들지 않는다니 얼핏 대수롭지 않아 보일 수 있다. 하지만 이 개념으로 보면 법의 시행이라는 행위는 게임이 진행되는 와중에 한 명의 플레이어 혹은 여러 명의 플레이어 집단이 무언가를 공표하거나 글로 문언화하는 행위와 유사하고, 이 과정에서는 전혀 돈이 들지 않는다고 볼 수 있다. 즉 빈말은 단박에도 법경제학과 응당 관련이 있어 보인다.[10]

두 번째 새로운 장은 이른바 '돈 태우기burning money'와 관련된다. 이는 법시행이 그 과정에 개입하는 사람에게 있어서 전적으로 비용이 들지 않는 일은 아니라는 인식에 근거한다. 최소한 시간과 노력이 든다. 그렇다면 초점접근법으로 법을 바라보았을 때의 주장처럼, 만약 법이 게임의 판도를 바꿔놓지 못한다면 이는 돈을 태워버린 것과 같게 된다(곧 돈을 태운 사람에 의해 발생하는 자중손실deadweight loss이다). 다행히 이런 돈이 하는 역할에 관한 연구가 있기는 하다(Kohlberg & Mertens, 1986; Van Damme, 1989; Runinstein, 1991).

이러한 접근을 다 들여다볼 수는 없겠으나 두 가지 모두 초점접근법의 자연스러운 확장으로서, 법이 사회에 미치는 영향을 분석하는 방법에 대해 제시한다는 것은 분명하다.

빈말에 대해 살펴보자. 그 자체로 비용이 안 드는 행동이니 영향력이 없어 보일 수 있다. 그러나 빈말은 그 말을 하는 플레이어가 게임의 다음 단계에서 의도하는 바를 알리는 신호로 볼 수 있다. 여기서는 법

---

10 마일라스와 모리스, 포슬웨이트(Mailath, Morris, & Postlewaite, 2017)는 이를 활용해 권위의 개념을 대단히 흥미롭게 풀어냈다(Zambrano, 1999; Akerlof, 2017도 참조).

시행이 빈말에 해당한다.[11] 즉 새 법의 시행은 한 명의 플레이어 혹은 플레이어 집단이 이 게임을 통해 '앞으로 여기에서' 하려는 바를 비용을 들이지 않고 알리는 것이다.

그래서 결과에 영향을 미치는지 여부는 법시행 이후에 펼쳐지는 부분게임에 의해 결정적으로 좌우된다. 이 부분게임에 균형이 단 하나라면 빈말을 통해 할 수 있는 일은 없다. 그러나 균형이 여러 개라면 그 가운데 법을 공표한 사람의 의도가 어디에 있는지를 알려 다른 사람들의 선택에 영향을 미칠 수 있다. 이는 초점접근법과 밀접히 관련된다. 앞서 보았듯이 여기서도 법의 공표와 더불어 앞으로 펼쳐질 부분게임에 초점이 만들어진다. 단 여기서는 법을 시행하는 사람 혹은 사람들만이 게임의 플레이어로 간주되며, 그래서 초점은 더 두드러진다. 이는 마치 친구와 공항에서 만나기로 약속했는데 깜박 잊고 만날 장소를 정하지 않은 상황에서, 친구가 '여기서 기다릴게'라고 쓴 표지판을 들고 서 있는 것과 같다.[12] 이렇게 되면 누군지도 모를 공항 관계자가 '만남의 장소' 표지판을 세워두는 것보다 더 확연하게 초점이 만들어진다.

현재의 힘든 곤경을 벗어나고 싶어 하는 두 명의 플레이어 앞에 놓

---

11 게임이 진행 중인 가운데 내뱉는 대화나 말은 보수를 바꾸지 않고 미래의 행위를 향해 신호를 보낼 뿐이라는 통상적인 전제를 지금의 맥락에서도 그대로 이어가겠다. 그러나 대화나 말을 들은 청자는 예상을 하게 되고, 그 결과 기대, 죄책감, 죄책감 회피가 생겨나 청자와 화자를 압박할 수 있다고 한다(Charness & Dufwenberg, 2006; Ellingsen, Johannesson, Tjotta, & Torsvik, 2010 등 참조). 마찬가지로 말은 기약을 만들어내는데, 인간은 다른 사람이 한 약속을 지키는 데에는 비교적 무심하나 자기가 한 약속은 깨고 싶어 하지 않는다는 실험 결과가 있다(Vanberg, 2008). 그래서 실제로 입법자의 행동이 그 자신이 만든 법의 영향을 받기도 한다. 왜 법경제학에서 이 '행동 요소'를 고려해야 하는지는 7장에서 다룬다.

12 감수자주: 공항에서 '여기서 기다릴게'라고 외치는 것은 분명 돈이 들지 않는 빈말이지만, 어디서 만날지 미리 정하지 않은 다중균형 상황에서는 나름 효과가 있다(어디서 만날지가 확실히 정해진 단일균형 상황에서는 별 도움이 안 되지만).

인 두 가지 결과가 서로에게 공평한 이익을 가져다주지 못할 경우 게임은 복잡해진다. 예컨대 한 가지 결과는 플레이어1에게 유리하고(플레이어1에게는 4가, 플레이어2에게는 3이 돌아간다), 다른 한 가지 결과는 플레이어2에게 유리하다(돌아가는 이익이 그 반대이다). 이 상황에서 플레이어1이 '첫 번째 결과로 갑시다'라고 해도 소용이 없을지 모른다. 플레이어1로서는 그렇게 말하는 것이 당연한 귀결이지만 이 말이 효과가 있을지에 대해서는 의견이 갈릴 수 있는 것이다.

그러나 공히 우위인 결과에 모든 플레이어가 대칭적으로 자리한다면, 이들 중 한 명인 입법자가 앞으로 어떠한 선택을 하겠다고 공표하는 것은 설득력 있는 초점을 만들어낸다. 이러한 공표 내용에는 플레이어(입법자)의 어떠한 개인적 이해도 얽혀 있지 않기 때문이다. 말하자면 입법자를 신뢰할 수 있는가의 문제가 된다.[13]

이는 대단히 흥미로운 연구 과제로서 초점의 효과뿐 아니라 초점의 창출까지를 아우르는 모델의 필요성을 시사한다. 즉 결국 경제학자들이 하고 싶은 것은, 공항에 '만남의 장소' 표지판이 세워진 후 어떻게 되는가를 아는 것일 뿐만 아니라 표지판을 세우는 사람과 표지판을 세우기로 한 의사결정에 관한 모델을 확립하는 것이기도 하다. 곧 법 창출의 '과정'이 중요하고, 그 과정이 적절하다면 그렇지 않았을 때와 달리 법에는 타당성이 부여된다.

두 번째 모델은 법을 시행하는 데에 드는 비용은 돈을 불태우는 것과 같다는 생각을 전제로 한다. 이 모델은 결국 어려운 철학적 질문으

---

13 이는 독재자, 혹은 단순히 정부에 대한 신뢰의 개념과 밀접하게 관련된다. 실제로 집단적으로 일어나는 많은 일이 이러한 신뢰에 좌우된다(Myerson, 2008; Schauer, 2015, 7장). 마이어슨의 이론에서 신뢰는 앞으로 펼쳐질 부분게임의 균형이 이미 어디에 있는가를 가리키는 수단에만 그치지 않고, 독재자가 미래의 특정한 행위에 스스로를 결박하는 장치로도 활용된다. 그 결박에서 벗어나면 신뢰를 잃기 때문이다.

로 이어지지만 어떤 면에서는 다루기에 좀 더 수월하다. 법시행이 그 활동에 관여하는 사람들에게 비용이 드는 일이라는 가정에서 시작해보자. 그러나 일단 시행된 법은 '종이 위의 잉크'와 같아서 시행 후에 펼쳐질 부분게임에 실질적인 변화를 전혀 주지 못한다. 만약 법이 시행되고도 모두가 법이 없을 때처럼 행동한다면 사람들이 얻는 보수는 동일하다. 즉 법은 게임을 바꾸지 않는다. 그렇다면 돈을 불태우는 것과 유사한 법의 시행이 어떻게 게임의 결과를 바꿀 수 있을까? 그 답은 미래를 가리키며 다른 플레이어들에게 신호를 보내는 것이다.

이것이 이른바 게임이론의 전진귀납법forward induction이다. 전진귀납법의 효과를 보여주는 예로는 '성性의 대결Battle of Sexes' 게임이 주로 제시된다(Osborne & Rubinstein, 1994, 6장; Battigalli & Siniscalchi, 2002; Govindan & Wilson, 2009 참조). 여기서는 앞서 3장에서 설명한 '죄수의 딜레마 현실게임1'을 예로 들어보자.

게임에 앞서, '시민들은 A(준법)를 선택하고 경찰 혹은 플레이어3은 R(법집행)을 선택하도록 정한 법'을 시행할 선택권이 플레이어1에게 있다고 하자. 사실 이 모델에서 법의 내용은 중요하지 않다. 다만 중요한 것은 플레이어1, 즉 여기서 입법자로 전제된 사람이 법을 시행하기 위해 비용을 들여야 한다는 점이다. 플레이어1이 법을 시행하기 위해서는 1의 비용이 든다. 이런 설정 아래 게임은 두 시기에 걸쳐 펼쳐진다. 제1기에는 플레이어1이 법을 시행할지(돈을 태울지) 말지를 선택하고, 이후 제2기에는 3장에서 살펴본 <게임 3-2>, 즉 '죄수의 딜레마 현실게임1'(간단히 '죄수의 게임1'이라고 하자)이 펼쳐진다.

법을 시행하는 사람까지 포함하여 기술된 이 게임의 전체 양상은 <게임 4-3>에 제시되어 있다. 이 게임을 '법시행의 경제게임'이라고 부르자.

	A	B
A	7, 7, 0	1, ⑧, ②
B	⑧, 1, ②	②, ②, ②

L

	A	B
A	⑦, ⑦, ①	①, 6, 1
B	6, ①, 1	0, 0, 1

R

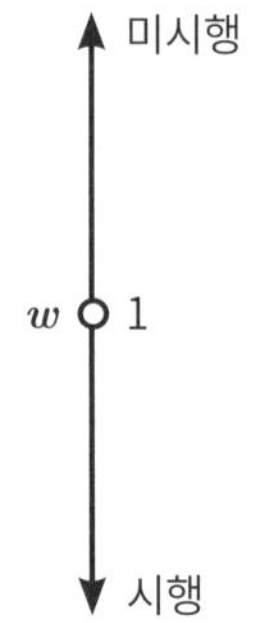

	A	B
A	6, 7, 0	0, ⑧, ②
B	⑦, 1, ②	①, ②, ②

L

	A	B
A	⑥, ⑦, ①	⓪, 6, 1
B	5, ①, 1	-1, 0, 1

R

<게임 4-3> 법시행의 경제게임

* A: 준법, B: 위법, L: 묵인, R: 법집행.

게임은 w 마디에서 시작한다. 여기에서 입법자인 플레이어1은 '미시행' 또는 '시행'을 선택하게 되며, 후자를 선택할 경우에 플레이어1에게는 1의 비용이 발생한다. 이 첫 번째 선택이 이루어지면 플레이어1, 2, 3이 '죄수의 게임1'을 펼친다.[14] '시행' 후 '죄수의 게임1'을 하는 것과 '미시행' 후 '죄수의 게임1'을 하는 것의 유일한 차이는, 시행을 하지 않았을 때와 달리 시행을 했을 때는 플레이어1의 보상이 1만

14 감수자주: 즉 플레이어1은 제1기에는 입법가로, 제2기에는 일반 시민으로 활동한다고 보면 된다.

큼 줄어든다는 점이다. 이는 시행으로 인해 플레이어1이 감수해야 하는 비용, 말하자면 태워버린 돈이다. 즉 세 명의 플레이어가 (A, A, L)을 선택할 경우, 법이 시행되지 않는다면 (7, 7, 0)의 보수에 이르지만 법이 시행되었을 때는 (6, 7, 0)의 보수를 받게 된다. 물론 여기서 (A, A, L)은 하나의 예시일 뿐, 이것이 꼭 선택되어야 하는 균형인 것은 아니다.

그렇다면 이 게임은 어떻게 전개될까? 이 질문에 답하기 위해 우선 염두에 두어야 할 것이 있다. 만약 플레이어1이 법을 시행하는 경우, 즉 돈을 태우기로 선택하는 경우, 이는 그가 법시행을 통해 이 게임이 (B, B, L)이 아니라 (A, A, R)로 끝날 것이라고 기대하기 때문이다. 따라서 플레이어1은 게임이 (A, A, R)로 전개되기를 기대한다는 신호를 다른 플레이어들에게 보낼 수 있으므로 돈을 불태울 가치가 있다. 그렇게 해서 이 법은 시민들에게 이익이 되는 내시균형으로 경제를 이끄는 데 기여한다. 이 경우에 법은 대단히 효과적이다. 법의 역할은 법을 시행하는 사람이 앞으로 어떤 선택을 하고, 또 다른 사람들이 어떤 선택을 하길 기대하는지를 신호로 보내는 데에 있을 뿐이며, 이 신호는 모든 사람의 행동을 특정한 방향으로 이끄는 강력한 원동력이 된다.

이것은, 간단히 말해 신호signaling[15]에 대한 이야기이다. 여기서 즉각적으로 제기되는 어려운 질문 가운데 하나는 다음이다. 즉 만약 플레이

15 감수자주: 자기 자신의 정보를 상대방에게 전달함으로써 자신이 원하는 방향으로 상대방이 행동하기를 바란다는 게임이론의 개념이다. 이에 상응하는 개념으로 선별screening이 있는데, 정보를 갖지 않은 쪽에서 정보를 갖고 있는 상대방을 평가할 때 사용된다. 가령 채용 시장은 구직자가 자신의 모든 정보를 지닌 반면, 고용주는 구직자에 대한 정보가 부족한 비대칭적 정보의 전형적인 사례로, 이 경우 구직자는 자신의 능력을 보이기 위해 적극적으로 정보를 전달하고자 할 것이고, 정보가 부족한 고용주는 구직자를 평가하기 위해 서류 검토, 시험, 면접 등의 평가 과정을 거칠 것이다.

어가 돈을 불태워서 자신이 선호하는 균형에 이를 수 있다면, 왜 굳이 돈을 불태워야 하는가? 자신이 지향하는 바를 다른 사람에게 신호로 충분히 알리고, 그래서 그의 행동에 적절히 영향을 미친다면 돈을 불태우지 않고 실제로 그렇게 할 '여지'도 있지 않은가. 말하자면 돈을 불태우려 했던 사람에게 더 유리한 균형 결과 쪽으로 응당 경제가 나아갔으리라는 것이다. 꼭 법을 시행할 필요는 없다. 법을 시행할 수 있다는 사실만으로도 다른 사람의 행동에 영향을 미치는 신호가 되기에 충분하다.

합리성 측면에서도 비슷한 문제가 제기된다. 공통지식으로서의 합리성이 불이익으로 돌아오는 게임이 있다. 플레이어는 합리성을 바탕으로 추론을 하고, 그래서 차선의 결과를 선택할 수 있다. 2장에서 기술한 '여행자의 딜레마'가 그 예이다. 여기서 다음과 같은 문제를 생각해볼 수 있다. 만약 플레이어 가운데 한 명이 '여행자의 딜레마' 게임을 하기 전에 보란 듯이 1달러짜리 지폐를 불태우고 앉아 있다면, 이 행동은 분명히 게임의 결과에 영향을 미친다. 아무 이유도 없이 버젓이 돈을 불태운다는 것은 분명 비합리성의 신호이기 때문이다. 그래서 일단 이 플레이어가 이성적이지 않음을 알게 되면 (2, 2)라는 차선의 결과로 우리를 이끌었던 논리가 무너진다. 이제 우리는 더 높은 숫자를 노리고 싶어지고, 이렇게 되면 상대 플레이어도 더 높은 숫자를 시도할 이유가 생기므로 두 플레이어 모두 더 나은 결과에 이르게 될 수도 있다(7장 2절을 참조할 것).[16]

여기에서 다소 심층적인 문제가 생겨난다. 즉 비합리적인 모습으로

16 이런 유의 산업조직이론에는 누군가에게 비합리적으로 돈을 지불하는 예가 많이 나온다(Basu, 1993 참조). 마찬가지로 국제관계에서도 때로 지도자는 제정신이 아닌 듯이 보일 필요가 있다고 본다. 하지만 애석하게도 겉으로만 그런 게 아닌 지도자도 있다.

더 나은 결과를 얻는다면 합리적이지 않은 편이 합리적이라는 것이다. 곧 누군가가 비이성적으로 행동할 때 반드시 짚고 넘어가야 할 것은, 그렇게 행동하는 것이 그 자신에게 더 이득이기 때문이라는 것이다. 비합리적인 것이 합리적이라는 것은 다소 난해한 견해이긴 하나, 이는 게임이론의 몇몇 핵심 역설 중 하나이며 일부 복잡한 상황에서는 합리성을 공통지식으로 전제하는 것이 무의미하다는 주장도 제기될 수 있다 (Basu, 1990; Reny, 1992; Dufwenberg & Essen, 2017).

이렇게 열린 결론으로 문제를 남겨둔 채 일단락 짓긴 했지만, 나는 이미 독자들에게 경고를 한 바이다. 그나마 위안을 삼자면, 앞서 언급한 것처럼 심지어 수학에도 토대가 되는 가정 가운데에는 결론이 매듭지어지지 않은 이슈가 있고, 그로 인해 실제로 꽤 난해한 역설이 제기되기도 한다는 사실이다. 그런데도 우리는 수학을 활용하고, 또 수학을 활용해 큰 이익을 얻고 있지 않은가. 이는 경제학에서도, 게임이론에서도, 또 법을 분석할 때도 우리가 가져가야 할 태도이다. 우리는 앞으로도 계속해서 연구 결과와 조사 자료를 활용하는 한편, 그 이면에 잠복해 있는 철학적 문제에 대해서도 경계의 촉각을 세우고 그 문제를 풀기 위한 노력을 병행해나가야 한다. 과학 연구도, 한편으로는 결국 막연한 믿음을 향해 기우는 우리의 경향성에 의지해 이루어지기 마련이다.

4. 현실게임과 부활의 규칙

앞선 논의는 또 다른 철학적 문제로 이어진다. 이 문제는 게임이론 경제학의 모든 현실적 적용에서 제기되고, 법경제학에서도 함축적으로 제기되며, 대개의 경우 우리는 모두 간접적으로 이 문제를 다룬다. 이 문제는 '현실게임'의 의미와 관련된다. 앞서 살펴보았듯이 현실게임이란 모든 사람을 포함하는 게임을 뜻하며, 그 게임 가운데에서 사람들은 자연nature이 허락하는 한 별다른 제약 없이 무엇이든 할 수 있다. 마일라스와 모리스, 포슬웨이트(Mailath, Morris, & Postlewaite, 2017, 33쪽)의 표현을 따르자면 "상상할 수 있는 모든 상황에서 사람들이 취할 수 있는 모든 행동"을 할 수 있다.[17] 빈모어(Binmore, 1995, 134쪽)의 언급처럼 "대체로 복종하지만 불복종도 선택할 수 있는 사회적 규칙"과 달리 현실게임은 "자연규칙nature's rule에 복종하기만 하면" 무슨 행동이든 선택 가능하다.

사회규범, 관습, 법, 통치구조의 이행과 같은 제도의 형성을 연구할 때는 현실게임에서 시작해 어떻게 지금의 상태에 이르게 되었는가에 대한 이해로 넘어가는 것이 자연스러운 듯하다(Binmore, 1995). 마일라스와 모리스, 포슬웨이트(Mailath, Morris, & Postlewaite, 2017)가 이러한 접근법을 취하고 있으며, 나 역시 그러했다.[18]

현실게임에서 비롯되는 어려운 문제는, 과연 이 게임이 잘 정의된 게임인지의 여부를 판단하는 문제이다. 엄밀한 분석을 수행하기 위해서도, 또 내시균형이나 부분게임 완전성과 같은 이론화된 균형 개념을 활용하기 위해서도 잘 정의된 게임은 필수적이다(7장 2절 여행자의 딜레마 사례를 참조할 것). 하지만 플레이어의 집합은 현실게임답게 모든 사람을 포함해 잘 정의한다고 하더라도, 플레이어들이 아무런 제약 없이 어떠한 행동이든 할 수 있어야 한다는 관점에는 중요한 문제가 있다. 주장이 단지 모호하기 때문이어서가 아니라, 이 주장이 우리를 역설과

17 2001년에 작성된 연구자료에서 인용했다.

18 나아가, 모든 법은 결국 다른 플레이어들에 의해 강제된다는 인식을 명백히 드러낸 알리와 리우의 연구(Ali & Liu, 2017)도 이러한 접근법을 취한다.

불가능성으로 이끈다는 사실에서 문제가 생긴다.

역설의 문제를 보기에 앞서 다음의 간단한 문제를 먼저 짚어보아야 한다. 즉 '물리법칙이나 자연법칙에 따라 실행될 수 있는 모든 행동을, 행위 주체가 실행할 행동의 선택지로서 간주하는 것이 옳은가'라는 문제이다. 우리는 장을 보러 가서 사고 싶은 물건의 총액을 계산하는 동안 다른 물건의 값은 얼마인지 저울질하지만, 이때 남이 산 물건이나 남의 지갑을 훔쳤을 때의 손익에 대해서는 생각조차 하지 않는다(대부분은 그렇다). 물리법칙으로는 가능하지만 우리의 사고는 그 부분을 고려조차 하지 않도록 프로그램되어 있는 것이다. 더욱이 다른 사람의 지갑을 훔쳐 달아나지 않는 이유는 최적의 선택을 따져봤을 때 그 선택지를 제외할 만해서가 아니라, 애초에 선택지 가운데 하나로 고려되지 않기 때문이다.[19] 또한 다양하게는 인간뿐 아니라 동물도 마찬가지이다. 말을 다룰 때는 혹시 말이 발길질을 할지 모르니 뒤에 서 있지 말라고 배우게 되는데, 입 가까이에 서 있는 것은 또 괜찮은 것이, 말은 대체로 무는 법이 없다. 물지 못하는 것은 아니지만 공격을 할 때도 그저 무는 행동은 안 한다. 이처럼 물리적으로는 가능하지만 고려조차 되지 않는 종류의 행동은 현실게임에서 실현될 수 있는 행동의 집합을 기술할 때 실제적인 문제를 낳는다.[20] 실현 가능한 행동과 실현 가능하지 않은 행동에는 애매함과 판단력이라는 요소가 개입하기 때문이다. 이 문제를 풀려면 억지로 전제를 두는 수밖에 없다.

이보다 큰 문제이자 우리를 역설과 정면으로 맞닥뜨리게 하는 문제

19 추가적인 논의는 Basu(1983; 2011a)와 Myerson(2004)을 참조할 것.

20 이는 현실적으로 설계된 신고전주의 모델과 행동경제학 모델의 차이가 흔히 생각하는 것만큼 첨예하지 않음을 보여준다. 우리가 실현 가능한 행동의 집합이라고 말하는 것의 근간은 내재화된 도덕에 의해 규정된 것일 수 있기 때문이다('내재화된 도덕'에 대한 보다 자세한 논의는 7장 3절을 참고할 것).

는, 현실게임의 플레이어에게는 '상상할 수 있는 것이라면 그 어떤 행위라도' 허용되어야 한다는 주장에서 비롯된다. 이 문제는 일찍이 집합 이론을 괴롭혔던 문제와 닮아 있다. 초기의 집합 이론에서는 전체집합universal set, 즉 생각할 수 있는 모든 것의 집합을 출발점으로 삼았다. 그리고 이 전제를 토대로 밀고 나가자 익히 알려진 러셀의 역설Russell paradox과 같은 역설에 이르렀다. 전체집합, 즉 모든 것을 포함하는 집합이 당연히 있다고 간주한 탓에 웬만큼 따져보지 않고서는 전문 논리학자라도 러셀의 역설에 '모든 것의 집합a set of everything'이 존재한다는 전제가 숨어 있음을 깨닫기는 쉽지 않았다.[21]

이 역설은 현실게임으로 이어지고, 그리하여 법경제학의 개념화에도 영향을 미친다.[22] '플레이어들은 무엇이든 할 수 있다'라고 마냥 주장할 수는 없는 이유는, '무엇이든'이라는 것이 사실은 없기 때문이다. 따라서 우리는 각각의 플레이어가 선택할 수 있는 행위의 집합을, '플레이어는 뭐든 할 수 있다'라는 어설픈 주장에 맡겨두지 말고 명시적으로 규정해야 한다. 물론 '실행 가능한 특정한 행동집합의 저 너머에 존재하지만 실제 선택할 수는 없는 행동'이라 하더라도, 언제든 그 행동을 고려해볼 수는 있다.

법경제학 게임이론 모델을 구축하면서 이 문제를 해결하는 방법은

---

21 러셀의 역설은 이해하기 쉽다. '모든 것의 집합' 가운데 자기 자신을 원소로 하지 않는 모든 집합으로 구성된 부분집합 X를 정의한다. 이제, X는 그 자신의 원소인가? 만약 그렇다면 X는 그 자신의 원소가 아니게 된다. 또, 만약 그렇지 않다면 개념 정의상 X는 그 자신의 원소가 된다. 이로써 논리적 불가능성에 직면한다. 이 불가능성의 뿌리는 '모든 것의 집합이 있다'라는 전제이다. 따라서 이 모순은 모든 것의 집합이 있을 수 없음을 보여준다. (가령 '자기 수염을 스스로 깎는 사람'을 제외한 모든 사람의 수염을 깎아주는 이발사가 있다고 하자. 그는 과연 자기 자신의 수염을 스스로 깎을 것인가? 이는 러셀이 직접 소개한 소위 '이발사의 역설'이다.—감수자주)

22 법학 이론에는 이런 유의 모순을 다룬 글이 거의 없는 듯하다. 예외적으로는 Hockett(1967)와 Jain(1995)을 참조할 것.

현대 집합이론에서 쓰이는 방법이기도 하다. 먼저 모든 플레이어와 그들이 선택할 수 있는 모든 전략 및 보수함수를 특정한 후에 이를 현실게임으로 간주한다. 이는 곧 한켠에서 휴면 상태에 있던 새로운 플레이어(경찰 혹은 판사)를 되살리거나, 게임의 규칙을 바꾸거나, 전략을 수정하는 일을 게임이 진행 중일 때에 갑자기 할 수 없다는 뜻이다.[23] 이를 '부활의 규칙'이라고 하자. 즉 현실게임을 기술할 때에는, 해당 게임을 시작하면서 정한 실행 가능한 전략의 집합 외에 그 어떠한 것도 고려해서는 안 된다는 의미가 아니라, 다만 게임이 진행되고 있는 상황에서 단순히 필요하다는 이유로 새로운 전략을 만들어내거나 없앨 수 없고, 마찬가지로 휴면 중이던 플레이어를 부활시킬 수도 없다는 관점을 견지해야 한다는 것이다.

이 책이 다루는 초점접근 법경제학의 관점에서는 현실게임 혹은 경제게임을 뭉뚱그려 참조하기보다는 실제로 진행 중인 게임을 시작부터 특정하고 있으므로, 엄밀히 말해 이러한 문제는 우리에게 영향을 미치지 않는다. 예컨대 앞서 기술한 죄수의 딜레마 현실게임의 여러 유형에서는 게임 전반에 관해 시작부터 상세히 기술하고 있어서 게임 자체나 게임의 규칙에 대해서는 물론, 플레이어가 누구인지, 플레이어가 무엇을 할 수 있는지에 대해서도 모호함이 없다. 그리고 이를 현실게임이

---

23 신고전주의 법경제학에서는 게임 도중에 플레이어를 되살리거나 규칙을 바꾸거나 전략을 수정하기도 한다. 여기서 말하는 바는 빈모어(Binmore, 1995, 135쪽)의 다음과 같은 제안에 가깝다. "우리가 연구대상으로 삼고자 하는 행위 주체가 펼치는 실질적인 현실게임을 이론화하고 분석하려면 경험적 지식이나 이론적 도구로는 충분치 않다. 따라서 제도가 어떻게 작동하는지 이해하고 싶다면, 현실적 상황을 완벽하게 파악할 수 있을 만큼 크게 단순화해 다루는 현실게임의 모델을 만들어내는 것 외에는 별다른 선택지가 없다." 다만 여기서 내가 달리 생각하는 지점이 있다. 내가 보기에 우리가 모델을 만들어내는 이유는 모델을 통해 현실 상황을 완벽하게 파악할 수 있어서가 아니라, 다른 방식을 따르면 철학적 모순에 부딪히기 때문이다.

라고 '지정한다.' 또한 '일단 게임이 특정된 후에는' 외부에서 새로운 요소(플레이어 또는 전략)를 가져오지 않는다. 이로써 부활의 규칙이 충족되는 것이다. 이렇게 해서 역설이 '해결'되지는 않지만 피해갈 수는 있다.

법경제학의 모든 이론과 어쩌면 모든 연구 분야가 그 토대에 관한 일단락되지 않는 의문들에 시달린다는 사실이 그나마 위안이 될지도 모르겠다. 사실, 전체집합에도 있고 현실게임에도 드러나지 않게 내포되어 있는 이 문제는 모델을 구축할 때만이 아니라 삶을 구축할 때에도 피해갈 수 없다.

지인이 당신을 오늘 저녁 식사에 초대했다고 가정하자. 그는 어제 당신에게 혹시 먹지 않는 음식이 있는지 물었고, 당신은 '게는 안 먹습니다'라고 답했다. 그리고 오늘 그의 집에 갔더니 접시에 나무 블럭 두 개가 놓여 있고, 당신에게 그가 '많이 드세요'라고 한다. 만약 당신이 어제 나무를 먹지 않는다고 말했다면 집주인은 그 '음식'을 제외하는 선택을 하고 맞는 답을 내놓았을 것이다. 문제는 그 배경에 깔린 특정되지 않은 전체집합에서 비롯된다. 집주인이 무엇을 먹지 않느냐고 물었을 때는 명시적이지 않은 음식의 집합이 있고, 당신은 그 가운데에서 대답을 선택해야 한다. 사람마다 머릿속에 든 전체집합이 다르기 때문에 우리는 전체집합의 이러한 모호성이 야기하는 문제에 직면하곤 한다. 이러한 종류의 모순은 생각이나 말을 어설프게 해서가 아니라, 단지 전제가 되는 전체가 서로 다르기 때문에 발생한다. 이는 풀 수 없는 문제이고, 문화 간의 충돌과 오해의 원천이 된다는 게 개인적인 생각이다. 유일한 희망은 이러한 초자각meta realization, 즉 우리가 겪는 갈등 가운데 일부는 그 기저에 피할 수 없는 철학적 문제가 깔려 있다는 자각을 통해 서로가 서로에게 더 관대해질 수 있고, 그래서 이 문제로 인해 생기는 더 나쁜 여파를 줄일 수 있다는 데에 있다.

문제에 대한 이와 같은 해결책을 다시 법경제학으로 돌아가 생각해 보면, 결국 그러한 해결책과 관련한 최종적인 모델은 결코 있을 수 없음을 시사한다. 모델의 층위는 언제든지 더 많은 차원을 끌어들여 더 복잡해질 수 있다. 이 책에서는 경제학 일반균형 모델과의 비교를 통해 법경제학을 설명하고 있는 만큼, 일반균형에서도 같은 문제가 생긴다는 점을 지적해두어야겠다. 궁극의 일반균형이란 없다. 모든 재화와 서비스를 포함하는 일반균형 모델을 구축한 후에 그다음 단계로서 제도, 정치, 사회학, 사회규범의 내생적 형성 등을 모델에 더할 수 있다.

3장의 초점접근 법경제학에서는 모든 법집행 주체를 게임의 일부로 포함시켰다. 그러나 법을 제정하는 행위는 게임의 일부로 간주하지 않았으며, 입법자와 공표자가 누구인지에 대하여 모호하게 남겨두었다. 4장에서는 범위를 조금 넓혀서 입법자, 즉 자신의 의도를 신호로 제시하는 플레이어를 포함시켰다. 물론 내적 요인에 의해 법마다 시행 여부가 결정된다는 논의로까지 나아갈 수도 있다. 일반균형 경제학의 범위는 끝이 없으며, 초점접근 법경제학의 범위도 그러하다. 그런 만큼 이 새로운 접근법은 사회와 경제를 더 잘 이해하기 위한 종착점이 아닌 하나의 출발점으로 인식되는 것이 적절할 것이다.

5장

사회규범과 법

1. 규범과 법, 그리고 믿음

이 장에서 이루고자 하는 목표는 두 가지이다. 앞서 분석을 통해 우리는 간단하게나마 중요한 질문을 살펴보았다. 모든 사람이 법을 준수하여 법에서 제시한 대로 행동한다면(또는 모두가 그렇게 행동할 것이라고 모두가 믿는다면) 그 행위는 자기강제력self-enforcing을 띠게 되어 각 개인은 그 행동을 받아들일 수밖에 없다. 그렇다면 남들이 법으로 규정된 행동을 하는 것을 보고 자신도 그렇게 따라함으로써, 애초에 법을 통해 달성하려 했던 '모든' 사회적 결과를 법 없이도 달성할 수 있게 된다면 어떨까? 이 경우 법과 사회규범을 구분 지을 수 있는 의미 있는 방법이라는 것이 존재할 수 있을까? 이 장의 첫 번째 목표는 이 질문에 '그렇다'라고 답하는 것이다. 여기서는 사회규범을 통해 강제된 행위와 법을 통해 강제된 행위가 근본적으로 같더라도, 그 둘을 구분 지을 방법이 있음을 보여주고자 한다. 몇 가지 예시를 통해 이러한 결론을 향해 갈 것이며, 이 예시는 이 장의 두 번째 목표에도 활용된다. 지금까지의 분석은 대부분 상당히 개념적인 용어로 이루어졌다. 이제 이러한 개념이 실생활의 여러 문제에 적용될 수 있음을 살펴보자. 다중균형과 초점, 그리고 자기강제력을 띠는 행위는 현실 세계의 중요한 현상을 이해할 수 있게 하는 소중한 밑거름이 된다. 2절부터 4절까지에 걸쳐 제시할 세 가지 예시는 우리가 어떻게 사회규범과 법을 구분할 수 있는지를 분석해가는 과정으로서 이를 통해 이 장의 두 번째 목표를 달성해나갈 것이다.

대부분의 논의는 흔히 '균형선택 규범equilibrium-selection norm'[1]으로 불리는 사회규범을 근간으로 한다. '균형선택'이라는 수식어는 외생적으로 주어진 선호를 가진 통상의 합리적 개인을 넘어서서 펼쳐지는, 또 다른 종류의 사회규범이 있음을 주지시키기 위해 사용된다. 사회규범에 대한 개념화는 소위 행동경제학에서도 다루어지며, 모범적인 '호모 사피엔스'에게는 없는 사회적 낙인, 도덕관념, 시기심 등의 감정도 고려된다. 단 여기서 언급할 모든 사회규범은 표준 경제학의 패러다임에 가장 잘 부합하는 '균형선택 규범'에 국한된다. 이 패러다임에 대한 의문은 뒤에서, 특히 7장에서 살펴볼 기회가 있을 것이다.

기본적으로 관습이자 사회규범인 균형선택 규범은 사람들의 협력적 행동을 이끌어내는 장치로서, 다른 사람들도 똑같이 행동할 것을 알고 모두가 하나의 특정한 균형으로 맞춰지게 만든다. 균형선택 규범은 애초에 다수의 균형이 존재하고, 사람들이 어떤 선택을 할지가 명백히 예상되는 경우는 없다는 전제를 둔다.[2] 가장 단순한 예로 도로의 주행 방향을 들 수 있다. 주행 방향에 관한 법이 전혀 없는 나라가 있다고 하자. 인도 외곽이나 시골마을에는 그 어떤 교통법규도 집행하는 사람이 없기 때문에 이런 법이 없는 것이나 마찬가지이다.

---

1 감수자주: 균형으로 선택된 규범, 즉 여러 균형 중 하나가 선택되게끔 해주는 사회규범을 의미한다.

2 현재는 관련 문헌의 양이 상당하다. Akerlof(1976), Granovetter & Soong(1983), Platteau(1994), Schlicht(1998), Basu(2000), Cooter(2000), Posner(2000), Benabou & Tirole(2006), Fisman & Miguel(2007) 등을 참조할 것. 규범이 어떻게 확산·전파되는지에 대한 이해를 흥미롭게 이끌어낸 연구로는 Funcke(2016)가 있고, 규범을 여러 유형으로 분류한 연구로는 Basu(1998)가 있으며, 법이 어떻게 집단을 비효율적인 결과에 갇히게 하는지를 법이론의 관점에서 분석한 초창기의 연구로는 Posner(1996)가 있다. 또, 연구실에서 사회규범을 '만들어' 그 규범이 불법 행위, 여기서는 뇌물 수수에 미치는 영향을 살펴본 최근의 연구로는 Abbink, Freidin, Gangadharan, & Moro(2016)가 있다.

이 상황에서는 두 가지 균형이 있다.[3] 모두 우측주행을 하거나 모두 좌측주행을 하는 것으로, 둘 중 한 가지 균형이 고착될 경우 누구도 이탈을 통해 이득을 볼 수 없다(그러니까 균형인 셈이다). 그러나 이러한 점이 '앞으로 둘 중 어느 쪽 균형이 실제로 일어날지'를 판단하는 데에는 큰 도움이 되지 못한다. 이 지점에서 사회규범이 개입한다. 규범은 초점을 만드는 역할을 할 수 있다. (그 연원이 무엇이든) 일단 규범이 정착되면, 사회적으로 선택된 규범, 또 균형의 정의에 따라 선택된 그 규범을 누구나가 알게 되고, 그 균형을 고수하는 것은 모든 개개인의 이익에 부합하게 된다. 인도의 시골마을에는 자동차나 달구지를 모는 방향에 관한 실효성 있는 법이 없지만 사람들은 좌측주행을 선택한다. 이는 마치 초점처럼 작동하는 관행이다. 시골의 이러한 관행이 어디에서 비롯되었는지는 어렵지 않게 알 수 있다. 도시에서 시행되는 국가 단위의 좌측주행 법이 시골로 흘러들어 관행이 된 것이다. 그래도 처음 인도 여행을 계획하는 사람이라면 이 관행을 너무 맹신하지 말고, 반듯하게 좌측으로 달릴 때도 누군가 불쑥 끼어들 수 있으니 조심하라는 조언을 슬쩍 하고 넘어가겠다.

3장과 4장에서 설명한 초점접근식 법 해석에 따르면, **법의 역할은 결국 초점을 만드는 것에 지나지 않는다.** 그렇다면 일면 법은 사회규범과 거의 차이가 없는 듯하다. 일부 경제학자와 법이론가들은 법집행에 있어 초점의 역할과 그 관련 개념을 강조하기도 하는데,[4] 이들의 접근 방식에서도 같은 문제가 제기된다. 맥애덤스(McAdams, 2015, 22쪽)는 최

3 여기서는 순수전략pure strategy을 쓰는 것으로 전제한다. 사람들은 각자 좌측주행과 우측주행 중 하나를 선택한다.

4 Sugden(1995), McAdams(2000), Myerson(2004), Hadfield & Weingast(2014), Hadfield(2016)를 참조할 것.

근의 저서에서 "법이 의무조항requirements으로 가득 차 있다 보니 제시suggestive하는 바로서의 법의 영향력을 놓치기 십상이다. (…) 가장 초기에 나왔고 가장 체계적이지도 않았던 일부 게임이론에서는, 개개인이 서로 '협력'적으로 행동하는 것에 관심을 보일 경우 그 행동이 상호 간에 현저히 부각되어 '초점'의 역할을 하는 경우가 있음을 보여준다. 그리고 이러한 상황에서 법은 특정한 결과를 현저히 부각해 협력을 촉진한다."라고 말한다. 맥애덤스는 선스타인(Sunstein, 1996b)이 처음으로 제시했던 개념을 받아들여, 기존의 규범 가운데 일부는, 그 규범을 현저히 두드러지게 함으로써 사회가 특정한 행위의 결과를 향해 나아가도록 하는 (입법자에 비견될 만한) '규범 창립자norm entrepreneur'에 의해 설계될 수 있다고 말한다.

맥애덤스와 마찬가지로 법경제학에 대한 게임이론식 관점을 뚜렷이 제시하고 있는 에릭 포스너(Eric Posner, 2000) 역시 법과 사회규범의 유사성을 분명히 한다. "법이 없고 미숙한 수준의 통치체제만 있는 세계에도 일종의 질서가 있다. (…) 이 질서는 사회규범에 일상적으로 순응하며 그 규범을 위반했을 때에는 이탈자에 대한 낙인, 계도할 수 없는 자에 대한 배척 등의 방식으로 집단적 제재를 가하는 형태를 띤다."(Posner, 2000, 3쪽).

그러나 이 책에서 내세우는 관점이기도 한 초점접근법과 법 이론가들의 접근법을 비교해보면, 물론 둘 다 게임이론에 뿌리를 두기는 하지만 초점 개념을 어떻게 활용하는가에 있어서는 서로 결정적인 차이가 있는 듯하다. 미리 이 문제를 언급하자면 나의 접근 방식과 법이론가들의 접근 방식 간의 차이는 앞선 단락에서 맥애덤스를 인용한 부분, 즉 '이러한 상황에서'라는 부사구에 담겨 있다. 이 책의 관점에서 보면 이 부사구는 불필요하다. 초점을 만들어 협력을 이뤄내는 것이 법의 전부

이기 때문으로, 이것은 조건 없이 참이다.

이제 사회규범, 초점, 다중균형이라는 개념을 자세히 짚어보는 데에서부터 시작하기로 하자. 이렇게 시작하는 이유는 이 개념들이 앞 장에서 논의한 법·초점 개념과 흥미로운 방식으로 연관되어 있고, 앞서 이론적으로 짚어본 개념 중 일부가 어떻게 실질적인 현실의 문제를 해결하는 데 활용될 수 있는지를 구체적으로 보여주기 때문이다. 시간엄수, 차별, 노동시장 관행과 관련한 세 가지 예시를 각각 들어 살펴보자.

2. 시간엄수에 관한 사회규범 및 다중균형

사회규범은 사회 구성원들의 행동을 결정짓는 데 있어 중요한 역할을 한다. 하지만 이 부분은 적어도 게임이론이 등장하기 전까지는 주류 경제학에서 거의 관심을 받지 못했다. 그 이유는 어렵지 않게 이해할 수 있다. 논리적으로 탄탄하면서도 간명한 분석을 이끌어내기 위해, 경제학은 그 구축 기반을 '개개인은 사과, 오렌지, 총, 버터 등을 최대한 많이 획득하기 위해 노력한다'라는 가정[5]에 두었고, 우리의 경제생활에서 일어나는 일 가운데 놀랍도록 많은 부분이 이 가정에 근거해 설명될 수 있음을 제시했다. 이때 많은 주류 경제학자가 범한 실수는, 분석의 용이성을 위해 한켠으로 밀어내 사라지게 만들었던 인간의 또 다른 감정들이 실제로는 존재한다는 사실을 망각했다는 것이다.

5 감수자주: 개인의 선호가 모노톤monotone하다는 가정인데, 소위 '다다익선the more, the better' 가정이라고도 한다.

인류학 저술을 보면 사회규범의 위력을 보여주는 예가 반복해서 등장하며, 공식적인 법·국가기구라는 수단의 뒷받침 없이도 일부 원시사회가 달성해낸 조직체의 수준에 경탄하곤 한다.[6] 다행히 게임이론이 경제학 방법론의 일부가 됨에 따라, 엄밀함을 포기하지 않으면서도 규범에 관한 질문을 보다 폭넓게 다룰 수 있게 되었다. 우선, 다중균형의 보편성이 확연해지면서(Hoff & Stiglitz, 2001; Samuelson, 2016 참조) '사회가 어떻게 좋은 균형을 잘 찾아나갈 것인가'라는 질문이 자연스럽게 제기되었다. 관습과 규범이 논의될 여지도 생겼다.

이 모델이 어떻게 작동하는지를 시간엄수punctuality의 예를 통해 살펴보자. 현대의 경제생활에서 시간을 잘 지키는 것은 대단히 중요하다.[7] 그러나 내가 요르겐 와이블Jorgen Weibull과 공동연구(Basu & Weibull, 2003)를 했을 당시에, 우리는 사회학자나 사회심리학자들은 이 주제를 폭넓게 연구해왔을지언정 경제학자들은 거의 분석한 적이 없음을 곧 알게 되었다. 이러한 사회과학 문헌에서는 우리가 무엇을 기대하는지를, 구체적으로는 시간관념에 대한 규범이 사회, 국가, 심지어는 성별에 따라서도 크게 또 구조적으로 다르다는 점을 데이터와 인류학 연구를 들어 설명한다.[8] 브라질에 사는 사람은 미국에 사는 사람보다

6 그 가운데 글럭먼의 책(Gluckman, 1995)이 가장 유명하다. 인도의 카스트제도는 잘 집행되는 법처럼 확실하게 작동하는 관습의 좋은 예이다(Deshpande, 2011). 혈통체제가 어떻게 시골사회의 조직화를 촉진하는가에 대해서는 He, Pan, & Sarangi(2017)의 논의를 참조할 것. 말리노프스키가 이례적으로 경제학 학술지에 발표한 글(Malinowski, 1921) 가운데에도 이런 비공식적인 법에 관한 흥미로운 논의가 있다. 인도의 카스트제도에 대한 애컬로프(Akerlof, 1976)의 모델도 이 범주에 속하며, 애컬로프의 글은 내가 정치경제학 책(Basu, 1986; 2000)을 쓰는 데에도 중요한 동기가 되었다. 비공식적이라고 간주되던 사회현상이 국가 조치와 법을 통해 공식화된다는 사실을 부정하지 않은 잠브라노의 연구(Zambrano, 1999)도 참조할 것. 로드스타인(Rothstein, 2017)이 다룬 인종분리정책이 그 충격적인 예이다.

7 글로벌 타임의 표준을 만드는 것에 관한 흥미진진한 글은 Barrett(2007) 6장을 참조할 것.

시간을 잘 지키지 않는다(Levine, West, & Reis, 1980). 1928~1929년에 미국 인디애나주 러시빌에 살았던 학생들의 출석부를 살펴본 결과, 남학생들은 여학생들보다 지각을 자주 했지만, 여학생들은 한번 늦으면 남학생이 늦을 때보다 더 늦게 학교에 오는 것으로 나타났다. 이러한 연구는 손목시계와 벽시계의 바늘이 제대로 맞춰져 있지 않은 곳, 즉 사람들이 시간을 잘 지키지 않는 사회에서 종종 이루어지곤 한다. 일례로 레빈과 웨스트, 라이스(Levine, West, & Reis, 1980)는 실제로 브라질과 미국의 시계를 조사했으며, 브라질인이 미국인보다 시간을 잘 지키지 않는 이유가 "공공장소에 있는 시계와 개인적으로 쓰는 손목시계가 브라질에서 덜 정확하기" 때문이라고 추측했다. 우연한 연결고리를 설정한 것이 아닌지 반박하고 싶은 사람도 있겠지만, 이는 실제로 꽤 두드러진 상관관계를 보였다.

관련 연구를 할 당시에 나는, 인도도 브라질처럼 시계가 잘 맞춰져 있지 않은지 궁금했다. 데이터가 없는 것이 아쉬웠다. 그러나 이 연구를 할 당시에 인도에 갈 일이 있었는데, 델리에 도착했을 때 한 남자가 성큼 내게로 다가오더니, 나는 이미 잊어버린 터였지만 인도에서는 흔히 쓰는 어법으로 내게 시간을 물었다. "실례합니다만, 선생님, 선생님 시계로는by your watch 지금이 몇 시인가요?" 그 순간 나는 데이터가 필요치 않음을, 인류학적 증거를 방금 찾아냈음을 깨달았다. "선생님 시계로는"이 흔한 언어 습관으로 배어 있다는 사실은 인도도 브라질처럼 시계에 따라 시간이 달라진다는 증거였다.

아마 시간관념이 사회마다 다른 데에는 역사나 기후 등의 여러 요인

---

8 물론, 손목시계와 휴대용 기기의 시간 표기가 대부분 일괄적으로 맞춰지는 디지털 시대의 이야기는 아니다.

이 있겠지만, 우리는 이 문제가 균형선택 규범의 문제이기도 하다는 흥미로운 결론에 이르렀다. 상대적으로 시간관념이 느슨한 사회는 상대적으로 느슨한 균형에 다다르기 마련이다. 서로 다른 행동을 보이는 두 사회 간에 꼭 근본적인 차이가 있을 필요는 없다. 다중균형 모델을 상세히 다 들여다보지 않더라도 이 주장의 기본적인 내용은 쉽게 이해할 수 있고, 또 이는 균형선택 규범이 어떻게 초점을 만들어내어 작동하는가를 잘 보여준다.

시간엄수는 혼자 지켜서는 별 소용이 없는 행동이다. 회의 시간이 정해져 있고 정족수가 채워져야 할 때, 내가 늦지 않기 위한 노력을 얼마나 들이는가는 다른 사람들이 시간을 얼마나 잘 지키리라 예상하는가에 달렸다. 예사로이 시간을 지키지 않는 사회라면 나만 지키겠다고 노력한들 혼자서는 회의를 시작할 수 없으니 소용이 없다. 비슷한 예로 누군가와 만나서 테니스를 치기로 했다거나, 학교 친구를 만나서 같이 숙제를 하기로 했다고 하자. 이때도 시간을 지킬지 여부를 선택하는 것은 기본적으로 사회규범의 영역이다. 이때 토대적으로 동일한 두 사회라 하더라도 드러나는 행동의 유형은 크게 다를 수 있다.

이는 단순한 모델로 쉽게 이론화할 수 있다. 우리가 누군가와 아침 8시에 만나기로 했다고 하자. 상대방이 시간을 확실하게 지키는 사람이라면 8시 정각에 오거나 8시 전에 온다. 시간을 이따금 지키지 않는다는 것은, 8시 정각에 오거나 8시 전에 올 확률이 $p(p < 1)$일 때 8시 30분 등으로 늦게 올 확률이 $1-p$인 행동을 뜻한다. 만약 회의가 정시에 시작된다면(30분 늦게 시작되지 않고) 각각의 플레이어는 B단위의 이익을 얻는다. 단 이때 시간을 지키는 사람에게는 비용이 든다. 8시보다 늦지 않으려고 더 일찍 열차를 타야 했을 수도 있고, 읽고 있던 범죄스릴러 소설을 덮어둬야 했을 수도 있다. 간단히 말해 시간을 지키는 행

동에는 시간을 지키는 사람에게 부과되는 C(> 0)의 비용이 따른다.

이제 분명 둘은 다음과 같이 기술된 게임을 펼칠 수밖에 없다. 즉 나는 가로행에서 선택하고, 상대방은 세로열에서 선택하며, 둘은 각각 시간엄수(P) 또는 시간미엄수(U)를 선택해야 한다. 이것은 대칭적인 게임이므로 여기서는 나의 보수만 제시하기로 하자(<게임 5-1> 참조).

		상대방	
		P	U
나	P	B−C	pB−C
	U	pB	p^2B

<게임 5-1> 시간엄수게임

* P: 시간엄수, U: 시간미엄수, p: 확률.

두 사람 다 P(시간엄수)를 선택하면 회의는 확실히 정시에 시작된다. 이때 두 사람은 모두 B를 얻지만 시간을 지키는 노력에 C의 비용이 든다. 상단 왼쪽의 B−C 보수가 여기에 해당되는 설명이다. 만약 둘 중 한 사람만 시간을 지키면 회의가 정시에 시작될 확률은 p인데, U를 선택하면 비용이 들지 않고, 지키면 C라는 비용이 든다. 보수행렬 중 pB와 pB−C가 여기에 해당되는 설명이다. 두 사람 다 시간을 지키지 않기로 선택했을 때 각각이 얻는 보수 p^2B에 관한 증명은 여러분의 몫으로 남겨두겠다.[9]

p는 1보다 작으므로 다음 식 (1)이 충분히 만들어질 수 있다(항상 이래야 한다는 것이 아니라 그럴 수도 있다는 것이다).

9 감수자주: 내가 시간을 엄수할 확률이 p이고 상대방도 시간을 엄수할 확률이 p이면, 나와 상대방이 동시에 시간을 엄수할 확률은 p^2이 된다. 여기서 대문자 P는 시간엄수Punctuality이지만 소문자 p는 확률probability인 것에 혼동이 없기를 바란다.

$$B(1-p) > C > pB(1-p) \tag{1}$$

만약 (1)과 같다면, 분명 (2)이고 (3)이다.

$$B-C > pB \tag{2}$$

$$p^2B > pB-C \tag{3}$$

이제 식 (2)에 비추어, 상대방이 시간을 지킨다면 나도 시간을 지키는 편이 유리하다. 그리고 식 (3)은 상대방이 늦으면 나도 늦는 편이 유리하다는 뜻이다. 즉 이 게임에는 내시균형이 둘이다. 다시 말해 둘 다 늦어서 시간을 지키지 않는 균형과, 둘 다 늦지 않고 시간을 지키는 균형이 있다.[10]

이 지점에서 규범이 개입한다. 시간을 지키는 것이 규범인 사회라면 회의에서 상대방이 제시간에 오리라고 기대할 법하다. 그리고 그 기대가 P(시간엄수)를 선택하는 이유가 된다. 늦는 게 규범일 때도 마찬가지이다. 사회규범은 다른 사람이 어떻게 할지를 예측하는 데 도움이 되는 관습에 불과하다. 시간을 지키는 것이 인간의 타고난 특성이거나 유전적인 성향일 필요는 없다. 그것은 그저 사회적인 환경에 맞춰진 결과인 것이다.[11]

---

10 감수자주: 이를 보수행렬로 나타내면 다음과 같다.

		상대방 P	상대방 U
나	P	(B−C), (B−C)	pB−C, pB−C
나	U	pB, pB	(p^2B), (p^2B)

이 모델이 타당함을 보여주는 놀라운 예 가운데 하나를 최근의 역사에서 찾을 수 있다. 다음은 20세기 초에 어느 나라에 갔던 유럽인이 그 나라의 시간관념 규범이 형편없었다고 기록한 내용이다(일단 의도적으로 어느 나라인지는 밝히지 않고 인용했다).

> 출간된 회고록에서 카텐다이크(이 나라에 갔던 네덜란드인)는 이 민족이 얼마나 느려터졌는지를 보여주는 여러 가지 일화를 들고 있다. 한 예로, 수리에 필요한 물품을 분명히 만조 때 가져다달라고 주문했는데 제때 도착하지 않았다. 한 번 나온 후 두 번 다시 나오지 않는 일꾼도 있었다. (…) 사실 그 나라에 온 외국인 기술자들 대부분도 카텐다이크처럼 속이 터지기는 마찬가지였다. (…) 현지인들의 일하는 행태는 당혹스럽기 일쑤였는데, 그럴 수밖에 없는 가장 큰 이유는 누가 보아도 시간관념이 전혀 없었기 때문이다. 외국인들이 보기에 현지의 일꾼들은 시계에는 무관심하기 짝이 없었다(Hashimoto, 2008, 124쪽).

---

11 1980년대 후반의 일로, 저명한 경제학자이자 노벨상 수상자인 아서 루이스Arthur Lewis를 프린스턴대학교에서 만나기로 했던 일화가 기억이 난다. 나는 루이스를 기다리게 하지 않으려고 약속 시간에 잘 맞춰 그의 연구실을 찾아갔다. 아서가 몸이 좋지 않아 같이 있던 그의 아내가 문을 열어주며 나를 안으로 들였다. 이때 아서의 첫마디가 생생하게 기억난다. "인도 사람은 시간을 정말 잘 지키는군요." 인도는 시간관념이 느슨하기로 악명 높은 나라였으므로 나는 잠깐 어리둥절했다. 이 분이 나이가 많아서 인도 사람을 일본 사람과 헷갈리나 싶기도 했다. 그러다 곧 루이스에게 인도인의 기준은 미국에 있는 인도 사람, 곧 실리콘밸리와 병원과 대학에서 일하는 그 인도 사람이라는 걸 깨달았다. 앞서 설명한 게임에서 예측한 바와 같이, 정말 그 사람들은 자신들의 오래된 관습을 떨쳐내고 주변 환경에 맞추어 시간을 잘 지킨다. 또 2009년부터 2012년까지 근 3년간 내가 인도 정부부처에서 일할 당시에 느끼기로는 인도에서도(적어도 뉴델리에서는) 시간을 지키는 것과 관련한 규범이 빠르게 개선되는 중이었다. 왜 그런지 정확히 설명하기는 어렵지만 고작 10년 혹은 20년 전에 정부부처에서 통용되던 수준과 비교해도 분명히 나아져 있었다. 이런 일이 벌어진 배경 가운데에는 선스타인(Sunstein, 1996b)이 말한 '규범 창립자'도 있다. 소수의 톱클래스 리더들은 직접 행동으로 본보기가 됨으로써 이 같은 변화를 주도하기도 한다.

이 회고록에서 말하는 시간을 지키지 않는 나라는, 물론 동의하지 않을 수도 있겠지만 지금은 세계에서 시간을 가장 잘 지키는 나라이고 심지어 그 정도가 지나치다고까지 하는 일본이다. 일본인들은 시간에 엄격하지 못하다는 평가에 따르는 수치심을 피하기 위해 개인적으로 과하게 비용을 치른다. 그러니 카텐다이크가 나가사키에 갔던 때가 1858년이었다는 사실을 알면 놀랄 수밖에 없다. 일본에 관한 이 글은 오늘날 시간관념이 가장 없는 나라와 160여 년 전의 일본이 별반 다르지 않음을 잘 보여준다. 또한 시간관념은 일본인의 유전자에 입력된 무언가가 아니라 사회적으로 획득된 규범임을 보여주는데, 시간관념이 잘 형성된 지금의 일본에서 개개인은 이 규범을 고수하는 것이 합리적이다.[12]

3. 초점으로서의 차별

집단 간 차별은 고래로부터의 현상이고, 그에 관한 경제학자들의 분석의 역사 역시 오래되었다. 그 중요한 역할을 했던 베커(Becker, 1971)의 분석은 특정 집단에 대한 상대적인 선호가 타고난 것임을 부각했다. 이후 정보경제학이 부상하면서 타고난 선호보다는 신호signaling와 통계적 차별이 새로운 설명의 기반이 되었다(Becker, 1957; Phelps, 1972;

12 「시간을 지키면 득이 된다Punctuality Pays」라는 글에서 제임스 슈로비키James Surowiecki(2004)는 '에콰도르 타임'이던 에콰도르가 2003년 10월 1일을 기점으로 하룻밤 만에 시간을 잘 지키는 나라로 탈바꿈하고자 시도했던 일에 관해 쓰고 있다. 이런 발상은 우리의 모델과 딱 맞아떨어진다. 더 정확히 말하면, 시간관념은 모든 사람이 한꺼번에 변화를 꾀할 때 가치가 생기는 집단적 특성이다. 그러나 이러한 게슈탈트적 전환은 쉽지 않다. 20년 가까이 흐른 시점에서 에콰도르는 대체로 여전히 에콰도르 타임에 머물러 있다. (비슷한 개념으로 '코리안 타임'이라는 말도 있는데, 1990년대까지만 해도 흔히 접하는 표현이었으나 요즘은 거의 사용하지 않는 것 같아 다행이다.—감수자주)

Arrow, 1973; 1998; Stiglitz, 1973; 1974). 통계적 차별은 많은 현실을 설명할 수 있는 강력한 개념이지만 동시에 윤리적인 문제가 있다. 그 사람이 속한 집단의 통계적 특성에 기반해 개개인에 대한 견해를 형성하기 때문이다. 이 주제에는 법학자들도 상당한 관심을 갖고 있다(Cooter, 1995; McAdams, 1995).[13]

초점 및 규범 개념을 활용한 상당히 매력적이고 새로운 방법을 통해서도 집단 간 차별에 대해 알아볼 수 있다. 지난 저서(Basu, 2017)에 기반해 이제부터 개략적으로 설명하려는 모델은 균형선택적 사회규범이 부각되는 여러 다양한 양상 가운데 일부를 예로 보여준다. 이러한 양상은 앞으로 제시될 모델에서처럼 종종 우리가 인식하지 못하는 매우 미묘한 방식으로 펼쳐지기도 한다. 특히 집단 간 차별이라는 이 주제는 오늘날의 세계를 이해하고, 우리가 겪는 갈등과 곤경을 이해하는 데 있어 대단히 중요하다.[14]

특정 집단에 대한 차별은 여러 사회에서 오랜 역사에 걸쳐 있어왔다.[15] 인도의 카스트제도와 그로 인한 불관용, 그리고 다수의 집단을 소

---

13 집단 간의 차별과 관련해 법경제학에서 제기되는 이슈는 Posner(2000) 8장에 훌륭하게 요약되어 있다.

14 최근 들어 경제학자들은 집단 정체성이라는 보다 넓은 주제에 관심을 갖게 되었으며, 집단 간 차별은 그 주제에 관한 연구 가운데 일부이다(Kuran, 1998; Varshney, 2002; Genicot & Ray, 2003; Basu, 2005; Sen, 2006; Esteban & Ray, 2008; Akerlof & Kranton, 2010; Morita & Servatka, 2013; Mukherjee, 2015; Landa, 2016; Ray & Esteban, 2017). 정체성은 놀랍도록 끈질지게 따라붙어서, 이미 죽어 사라진 세대들도 새로운 구성원들의 정체성에 영향을 미친다(Tirole, 1996).

15 사회에서 일어나는 집단 간 차별의 정도는 그것을 어떻게 측정하는가에 따라 달라진다. 그렇다 보니 서브라마니안(Subramanian, 2011)이 포괄적으로 다루고 있듯, 통계학과 윤리학 양쪽에 걸친 문제를 낳는다. 이 논문에서 흥미로운 점은 그가 차별이 '긍정적일수도' 있다고 인식한다는 것인데, 이는 차별이 인류가 걸어온 발전 단계를 이해하는 데 중요한 역할을 하기 때문이다. 그렇다고 우리가 차별을 용인해야 한다는 말은 아니며, 차별을 통한 득실trade-off이 있음을 인지해야 한다는 뜻이다.

외시키려는 시도는 큰 폐해를 남긴 사례이며, 남아프리카공화국의 아파르트헤이트Apartheid(인종분리정책), 미국의 인종차별과 노예제의 역사도 그러하다.[16] 분석의 관점에서 보면 이러한 사례는 규범과 법이 병합되었다는 점에서 복잡하다. 남아프리카공화국의 인종분리정책이나 미국의 노예제가 그러했듯이, 이러한 가혹한 관행 가운데 일부는 공공연히 법의 뒷받침을 받기도 한다. 또 다른 경우로 인도의 카스트제도는 법으로 뒷받침되지는 않지만 그에 따른 사회적 관례가 너무나 구조화되어 있고 강제적이라 법과 관행 사이의 유의미한 구분이 가능한지 의문이 들게 한다.

한편 대비되는 이미지로서 어떤 집단은 더러 우호적인 차별의 수혜를 누리기도 한다. 남성은 오랜 역사에 걸쳐 그러했고, 대부분의 사회에서 지금도 그러하다. 비슷한 이야기로, 만약 식민지 시절의 인도나 미국에서 피부색을 선택할 수 있었다면 흰색을 강력히 추천했을 것이다. 이러한 차별적 선호는 어디에서 올까? 현실에서는 그 이유가 여러 가지이겠지만, 내가 지금부터 하려는 다소 불편할 수 있는 설명은 차별에는 내재적 기원이 없으며,[17] 그것은 다만 자유시장과 경제적 위력의 부산물에 불과하다는 것이다. 이것이 곧 경고하는 바는 차별을 야기한

---

16 한 사회의 역사가 개인의 특성을 구성한다는 점을 인식하는 것이 중요하다. 덜로프(Durlauf, 2001)의 언급처럼 역병의 창궐은 이후 아테네인들의 '성격'에 영향을 미쳤다. 전통적인 경제학에서는 시장에 기반한 상호작용을 통해 개인의 선택이 이루어진다. 그러나 집단 정체성의 형성을 비롯해 인간의 행동을 보다 넓게 이해하기 위해서는 사회적 상호작용이 개인의 선택에 미치는 영향을 이해하는 것이 중요하다. 사회적 상호작용에 기반한 모델은 원칙적으로 개인보다는 집단의 행동을 모델화하는 데 활용될 수 있다(Blume & Durlauf, 2003).

17 톰 스토퍼드Tom Stoppard는 『진정한 것*The Real Thing*』(1982, 57–58쪽)에서 내재적 기원은 없을지 모른다는 점을 훌륭하게 포착해낸다.
빌리: 계급제도를 인정합니까?
애니: 열차에서요, 아니면 일반적으로요?

원인이 법이 아니더라도 차별을 줄이기 위해서는 법이 필요하고 시장에 개입해야 한다는 것이다.

이를 이해하기 위해 베르트랑과 뮬라나단(Bertrand & Mullainathan, 2004)의 연구를 살펴보자. 이 중요한 연구에서 두 사람은 노동시장에는 인종에 따른 편견이 존재함을 보여준다.[18] 차별의 문제에서 우리는 그것이 타고난 편견인지, 아니면 인종이나 성별, 카스트와 상관관계가 있는 특정 부분이 키메라 같은 편견을 창조해낸 것인지 늘 의문을 갖게 된다. 그렇다면 만약 흑인보다 백인을 더 많이 고용하는 고용주가 있다고 할 때, 이는 실제 그의 백인 선호 경향에 기인한 것일까, 아니면 단순히 박사학위 소지자가 필요했는데 자격을 갖춘 이 중 백인 지원자가 더 많았기 때문일까? 베르트랑과 뮬라나단은 시카고 신문과 보스턴 신문에 여러 명의 허위 이력서를 보내 입사 지원을 하는 방식으로 통제 실험을 시행했다.

실험 결과, 다른 요인을 모두 통제한 상황에서 백인 이름의 지원자는 흑인 이름의 지원자보다 면접을 보러 오라는 전화를 받을 확률이 훨씬 더 높았다. 전형적인 백인 이름을 갖는다는 것은 전형적인 흑인 이름을 지닌 사람의 8년 치 경력과 맞먹게 취급되는 결과를 나타냈다. 말하자면 이들은 기존의 경제학자들 사이에서 논의는 많이 되었지만 실제로 제시된 적은 없다시피 했던, 그 유명한 '세트리스 파리부스

빌리: 일반적으로요….

애니: 제도라는 건 없어요. 사람들은 닮은 구석이 있으면 무리를 짓기 마련이죠. 그것이 종교일 때도 있고, 그것이… 이튼에 다니는 것일 때도 있죠…. 사실 원래부터 그런 것은 없어요. 당신이 보기 나름인 거죠. 당신의 관점이요.

빌리: 정말 똑똑하시군요. 계급제도를 없애려고 평생을 바친 사람도 있는데, 당신은 앉은 자리에서 답을 찾아냈네요.

18 Thorat & Newman(2007), Reuben, Sapienza, & Zingales(2014), Thorat, Banerjee, Mishra, & Rizvi(2015)도 참조할 것.

ceteris paribus'('다른 모든 조건이 동일하다면'을 뜻한다. — 옮긴이주)의 조건을 설계한 것이다. 그리고 그 결과는 놀라웠다.

나는 지난 논문(Basu, 2017)에서 이런 유의 뻔한 접근법에 의문을 제기한 바 있다. 백인을 더 고용하는 것은 단순히 백인을 더 선호해서일 수도 있지만 그렇지 않을 수도 있는 것이다. 한편 만약 아니라면 다른 차원에서 불편해진다. 인종에 대한 편견이 자유시장에서 자연스럽게 생겨나 우리의 믿음에 뿌리를 내릴 수 있다는 뜻이 되기 때문이다. 결국 초점인 것이다. 자세히 살펴보기로 하자.

우리 삶의 많은 과업 중에서 하나의 과업을 효과적으로 수행하기 위해서는 그것을 제외한 다른 과업들도 성공적으로 수행해야 한다. 판매를 촉진해야 하는 영업부서의 직원이라면 구매처나 운송부서와도 상호작용을 잘해야 한다. 구매처나 운송부서가 꺼리는 직원은 영업을 잘할 수 없다. 물론 구매처의 입장에서도 마찬가지이다. 영업부서나 운송부서로부터 신망을 얻고 쓰임을 받는 영업직원이라면 구매처도 그 사람에게 더 좋은 서비스를 받을 수 있으리라는 것을 알고 일을 맡긴다. 운송부서도 마찬가지이다. 그 영업직원이 영업부서에서, 또 구매처와 얼마나 일을 잘할지 따져보아야 한다. 바로 이 지점에서 누군가의 이름은 단순히 인종적 선호를 넘어서는 중요성을 획득한다. '에밀리'(흔한 백인 이름)에게 일을 맡기면 우리 부서뿐 아니라 다른 부서에서도 신뢰를 더 얻을 것 같은 느낌이 든다면 '라키샤'(흔한 흑인 이름)보다 에밀리를 고용하는 쪽을 선호할 것이다. 만약 영업부서, 구매처, 운송부서 모두 그렇게 생각한다면 이는 자기실현적이게 된다(즉 생각한 대로 된다). 하나의 업무가 다른 업무에서 생산성 향상으로 이어지는 것을 일컫는 경제학 용어인 '전략적 보완성strategic complementarity'을 띠는 일이 수행되는 노동시장에서 백인의 이름을 보고 느껴질 만한 인종적 편견은 초점의 역할을 한다.

차별과 초점의 연관성을 보여주는 기본적인 개념은 간단한 예를 통해서도 설명된다. 어떤 일을 맡기려는 두 명의 사업가 1과 2가 있고, 이 일을 할 수 있는 서비스 제공업체 또는 제공자가 n명(n > 2) 있다고 하자. 사업가1은 비료를 사서 뿌리고 씨앗을 심고 잔디를 깎는 등의 일을 맡아 하며 잔디 관리를 해줄 사람이 필요하고, 사업가2는 대부업을 하고 싶어 한다. 사업가1이 대출을 낼 수 있으면 비료나 씨앗 구매가 수월해져서 잔디를 더 잘 관리할 수 있고, 사업가2가 잔디 관리 사업 계약을 따낸 사람에게 돈을 빌려준다면 합의된 이자를 포함해 원금을 돌려받을 가능성이 더 커진다. 이때 두 사업가가 모를 수도 있는 것은, 무엇이 노동자를 더 생산적이게 만드는가와 관련된 인과관계, 즉 두 사업가가 같은 노동자에게 일을 맡기면 더 많은 가치가 도출된다는 사실이다. 이는 수천 명의 사업가가 수만 명의 노동자와 연결되는 현실의 환경에서도 그러하다. 생산성 면에서 다른 사람들보다 더 특출난 사람이 있다는 사실을 깨달은 사업가는, 그 원동력의 토대가 되는 모델에 대해서는 잘 모르더라도, 뭔가 드러나는 징표를 찾을지 모른다.

앞의 단락은 다음과 같이 요약될 수 있다. 각각의 사업가는 자신의 일을 맡아서 할 시민 한 명을 선택한다(이 시민 한 명이 두 사업가 모두에게 고용될 수도 있다고 가정한다). 이때 상대 사업가가 선택하지 않은 시민을 선택했다면 x의 이익을 얻고, 상대 사업가가 선택한 사람을 선택했다면 y의 이익을 얻는다. 앞서 언급한 전략적 보완성을 고려하면 식 (4)와 같다.

$$y > x \tag{4}$$

이 사업가들은 전략적 보완성을 모른다. 다만 x 또는 y를 얻는다는 것을 알며, 무엇이 둘 사이의 차이를 만드는지는 모른다. 여기서 유일하게 중요한 전제는 식 (4)이다. 모델의 다른 모든 구조는 달라질 수 있지만 여전히 우리는 기본적으로 동일한 결과를 얻는다. 여기서 말하려는 바는 전략적 보완성이 항상 옳다는 것이 아니라, 다만 여러 가지 상황에서 현실적으로 그러하고, 그럴 경우에 발생하는 차별은 타고난 편견이나 집단 간의 능력 및 직무기술의 차이가 아닌 온전히 자연스러운 시장 프로세스에서 비롯된다는 것이다.

이 예를, 모델에 약간의 구조를 더해 차별을 이해하는 데 도움이 될 만한 게임으로 바꿔보자. n명의 노동자 가운데 두 종류의 인종이 있다고 가정하자. 이 중 w(> 1)는 백인이고, b(> 1)는 흑인이다. 따라서 w+b=n이다.

일을 맡길 노동자를 선택할 때 각각의 사업가가 활용하는 전략은 비차별(전략 N), 백인 선호 차별(전략 W), 흑인 선호 차별(전략 B) 중 하나이다. N(비차별)을 선택한다는 것은 각각 $\frac{1}{n}$의 확률로 n명의 시민 가운데 한 명을 무작위로 선택한다는 뜻이고, W(백인 선호 차별)를 선택한다는 것은 각각 $\frac{1}{w}$의 확률로 w명의 백인 가운데 한 명을 선택한다는 뜻이다. 흑인의 경우도 마찬가지이다.

두 사업가 각각의 선택에 따라 보수가 어떻게 달라지는지는 쉽게 알 수 있다. 이 부분은 다음의 '차별게임' 보수행렬에 제시되어 있다(<게임 5-2>의 (a) 참조). 이때 두 사업가의 보수는 완전히 대칭적이므로, 둘 다 제시할 필요 없이 여기서는 사업가1이 얻는 보수만을 제시했다.

보수를 이해하기 위해 왼쪽 위 칸을 살펴보자. 두 사업가 모두 N(비차별), 즉 인종에 관계없이 노동자를 선택한다. 사업가1이 선택한 후에 사업가2가 같은 노동자를 선택할 확률은 $\frac{1}{n}$이다. 이때 사업가1은 y의

(a)

	N	W	B
N	$\frac{y}{n}+\frac{x(n-1)}{n}$	$\frac{y}{n}+\frac{x(n-1)}{n}$	$\frac{y}{n}+\frac{x(n-1)}{n}$
W	$\frac{y}{n}+\frac{x(n-1)}{n}$	$\frac{y}{w}+\frac{x(w-1)}{w}$	x
B	$\frac{y}{n}+\frac{x(n-1)}{n}$	x	$\frac{y}{b}+\frac{x(b-1)}{b}$

(b)

	N	W	B
N	$\textcircled{\frac{5}{4}}, \textcircled{\frac{5}{4}}$	$\frac{5}{4}, \textcircled{\frac{5}{4}}$	$\frac{5}{4}, \textcircled{\frac{5}{4}}$
W	$\textcircled{\frac{5}{4}}, \frac{5}{4}$	$\textcircled{\frac{3}{2}}, \textcircled{\frac{3}{2}}$	$1, 1$
B	$\textcircled{\frac{5}{4}}, \frac{5}{4}$	$1, 1$	$\textcircled{\frac{3}{2}}, \textcircled{\frac{3}{2}}$

<게임 5-2> (a) 차별게임, (b) 차별게임 예시

* N: 비차별, W: 백인 선호 차별, B: 흑인 선호 차별.

보수를 얻는다. 한편 사업가2가 다른 노동자를 고를 확률은 $\frac{n-1}{n}$이다. 이 경우에 사업가1은 x의 보수를 얻는다. 따라서 사업가1의 기대보수는 $\frac{y}{n}+\frac{x(n-1)}{n}$이다. 이와 유사한 추론을 통해 다른 칸에서도 쉽게 보수를 계산할 수 있다.

간단히 확인할 수 있듯이 이 게임에는 (N, N), (B, B), (W, W)라는 세 개의 균형, 즉 비차별, 두 사업가 모두 흑인 선호 차별, 두 사업가 모두 백인 선호 차별이라는 균형이 있다. 이는 두 번째 사람이 N(비차별)을 선택한다면 첫 번째 사람은 어떤 선택을 하든 보수가 똑같다는 점을 통해서 알 수 있다. 즉 첫 번째 사람은 N(비차별)을 이탈해 더 나은 결과를 얻을 수 없다. 다음으로 짚어볼 점은, 앞서 이미 전제로 했듯이 y는 x보다 크고, 또한 앞서의 정의에 따라 n은 w보다 크다(n > w)는 점을 고려했을 때 다음과 같다는 것이다.

$$\frac{y}{w}+\frac{x(w-1)}{w} > \frac{y}{n}+\frac{x(n-1)}{n}^{*}$$

$$\frac{y}{w}+\frac{x(w-1)}{w} > x^{**}$$

다시 말해서 다른 사람들이 백인 선호 차별을 한다면 평균적으로 백인들이 더 생산적이게 되므로 백인에게 일을 맡기는 것이 유리하다. 즉 (W, W)가 균형이다. 쉽게 알 수 있듯이 반대의 경우에는 (B, B)가 균형이다.

기호를 싫어하는 사람들도 있을 테니 <게임 5-2>의 (a)를 백인 두 명과 흑인 두 명, 총 네 명의 시민으로 구성된 사회로 바꾸어보자. 그리고 y=2, x=1이라고 하자. 이 값을 대입하면 차별게임은 <게임 5-2>의 (b)와 같은 예시로 전환된다.

이제 세 개의 균형이 확연히 드러난다. 만약 다른 사람이 차별을 하면 우리도 그렇게 하는 것이 유리하다. 균형이 여러 개인 게임이 항상 그렇듯이 플레이어들은 초점에 맞게 행동을 조정해야 한다. 즉 전략적 보완성이 있는 시장에서는 인종, 성별, 카스트 계급이 초점이 될 수 있다.[19] 이 초점이 중요한 이유는 다만 다른 사람들이 중요하다고 생각기

---

* 감수자주: 왼쪽 식을 풀면 $\frac{y-x}{w}+x$이고 오른쪽 식을 풀면 $\frac{y-x}{n}+x$인데, w가 n보다 작으므로 $\frac{y-x}{w} > \frac{y-x}{n}$이 되어, 왼쪽 식이 오른쪽 식보다 크다.

** 감수자주: $\frac{y}{w}+x-\frac{x}{w}-x=\frac{y-x}{w}>0$

19 이를 '초점'이라고 일컫되, 다만 이 관점을 이론적으로 발전시키려면 4장에서 다룬 것과 같이 일종의 가치지향적 개념으로서의 초점을 적용해야 할 수도 있다.

때문이다. 따라서 우리가 라키샤보다 에밀리에게 우호적인 이유는 흑인보다 백인을 선호해서가 아니라, 다른 사람들이 백인을 고용하게 되면 나 역시 사업가로서 집단의 범위를 좁혀 백인을 고용하는 것이 시장의 상호 보완성 측면에서 생산성을 더 높일 수 있는 길이기에 그러하다.

여기서 중요한 함의는 '정부의 규제와 개입 없이 모든 것을 시장에 맡기면 차별은 사라질 것'이라는 대중적인 견해가 타당하지 않다는 것이다. 차별은 자유시장에서 비롯된다. 차별을 멈추려면 규제를 해야 하고, 의식 있는 약자 우대조치affirmative action를 취해야 한다. 그리고 이 정책에 찬성할 때에는 약자 우대정책을 따른다고 해서 자신의 몫이 깎이지는 않는다는, 흔히 듣게 되는 '정치적으로 그럴 듯한politically correct' 언사에 기대어서는 안 된다. 진실은 약자 우대조치로 인해 실제로 자기 몫의 보수가 줄어들 수 있다는 것이다. 호소는 그러해야 하며, 설사 자신의 몫이 줄더라도 인생에서는 본연의 도덕적 선을 위해 힘써야 하는 일이 있다. 약자 우대정책이 그중 하나이다.

이 모델은 대단히 흥미로운 정책 과제를 제기한다. 앞서의 모델을 통해서 보면, 국내총생산GDP이나 보수의 총합은 집단 간 차별이 있을 때 더 높을 수 있다.[20] 이는 일정 수준의 멀티태스킹이 생산성을 높이기 때문으로, 모든 개개인에게 조금씩 일을 분산하는 것보다 전체 인구집단 가운데 한 부분집합이 여러 가지 일을 도맡아 하는 것이 유리하다는 것이다. 이 점을 염두에 두면서 소득 혹은 보수를 평등하게 나누기

20 단, 이는 차별과 효율을 정적으로 분석한 것이다. 역동을 고려한 최근의 연구에 따르면, 파이의 크기와 분배 간에는 예기치 못한 연결고리가 있기도 하다. 지로와 그라셀리(Giraud & Grasselli, 2017)는 거시 동학macrodynamics(동학動學은 시간의 흐름에 따른 변화의 추이를 살펴보는 연구 분야이다. — 감수자주)을 다룬 최근의 연구에서 불평등이 커질수록 결과적으로 파이가 커지는 모델을 제시했다. 그러나 이 모델에서는 경제가 붕괴되어 결과적으로는 매번 파이가 급격히 줄어드는 위기의 순간에 봉착하는 역동이 초래된다.

위한 두 가지 방법을 살펴보자. 그 첫 번째 방법은 가감 없는 약자 우대 조치이다. 고용주들에게 다양한 인력 선발을 의무화하여 모든 업무가 공평하게 개개인에게 돌아가게 하는 것이다. 두 번째는 제한된 수의 사람들이 일을 도맡게 하되, 그 사람들로부터 세금을 거두어서 일자리를 얻지 못한 사람들에게 보조금으로 나누어주는 방법이다. 이 인력(일자리를 찾은 사람)의 생산성이 더 높으므로, 두 번째 방법은 더 효율적이고 1인당 소득도 증가한다. 하지만 사람은 일을 통해 존엄해진다고 가정하면 일을 하지 않고도 결과적으로 같은 소득을 얻을 때 자존감이 위축될 수도 있다는 이유를 들어 두 번째 방법은 아예 논외로 두자고 주장하는 경우도 있다.

사실 이런 주장은 설득력이 없다. 일을 거의 하지 않고도 사치스럽게 사는 유한계급은 영국의 지주귀족이나 인도의 '자민다르Zamindar'(흔히 인도의 대지주를 가리킨다. — 옮긴이주) 등 과거로부터도 있어 왔고, 이런 경험 때문에 이 사람들이 위축되었음을 보여주는 증거는 전혀 없다. 사람들이 원하는 것은 일한 대가로서의 정당성이다. 따라서 두 집단 중 한 집단만 일자리를 얻는 조건에서 두 집단 간에 본질적인a priori 차이가 없는 사회라면, 한 집단은 일을 하고 다른 한 집단은 보조금을 받는 것도 어떻게 보면 타당한 전략일 수 있겠다.

이 같은 정책적 딜레마를 이 책에서 해결할 필요는 없겠으나, 반복된 패턴의 미숙련 노동이 전 세계적으로 꾸준히 감소하고 있다는 사실만은 언급해두고자 한다. 한 사회의 국내총생산 가운데 노동자들의 총임금이 차지하는 몫은 모든 상위·중위 소득 국가에서 1975년 이후로 꾸준히 감소하고 있다(Karabarbounis & Neiman, 2014; Basu, 2016b). 그런 만큼, 제한된 일자리가 노동력 전반에 걸쳐 넓게 배분되도록(그 결과 생산성이 떨어지도록) 강제해야 하는가, 아니면 소수의 사람만이 생산적으로 일을 하게 하고 이들의 소득에 세금을 부과해 다른 사람들에게 보조금으로 나누어주어야 하는가는 당면한 문제이기도 하다.

차별의 초점모델은 또 다르게도 활용될 수 있다. 어떤 집단이 자신들에게 유리하게 할 목적으로, 특정 집단이 다른 집단보다 더 뛰어나고 더 생산적이라는 의식을 의도적으로 주입한다고 해보자. 실제로 사람들은 그렇게 해왔다. 우리는 일상생활에서 어느 한 집단이 다른 집단보다 뛰어나다는 신호를 찾게 된다. 학교 동창회나 남자 대학생들의 친목 동아리는 출신 대학 및 그 동아리의 수준을 치켜세우곤 한다. 버클리대학생이 다른 학생들보다 더 뛰어나고, 코넬대학교 졸업생이 다른 집단보다 더 생산적이라는(이건 우연찮게도 사실이다) 식이다. 사람들이 이런 생각을 받아들이고 일단 그 생각이 규범으로 자리잡히면 그 생각은 초점으로 기능하게 되어 자기실현적일 수 있다.

우리 인간은 대부분 인종, 국적, 언어집단, 민족성, 젠더 등 여러 정체성을 지닌다(Sen, 2006의 논의 참조). 그런데 이러한 정체성 가운데 하나를 상대적으로 높은 생산성의 지표로 보는 관점을 의도적으로 불어넣으려 한다면, 차별의 초점모델의 관점에서는 다수인 집단보다 상대적으로 소수인 집단을 고르는 편이 낫다.

이를 살펴보기 위해 백인 선호 균형에서 사업가가 얻는 보수를 생각해보자. 이때 보수는 $\frac{y+(w-1)x}{w}$에 따라 주어지고, 흑인 선호 균형에서는 $\frac{y+(b-1)x}{b}$에 따라 주어진다. 전자를 w소득, 후자를 b소득이라고 하면, 앞부분의 기억을 되살려서 b=n−w이다. 이제 쉽게 알 수 있듯이 w가 줄면 w소득은 올라가고 b소득은 내려간다. (W, W)와 (B, B) 둘 다 여전히 내시균형이지만 백인 인구가 적을수록 (W, W) 균형이 점점 더 지배적이게 된다. 즉 만약 자신이 속한 특정 집단이 더 생산적이라는 생각을 불어넣고 싶다면 소수인 집단을 고르는 게 유리하다. 무엇보다 이는 여성들의 이력을 드높이는 일이 어째서 그렇게 힘든지를 설명해준다. 인구의 절반가량이 여성이기 때문이다.

국적을 예로 들어, 영국 사람이 더 생산적이라는 생각과 중국 사람이 더 생산적이라는 생각을 불어넣은 후 사람들이 그 생각을 믿게 한다면 결과적으로는 영국 사람이 더 생산적이게 될 것이다. 사람들은 작은 나라인 영국이 한때 세계를 지배하다시피 했다는 사실을 놀라워하곤 한다. 하지만 이러한 사실이 놀랍지 않다는 것이 여기서 이야기하려는 바이다.[21]

글을 일단락 지으면서 한번 더 상기해보자면, 모든 이론이 그러하듯이 차별의 초점모델도 이를 현실세계로 가져와 활용하는 것이 중요하지만, 이때 우리의 공통지식과 분별 있는 직관reasoned intuition을 더해 모델을 더 풍성하게 만들어야 한다.[22] 이론의 활용에 앞서 또 다른 아이디어와 우리의 경험이 더해져야 하는 것이다. 예컨대 생산성은 물론, 심지어 지능조차도 그 사람이 어떻게 대접받느냐에 따라서, 즉 그 사람이 속한 집단의 정체성을 사회가 어떻게 바라보느냐에 따라서 달라진다는 점을 우리 스스로 되새길 필요가 있다. 이런 차별이 그저 제시된 초점에 불과하더라도, 그 차별은 사람들에게 상처를 남기고 실제로 그 사람의 지능이 낮다고 믿게 만든다.[23] 눈 깜짝할 사이에 이 균형에서 저

---

21 이런 분석을 끝까지 밀고 나가면 개개인이 1인 집단을 이룬다고 상정할 수 있다. 모델 전체가 이렇게 구성된다면 대다수의 분석자는 이와 같이 분절된 정보를 처리할 수 없다. 따라서 집단이 어디까지 작아질 수 있는지는 한계가 있다.

22 이 문제를 여기서 더 파고들 필요는 없지만 공통지식과 '분별 있는 직관'은 적당히 덧붙이는 말 정도로 언급한 것이 아니다. 나는 이러한 능력이 과학에 더해져야만 과학이 쓸모가 있다고 다른 글에서 상세히 주장한 바 있다. 순수한 데이터 분석이나 순수한 이론으로는 세상을 도울 수 없으며, 그 데이터나 이론이 분별 있는 직관과 결합해야 비로소 세상에 도움이 될 수 있다(Basu, 2014).

23 이와 관련해 가장 눈에 띄는 연구 결과로는 Shih, Pittinsky, & Ambady(1999), Hoff & Pande(2006)가 있다. Hoff & Stiglitz(2015), World Bank(2015)도 참조할 것.

균형으로 옮겨갈 수 있는 전략게임과 달리, 현실의 변화에는 경제학자나 사회심리학자 등의 개입이 따르고, 시간이 걸린다.

또한 앞서 살펴본 내용은 통계 정보의 의미에 대해서는 물론이고, '통계 정보를 활용해 개개인에 대한 판단을 내리는 것이 과연 윤리적인가'라는 중요한 질문을 던진다. 이 질문은 흥미로운 부분이기는 하나, 이 책의 주제와 맞닿아 있는 핵심은 아니다. 이 부분은 마지막 장에서 간단히 다시 살펴보기로 하자.

4. 아동노동과 법

경제학의 다른 많은 분야에서도 자연스럽게 다중균형이 생긴다(Hoff & Stiglitz, 2001; Bowles, Durlauf, & Hoff, 2006; Barrett, Garg, & McBridge, 2016). 다중균형이 존재하는 모든 경우에 우리가 사회적으로 어떤 결과에 이르는지는 결정적으로 사람들의 믿음에 의해 좌우되므로, 이례적으로 법이 개입할 가능성과 관련해서도 여러 중요한 질문이 제기된다.

인도의 오래된 카스트 규범과 그 규범의 강력한 사회 장악력은 인류학자와 사회학자들이 폭넓게 다루어온 주제이다. 경제학자들의 연구는 상대적으로 적지만[24] 균형 분석이라는 무기를 가진 전문가로서 이들은 중요한 질문을 다룰 수 있다. 카스트제도는, 어떤 이유에서든 이미 인도인들의 정신에 각인된 것일까, 아니면 바위처럼 굳건해 보이지만 법의 수법이 늘 그러하듯이 실은 그저 믿음에 근거한 개개인의 합리적인 반응에 불과한 것일까? 애컬로프(Akerlof, 1976)는 카스트 관행이 자기

24 오늘날 인도의 경제 및 카스트에 관한 포괄적인 검토는 Deshpande(2011)를 참조할 것.

실현적 균형일 수 있다고 말한다. 예컨대 '불가촉성untouchability'이라는 가혹한 관행을 생각해보자. 왜 상층 카스트는 불가촉천민을 배척했을까? 그렇지 않으면 그들 자신이 사회에서 다른 사람들로부터 배척당할지 모른다는 두려움에서는 아니었을까?

그러면 불가촉천민을 배척하지 않는 상층 카스트를 다른 사람들은 왜 배척하는 것일까? 그 이유는 불가촉천민과 어울리는 사람을 배척하지 않는 사람을 배척하지 않으면 자신이 배척당할지 모른다고 사람들이 믿기 때문이다. 이러한 행동이 다중균형이 존재하는 사회에서 하나의 균형을 만들어낸다는 것은 간단한 모델을 통해 볼 수 있다.[25] 즉 이러한 사회적 관행이 이루어지기 위해 유전자에 새겨진 어떤 것이나 정신적인 무언가가 필요하지는 않다. 물론 오랫동안 지속된 관행은 생각하는 습관에 영향을 미치고, 그 결과 이성적인 반응이 아닌 기계적인 행동을 낳을 수 있다. 하지만 이러한 관행의 근원은 인간의 믿음과 균형 반응에 있다. 터무니없는 사회적 관행에 대한 이러한 설명은 한편으로는 다소 온건하지만, 다른 한편으로는 더 불편하다. 그러한 관행이 어떤 사회에서든 벌어질 수 있고, 일단 그 관행이 굳어지면 단단한 구조물만큼이나 무너질 리 없는 억압이 된다는 뜻이기 때문이다.

이 설명이 힘이 있는 이유는 그 적용 범위가 넓기 때문이다. 또래압력에서 비롯되는 학교 내 괴롭힘, 전체주의 국가의 정치적 억압, 매카시즘 당시 미국의 정치적 억압, 한 사회의 표현의 자유에 대한 이해, 그리고 다음 장에서 다룰 모든 주제에 이르기까지 적용된다.

---

25 나는 이를 정치경제의 맥락에서 보였으며(Basu, 2000), 나아가 그 균형이 부분게임 완전균형일 수 있음을 제시했다. 6장에서는 같은 논리를 적용해 정치권력 모델을 간략히 살펴보겠다. 이는 세 축 간의 상호작용이라는 보다 폭넓은 연구의 일부이다. Hatlebakk(2002), Villanger(2005), Yang(2014), Han(2016)도 참조.

여기서는 하나의 예시를 들어 다중균형의 적절한 활용에 대해 설명하고자 한다. 분석은 간단하지만 현실적인 함의가 매우 크다. 바로, 아동노동에 대한 것이다. 근절되지 않는 아동노동 관행은 그간 많은 사람이 법적 개입과 당국의 조치를 요구하는 등 첨예한 논쟁의 소재가 되어왔다. 나는 이 주제와 관련해 대중적인 매체에 글을 쓰면서(1994년 10월 29일자 『뉴욕타임즈*The New York Times*』) 어떤 사회에서는 아동노동이 다중균형의 발현일 수 있겠다는 생각이 들었다. 내 주장은 매우 간단하다. 이 주장은 이른바 '사치품의 가정假定 · luxury axiom'(Basu & Van, 1998)이라고 이름 붙인 경제학의 중요한 가정에 근거한다. 즉 부모는 오직 가난에 내몰렸을 때만 자녀를 일터로 내보낸다는 것이다. 보다 이론화하면, 많은 개발도상국에서 아동의 여가나 학교교육은 일종의 '사치품luxury good'으로서 가구소득이 최소한의 수준을 넘지 못하면 감히 탐낼 수 없는 것이다. 이 가정은 아동노동이 (1) 고용주의 탐욕(미숙련 노동을 처리하기 위해 최대한 값싼 노동력을 원한다)과 (2) 부모의 게으름(몇 푼 안 되는 가외 소득을 올리기 위해 자녀를 기꺼이 일터에 내보낸다)의 결과라는 일반적인 믿음에 대한 나의 견해이기도 했다. 나는 『뉴욕타임즈』 기고문에서 (1)에 동의하고 (2)를 반박했으며, 팜 호앙 반Pham Hoang Van과 함께 이론적인 분석을 거쳐 (2)에 대한 반론을 '사치품의 가정'의 틀로 체계화했다.

사치품의 가정은 교육을 사치품으로 보고, 종종 개발도상국에서 그러한 것처럼, 성인의 임금이 매우 낮은 경우에 부모가 가구의 생존에 필요한 소득을 확보하고자 눈물을 머금고 아이들을 학교 대신 일터로 내보낼 수밖에 없음을 뜻한다. 즉 기본소득만 있으면 어린 자녀를 일터로 내모는 부모는 없다는 가정이다. 그러나 노동시장에 아동이 공급되면 아동노동이 미숙련 성인노동을 대체하는 결과를 낳아 성인의 임금이 낮아지고, 일자리를 찾는 아동의 수가 많을수록 성인의 임금은 더 낮아진다. 여기에 흥미로운 지점이 있다. 만약 아동노동을 법으로 금지하면 아동이 노동시장에서 제외되고, 고용주들은 시장 내의 가용 노동력을 두고 경쟁해야 하므로 그에 따라 성인의 임금은 높아진다. 그리고 그만큼 성인 임금의 최저 수준이 높아지면 다시 사치품의 가정에 따라, 애초에 부모들은 아이들을 일터로 내보내지 않아도 되는 것이다.

이러한 주장은 일부 국가의 노동시장에 최소한 두 개의 균형이 있음을 보여준다. 성인 임금이 낮아 아이들이 일을 하기 때문에 임금이 계속 낮은 균형이 하나이고, 성인 임금이 높아서 아이들이 일을 하지 않기 때문에 임금이 계속 높은 균형이 또 다른 하나이다.[26]

이제 우리는 시간관념이나 차별의 경우와 비슷한 상황에 놓인다. 개발도상국으로 분류되는 나라에서 아이들을 노동시장에 내보내는 사회규범이 발달할 경우 임금은 낮아지고, 따라서 아이들을 일터로 내보내겠다는 결정은 강화된다. 반대로 아이들을 노동시장에 내보내지 않는 규범이 발달하면 임금은 높아지고, 따라서 부모는 아이들을 일터에 내보내지 않는 게 유리해진다(사치품의 가정을 상기해보자).

이번에는 이 논의[27]를 모델로 이론화해보자. 관심 있는 사람들을 위해, 간단히 바꾸어 다른 방식으로도 활용될 수 있는 모델로 이론화해보겠다. 분석의 용이성을 위해서 어른은 임금에 상관없이 항상 일을 한다고 가정하자. 즉 가구의 성인노동력 공급곡선은 <그림 5-1>의 왼쪽 그

---

26 구조화된 이론 모델을 만들어 다중균형이 발생하는 매개변수의 조건을 적용해볼 수 있다(Basu & Van, 1998; Basu, 2005; Doepke & Zilibotti, 2005 등 참조). 원래 게임 모델이 아니라 경쟁균형competitive equilibrium(경쟁시장에서 이윤을 극대화하려는 생산자와 효용을 극대화하려는 소비자 간에 균형가격을 찾는 과정이며, 이 균형가격에서 수요와 공급이 일치하게 된다. 왈라스 균형Walrasian Equilibrium이라고도 한다.—감수자주) 모델로 구성된 이론이었으나, 다중균형이 발생하는 게임이론 모델로 관련 모델을 만들어내는 것이 가능하다.

27 이 장 1, 2절과 달리 이번 논의의 기반은 게임만이 아니다. 이번 논의에서는 경쟁균형 분석의 특성, 즉 기업과 개인이 가격수용적 행위에 종속되는 특성을 적용한다.

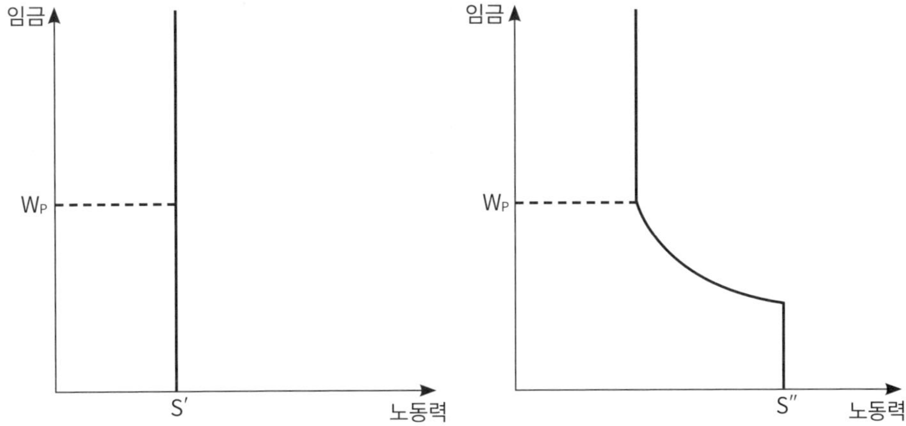

<그림 5-1> 가구household의 노동 공급곡선

래프와 같이 수직으로 뻗는다. 여기서 가구 내 성인은 임금에 관계없이 S′ 단위의 노동력을 공급한다. 극빈가구의 소득을 Y_p라고 할 때 W_p는 $Y_p = S' \times W_p$에서와 같이 정의된다.[28] <그림 5-1>의 왼쪽 그래프가 W_p를 보여준다. W_p는 임금이 그 아래로 내려가면 가구가 극심한 빈곤에 직면하게 되어 아이를 노동시장에 내보내는 쪽으로 기울게 만드는 성인 임금을 뜻한다. 여기에 사치품의 가정이 적용되고, 이제 가구의 노동력 공급곡선은 <그림 5-1>의 오른쪽 그래프와 같은 모습을 띠게 된다. 이 그래프에서 S″는 가구 내 가용 노동력의 합계, 즉 성인의 노동력과 아동의 노동력을 합한 단위이다.

물론 공급곡선의 정확한 특성은 경제마다, 또는 국가마다 다르겠지만, 흥미롭게도 매우 많은 실증적인 연구 결과 사치품의 가정은 타당

28 감수자주: 가로의 길이가 S′이고 세로의 길이가 W_P인 직사각형의 면적으로 시각화해볼 수도 있다.

하고, 따라서 공급곡선의 대략적인 형태 역시 타당하며, <그림 5-1>의 오른쪽 그래프에서 보듯이 후방굴절backward bending하는 구획의 상당히 낮은 임금 역시 타당한 것으로 나타났다.[29]

만약 모든 가구가 이 같은 공급곡선을 보인다면 그 경제 또는 국가의 총 노동력 공급곡선도 유사한 형태를 띨 것이다. 공급되는 총 노동력은 <그림 5-2>에 S로 표시되어 있다. 이때 노동력 수요곡선이 연속적인 반비례 관계를 띤다면 노동력의 수요와 공급이 일치하는 두 개의 임금이 도출될 수 있음을 알 수 있다(반드시 둘이 되어야 하는 것이 아니라 그렇게 될 수도 있다는 것이다). 이것이 균형이며, <그림 5-2>에서 E_H와 E_L로 표시되어 있다. E_H에서는 임금이 높으며, 이 임금은 W_H로 표시되어 있다. 그리고 또 다른 균형인 E_L에서는 임금이 낮으며, 이 임금은 W_L로 표시되어 있다.

단 주의할 점은, 사치품의 가정이 타당하다고 해서 반드시 다중균형인 것은 아니라는 점이다. 그러나 다중균형이 아니더라도 묘하게 역설적인 결과가 도출된다.[30] 어쨌든 여기에서는 다중균형의 사례에 집중하자. 이 사례는 아동노동의 발생 정도라는 측면에서 서로 판이하게 달라 보였던 두 사회가 기본적으로는 같은 출발선상에 있고, 다만 서로 다른 균형에 발이 묶인 것일 수 있음을 보여준다. 그 어떠한 개인이나 가구

---

29 아동노동을 다룬 실증적 연구는 매우 많다. Ray(2000), Emerson & Souza(2003), Cigno & Rosati(2005), Edmonds & Schady(2012), Bhardwaj, Lakdawala, & Li(2013), Humphries(2013), Del Carpio, Loayza, & Wada(2016), Menon & Rogers(2017) 등이 그 예이다(공급곡선은 보통 가격이 상승하면 공급량도 따라서 증가하는, 곧 우상향하는 모습을 띤다. 여기에서는 사치품의 가정에 기반하여, 노동시장의 가격인 임금이 너무 낮아지면 생존을 위해 아이를 학교가 아닌 일터에 보내게 되고, 이로써 가구의 노동 공급이 오히려 증가하게 되는 특수한 상황임을 고려하자. — 감수자주).

30 Basu & Zarghamee(2009)와 Tim Worstall(2016: 특정 유형의 금지 조치는 어떻게 아동노동의 문제를 오히려 악화시키는가에 관한 『포브스*Forbes*』 기고문)을 참조하고, Baradaran & Barclay(2011)와 Bagenstos(2013)도 참조할 것.

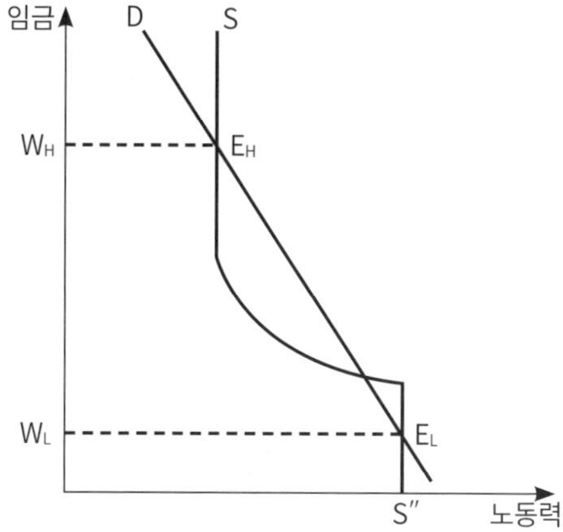

<그림 5-2> 아동노동의 균형

도 스스로의 선택으로 이 상황에서 벗어날 수 없다.

이 책의 맥락에서 살펴볼 점은, 앞의 사례처럼 다중균형의 상태에서 평범한 시민들이 법집행 주체의 개입 없이 의사결정을 내리는 사회의 경우, 결과를 바꾸려면 이례적으로 국가가 개입해야 한다는 사실이다. <그림 5-2>에 제시된 경우로 보면, 만약 그 나라의 경제가 임금이 낮고 아동이 일하는 E_L 균형에 있다면 아동노동을 금지하는 법을 공표해 또 다른 안정 균형인 E_H로 바꿔놓는 '한 차례의' 개입이 필요하다. 그래서 E_H 균형이 한번 자리 잡히면 이제는 그 경제 상태를 유지하기 위한 아동노동금지법이나 국가 차원의 개입이 필요하지 않게 된다. 이를 '넛지 개입nudge intervention'[31]이라 부를 수 있다. 즉 한 차례만 개입하고, 그 후에는 그 경제 또는 국가가 다시 나쁜 균형으로 돌아가지 않는 한

31 감수자주: 지속적이고 체계적인 개입 대신 임시로 살짝만 개입하는 것을 의미한다. '임시 개입', '비정형화된 개입', '가벼운 개입' 등으로도 번역될 수 있으나, 지난 2017년 미국의 저명한 경제학자 리처드 세일러Richard Thaler 교수가 행동경제학 분야로 노벨상을 수상한 이래 그의 저서명이기도 한 '넛지'가 널리 알려졌기에 이 책에서도 그냥 '넛지 개입'이라고 표기한다.

당초의 개입[32]을 철회하는 것이다.[33]

넛지 개입은 평범한 시민들이 스스로 선택하도록 '유도'해줄 뿐, 억지로 결과를 바꾸려는 시도와는 다르다. 엄격한 속도제한이 좋은 예이다. 단지 다른 사람들이 따른다는 이유만으로 자신도 그 제한을 따를 만한 동기부여는 없다. 개개인에게 좌측주행을 의무화하는 것과 100km 미만 속도제한을 두는 것에는 결정적인 차이가 있다. 후자의 경우에는 경찰이나 단속공무원이 과속방지법에 따라 상시 단속을 하는 등 일시적인 것이 아닌 '지속적인 개입'이 뒷받침되어야 한다.[34]

덧붙여 짚고 가자면, 앞서 언급했듯이 균형선택 규범은 우리가 사

32 감수자주: 이 개입이 선하게 작용하여 E_H를 초점으로 돋보이게 해주는 것이다. 그러나 앞서 언급한 대로 반드시 다중균형의 상황만 존재하는 것은 아니다. 즉 <그림 5-2>에서 노동 수요곡선이 노동 공급곡선과 한 번만 만나는 단일균형도 얼마든지 가능하다. 이때는 아동노동금지법이 전혀 효과가 없게 된다. 특히 E_L만이 균형으로 존재하는 저개발국에서는 이 금지법안이 극빈 가구를 더욱 가난의 덫에 빠지게 하는 부정적인 결과를 야기할 수도 있다. 3장에서 언급한 대로 법은 이미 있던 균형으로 사회를 이끌어갈 뿐 새로운 균형을 만들어내지는 못하기 때문이다. 저자는 이러한 내용을 골자로 한 「아동노동의 경제학The Economics of Child Labor」을 1998년 경제학 분야 최고 학술지인 『어메리칸 이코노믹 리뷰*American Economic Review*』에 게재했다. 이 논문은 학계에 뜨거운 반향을 일으켰고 이후 수많은 후속 연구도 나왔는데, 개중에는 저자가 아동노동을 옹호한다며 비판하는 목소리도 있었다. 하지만 이 절을 잘 읽어보면 그런 주장이 명백한 오해임을 쉽게 알 수 있다.

33 이 모델은 '공적인 법을 이용해 어떻게 관습적인 법을 바꿀 것인가'라는, 보다 큰 문제의 한 부분으로 볼 수 있다. 사회가 관습적인 균형에서 벗어나기 위해, 즉 '다수의 집단이 불이익을 받고 엘리트가 불균등하게 혜택을 누리는 상태'에서 벗어나기 위해 국가는 공적인 법적 장치를 어떻게 활용할 수 있는가에 관한 이론적인 모델을 제시한 연구(Aldashev, Chaara, Platteau, & Wahhaj, 2011; 2012)도 있다. 물론 법으로 정한 공적인 규칙이 항상 정당하지는 않다는 점에 유의해야 한다. 식민지 지배자들은 법으로 정한 공적인 규칙을 공격의 도구로 활용하곤 했다. 또 많은 나라에서 토지나 광산 자원 등에 대한 지역민의 권리를 빼앗을 때에도 공적인 법을 활용했다.

34 한 차례의 개입만 있으면 향후 추가 개입을 하지 않고도 장기적인 효과를 거둘 수 있으므로, 유도적 개입과 지속적 개입은 각기 장기적인 모델과 여러 세대에 걸친 시스템이라는 점에서 상당히 유의미한 차이가 있다. 이를 재정 정책의 관점에서 보면 유도적 개입은 정치인들이 인식하는 것보다 사회적으로 더 막대하게 이익인 경우가 많다.

회생활에서 직면하는 유일한 규범이 아니다. 경제학자들이 자신들에게 익숙한 범위를 벗어나서 신고전주의의 철학을 버려야만 모델화할 수 있는 종류의 규범도 있다. 그리고 또 다른 두 가지 접근법도 생각해볼 수 있다. 그 첫 번째는 에밀 뒤르켐Emile Durkheim과 어빙 고프먼Erving Goffman에서 시작해 그보다 더 동시대 학자에 이르기까지 경제학 외의 분야에서 많이 연구되어온 '낙인stigma' 개념과 관련된다. 낙인 개념은 사람들이 다른 사람의 속성과 행위에 대한 나름의 태도를 지니고 있어서, 그에 대해 부정적인 말로 대응하거나 심지어 드러나게 무시하기도 한다는 인식이다. 그리고 그 결과로서 표적이 된 개인은 고통을 받고 자존감이 위축된다. 즉 낙인 찍힌다는 것은 고통이며, 우리 개개인은 종종 그러한 낙인을 피하기 위한 행동을 선택한다. 최근 경제학자들은 실업, 아동노동, 노동규율, 무단결근 등과 같은 다양한 유형의 경제적 결과를 모델화하고 설명하는 데에 이 개념을 적용하고 있다.[35]

더 나아가 특정한 행동을 스스로 자제하는 우리 머릿속의 내부 프로세스로서의 사회규범도 생각해볼 수 있다. 아마 대부분의 사람은 북적이는 공공장소에서 다른 사람의 지갑을 훔치지 않을 것이다. 그 이유는 지갑 안에 들어 있으리라 기대되는 금액이 예상되는 처벌의 비용보다 적을 것이라는 비용편익분석에 따른 결론에 이르러서이거나, 그렇게 하면 다른 사람으로부터 낙인이 찍힐 것이라는 이유 때문이 아니다. 단지 그렇게 하지 않는 것이 내면화된 규범이기 때문이다. 우리는 그러한 행동을 선택지에 없는 행동으로 간주하거나, 부정적 효용 혹은 심리적 대가를 강하게 남기는 행동으로 간주한다(Basu, 1995).[36] 이 문제는

35 Lindbeck, Nyberg, & Weibull(1989), Besley & Coate(1992), Fehr & Falk(2002), Lopez-Calva(2003)를 참조할 것.

36 이 외에도 공정함의 규범, 응징의 규범, 나아가 친절과 이타성의 규범 등 우리가 크게든 작

인간의 합리성과 경제적 행동에 관해 다루는 7장에서 다시 짚어보기로 하자.

5. 시민, 공무수행자, 권한행사자 게임

앞서 살펴보았듯이 사회규범은 법과 동일한 지점, 즉 자기강제력이 있는 결과로 사회를 이끈다. 모든 사회의 문화적 규범, 그 규범에 따르는 행동 방식, 그 방식을 어겼을 때의 처벌 등은 규범이라는 수단을 통해 개개인의 행동을 어떻게 통제할 수 있는지 보여주는 예이다. 시간관념의 규범, 특정 집단에 대한 차별, 나아가 아동노동이라는 현상에 있어서도 마찬가지이다. 그렇다면 의문이 생긴다. 대체 어떤 점에서, 법을 사회규범과 구분 지을 수 있을까? 그런 점이 있기는 한 걸까?

앞서 살펴본 세 가지 예에서 이 질문의 답을 엿볼 수 있다. 보다 명확히 답하기 위해 지금까지보다 더 구체적으로 경제게임을 살펴보자. 특별히 여기서는 플레이어의 집합을 (평범한) '시민' 집합과 '공무수행자' 집합으로 나누어보겠다. 이때 '공무수행자'란 관료, 공무원, 관리 등을 일컫는 말로서, 이들은 물론 사생활을 영위하지만 법집행 주체로서의 역할을 기대받는 국가의 정책집행 주체(경찰, 징계권자, 단속공무원, 판사, 대통령, 국무총리)이기도 하다. 공무수행자는 다른 사람을 처벌할 수 있고, 일반적으로 국가의 세수에서 급여를 받는다. 한편 '시민'은 사회의 모든 평범한 개인으로서 그 나라의 국적자일 수도 있고 아닐 수도

게든 내면화한 규범은 많다(Fehr & Gachter, 2000; Platteau, 2000). 이를 법과 행동경제학의 맥락에서 다룬 논의로는 Jolls, Sunstein, & Thaler(1998), Cameron, Chaudhuri, Erkal, & Gangadharan(2009)을 참조할 것.

있지만, 중요한 차이는 이들의 경우 국가가 정한 규칙을 집행하기를 '기대받지' 않고, 일반적으로 국가에서 급여를 지급받지 않는다는 것이다. 시민 집합은 노동자, 기업인, 무직자, 학생, 교수, 불법이민자, 가게 주인 등으로 구성된다.

게임을 기술하기 위해 누가 공무수행자이고 누가 시민인지의 개념을 구체화해보자. 공무수행자는 일정한 행위를 통해 다른 사람의 보수에 유의미한 영향을 미치는 사람으로서 벌금과 세금을 부과하는 사람이자, 한편으로는 대가를 부여하는 사람이기도 하다. 앞서 다룬, 세 명이 펼치는 '죄수의 딜레마' 게임에서는 플레이어1과 플레이어2를 시민으로 보고, L(묵인)과 R(법집행) 가운데 하나를 선택해 플레이어1과 플레이어2를 처벌할 수 있는 플레이어3을 공무수행자로 보는 것이 타당하다.

누군가를 평범한 시민 또는 일반인으로 정하고, 또 누군가를 공무수행자로 정했다면, 이제 사회규범과 법을 구분해볼 수 있다. 사회규범은 '공무수행자가 법을 집행하지 않고도' 시민들이 스스로 따르는self-enforcing 행동의 패턴이다. 반면 법으로 강제된legally-enforced 행동 패턴은 공무수행자가 강제로 특정한 행위를 취하게끔 해야 한다.[37]

따라서 직관적으로 좌측주행은 간단히 사회규범이라고 볼 수 있다. 운전자(일반인)의 좌측주행 준수에는 대개 경찰이 필요하지 않으며, 일단 이 규범이 정착되면 지키는 것이 시민들에게 유리하다. 반면 '시속 50km 초과 주행 금지'는 운전자들에게 (균형선택) 사회규범이 될 가능

37 이는 많은 경제학자가 논의한 바 있는 '제3자의 집행third-party enforcement' 개념에 가깝다. 이와 관련해, 함정도 있지만 대단히 흥미로운 논의로 Ferguson(2013) 10장을 참조할 것. 제3자 및 제3자의 행위도 게임의 일부로 간주해야 한다는 퍼거슨(Ferguson, 2013)의 주장은 이 책의 분석과도 밀접히 관련된다. 제3자나 제3자의 행위는 당사자와 그 상대방의 입장에서는 외재적인 것일 수 있지만, 현실게임의 온전성이라는 측면에서는 내재적이고 통합적인 것으로 취급되어야 한다.

성이 작다. 위반 시 처벌하겠다고 위협하며 이 규칙을 집행할 공무수행자가 필요하다.

시민들이 스스로 과속방지법을 잘 지켜주면 좋겠지만, 게임에는 시민'뿐 아니라 공무수행자도' 있다. 이 책에서 논의한 초점접근에 따르면 법을 지키는 모든 행동에는 스스로 법을 지킨다는 것이 전제된다. 그러나 단지 다른 시민들이 그 법을 지키기 때문에 자신도 그 법을 지키는 것이 유리하다고 판단하여, 굳이 국가의 법집행 주체가 없이도 스스로 법을 지킨다면 이때의 법은 사회규범으로 간주될 수 있다. 물론 사회규범도 법이 될 수 있다(도로의 주행 방향은 대개 법으로 정한다). 그러나 사회규범에 의해 실현되는 유형의 행위가 있는가 하면, 법을 통해 공무수행자들이 결정적인 역할을 함으로써 실현되는 유형의 행위도 있다.

이를 잘 설명하기 위해, 또한 앞서 2~4절에서 논의한 사례와 어떻게 다른지를 보이기 위해서는 구조화된 모델을 활용할 필요가 있다. 나아가 이러한 모델을 통해 왜 어떤 나라에서는 다른 나라에서보다 법이 더 잘 시행되는지 이해하고, 강제적인 집행이 지니는 한계도 짚어볼 수 있다. 이 새로운 법경제학 접근에서는 한편으로는 순응과 복종을, 다른 한편으로는 거부와 불복종을 우리가 어떻게 이해하고 모델화하는지가 제시된다. 이는 평범한 사람들이 평범한 삶을 영위할 수 있게 뒷받침하는 체제로서의 '국가 역량', 즉 시장을 작동시키고 금융 거래를 실현시키는 제도에 관한 여러 연구와 관련된다(Besley & Persson, 2009; Acemoglu & Wolitzky, 2015 참조).

이러한 분석에 개념적인 구조를 부여하는 한 가지 방법은 공무수행자와 시민의 구분이 확연한 모델을 상정하는 것이다. 이를 위해 이른바 '분할게임partitioned game'이라는 특수한 형태의 게임을 생각해보자. 플레이어의 전체집합이 M={1, …, m}인 게임이 있다. 이 게임은 분할게임으로서 M은 B와 C의 두 부분집합으로 나뉘고, C 집합에 속한 플레이어가 선택한 '행동'은 B 집합에 속한 플레이어의 '보수'에 영향을 미치지 않는다. 플레이어들의 선택에 따라 C 집합의 플레이어는 행동을 바꾸겠지만, 이로 인해 B 집합의 플레이어들이 얻는 보수는 바뀌지 않는다. 다시 말해 모든 외부효과는 (대체로) 한 방향으로 향한다. 이 분할게임에서 C는 (평범한) 시민들의 집합(그 행위가 다른 집합의 플레이어에게 영향을 미치지 않는 플레이어의 집합)이고, B는 관료 또는 공무원의 집합이다. 일반성을 잃지 않고without loss of generality: WLOG B={1, …, n}, C={n+1, …, m}(n < m)이라고 쓰겠다.

분할게임에서 관료는 관료끼리 게임을 펼치고, 이는 다음과 같은 분할게임에 바탕을 둔다고 할 수 있다. 곧 '어떠한 행위벡터 v에 대해서든, B 집합 플레이어들이 선택한 행위벡터를 v, C 집합 플레이어들이 선택한 행위벡터를 w라고 하자. 어떠한 v에 대해서든 B집합 플레이어들이 얻게 되는 보수는 이들이 선택하는 v와 C집합 플레이어들이 선택하는 w의 행위벡터 (v, w)로 분할되는 게임을 통해 결정된다고 가정하자. 분할게임의 정의상, 각각의 관료가 얻는 보수는 w가 어떻게 선택된 것인지와는 상관이 없다. 이 분할게임의 틀에서 관료들이 플레이어가 되는 게임을 '권한행사자게임Game of Sovereign'이라고 하자. 여기서 '권한행사자'는 통치자들의 '집단', 즉 권한을 가진 관료들을 뜻한다. 게임을 분할함으로써 이 권한행사자게임을 잘 정의할 수 있다.

n명의 관료와 m−n명의 시민이 한 선택이 각각 v, w인 행위벡터 (v, w)가 이 분할게임의 내시균형이라면 '권한행사자게임'의 내시균형은 v일 수밖에 없다. 권한행사자게임은 관료들이 펼치는 게임이고, 따라서 게임 내의 균형 조합은 관료들에게 결정권을 부여한다. 선점우위 효과

를 누리는 것과 같다. 관료들이 이 게임을 어떻게 펼치느냐에 따라서 시민들의 행위 방식이 강제된다. 이를 통해 우리는 국가의 역량과 권한행사자의 힘을 한층 더 명확히 이해할 수 있다. 그 힘은 외생적으로 부여되지 않고 게임의 내부 특성에서 비롯된다. 이러한 측면에서 흄과 홉스식의 국가 개념이 전반적인 설명의 틀을 제시하며, 흄의 경우가 특히 그러하다. 권한행사자는 힘을 행사할 수 있지만, 그 힘은 통치자 혹은 관료들 간의 상호작용적 특성에서 비롯된 것으로서 다른 사람들이 스스로 선택할 수밖에 없게 만드는 자기강제적인 기제를 만들어낸다. 그러나 관료가 시민을 어디까지 강제할 수 있는가에는 한계가 있으며, 그 한계는 권한행사자게임에서 만들어지는 내시균형 조합에 의해 결정된다.

추상적인 설명을 좀 더 명료히 하기 위해 국가의 힘이 자기강제적 기제에서 비롯되는 구체적인 모델의 예를 살펴보자. 이때 국가가 행사하는 힘에는 자연적인 한계가 있다.

1, 2, …, n, n+1, n+2, …, m으로 전개되는 n+m명의 사람으로 구성된 사회를 가정해보자. 전단의 n까지가 (평범한) 시민이고, 후단의 m까지가 공무원 혹은 국가의 법집행 주체이다.[38]

각각의 시민은 일상적으로 (사회적으로 무해한) 나름의 활동을 하나, 이윤을 더 남기기 위해 별도의 사업장에서 석탄을 연료로 쓰기도 하며, 과속으로 차를 몰기도 하는 등 다른 시민들에게 해를 끼치는 행동도 한다. 여기서는 석탄을 쓰는 이야기로 가보자. 석탄을 쓰면 이윤이 더 남긴 하지만 상당한 오염물질을 발생시키므로 사회 전체로 보면 득이

38 공무수행자와 시민을 명확히 구분한 또 다른 게임이론 법 모델로는 Davis(2016)를 참조할 것. 이 모델은 법집행기구가 동질적 집단이 아니라 다중적 사법 권한을 가진 주체라는 인식으로 나아간다.

되지 않는다. 따라서 석탄 사용에 세금을 부과해 사용을 줄이고자 한다. 세율 t(% 단위)의 범위는 0~100이다. t값이 올라가면 총 석탄 연소량이 내려가고, t=100일 때는 사용이 완전히 멈춘다. 사회적인 관점에서 보면 t가 0보다 클수록 복지 수준의 총계가 올라가 t=100일 때 최대치에 이른다.

여기서 문제는 어떻게 세금을 부과할 것인가이다. '석탄을 쓰면 t의 세금을 낼 것'이라고 정한 새로운 법을 공표한다고 해서 사람들이 바로 세금을 내지는 않는다. 이 지점에서 집행력이 개입된다. 법이 잘 시행되는 사회의 관료 혹은 공무수행자라면 그 법이 어떤 법이든 '최소한의 지켜질 만한 범주에만 들어오면' 집행을 하는 것이 유리할 것이다. 지켜질 만한 범주에 들어 있다는 것은 법이 공표된 후에는 그 법을 국가가 집행하는 것이 공무수행자의 이익에 부합한다는 뜻으로, 집행을 하지 않으면 다른 공무수행자로부터 징계를 받기 때문일 수 있다. 이러한 구조를 성공적으로 구축한 사회는 국가적 역량을 갖추고 법이 잘 시행되는 사회가 된다. 중요한 것은 '최소한의 지켜질 만한 범주에만 들어오면'이라는 부분으로, 관료들이 집행을 거부하는 법도 언제든지 있을 수 있다. 간디가 인도 독립을 위해 싸우며 매우 효과적으로 활용했던 전술인 '비협조non-cooperation'도 그렇게 설명될 수 있다. 항명도 그러하다.

이 모두를 하나의 모델에 담으려면, 제1기에는 시민들이 어떻게 행동할지 결정하고, 관료들이 시민들을 처벌할 것인지 여부를 결정하는 간단한 게임을 생각해볼 수 있다. 이어 제2기에는 관료들끼리 서로 어떻게 행동할지 결정해야 한다. 판사는 임무를 다하지 않는 경찰을 처벌하고, 경찰은 판사를 보호하지 않음으로써 판사에게 피해를 주는 등의 방법이 있겠다. 여기서는 다만 개념을 설명하기 위한 가장 단순한 구조로 살펴보자. 이제 제2기에 공무원들이 상호작용하는 구조를 가정하고, 이를 '관료게임'이라고 하자. 관료게임에서는 C(협력) 혹은 P(징계)를 선택할 수 있다. 만약 m명의 모든 공무원이 C(협력)를 선택하면 모두가 각각 8의 보수를 받는다. 반면에 만약 모두가 P(징계)를 선택하면 각각 2를 얻는다. 한편 다른 식의 선택(일부는 P(징계), 일부는 C(협력))을 하면 각각 1을 얻는다. 마지막 한 사람을 제외한 다른 모든 사람이 P(징계)를 선택하면 마지막 사람도 P(징계)를 선택해야 유리하고, 한 사람을 제외한 다른 모든 사람이 C(협력)를 선택하면 마지막 사람도 C(협력)를 선택하는 것이 분명 유리하다. 따라서 관료게임에는 두 개의 균형, 즉 모두 C(협력)를 선택하거나 모두 P(징계)를 선택하는 균형이 있다.[39]

이제, '순응구역zone of compliance 게임'(물론 나는 여기서 '게임'이라는 용어를 느슨하게 쓰고 있다)이라고 부를 다음 모델은 전반적으로 다음과 같이 전개된다. 제1기에 각각의 시민은 석탄을 얼마나 많이 쓸지 선택하고, 각각의 관료는 세금을 부과할지 말지 선택한다.[40] 시민들은 납부해야 하는 세율 t가 높을수록 석탄을 적게 사용해 t=100일 때 석탄 사용을 포기한다. 관료만이 이 세금을 강제할 수 있다. 여기서 공무원 한 명

---

39 감수자주: 관료 두 명만 놓고 다음과 같은 보수행렬을 만들어보면 (C, C), (P, P) 균형을 쉽게 도출할 수 있으며, 일반성을 잃지 않은 채without loss of generality m명으로 확대 적용할 수 있다. 이러한 다중균형 상황에서 세금 징수 및 집행 비용을 고려했을 때 어떤 균형이 초점으로 부각할 것인지가 논의의 핵심이다.

		관료 B	
		C	P
관료 A	C	⑧, ⑧	1, 1
	P	1, 1	②, ②

40 감수자주: 여기서는 세금 부과를 일종의 처벌로 생각하자.

당 $\frac{n}{m}$명의 시민을 담당한다고 가정하자. 단 공무원 또는 관료가 세금을 걷는 데에는 비용이 든다. 충돌과 폭력이라는 위험도 따른다. 각각의 공무원이 자신이 담당하는 모든 시민에게 세금을 강제하고 거둬들이는 데 드는 비용을 $\frac{t}{10}$라고 하자. 즉 세율이 높을수록 법을 집행하는 비용이 커진다.

제2기에는 m명의 공무원이 관료게임을 펼친다.

세금 집행은 관료들에게 비용을 발생시키고 즉각적인 이익도 없어 보이는데 굳이 이 법을 집행할 이유가 있을까? 흥미롭게도, 제2기에 펼치는 관료게임에서 다른 공무원으로부터 징계를 받을지 모른다는 두려움에서 법이 집행될 수 있다.

이제 우리는 순응구역게임이 어떻게 펼쳐질지 알 수 있다. '석탄을 쓰는 시민은 세금 t를 내야 한다'라는 법이 공표되었고, 모든 공무원에게 이 법을 집행하라는 명령이 내려졌다고 하자.

'관료게임에서 법을 집행하지 않는 공무원이 있다면 다른 누군가가 P(징계)를 선택해 그 공무원을 처벌한다'라는 것이라는 믿음이 일반적으로 깔려 있는 사회를 전제한다. 만약 순응구역게임에서 모든 공무원이 법을 집행하는 사회라면 관료게임에서는 모두 C(협력)를 선택할 것이다. 이러한 기대가 초점이 되면 게임이 어떻게 펼쳐질지는 쉽게 알 수 있다.

제1기에 각각의 공무원은 법을 집행할지 말지 선택한다. 그리고 다른 공무원들이 법을 집행할 것이라고 예상하는 공무원 A가 있다고 하자. A도 법을 집행한다면 A가 얻는 보수의 총액은 $8-\frac{t}{10}$이다. 8은 관료게임에서 얻는 보수이고, $\frac{-t}{10}$는 법집행에 따르는 비용이다. 관료게임에서 A가 법을 집행하지 않을 경우 그는 징계를 받게 될 것이므로 기대되는 보수는 2가 된다.

세율이 60% 이하라면 A는 분명 세금을 부과한다.[41] 그러나 세율이 60%를 넘으면 법집행이 무너진다. 집행 비용이 너무 크므로 집행을 하는 대신 관료게임에서 징계를 감수하는 쪽을 선택하는 것이다. 즉 시민들은 법을 지키지 않는 쪽을 선택하고, 법집행도 이루어지지 않는다.[42] 이로써 세율 t를 [0, 60] 범위 내로 정한 법은 '순응구역' 안에 있게 된다. 이 구역 안에 있는 법은 집행될 가능성이 크다. 그러므로 이 사회에서는 법집행이 초점 균형이다. 반면 t가 60보다 높게 정해지면 관료들의 항명과 불복종이 초래되고, 공무원은 임무를 수행하기를 거부할 것이다.

개념적으로 말하면, '순응구역게임'은 일종의 분할게임이고 '관료게임'은 '권한행사자게임'으로 볼 수 있다. 이 예는 준법사회가 왜 준법사회인지를 보여준다. 준법사회에는 합리적인 법, 즉 '집행할 만한 enforceable' 순응구역 안에 법이 있고, 또 임무를 수행하지 않을 때 서로를 처벌하는 공무원 문화가 있다. 이것이 준법사회의 초점이다. 이 초점이 자리 잡히면 모든 법이 제정과 동시에 시행에 이를 수 있는 잠재력을 갖는다. 핵심은 이 같은 관료 문화를 구축하고 육성하는 데 있다. 물론 현실적인 실현을 위해서는 성과급이나 개인적인 동기부여 등의 수단이 고려되어야 하겠지만, 기본적인 요건은 앞서 기술한 현실게임에서와 동일하다.

이 사회에서 최적인 상태는 t=100이고 아무도 석탄 사용을 하지 않는 것이다. 하지만 100% 세율은 너무 부담이 커서 이 상태에 도달하는

---

41 감수자주: $8-\frac{t}{10}\geq 2 \Rightarrow t\leq 60$. 법집행과 방관 어느 쪽에도 무심한 공무원은 집행을 선택한다고 전제한다.

42 여러 형태의 선택지를 실증적·이론적으로 풀어낸 다수의 문헌이 있다(Bernstein, 1992; Acemoglu & Jackson, 2015).

것은 현실적으로 불가능하다. 세율 t가 60 이하가 되어야 법이 온전히 집행될 수 있는 것이다. 이 모델에서 석탄 사용은 전적으로 나쁜 것으로 전제되므로 이 사회의 균형은 '집행할 만한' 구역에서 최대한 석탄 사용을 규제하기 위해 가장 높은 세율을 매기는 't=60'인 상태이다.

평범한 시민이 스스로 행동을 바꾸어 60%의 세금을 내고 석탄을 적게 쓰는 바람직한 균형은 시간엄수 모델, 집단 간 차별 모델, 아동노동 모델에서와 달리 외적인 강제 없이는 지속될 수 없다. 그러나 공무수행자가 집행에 나선다면 균형에 이를 수 있으며, 다만 중요하게 짚고 넘어가야 할 것은 공무수행자의 집행도 균형 행동의 일부라는 점이다.

이는 두드러지지는 않지만 결정적인 차이이고, 평범한 사람들의 믿음과 바람직한 초점을 만들어내는 데 큰 비중을 둔다는 공통점에도 불구하고 법학자들이 취하는 접근법과 차이가 발생하는 부분이기도 하다. 강조할 점은, 잘 시행된 법은 더러 초점에 이른다는 것이 아니라 늘 그러하다는 것이다. 사회규범이 법을 뒷받침하는 경우에 그렇듯이, 때로 이러한 법은 경찰이나 판사가 없어도 초점에 이르며, 또 때로는 앞서 설명한 모델에서처럼 경찰과 판사가 행동을 취해야 초점에 이른다. 그러나 시민뿐 아니라 국가의 법집행 주체까지 포함해 온전히 서술된 게임, 즉 현실게임에서 잘 시행된 법은 '항상' 초점에 이른다.

맥애덤스(McAdams, 2015, 7쪽, 9쪽)는 법이 어떻게 작동하는지를 다룬 책에서 거듭 법경제학에 관해 언급하며, 믿음이 갖는 힘과 그 믿음이 어떻게 협력에 이르는가를 여러 예시를 들어 설명한다. 그러나 맥애덤스를 비롯한 몇몇 법이론가의 입장과 내가 이 책의 앞부분에서 간단히 언급했고 지금 좀 더 분명히 밝히려는 접근법 간에는 차이가 있다. 예컨대 맥애덤스는, "나는 합리적 선택이라는 전제를 통해 법학의 전통적인 지혜를 수정하라고 경제학자들을 설득하고 싶다. 법은(나쁜 선택을 못하게끔) 저지하고 무력화하지만, 또한 (더 나은 선택을 하게끔) 조정하고 안내하기도 한다."라고 말한다. 또, "요약하면 이 책의 대부분은 초점 및 안내를 조정하는 법의 기능을 설명하고 있으며, 이 기능을 저지, 무력화, 정당성과 나란히 두는 것이 나의 목표이다."라고 덧붙인다.

'또한'과 '나란히'라는 단어의 쓰임에서 차이가 잘 드러난다. 합리적으로 선택하는 상황에서 법은 오직 더 나은 선택 쪽으로 조정하고 안내함으로써만 작동한다는 것이 나의 생각이다. 그러므로 법은 '또한' 그렇지 않고, '언제나' 그렇다. 법이 저지하고 무력화하는 쪽으로 가는 이유는 결국 경찰과 징계권자, 그리고 그 외의 공무수행자들이 저지하고 무력화하는 것이 스스로에게 유리하기 때문이며, 그렇게 하지 않으면 자신들이 저지당하고 무력화될 것이 두려워서이다.[43]

법경제학에 대해 법학자와 철학자들이 내세우는 관점은 '존재론적'이다. 이들은 법이 집행자를 필요로 하지 않는 상황이 있음을 지적한다. 곧 다른 사람들이 법을 따르면 자신도 법을 따르는 것이 유리하다는 것이다. 시간관념, 차별, 아동노동과 같은 예에서 보듯이 이는 사실이고, 또한 중요하다. 그러나 나는 보다 토대적인 방법론적 전환을 주장한다. 나의 주장은 존재론적이지 않고 일반론적이다. 앞선 분석은 초점의 형성과 전환이 법이 작동하는 '유일한 길'임을 보여준다. 이러한 형성과 전환은 때로 국가의 법집행 주체가 어떠한 행동도 취하지 않더

43 여기서 다시 위스턴 H. 오든이 법을 어떻게 말하는지 살펴보자. 이번에는 더 시적이고 암시적이다(「법은 사랑처럼Law, Like Love」 중에서).

법이란 옳은 것도 그른 것도 아니며,
그저 때와 장소에 따라 처벌되는
범죄에 불과한 것
법은 어느 때 어느 곳에서나
입기 마련인 옷
법은 아침저녁으로 나누는 인사

라도 달성되며, 때로는 강제하고 처벌하는 조치를 필요로 한다. 그러나 모든 상황에서 법은 인간의 믿음에 영향을 미쳐 새로운 초점을 만들어 냄으로써 작동한다. 다시 말해 우리는 믿음의 공화국을 살아내야 하는 것이다.

6장

정치와 부정부패, 그리고 법

1. 지배구조와 법이 국가 발전에 미치는 영향

1월 9일은 애덤 스미스Adam Smith의 인생에서 중요한 날이었다. 1751년 1월 9일 글래스고대학교 논리학 교수로 부임하면서부터 교육자로서 중요한 삶의 이력이 시작된 것이다. 스미스는 여러모로 고민한 끝에 '논리학'이라는 강좌명은 그대로 두면서 자신이 가장 흥미로워하는 내용을 가르치기로 하고, '개인의 합리성'이라는 개념을 제시했다. 그 강좌를 수강했던 존 밀러John Millar는 훗날 존경심을 담아 다음과 같이 기록했다. "스미스 교수는 (…) 이내 전임자들이 밟은 전철과는 확연히 거리를 두기로 하고 이 학과에서 다루던 논리학이나 형이상학보다 더 흥미롭고 더 유용한 본질로 학생들의 관심을 돌리려 했다."(Smith, 1762[1978], 1쪽). 스미스는 이 수업에서 논리학 대신 도덕철학, 법철학, 법을 가르쳤다. 열한 살에 글래스고대학교에 입학해 열여섯 살에 스미스의 강의를 듣기 시작했고, 이후 스미스의 '추종자'가 되었으며, 훗날 글래스고대학교의 민법학과 교수가 된 존 밀러에게 스미스의 강의는 지대한 영향을 미쳤다.

글래스고대학교에서 도덕철학을 가르치던 토머스 크레이기Thomas Craigie가 그해 11월에 사망하면서 이듬해인 1752년 4월에 스미스는 도덕철학과 교수로 임명되었다. 이제 강좌의 주제에서 벗어나지 않고도 원하는 대로 가르칠 수 있게 된 스미스는 도덕감정moral sentiment을 다루었다. 다시 한번 존 밀러의 표현을 빌리자면, 스미스는 자연신학과 법철학이 발전해온 흐름을 섭렵해나갔고, 무엇보다 중요하게는 "국가의 부, 권력, 번영을 증대시키리라는 계산에서 '정의'의 원칙이 아니라 '편의'에 근간해 마련된 정치적 통제 장치를 들여다보았다. (…) 스미스는 상업 및 금융과 관련된 정치 기구를 고려했다."(Smith, 1762[1978], 3쪽). 이 중 많은 부분이 1776년 출간된 스미스의 명저 『국부론*An Inquiry into the Nature and Causes of the Wealth of Nations*』에 포함된다.

일찍이 스미스가 법과 경제 발전 간의 접점에 관심을 두었음을 강조하는 이유는, 이 부분이 너무나 자주 간과되곤 하기 때문이다. 하일브로너(Heilbroner, 1986, 1쪽) 역시 그의 책 서두에서 상대적으로 더 중요하다고 할 수 있는 스미스의 글 가운데 일부를 살펴본 후 다시 설명하며, "애덤 스미스만큼 그 이름이 자주 거론되는 경제학자도 없고, 애덤 스미스만큼 자주 그 글이 읽히지 않는 경제학자도 없다"라고 지적하기도 했다.

일반적인 관점에서 보면 '보이지 않는 손invisible hand', 즉 각자의 이익을 위해 애쓰는 개개인의 이기적인 욕망이 결과적으로는 집합적인 선을 달성하는 방향으로 조율되어 나아간다는 개념이 애덤 스미스의 주된 공적이다. 그런데 다른 책에서 언급했듯이(Basu, 2011a) 『국부론』 초판에서는 색인에도 넣지 않은 것을 보면, 스미스는 보이지 않는 손이라는 이 중요한 개념을 핵심적인 메시지로 여기지 않은 게 분명하다. 이 개념은 이후의 판본에서야 색인에 등장한다.

스미스가 강조하려던 바는 국가의 흥망이, 제대로 된 법을 만들고 조율하고 다스리는 힘에 달렸다는 것이었다. 스미스는 사회 구성원들이 가하는 억압과 부당함으로부터 다른 사회 구성원들을 보호해야 할 주권자의 의무, 그리고 '법집행'의 정착을 중요하게 강조했다. 사회가 경제적으로 발전하기 위해서는 법과 정의가 중요함을 잘 알고 있었던 것이다.[1]

그렇다면 국가의 정의로운 법집행과 더 많이 소비하고 축적하려는 개인의 욕망(이 역시 경제적 효율성과 성장을 위해 중요하다)이 어떻게 조율될 수 있을까? 이론의 여지는 있겠지만, 경제가 한 단계 진보하기 위해서는 결정적으로 세 가지가 투입되어야 한다. 곧 (1) 물질적으로 더 풍족해지려는 개인의 욕망, (2) 정직과 이타심, (3) 바람직한 지배구조와 법이다. 일반적으로 사회적 선을 개인적 이해와는 동떨어진 것으로 여기는 탓에, (1)의 개념은 (2)와 (3)이 할 수 없었던 방식으로 인간의 관심과 호기심을 사로잡았다. (1)과 관련된 스미스의 '보이지 않는 손'은 실로 놀라운 발견이었다. 뜻밖의 가치가 있었던 것이다. 그러나 그 가치가 과거의 이데올로기 사상가들이 그래왔듯이 (2)와 (3)을 중요하지 않다고 치부할 이유가 되지는 못한다. 모든 거래, 교환, 무역이 정식 계약을 통해 제3자를 거치도록 강제할 수는 없고, 때로는 의도적으로 불완전하게 계약을 하는 경우도 있다(Rasmussen, 2001). 그런 만큼 시장, 거래, 교환이 순조롭게 제기능을 하려면 개인의 정직과 이타심이 중요한 재료가 된다. (1)이 경제라는 기계를 돌리는 연료에 해당한다면 (2)는 복잡한 기계를 하나로 연동시키는 나사이자 연결고리이다.

그러나 개인의 정직과 이타심에는 한계가 있고, 집단행동으로 인해 생기는 문제는 개인의 영향력을 벗어난다. 이 지점에서 지배구조와 법이 개입된다. (3)은 국가의 흥망을 결정짓는 중요한 요인이 되며, (1)과 (2)보다 훨씬 중요하다. 물론 반론의 여지는 있지만 크게든 작게든 (1)

---

1 이를 보여주기 위한 모델을 만들면서 베슬리와 페르손(Besley & Persson, 2009, 1239쪽)은 "오늘날 부유한 나라들의 역사적인 경험을 통해서 볼 때 발전의 핵심적인 측면은 세금을 걷고 계약을 집행하는 국가적 역량의 창출이다."라고 했다. 애쓰모글루와 월리츠키(Acemoglu & Wolitzky, 2015)는 단지 배척당하리라는 위협만으로도 실현되곤 하는 공동체 기반의 이행과 특별한 위력에 의한 이행을 구분한다. 물론 특별한 위력에 힘이 실리는지의 여부는 그 위력이 작동하는 공동체의 태도와 행동에 달렸다는 반론도 가능하다.

과 (2)는 어느 사회에나 있으며, 그 정도의 차이가 별로 크지 않은 데 비해 좋은 법을 만들고, 시행하고, 지배구조화하는 역량은 국가별로 엄청난 차이가 나기 때문이다. 이런 상황에서는 국가의 흥망에 결정적인 역할을 하는 (3)에 집중하는 편이 맞다. 이는 우리가 건물이 붕괴된 이유를 조사할 때 중력을 주된 원인으로 목록에 올리지 않는 것과 같다. 실제로는 중력도 하나의 원인이지만, 그것은 또한 모든 건물 붕괴의 원인이므로 조사할 만한 흥미로운 이유가 되지 못하기 때문이다.

이런 점을 큰 틀로 두고, 앞선 장에서 발전시켰던 방법론을 지배구조, 정치, 억압, 부정부패 등의 주제에 적용해보기로 하자.

2. 권력과 억압이 초래하는 정치 현상: 독재, 매카시즘, 마녀사냥

사회·정치 규범, 대중문화, 관습 등과 같이 상대적으로 내생적인 endogeneous 과정을 통해 달성되는 결과와 법을 통해 달성되는 사회적인 결과, 그 둘의 미약한 경계가 드러나게 해주는 것이 초점접근법의 가장 중요한 역할 중 하나이다. 이 개념을 인식하기 위해서는 관용, 전체주의, 마녀사냥에 이르는 여러 가지 정치 현상을 더 깊이 이해하고 통찰해야 한다.

사회과학자에게 있어 가장 골치 아픈 개념 중의 하나가 권력이다. 권력의 보편성과 중요성은 우리가 모두 목도하는 바이나, 그 의미가 무엇인지 손에 잡히게 파악하기란 대단히 어렵다. 정치권력이 거대한 가시적 실체에 근거해 있으리라 예상하는 것은 큰 실수로, 수많은 거대한 힘의 작용이 실은 작고 사소한 것에 뿌리를 두고 있다고 보는 것이 맞다. 평범한 다수의 악의 없는 행동과 믿음에서 정치적 괴이함이 출몰할 수 있다는 사실을 고려하면 이런 시나리오는 다소 오싹하다. 지난 책에서 언급했듯이(Basu, 2011a) 프란츠 카프카가 이 점을 포착했고, 같은 프라하 출신인 바츨라프 하벨Vaclav Havel도 반체제 인사로 감옥을 드나들던 시절에 이에 대해 언급한 바 있다.

이런 개념 가운데 일부는 이미 다른 책(Basu, 1986; 2000)에서 더 포괄적으로 다루었으므로 핵심 개념에 대해서만 간략히 설명을 보태고 일단락을 짓기로 하자. 나는 스티븐 루크스Steven Lukes의 1974년작 『권력: 급진적 관점*Power: A Radical View*』이라는 훌륭한 책과, 1980년대 초에 옥스퍼드에서 직접 그를 만난 경험 덕분에 정치권력이라는 주제에 관심을 갖게 되었다. 당시 루크스는 하벨이 투옥되어 있던 체코슬로바키아의 감옥에서 몰래 반출해낸 그의 대단히 중요한 저작 『힘없는 자들의 힘*The Power of the Powerless*』(1979)의 서문을 쓰던 중이었다. 루크스는 번역된 지 얼마 안 된 그 책의 영역본을 내게 주었다. 애초에 불법이었으며, 이후 사미즈다트samizdat(소련의 영향 아래 있는 국가들에서 금지된 출판물을 암암리에 출판하던 행위 또는 그러한 출판물 — 옮긴이주) 문서로만 돌게 된 이 책은 1980년대 초에 이르러서는 체코슬로바키아의 저항을 담은 선언문이 될 터였다. '77 헌장Charter 77'(공산주의 정권 당시의 체코슬로바키아 반체제 운동을 상징하는 문서 — 옮긴이주)이 그러했듯이 하벨의 책은 혁명 그룹을 결집케 하는 신호탄이 되었고, 다른 한편으로는 권력과 정치적 억압을 게임이론의 개념으로 풀어낸 대단히 지적이고 깊이 있는 책이었지만 이 부분은 충분히 평가받지 못하고 있다.[2]

2 비슷한 기조에서 관점을 발전시켜나간 최근의 연구로는 Hatlebakk(2002), Villanger(2005), Yang(2014), Acemoglu & Wolitzky(2015), Oleinik(2015), Ledyaev(2016), Joshi & Mahmud(2016), Han(2016)을 참조할 것.

더욱이 이 책은 오독되는 경우가 많다. 흔히 공산주의 독재에 반대하는 책으로 여겨지지만, 주의 깊게 읽는다면 그보다 훨씬 많은 것을 보여준다. 즉 이 책은 인간의 곤경에 관한 내용이고, 공산주의 독재를 다룬 한편으로 우파right wing 전체주의를 다뤘으며, 미국의 매카시즘 당시에 반공주의자들이 했던 비방과 공격에도 적용된다. 하벨은 일상을 살아가는 개개인이 어떻게 부지불식간에 악의적인 힘을 발산하고, 집단을 공격하며, 독재자인 지도자를 떠받들게 되는지 보여준다. 그의 논의는 1930년대의 독일, 1970~1980년대의 러시아와 체코슬로바키아, 그리고 최근의 북한에 이르기까지 만연한 억압의 본질에 대해 통찰하며, 나아가서 미국을 비롯한 모든 나라에 존재하는 초기 수준의incipient 위험까지도 포착해낸다.

하벨이 내시라는 인물, 혹은 그의 이름이 사용된 내시균형이라는 개념에 대해 인지하고 있었는지는 알 수 없다. 하지만 다른 사람이 어떻게 행동할 것인지에 대한 개개인의 믿음에 근거해 그가 구조화한 주장은, 놀랍도록 내시균형의 발상에 근접해 있다.[3]

하벨은 이 책에서 기술한 시스템을 '후기전체주의post-totalitarianism'라고 이름 붙였다. 후기전체주의는 '자발적 총체성auto-totality'으로 펼쳐지며, 이제 억압은 통치자에 의해서뿐만 아니라 평범한 사람들(예컨대 지지 벽보를 내걸어 체제를 향한 '충성'을 드러내는 청과물상, 그리고 충성을 드러내지 않는 청과물상을 박해함으로써 자신의 '충성'을 드러내는 당 관리 등)에 의해서도 영속화된다. 다른 말로 바꾸어 풀어내기 어려운, 뛰어난 그의 글을 그대로 옮겨와보자(Havel, 1986, 36쪽. 강조는 저자).[4]

3 나는 지난 책(Basu, 1986)에서 이 점에 관한 분석을 제시했으나 하벨의 주장이 내시균형 혹은 부분게임 완전균형임을 이론화해 보이지는 못했다.

4 하벨은 이 글을 원래 1978년에 썼다.

하나의 마을 전체가 아무도 읽지 않는 슬로건으로 도배되었다면, 그 슬로건은 해당 마을의 위원장부터 지역 전체의 위원장에 이르는 사람들이 내놓은 메시지이자, 다른 한편으로는 그 이상의 무엇이다. 이는 사회적으로 자발적 총체성의 원칙이 작동하고 있음을 보여주는 일례이다. 모든 사람을 권력의 영향권으로 끌어들이는 것은 후기전체주의 체제의 핵심 가운데 하나이며, 그리하여 사람들은 스스로를 개별적 인간으로 여기는 것이 아니라 인간으로서 자신의 개별적 정체성을 체제의 집단정체성에 맞게 굴종시킨다. 다시 말해 체제의 광범위한 동화작용automatism의 행위자이자 자기결정적self-determined 목표의 부역자가 되어 체제를 위한 공동의 책임에 참여함으로써 그 내부로 끌려들어가고 옥죄인다. (…) 이러한 관여는 보편적인 규범을 만들어내고, 이 규범은 같은 시민들끼리 감당해야 할 억압을 초래한다. 나아가 이 관여에 익숙해짐으로써 그것을 마치 자연스럽고 불가피한 무엇인듯 규정하게 되고, 결국에는 누가 시키지 않아도 스스로 그 억압 체제에 적극 참여하게 되며, 그렇게 하지 않는 것을 비정상적이고 오만한 것으로 여기고 체제에 대한 도전으로 받아들인다. 후기전체주의 체제는 모든 사람을 권력의 구조 안으로 끌어들임으로써 그들을 집단전체성, 즉 사회적인 자발적 총체성의 도구로 만든다.

자발적이라고는 하나, 사실 **청과물상뿐 아니라 일국의 총리에 이르기까지** 사회 구성원 모두가 연루되었고 노예가 되었다. 사회적 지위에 따라 연루된 정도의 차이만 있을 뿐이다. 곧 청과물상은 적게 연루되지만 권력도 매우 미미하며, 반면에 총리는 당연히 큰 권력을 갖는 만큼 훨씬 더 깊이 연루된다. 그러나 두 사람 다 자유롭지는 못하며, 그 방식 역시 서로 크게 다르지 않다. **그러니 이 연루의 진정한 공범은 또 다른 사람이 아니라 체제 그 자체라고 할 수 있다.**

하벨은 1978년 북부 보헤미아의 초현실적인 풍광을 배경으로 하는 그의 별장 '흐라데체크Hradecek'에서 이 유명한 책을 썼다. 들판을 사이에 두고 별장 건너편에는 경찰들이 지주를 박아 세운 망루가 있었는데, 하벨은 그 망루가 소련이 달에 갔을 때 보행 장비로 썼던 기계의 모습을 닮았다며 그 이름을 빌어와 '루노호트Lunokhod'라고 불렀다. 경찰들은 망루에서 교대하며 계속 하벨을 감시했다. 후기전체주의 체제의 가해자들이 곧 체제의 피해자이기도 하다는 그의 믿음을 반영하듯, 하벨은 감시하는 경찰들에게 본능적으로 연민을 느꼈다. 하벨의 전기를 쓴 잔토프스키(Zantovsky, 2014, 208쪽)는 "대개 그 지역 경찰이었던 감시자들에게 하벨은 악감정을 품지 않았다. (…) 경찰들이 겪는 고초에 마음이 쓰였던 하벨은 간혹 밖으로 나가 그들과 잡담을 주고받으며 긴장을 풀어주기도 했다. (…) 차나 커피를 건네기도 했다."라고 적고 있다. 이처럼 다른 사람의 입장에서 세상을 바라보는 뛰어난 능력이 있었기에 그는 정치권력이 어떻게 유지되는지를 상당히 깊이 있게, 흄주의적Humean 관점에서(3장 1절에서의 설명과 같이, 흄주의자들은 특정한 권력이 정당성을 얻기 위해서는 대중의 합의된 동의가 필요하다고 본다. — 옮긴이주) 헤아릴 수 있었다.

놀랍게도 하벨의 책은 게임이론에 비추어서도 유효하다. 그럼 이제, 하벨의 아이디어를 게임의 틀 안에서 하나의 모델로 풀어내어 체계적인 균형 분석을 시도해보겠다.

인구수가 많은 사회를 가정해보자. 각각의 시민은 숫자값 1, 2, 3, … 으로 불린다. 이들을 시각적으로 나타내면 다음과 같다.[5]

---

5 엄밀히 말해 여기서는 무한한 수의 사람이 있음을 전제한다. 나는 지난 책에서(Basu, 1994a) 설정은 다르지만 유사한 전제를 두었고, 푸르네펠트(Voorneveld, 2010)의 전제도 동일하다. 푸르네펠트는 이러한 전제가 왜 합리적인가를 상세히 논하기도 했다(Rubinstein, 1991,

1　2　3　4　5　6　7　…

이렇게 사람들을 일렬로 늘어놓으면 특정한 사람과 그 인접한 사람을 지칭하기가 수월해진다. 앞의 예에서 보이는 바와 같이 시민n의 왼쪽에는 시민n−1이, 오른쪽에는 시민n+1이 한 줄로 늘어서 있다고 생각해보자.

이 사회에서는 시민1과 시민2 사이에 거래가 가능하고, n>1인 모든 시민n은 시민n−1 및 시민n+1과 거래를 할 수 있다. 즉 앞의 가시적인 예에서 볼 수 있듯이 각자가 자기 양 옆의 사람과 거래를 할 수 있다. 두 사람 시민n과 시민n+1 간의 거래는 시민n+1이 시민n과 거래를 원할 때 일어난다. 즉 자기 오른쪽에 있는 사람과는 늘(항상) 거래할 의사를 지닌다고 가정해보면, 그 오른쪽에 있는 사람이 자기 왼쪽에 있는 사람과 거래를 원하기만 하면 실제 거래가 일어나는 것이다.

시민n과 시민n+1 사이에 거래가 일어나면 시민n은 3달러의 보수를, 그리고 시민n+1은 1달러의 보수를 얻는다고 본다. 모든 사람이 자기 양 옆의 두 사람과 거래를 한다고 가정하면(물론 1의 옆에는 한 사람밖에 없으므로 시민1은 오직 시민2와 거래를 한다고 전제한다), 시민1은 3달러의 보수를 얻고, 다른 사람들은 모두 4달러의 보수를 얻게 된다.[6]

이제 이 사회에 독재자가 등장해 모두 1달러씩을 내라고 한다. 독재자는 그 대가로 아무것도 내어놓지 않으므로 이는 순수한 착취이다. 시민들은 이 요구에 따를까? 특히 그 독재자가 직접 신체적인 해를 입히

918쪽도 참조). 이 예에서는 상대적으로 단순한 설정을 통해 부분게임 완전균형을 끌어내고자 이 같은 전제를 두었다. 유한한 수의 사람에 대해서도 비슷한 논의를 전개할 수 있지만, 대개 게임은 이보다 더 복잡하다는 점을 강조해두고 싶다(Basu, 2000 참조).

6　감수자주: 시민2는 시민 1과의 거래에서 1을 얻고, 시민3과의 거래에서 3을 얻기 때문이다. 다른 시민들도 모두 마찬가지이다.

거나 처벌할 능력이 없다면 어떠할까? 얼핏 생각하면 '그의 요구를 따르지 않는다'가 답일 것 같다. 그런데 독재자의 말을 듣지 않으면 다른 시민들로부터 벌을 받거나 배척을 당하는 사회라면 이들은 독재자의 지시에 순응할지 모른다. 시민들 사이에 공유되는 두려움이 독재자로 하여금 모두를 착취할 수 있게 만드는 것이다. 이 상황을 모델로 만들어 설명하고자 한다.

다음과 같이 정의해보자. 만약 시민n이 독재자가 요구한 1달러를 내지 않거나, 또는 1달러를 내지 않은 시민n-1과 거래를 한다면 그는 '배신자'이다. 이어서 시민t가 독재자에게 1달러를 내지 않고 시민t+1이 시민t와 거래를 한다면 시민t+1도 배신자로 간주된다. 그리고 이어서 시민t+2가 시민t+1과 거래를 한다면 시민t+2도 배신자가 되는 식으로 계속된다.

게임은 다음과 같이 전개된다. 먼저 제1기에는 시민1이 독재자에게 1달러를 줄지 말지를 선택한다. 이후 제2기에는 시민2가 독재자에게 1달러를 줄지 말지, 그리고 시민1과 거래를 할지 말지를 선택한다. 이후 제3기에는 시민3이 독재자에게 1달러를 줄지 말지, 그리고 시민2와 거래를 할지 말지를 선택한다. 그렇게 계속된다.

이제 어떤 시민n도 배신행위를 하지 않고, 시민n은 시민n-1이 독재자에게 충성하여 납세할 때만 시민n-1과 거래를 하는 상황을 가정해보자. 쉽게 알 수 있듯이 이 전략은 모든 사람에게 균형이다. 다른 사람이 독재자에게 충성할 것이라 믿는다면 나 자신도 충성을 원할 것이다. 이 행위는 내시균형이자 부분게임 완전균형이다. 즉 미래에 사람들이 특정한 행동을 하리라 기대했다면, 그 상황이 현실이 되었을 때 실제로도 사람들은 그렇게 행동한다.

이를 증명하기 위해 시민1의 경우를 살펴보자. 만약 시민1이 모든 사람이 충성을 원한다고 믿으면 그는 독재자에게 1달러를 낸다. 그리고 시민2가 시민1과 거래를 하면 시민2는 시민1에게 3달러를 주고, 시민1은 그 가운데 1달러를 독재자에게 내게 되어 결과적으로 시민1이 기대할 수 있는 순보수는 2달러가 된다. 반면에 시민1이 독재자가 부과한 부당한 세금을 내지 않기로 마음먹으면 그에게는 배신자라는 꼬리표가 붙고, 시민2는 시민1과 거래를 하지 않게 될 것이므로 시민1의 보수는 0이 된다. 이러한 내용이 <그림 6-1>에 제시되어 있다. 시민1은 G(납세) 또는 N(납세 거부) 중에 선택할 수 있고, 그 경우 시민1은 각각 2와 0의 보수를 얻게 된다.

다음은 시민n의 경우로서 이때 n은 1보다 크다. 시민n-1이 충성하는 경우, 시민n에게 최선의 선택지는 시민n-1과 거래하고 독재자에게 1달러를 내는 것이다. 이렇게 함으로써 시민n은 충성자라는 이름표를 달고 시민n+1과의 거래를 기대한다. 이렇게 될 때 시민n의 기대보수는 3달러이다. 다른 어떤 전략으로도 이만큼의 보수를 얻지 못한다. 이 내용이 <그림 6-1>의 (a)에 n=2인 경우로 제시되어 있다. 이때 시민1은 충성하는 것으로, 즉 G를 선택하는 것으로 가정한다. 이제 시민2는 독재자에게 세금을 내고 시민1과 거래를 할지(Gt 선택지), 혹은 독재자에게 세금을 내고 시민1과 거래를 하지 않을지($G\bar{n}$ 선택지)를 선택한다. 이때 시민2에게 예상되는 보수는 각각 3과 2이다. 잘 알 수 있듯이 시민2에게 최선의 선택은 Gt이다.

반면에 시민n-1이 배신하는 경우, 시민n에게 최선의 행동은 시민n-1과의 거래를 거부하고 독재자에게 1달러를 내는 것이다. 이렇게 함으로써 시민n은 충성이라는 이름표를 달고 시민n+1과의 거래를 기대할 수 있다. 이때 시민n은 2의 보수를 얻는다. 그리고 쉽게 알 수 있듯이 다른 모든 행위는 시민n을 배신자로 낙인찍어 시민n+1과의 거

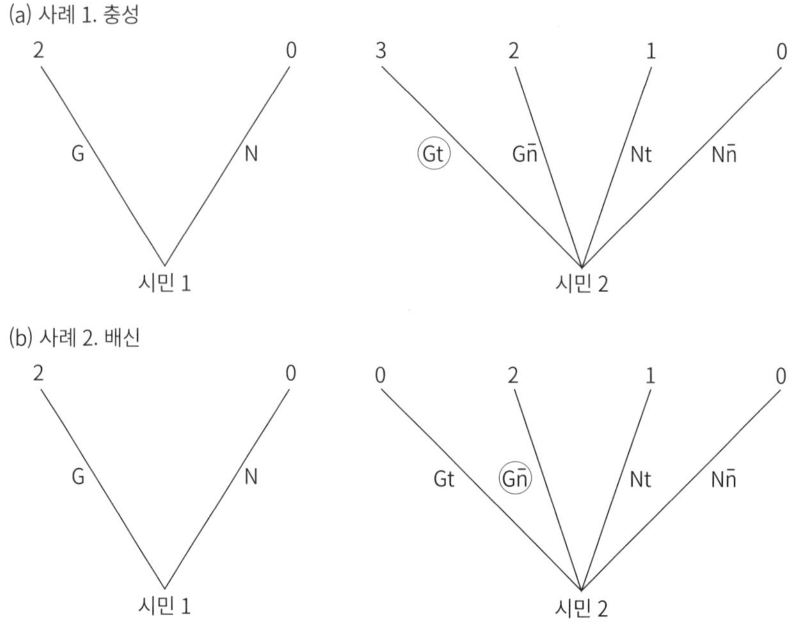

<그림 6-1> 충성 배당

* G: 납세, N: 납세 거부, t: 거래, n̄: 거래 거부.

래를 차단하므로 결과를 악화시킨다. 이 내용은 <그림 6-1>의 (b)에 n=2인 경우로 제시되어 있다. 여기서 시민2는 선택의 시점에 이미 시민1이 전략 N(납세 거부)을 선택해 배신자로 낙인찍혔음을 안다고 전제한다. 이때 시민2의 기대보수가 그림에 제시되어 있다. 분명 시민2는 G$\bar{n}$, 독재자에게 충성하고 시민1을 배척하는 선택을 할 것이다. 이로써 증명이 완성되었다.

독재자가 떠받들어지고 압제를 행사하는 것이 가능한 이유는 전적으로 시민들이 서로 배척당할까 봐 두려워하기 때문이다.[7] 독재자는 누

7 캐러더스(Carothers, 2003, 8쪽)는 법의 효력에 관해 이야기하며, 법은 "사회를 구성하는 시민들의 마음속에 있는" 시스템이라고 말한다. 앞서 설계한 모델은 이것이 사실일 수 있

군가에게 직접 위해를 가할 능력이 없어도 된다. 1742년에 발표된 흄의 『국가의 제1원리*Of the First Principles of Government*』 가운데 다음 글(1742[1987], 11쪽)에는 놀라울 만큼 예리한 그의 시선이 드러난다.

> 철학의 눈으로 인간사를 바라보는 사람에게는 '소수가 다수를 쉽게 지배하는 것'과 '사람들이 자신의 감성과 열정을 지배자의 감성과 열정으로 대체하며 내적으로 굴복하는 것'만큼 놀라운 일이 없을 것이다. 이처럼 경이로운 사건이 어떠한 경로로 구현되는가를 살펴보면, 다수의 피통치자 쪽에 힘이 더 실려 있으므로 통치자를 떠받치는 것은 오로지 여론임을 알게 된다. 그러므로 국가는 오직 여론의 토대 위에 있으며, 이 원칙은 가장 자유롭고 가장 대중영합적인 국가뿐만 아니라 가장 전제적이고 가장 군부적인 국가에까지 적용된다. 역사적으로도 일국의 지배자, 가령 이집트의 술탄이나 로마의 황제는 자신의 신민들을 그들의 의지와 감정에 반해서 그들이 마치 거친 짐승이라도 되는 양 몰아갔을지 모르지만, 적어도 자신에 대한 여론을 형성하고 주도할 만한 영향력을 쥔 기득권층이나 실권층(이집트의 경우에는 맘루크 계급, 로마의 경우에는 집정관 계급이 되겠다)에 대해서는 그들의 인격을 존중하며 대우해줌으로써 그들이 형성해준 호의적 여론에 힘입어 권력을 유지했을 것이다.

이 주장이 이해가 되었다면 이 글에 공산주의 정권하에서의 억압은

음을 보여준다. 이러한 점에서 이 모델을 부정부패의 또 다른 형태로도 볼 수 있다. 부정부패는 대개 선의의 행동이라는 허울을 필요로 한다. 모에네와 쇠레이데(Moene & Søreide, 2015, 47쪽)는 "허울은 가장 단순하게, 정부 관료들의 사적인 재물 축적에 이용된다."라고 했다. 물론 그런 경우가 많다. 하지만 앞서 제시한 모델에서는 평범한 시민들의 믿음이 적절히 일치되어 있다면 재물 축적이 더 노골적인 행위가 될 수 있음을 보여준다.

명시되어 있지 않다는 것도 분명히 알 수 있으나, 어찌 됐건 이 글의 맥락은 하벨의 글에 영향을 미쳤다. 따라서 본질적으로는 파시즘에 대해서도 같은 주장을 펼칠 수 있으며, 1950년대에 초에 조지프 매카시Joseph McCarthy 상원의원이 미국에서 일련의 '빨갱이 사냥'을 벌였던 일에 대해서도 같은 주장을 펼칠 수 있다.

그 모든 일은 1950년 2월 9일 미국 웨스트버지니아주 휠링Wheeling의 공화당 여성클럽에서 매카시가 공포감을 조장하는 연설을 하면서부터 시작되었다. 이 연설에서 매카시는 "제가 판단하기에, 가장 중요한 정부 부처 가운데 하나인 국무부가 완전히 공산주의자 천지가 되었습니다. 당원증을 소지한 공산당원이거나 공산당에 충성하는 게 틀림없는 57인의 명단이 지금 제 손에 있습니다."라고 주장했다(Schrecker, 1994, 212쪽). 일단 누군가에게 공산주의자 혹은 '비미국인un-American'의 혐의가 씌워지면 이에 대해 이의를 제기하는 사람 누구에게든 즉시 공산주의자 혹은 비미국인이라는 낙인이 찍히던 시대였다. 따라서 이로써 모독과 마녀사냥의 시기가 시작되었다.

<그림 6-1>에 제시된 게임에서 배신자라는 낙인이 찍힌 사람과 거래를 하면 그 사람도 배신자로 낙인이 찍히고, 결국 '배신자'라는 꼬리표가 전염병처럼 확산되는 것과 같다. 즉 다른 누군가에게 낙인을 찍으려는 시도에 반대하는 단 한 명의 사람만 있어도 공산주의자 혹은 비미국인이라는 낙인은 '이 사람에게서 저 사람에게로' 번져갈 수 있다. 그해 6월 22일에 이르자 래리 애들러Larry Adler, 레너드 번스타인Leonard Bernstein, 월터 번스타인Walter Bernstein, 에런 코플런드Aaron Copland, 피트 시거Pete Seeger, 마거릿 웹스터Margaret Webster, 오슨 웰스Orson Wells 등의 유명인이 포함된 '블랙리스트' 명단의 길이가 아득히 길어진 것은 그리 놀라운 일이 아니었다.

매카시즘의 종식에 큰 역할을 했던 대법관 윌리엄 더글러스William Douglas는 1952년 1월 13일자 『뉴욕타임스』(37-38면)에 이렇게 썼다. "한때 우리는 서로를 믿었다. 이제 우리는 의심한다. 무고한 행동이 명백한 배신의 징표가 된다. (…) 그간 관습적으로 따라온 개념만이 안전한 것이라는 믿음이 안착할 때까지 의심은 자란다. 정통이 아닌 자는 의심을 받는다."

이야기를 마무리 짓자면, 다행히 공화당과 민주당 양당의 저명한 상원의원, 유수의 기업인, 판사들의 주도로 매카시즘에 대한 저항이 일었다. 그리고 1954년 초에 이르자 훗날 '매카시를 퇴출하라Jo Must Go' 운동으로 불리게 될 움직임이 일면서 저항의 물결은 더욱 거세졌다. 1954년 12월 2일에 상원은 매카시에 대한 불신임안을 가결했고, 이로써 매카시즘의 시대는 종식되었다. 드와이트 아이젠하워Dwight Eisenhower 대통령이 안도감을 감추지 않고 했던 말처럼 "현재형 매카시즘McCarthyism"은 이제 "과거형 매카시즘McCarthywasm"(Fried, 1990, 141쪽)이 되었다.

이 책의 관점에서 볼 때 흥미로운 점은, 바로 법이 바뀌어서 매카시즘이 촉발된 것은 전혀 아니라는 것이다. 바뀐 것은 다만 '우리가 서로에게 무엇을 예상하는가'라는 그 사회의 초점이었다. 매카시가 이 변화를 촉발하는 역할은 했겠지만, 일단 시작된 뒤로 채찍을 휘두른 것은 그가 아니었다. 변화에 힘을 실은 것은 사람들 사이의 두려움이었고, 그러한 변화를 거스르기에 개개인은 무력했다. 매카시의 역할은 단지 초점을 바꾼 것뿐이었다.

대단히 흥미로운 최근의 기호학 연구에서도 같은 관점이 관찰된다. 이 연구에서는 중국의 '파이마피拍马屁' 관행을 다룬다(Yang, 2014). '말의 엉덩이를 토닥인다'는 의미의 이 개념은 소유한 말의 수가 곧 지위를 상징하는 몽골에서 유래되었을 가능성이 크다. 상대방의 환심을 얻고자 그의 말 엉덩이를 토닥이며 좋은 말이라고 칭찬해주던 관습에서 비롯되어, 현대 중국에서 이 표현은 직장을 비롯한 위계서열 구조의 조직에서 행해지는 아첨이나 아부를 가리킨다.

양(Yang, 2014, 2쪽)은 오늘날 중국에서 널리 이용되는 '파이마피'가 윗사람을 향한 일종의 복종의 제스처와 연결되는 것으로서, "생존 전략이자 통제 수단의 역할을 한다."라고 말한다. 이러한 통제는 관련된 규칙인 '당안档案', 즉 피고용인 및 조직구성원의 행동을 기록하거나 문서화해서 유지·관리하는 것을 통해서도 가능하다. 개개인의 행동에 관한 정보가 사람들 사이에 전파되면 다른 사람들이 자신을 어떻게 대할지 모른다는 두려움이 생기고, 그로 인해 '두려움이 없었다면 가능하지 않았을' 방식으로 개인의 행동이 강제된다. 이러한 과정은 하벨의 전체주의 국가에서 일어나는 일과도 유사하며, 내가 다른 책(Basu, 1986)에서 기술한 권력 모델 역시 이러한 양상을 보였다. 양(Yang, 2014, 9쪽)의 말처럼 "관료제 체제에서 '파이마피'가 균형선택 규범이 되면 모두가 윗사람에게 아첨하는 상황에서 사람들은 이 규범에 따를 수밖에" 없다.

3. 법과 무관한 표현의 자유

법과 법 이외의 사회적 압력이나 제재가 어떻게 상호대체적일 수 있는가를 아주 잘 보여주는 실례를 표현의 자유에서 찾을 수 있다. 우리는 대개 그 나라의 법률, 헌법, 또 맥락에 따른 실질적인 국가적 조치를 살펴보는 방식으로 국가별 표현의 자유를 비교한다. 이 방법은 흥미로운 결과와 시사점을 제시하며, 순위에 연연하는 우리들의 세상에서는 국가별로 순위를 매기는 단체와 웹사이트도 있다. 잘 알려진 한 연구에 따르면[8] 표현의 자유가 가장 잘 보장되고 있는 나라는 뉴질랜드이고, 호주, 영국, 일본, 미국이 그 뒤를 잇는다. 이 순위표의 하위권도 흥미로운데, 표현의 자유가 가장 제한된 나라는 에리트레아로 나타났다. 그렇다면 조사 대상국에서 북한이 빠진 게 아닌가 생각하는 독자들이 있을지 모르겠지만, 그렇지 않다. 이 연구에서는 북한에 상대적으로 표현의 자유가 조금 더 있다고 보고 끝에서 두 번째로 순위를 매겼다. 최근의 언론 자유 지표에서는 핀란드가 가장 높은 순위에 올랐고, 뉴질랜드는 다섯 번째를 차지했다. 끝은 대동소이하다. 북한은 변함없이 에리트레아를 꺾고 올라선 기록을 유지했다.[9]

이 모든 연구에서는 시민들과 언론이 자유롭게 말하고 쓸 수 있다고 규정한 국가의 법과 규칙에 공통적으로 방점을 둔다.[10] 정부는 중요한 행위 주체이고 주목을 받아 마땅하지만, 법에 의해 보장받는 언론의 자유(또는 법에 의해 통제받는 자유도 포함)는 법이 없이도, 즉 평범한 시민들 사이의 사회적인 압력, 규범, 배척, 징벌적 조치로도 재현될 수 있다는 사실에 주목해야 한다. 이는 법경제학 초점접근법을 통해서도 강조한 중요한 사실이다. 그도 그럴 것이, 법을 통해 달성되는 사회적 결과라면(다시 상기해보자면 사회 구성원에는 평범한 시민뿐만 아니라 경찰, 징계권자, 국가의 수장도 포함된다) 그것은 법이 없이도 달성될 수 있다. 법으로

---

8 http://www.therichest.com/rich-list/10-countries-with-the-most-freedom-of-speech/를 참조할 것.

9 국경없는기자회Reporters without Borders가 작성한 2016년 '세계 언론 자유World Press Freedom' 지표에 따랐다.

10 표현의 자유에는 표현하지 않을 자유도 포함된다는 사실을 아는 것이 중요하다. 원치 않게 밝혀야만 하는 것은 미국 헌법에서 정한 표현의 자유 조항에 위반된다고 주장하며 담배 제조사들이 담배로 인한 피해 공개를 거부한 흥미로운 사례도 있다(Jolls, 2013).

달성되는 결과는 어찌 되었든 현실게임의 균형이기 때문이다. 법은 그 결과가 부각되도록 도울 뿐이고, 법의 도움이 없어도 같은 결과가 사회적으로 선택되었을 수 있다.

법적인 처벌이 없이 사회적 감시만으로도 충분히 표현의 자유를 제약할 수 있는 상황은 금방 구조화해볼 수 있다. 쉽게 앞 절의 예에 대입해, 표현의 자유를 보호하는 헌법과 법률이 있는 사회, 혹은 이러한 법이 없는 사회를 가정해보자. 이 사회에서 한 무신론자가 공개적으로 신념을 밝히고자 한다. 그는 '나는 신의 존재를 믿지 않는다'라고 말하고 싶어 하고, 이 말을 공개적으로 할 수 있을 때 1달러에 상응하는 만족을 얻는다. 즉 이 말을 하지 못하면 1달러를 포기하는 것과 같다.

이 사회는 앞 절과 동일한 구조의 사회로서, 시민1은 시민2와 거래하고, 시민2는 시민1 및 시민3과 거래하며, 시민3은 시민2 및 시민4와 거래한다. 이 사회도 '나는 신의 존재를 믿지 않는다'라고 말하는 사람에 대해, 혹은 '나는 신의 존재를 믿지 않는다'라고 말하는 사람과의 거래에 대해, 혹은 '나는 신의 존재를 믿지 않는다'라고 말하는 사람과 거래하는 사람과의 거래에 대해 등으로 제재나 배척의 방아쇠를 당길 수 있다. 이로써 모든 무신론자가 침묵하는 상황이 균형임을 쉽게 알 수 있다. 어떤 식으로든 국가는 관여할 필요가 없다. 자신이 원하는 사람과 거래하거나 거래하지 않을 자유가 누구에게나 있는 한, 법적인 처벌 말고도 표현의 자유를 막을 징벌적 제재의 수단은 있는 셈이다. 나아가 그 방식이 꼭 거래일 필요도 없다. 말을 걸 사람이 없는 것도 고통이므로, 시민2는 시민1과 말하길 거부하고, 시민3은 시민2와 말하길 거부하는 형태의 처벌도 가능하다.[11]

---

11 같은 논리로 보면 거대 기업과 조직화된 대규모 그룹은 표현의 자유를 이용해 정보와 여론

이제 이 구조를 다양한 맥락에 적용해볼 수도 있다. 예컨대 북한이 국가적으로 표현의 자유를 전혀 제한하지 않는다는 가정에서 한 북한 주민이 "나는 조선민주주의인민공화국에서 옷을 가장 잘 입는 사람이 김정은이 아니라고 생각한다."라고 말하고 싶어 한다고 하자. 배경을 잘 모르는 이들을 위해 말해두자면, 2016년 북한의 한 기관이 발표한 내용에 따르면 7년 연속 북한에서 옷을 제일 잘 입는 사람으로 김정은이 꼽혔다고 한다(그 진위는 입증할 수 없다). 방금 살펴보았듯이 김정은이 옷을 못 입는다고 공개적으로 말할 경우 이 사람은 사회에서 배척당할 수 있으므로 비용이 너무 커져 그 말을 하지 않을 것이다. 여기에서 국가의 법집행 주체들은 어떠한 역할도 할 필요가 없다. 우리가 어디에 살든, 그 나라의 법에서 얼마나 많은 자유를 부여하든 상관없이 사회적 제재만으로도 표현의 자유는 억압될 수 있다. 이는 앞 절에서 논의한 '파이마피'가 작동하는 방식과 같다. 많은 국가에서, 특히 전쟁 중인 국가에서(이 경우에만 국한되는 것은 아니다) '아국이든 적국이든 사람이 죽는 것은 비극이다'라고(나는 그렇게 생각한다) 말하고 싶은 사람이 있다면 그 말을 못 하도록 막는 데에는 국가적 장치가 필요하지 않을 수 있다. 사람들 간의 압력과 괴롭힘, 그리고 많은 경우 폭력의 위협이 그 일을 해낸다. 마찬가지로 많은 나라에서 총리의 정책을 비판하거나 대통령이 바뀌었으면 좋겠다는 말을 내뱉는 데에는 제약이 따를 수 있다.

표현의 자유라는 주제를 마무리 짓기 전에, 이 글의 논의와는 무관하지만 '표현의 자유는 명백하게 참이고 선이다'라는 명제에 대해 꼭

을 의도적으로 왜곡할 수 있다. 모두 알고 있듯이 언론이 검열을 받지 않더라도 소수의 재벌과 기업이 언론을 통제하는 상황이라면 모든 진실이 공정하고 숨김없이 대중에게 드러나리라 보장할 수 없다(Lebovic, 2016).

그렇다고 단언할 수 없다는 사실만은 짚어두고자 한다. 내가 지난 책에서 주장했듯이(Basu, 2000, 5장) '무엇이든 원하는 바를 말하고 쓸 수 있어야 한다'라고 믿는다면, 살만 루슈디Salman Rushdie가 『악마의 시*The Satanic Verses*』(1988)를 출간할 권리도 옹호되어야 한다(이 책이 이슬람교를 모독했다는 이유로 살만 루슈디는 사형을 선고받았다. — 옮긴이주). 그러나 같은 논리대로라면 루홀라 호메이니Ayatollah Khomeini가 루슈디에 반하는 '파트와fatwa'(어떤 사안이 이슬람법에 저촉되는지 여부를 판단해서 밝히는 결정이나 명령, 선고를 의미 — 옮긴이주)를 밝힐 권리도, 그가 직접 '파트와'를 집행하지 않는 한은 옹호되어야 한다. 그러니 이 문제는 얼핏 보이는 것처럼 사변적인 문제가 아니다. 미국의 표현의 자유라는 맥락에서 보면, 20세기 초 미국에서는 '노조가 고용주를 비판할 권리'가 '고용주가 노조에 반하는 견해를 표현할 권리'도 포함하는지, 혹은 후자는 그 속성상 강압적으로coercive 이루어지는 것인지가 논란이 되었다(Weinrib, 2016). 1937년 헨리 포드Henry Ford와 노동자들 사이에서 이 논쟁이 일었을 때 미국시민자유연맹American Civil Liberties Union 집행부 가운데 일부는 후자가 강압에 의한 것이라는 견해를 취했다(Cole, 2017a).

더욱이 어떤 언사(혹은 언어 표현)는 때리거나 차거나 휘두르는 것만큼의, 혹은 그 이상의 고통을 주기도 한다. 그러므로 단순히 결과론적으로 보면 신체적인 폭력에 반대할 경우 상처를 주는 언사에도 똑같이 반대를 해야 할 것이다.[12] 말하자면 이렇다. 특정한 문장을 들을 때마다

12 미국은 수정헌법 제1조에 의거해 표현의 자유가 법으로 가장 잘 보장되는 국가로 손꼽히는 만큼, 미국의 법에서도 표현의 자유에 예외를 두고 있음을 언급할 필요가 있겠다. 그 발단의 상당 부분은 1942년의 그 유명한 '채플린스키 대 뉴햄프셔' 사건, 그리고 직접적인 폭력을 조장하는 말의 금지에 대한 '싸움 거는 말fighting words' 원칙의 등장에서 비롯되었다. 이 일로 "언어적 폭력에 준하며, 듣는 사람에게 정서적 고통을 야기하는 단어"를 국가가 막을 권리 등의 조항이 추가되었다(Gard, 1980, 524쪽). 이런 예외의 창구를 열어두는 즉시 생

그 언사에 마음이 상하는 사람이 있다고 하자. 그런데 세상이 바뀌어서 이제는 그 문장을 들어도 마음이 상하지는 않게 되었지만, 이제는 마치 디지털화된 명령처럼 그 문장이 들릴 때마다 어떤 기기에서 팔이 튀어나와 그 사람을 때린다. 그래서 이전 세상에서 겪은 마음의 상처와 똑같은 강도의 신체적 상처를 남기는 고통을 가한다. 결과론자나 특히 후생주의자의 견해로 보면, 바뀐 세상에서 다른 사람을 때리는 것을 금지한다면 바뀌기 전의 세상에서는 그 문장을 '표하는' 것이 금지되어야 한다. 따라서 이런 논지대로라면 표현의 자유는 제약되어야 한다.

그러나 염두에 두어야 할 두 가지 중요한 차이가 있다. 첫째, 신체적인 폭력은 명확히 정의할 수 있는 행위인 반면에 상처가 되는 말은 그렇지 않다. 그러므로 정의상의 문제를 비롯해 소송이 끊이지 않을 위험이 있다는 이유만으로도 상처가 되는 말을 제재하지 않기로 판단할 수 있다. 둘째, 자신이 '다른 사람의 말에 얼마나 상처를 받는가'는 스스로 통제가 가능할 수 있다. 이런 말 가운데 일부는 사회적 조건에서 비롯되는데, 이에 대해 그 말을 무시하는 법을 배우거나, 공격적인 언사로 읽지 않는 법을 배울 수도 있다. 이러한 이유에서 나는 표현의 자유가 전적일 수는 없지만 대체로는 그 범위가 넓어야 하고, 소중히 지켜지며 보호되어야 한다고 생각한다. 상처가 된다는 이유로 타인의 말을 막을 때는 대단히 신중히, 이례적이고 극단적인 경우에 국한해서만 제지해야 한다(피시[Fish, 1994]가 이 논의를 탁월하게 풀어낸 바 있다).

기는 문제는 오용되기 쉽다는 것으로, 대개는 정부가 의견을 달리하는 사람을 침묵시킴으로써 공무원 및 정치 지도자들의 이해를 수호하는 방식으로 오용된다. 또한 앞으로 예외가 있으리라는 사실을 의식하지 않기란 불가능하다. 이는 글로 쓰인 법의 효력과 공정성은 '그 사회가 법의 글귀를 어떻게 읽는가'에 달려 있음을 보여준다. 그 말의 모호함은 불가피한 것인 만큼, 결국 공정하고 법이 지켜지는 사회를 만들기 위해서는 공정성과 정직에 관한 우리의 타고난 감각이 대단히 중요하다.

이번 절에서의 논의는 비공식적인 사회적 통제가 지니는 위험과 장점을 동시에 보여준다. 무엇을 말하고 쓸지의 자유, 어떤 종교를 선택할지의 자유, 어떠한 종교도 선택하지 않을 개인의 자유를 심각하게 제약하는 끔찍한 행동이 이러한 사회적 통제를 통해서도 촉발되고 부추겨질 수 있다. 사회적 통제는 또한 개인과 집단을 괴롭히고, 다른 형태의 자유를 억압하는 데에도 이용될 수 있다. 마일라스와 모리스, 포슬웨이트(Mailath, Morris, & Postlewaite, 2017, 33-34쪽)를 인용해보자. "미국의 법은 누구든 다른 사람에게 자신의 견해를 밝힐 수 있으며, 이에 따른 보복으로 행해지는 살인은 법에 반한다는 것을 분명히 하고 있다. 그러나 20세기의 상당 기간 동안 이 나라의 많은 곳에서는 백인에게 자신의 견해를 밝혔다는 이유로 흑인들이 교수형에 처해졌다. 이 행위는 분명히 살인에 해당하지만, 그 살인자를 체포할 만큼 어리석은 경찰은 (그가 이 교수형을 범죄로 규정하는 검사를 찾아냈다는 매우 드문 경우에 한해) 그 사건이 범죄가 아니라고 보는 배심원들과 맞서야 할 가능성이 크다."

한편 사회적 압력은 부당한 법의 이행을 거부하는 데 활용될 수 있고, 노골적으로 부당하거나 불공정한 행위를 하는 정치 지도자를 거부하는 힘의 원천으로도 활용될 수 있다. 이때의 핵심은 확산성이 강한 거부 및 배척의 시스템을 활용한다는 데 있다. 만약 A가 바람직하지 않은 정치 지도자를 상대한다면 다른 사람들은 A를 상대하지 않기로 한다. 그럼에도 불구하고 B가 A를 상대한다면 다른 사람들은 B 역시 상대하지 않기로 한다. 이런 식으로 계속된다. 인도의 카스트제도에서 불가촉성을 퍼트리는 원리로 사용되는 이 방법은 이렇게 좋은 쪽으로도 활용될 수 있다.

이 책의 앞부분에서 '어째서 어떤 법은 모든 사람에게 완전히 무시되어 전혀 효과를 내지 못하는가'에 대해서 언급했다.[13] 누가 봐도 부당하거나 부도덕한 법을 의도적으로 지키지 않는 데에도 같은 논리를 적용해볼 수 있다. 인도가 자유를 위해 투쟁하던 때에 간디는 종종 이 방법을 써서 법집행자와 시민들 모두에게 함께 법을 위반할 것을 호소했다. 한 개인으로서의 지도자가 물리적으로 할 수 있는 일에는 결국 한계가 있다. 이 장의 앞부분에서 보았듯이 힘은 결국 평범한 시민들이 어떻게 행동하고 무엇을 믿는지에 달렸다. 같은 논리로 평범한 시민들이 특정한 방식으로 행동함으로써 누구도 거부할 수 없는 집단적 위력을 만들어낸다면 지도자를 무력화할 수 있다.

4. 부정부패라는 골칫거리

이제 초기 법경제학자들의 분석 대상이었던, 이 책의 2장에서 언급한 범죄와 처벌에 대한 논의로 돌아가보자. 범죄와 처벌은 부정부패와도 밀접한 관련이 있다. 일반적으로 부정부패란 경찰, 관료, 정치인 등의 법집행 주체의 묵인하에 일어나는 위법 행위를 뜻하며, 따라서 평범한 시민의 절도 행위도 범죄이긴 하지만 부정부패라고 부르지는 않는다. 대개 부정부패에는 국가의 법집행 주체가 연루된다. 슐라이퍼와 비슈니(Shleifer & Vishny, 1993, 599쪽)는 이 점을 명확히 하며 "사적 이익 취득을 위한 정부 관리의 국유 자산 매각 행위"로 부정부패를 정의했다. 만약 면허와 인허가에 값을 매겨 뇌물을 받고 이를 판다면, 이 행위

13 앞에서 마일라스와 모리스, 포슬웨이트(Mailath, Morris, & Postlewaite, 2017)를 인용했다. 이 책에서는 심지어 선진국에서조차 사람들의 행동에 아무런 영향도 미치지 못한 채 먼지만 쌓이고 있는 또 다른 법의 예도 많이 다루고 있다.

는 정부의 자산을 매각한 효과를 내므로 부정부패를 구성한다.

부정부패가 존재한다는 사실은 기존의 법경제학에 내재적 결함이 있음을 보여주는 명백한 증거이다. 부정부패에 대한 대부분의 연구는 부분균형partial equilibrium을 적용하고 있다. 이 접근법에서 법집행 주체는 기본적으로 분석의 틀 밖에 있고, 필요할 때에만 변수로 고려된다. 이 점은 우리가 부정부패를 분석할 때 큰 걸림돌이 되며, 부정부패가 왜 어떤 사회에서는 만연하고 또 어떤 사회에서는 드문지 그 이유를 설명해내지 못한다. 이런 점에서 우리는 보다 상위의 차원, 즉 권력과 정치를 분석할 때와 동일한 사회적 층위에서 부정부패의 문제를 바라보아야 한다. 국가의 정책집행자를 나름의 동기와 이해관계를 가진 인격체로 취급해야 하는 것이다. 이것이 2장에서 적용한 동기부여 모델이다. 이 부분을 다시 이어나가되, 이번에는 앞서 다룬 논의를 되짚어보는 방식을 적용하기로 하자.

여기서 제시하려는 바는 1960년대에 처음 나온 신고전주의 범죄 처벌 모델이 발전해 나아가면서 점차 국가의 정책집행자를 인격체로 인식하게 되었다는 것이다. 다시 말해 당시는 초점접근법으로 연결되는 문제들이 상당 기간 부지불식간에 인식은 되고 있었으며, 여전히 미완성으로 남아 있긴 하지만, 국가와 정책집행자들을 모델에 포함시키려는 흥미로운 노력들도 있었다.

일찍이 베커(Becker, 1968)는 법집행 주체를 '기계적으로 제 일을 하는 로봇'으로 두는 전제가 틀렸음을 자연스럽게 깨달았다. 부정부패를 이해하려면 이 가정을 유연하게 적용해야 했다. 이처럼 부정부패를 다른 방식으로 다루고자 시도한 문헌은 매우 많으며,[14] 어떤 면에서는 이

14 예를 들면 Rose-Ackerman(1975), Klitgaard(1988), Mauro(1995), Mookherjee

문헌들이 초점접근법의 효시라고 할 수 있다.

범죄자를 체포한 경찰에게 로봇이 아닌 '호모사피엔스'의 특성을 부여하면 범죄와 부정부패에 관한 분석이 어떻게 달라지는지 살펴보기 위해, 앞서 2장에서 설명한 베커의 범죄 처벌 모델로 돌아가보자. 간단히 개괄하면, 앞선 분석에서는 불법 석탄 채굴로 B달러의 수익을 거둘 수 있는 범죄를 저지를지 말지 고민하는 사람이 있었다. 그러나 경찰에게 체포될 확률이 p이고, 체포될 경우에는 벌금 F를 내야 한다. 이 모델에서 다음과 같은 경우에는 범죄가 일어나지 않는다.

$$B \leq pF$$

한편 다른 평범한 시민들과 마찬가지로 경찰도 효용을 극대화하는 사람으로서 기꺼이 뇌물을 받는다면 이 모델은 달라진다. 이 경우에 범죄자가 체포된 후 경찰은 범죄자와 협상에 들어간다. 두 사람이 합의에 이르지 못하면 범죄자는 국가에 F달러를 내야 하고, 경찰은 아무것도 얻지 못한다. 하지만 뇌물 b에 합의하면 범죄자는 b를 잃고 경찰은 b를 얻는다. 이때 뇌물액이 F달러보다 크면 벌금을 내는 게 유리하므로 당연히 뇌물액은 F달러보다 크지 않다. 즉 범죄자와 경찰은 F달러를 나눌 수 있는데, 서로 대칭적인 상황이므로 반씩 나눈다고 보는 것이 자연스러울 것이다. 이렇게 되면 뇌물은 $\frac{F}{2}$달러가 된다.[15]

& Png(1995), Bardhan(1997), Mishra(2002), Kugler, Verdier, & Zenou(2005), Bose & Echazu(2007), Treisman(2007), Wihardja(2009), Yoo(2008), Gautier & Goyette(2014), Suthankar & Vaishnav(2014), Banuri & Eckel(2015), Dixit(2015), Popov(2015), Gamba, Immordino, & Piccolo(2016) 등이 있다.

15 이를 내시 협상 문제Nash bargaining problem로 풀었을 때도 정확히 같은 답이 도출된다. 즉 독자들은 이 값이 내시 협상 해법의 공리를 통해서도 뒷받침된다는 사실을 인지하여 안심

이 약간의 변화를 시작으로 흥미로운 결과가 도출된다. 당연히 벌금은 결코 납부되지 않으며, 불법을 저질러 누군가가 잡힐 때마다 잡힌 사람은 체포한 경찰과 협상해 뇌물을 주고 빠져나간다. 벌금을 납부하는 사람은 없지만 그래도 벌금의 존재가 부정부패를 억제하는 역할을 한다는 것이 흥미롭다. 범죄로 벌어들이는 수입이 B달러이고 체포될 확률이 p일 때 체포된 사람은 $\frac{F}{2}$달러의 뇌물을 지불하지만, 다음과 같은 경우에는 범죄가 일어나지 않는다.

$$B \le p\frac{F}{2}$$

분명 벌금에 따라 뇌물의 액수도 달라질 터이므로, 아무도 내지 않는 벌금일지라도 여전히 범죄를 통제하는 데 활용된다. 이를 앞의 상황에 대입해보면, 이제 벌금을 두 배로 올리거나 체포될 가능성을 두 배로 높여야 범죄를 막을 수 있다는 게 명백해진다.

이는 중요한 시사점을 제공한다. 경찰도 합리적인 존재이고 사회적 상황에 따라 기꺼이 뇌물을 받는(그래서 범죄자는 벌금을 내지 않고 빠져나갈 수 있는) 존재임을 우리가 인식한다고 해서 벌금의 역할이 없어지는 것은 아니다. 역할은 있되, 다만 효과가 떨어지게 되는 것이다. 따라서 같은 결과를 얻으려면 벌금을 두 배로 높여야 한다. 국가의 정책집행자를 합리적인 존재로 보면 분명히 분석과 처방이 달라지는 것이다.

그러나 이렇게 되면 아직 답하지 못한 한 가지 의문이 바로 제기된다. 대부분의 사회에서 뇌물 수수는 절도와 마찬가지로 범죄이다. 일부

하기 바란다(Nash, 1953). (다만 $\frac{F}{2}$달러라는 것은 범죄자와 경찰이 F달러를 정확히 절반씩 나눌 때에만 가능한 것으로, 반드시 그래야만 하는 것은 아니다. 가정을 바꾸면 답도 달라질 것이다. — 감수자주).

사회에서는 뇌물을 주는 것도 범죄이지만, 이 부분은 잠시 차치하고 뇌물을 받는 것만 범죄라고 가정하자. 이 경우에 뇌물을 받은 경찰은 혹시나 상부에 적발돼 뇌물 수수에 따르는 벌금을 물게 되지 않을까 불안해할 수밖에 없다. 그러다가 정말로 적발되면 경찰은 상관과 해당 뇌물을 협상하여 나눌 수도 있고, 혹은 국가에 벌금을 내는 것을 피하기 위해 상관에게 새로운 뇌물을 줄 수도 있다.

이로써 분명 벌금을 피하기 위한 연쇄적인 부정부패와 뇌물 수수 행위의 가능성이 열린다. 이런 일이 많은 나라에서, 즉 뇌물 수수 빈도가 높은 나라에서 실제로 벌어지고 있는 데다 연쇄적인 협상의 문제를 해결하기가 이론적으로도 힘들다 보니 주목할 만한 문제로 대두되고 있다. 바수와 바타차리아, 미슈라(Basu, Bhattacharya, & Mishra, 1992)도 이 문제를 주요하게 다루었다. 마땅히 우려할 만한 문제이다 보니 다수의 문헌에서 이런 유의 문제와 그에 따르는 여러 가지 현상을 상세히 다루고 있다.[16] 앞서도 언급했듯 어떤 면에서는 이러한 문헌이 법경제학 초점접근법의 효시라 하겠다. 이들 문헌에서는 '로봇 경찰'이라는 가정을 한 단계씩 해체하고 연쇄적인 문제를 구성해서 분석한다. 그리고 초점접근법은 이 모든 것을 한 번에 짚어나간다.

이로써 법을 새롭게 사고하는 길이 열린다. 즉 일단 법집행 주체를 플레이어로 생각하면 새로운 개입의 장과 방법이 열리는 것이다. 많은 경우 부정부패에 대해서는 사람들의 전략적 대응을 고려하지 않은 채 연루된 모든 사람에게 처벌을 부과한다. 예컨대 인도는 1988년 제정된 부패방지법Prevention of Corruption Act에 따라 뇌물 수수에 연루된 모든

16 예를 들면 Bac & Bag(2001), Polinsky & Shavell(2001), Rahman(2012), Acconcia, Immordino, Piccolo, & Rey(2014), Makowsky & Wang(2015), Sanyal(2015), Rose-Ackerman & Palifka, 1999[2015], Burlando & Motta(2016) 등이 있다.

사람이 일괄 유죄로 처벌받는다. 하지만 조금만 되짚어보아도 이는 부정부패를 억제하기보다는 오히려 악화시킨다는 것이 분명해진다.

1988년 부패방지법 제12조에 따라 뇌물 공여자와 수수자를 모두 유죄로 본다면,[17] 뇌물 수수 행위가 일어난 후 준 쪽과 받은 쪽은 서로 공모해 수수 사실을 숨겨야 하는 공통의 이해관계에 놓인다. 이러한 공모 탓에 뇌물 수수 행위를 적발하기가 대단히 어려워지고, 뇌물 수수자인 정부 관리는 적발되지 않으리라는 확신에서 더 노골적으로 뇌물을 받게 된다. 따라서 이런 법은 뇌물 수수 건수를 높이는 데 기여할 가능성이 크다. 언급해두자면, 부정부패를 폭넓게 다룬 감베타(Gambetta, 2009)의 연구에서 부정부패를 이해하는 핵심은 범죄 공모자 간 신뢰의 정도에 있는 것으로 나타났다.[18]

이를 게임이론 관점의 상호작용으로 살펴보면, 비대칭적인 처벌을 도입하는 것, 다시 말해 뇌물을 받는 행위는 범죄로 보되 뇌물을 주는 행위는 적법으로 공식화하는 것이 뇌물 수수를 줄이기 위한 한 가지 방법임이 명백해진다. 실제로 이렇게 되면 뇌물을 받는 사람이 더 많이 처벌되는 결과를 낳는다(Basu, 2011b). 즉 처벌이 비대칭적이게 되면 뇌물 수수가 일어난 후에 준 쪽은 거리낌 없이 사실을 발설할 수 있고, 그래서 뇌물 수수로 적발될 가능성은 커진다는 것을 받은 쪽도 알고 있게 된다. 이를 아는 수수자는 애당초 뇌물 받기를 주저할 테고, 그 결

17 제12조에서 인용했다. "누구든 불법 행위(뇌물 수수를 뜻한다)를 교사한 자는 그 불법 행위가 교사의 결과로 행해졌는지의 여부와 관계없이 최소 6개월에서 최대 5년에 이르는 징역형 또는 벌금형으로 처벌될 수 있다."

18 이후의 연구에서 감베타는 여러 국가의 부정부패를 포괄적으로 다룬 트레이스만(Treisman, 2000)의 연구를 이 맥락에 적용하여, 왜 이탈리아에서 부정부패가 많이 일어나는지를 설명할 때 '부패한 자들 간의 의리'라는 동일한 개념을 활용했다. 감베타에 따르면 부정부패의 정도가 클수록 대개 그 나라가 사회경제적으로 높은 발전 단계에 이르는 데 걸림돌이 된다. 하지만 이탈리아는 이 걸림돌을 넘어선 것으로 보여 궁금증을 자아내게 만든다.

과 뇌물 수수 행위의 건수는 줄어들 것이다. 방금 살펴본 내용은 앞서 부분게임 완전균형을 찾기 위해 적용한 2단계 후진귀납법의 논리이며, 이 논리는 4장에서 설명하고 다른 몇몇 부분에서도 적용해보았다.

늘 그렇듯이 현실은 이론모델보다 복잡하고, 앞서 본 논리에도 우리가 염두에 두어야 할 여러 가지 주의 사항과 단서 조항이 따르지만, 보다 완전한 모델을 만들고 게임의 요소를 더 명시적으로 고려에 넣는다면 더 좋은 법을 더 효과적으로 시행할 수 있다는 사실만큼은 여전히 유효하다. 실제로 법을 비대칭적으로 바꾼 사례가 있기는 하다. 최근의 한 연구에서 베를린과 친, 스파뇰로(Berlin, Qin, & Spagnolo, 2018)는 중화인민공화국 제8차 공산당 전국대표회의(1997년 10월 1일 개최)에서 일부 비대칭적으로 개정된 형법을 살펴보고, 이어서 탄탄한 데이터에 기반해 부정부패의 발생 빈도를 분석했다. 연구 결과에 따르면 당초 예상과는 달리 부정부패를 적발했거나 막아세운 건수는 오히려 줄어든 것으로 나타났는데, 이는 연구 설계가 미진했던 것이 그 이유로 보인다. 이유야 복잡할 테고, 이 연구 결과에 비추어 앞선 이론이 맞거나 틀렸다고 말할 수도 없지만, 이 연구는 이런 종류의 법이 법률적 행위에 유의미한 영향을 미칠 수 있음을 보여준다. 이 외에도 실험 테스트와 실증적인 차원의 보다 상세한 기술이 있었으나 그 결과는 엇갈리고 혼재된 양상을 보였다.[19] 어쨌든 여기서의 관심은 법이 바뀌었다는 그 자체가 아니라, 이를 계기로 국가 정책집행자의 행위를 분석의 틀 안으로 끌어들임으로써 법경제학의 방법론을 바꿔나가는 데 있다.

이러한 분석적 시도는 제 방향을 찾아가는 흐름이기는 하나, 그렇다

19 Li(2012), Wu & Abbink(2013), Abbink, Dasgupta, Gangadharan, & Jain(2014), Dufwenberg & Spagnolo(2015), Oak(2015), Popov(2015), Suthankar & Vaishnav(2015), Angelucci & Russo(2016), Basu, Basu, & Cordella(2016)를 참조할 것.

고 해서 우리를 초점접근법으로 이끌지는 못한다. 이 모델이 한쪽에게는 벌금을 면제하고 다른 한쪽에게는 벌금을 두 배로 물리는 방식으로 구조를 바꾸는 경우, 그 과정의 실행에 관여하는 모든 행위자는 모델상에 명시적으로 드러나지 않기 때문이다. 사실 법경제학을 교과서의 이론으로만 배우는 것이 아니라 진짜 세상으로 가져와서 정책을 만들어내고자 할 때 초점접근을 온전히 적용하기가 늘 쉽지만은 않다. 우리를 그곳으로 이끌어줄 분석의 도구를 모두 갖추기까지는 꽤 시간이 걸릴 것이다.

그때까지는 관계된 국가 정책집행자들의 전략적 부패 성향을 되도록 명확히 고려하고, 그들의 부패 행위를 방지할 대책을 마련하기 위해, 그들에 대해 상세히 묘사하는 것을 목표로 해야 한다.[20] 그리고 처벌과 적발을 위한 전략을 정교히 조율하는 노력과 더불어, 부정부패에는 시스템적 측면이 결부됨을 인식하는 것이 중요하다. 시스템적 측면을 인식하지 못한다면 더없이 훌륭한 계획도 헝클어질 수 있기 때문이다. 또한 다중균형이 산재해 있음을 인식해야 한다. 똑같은 사회임에도 불구하고, 그야말로 모두 부패한 균형에 갇힌 사회가 있는가 하면 누구도 부패하지 않은 균형에 놓인 사회가 있다. 이는 행동경제학의 요소를 통해 잘 보여줄 수 있으며, 다음 장에서 더 명확히 살펴보기로 하자.

실제로 신고전주의 모델에서와 달리, 부정부패 연루자를 비롯하여 사람들은 부정부패가 윤리적으로 옳지 않다는 것을 모르지 않는다. 그러나 부정부패가 만연한 상황에서는 부패 행위가 보다 용인되는 것처

20 바수와 딕싯(Basu & Dixit, 2016)은 규제 관련 과업 가운데 일부를 어떻게 정부에서 민간 사업체나 기업으로 이전할 수 있는지 보여주었다. 나아가 딕싯(Dixit, 2015)은 정부의 개입 없이 민간 기업이 자체적으로 집단행동을 고안해 부패를 방지하는 방법도 민간에서 생각해볼 수 있음을 개괄적으로 제시했다. 개인과 국가의 정책집행자 간 이와 같은 모호한 경계는 올바른 방향으로의 진전이라고 할 수 있다.

럼 보일 수 있고, 이에 따라 부정부패는 앞서 5장에서 살펴본 바와 같은 균형선택 규범이 될 수 있다. 『2015 세계개발보고서: 생각, 사회, 행동*World Development Report, 2015: Mind, Society, and Behavior*』(World Bank, 2015, 60쪽)에서 언급하고 있듯이, 역사의 많은 지점과 오늘날의 여러 사회에서 부정부패는 "공직을 이용해 자기 자신과 가족, 친구들을 이롭게 하는 것이라는 공통의 믿음이 확산되고, 예상되고, 또 용인되었다. 즉 부정부패가 사회규범이 될 수 있는 것"이다.

이를 검증하기 위해 최근의 한 흥미로운 연구(Abbink, Freidin, Gangadharan, & Moro, 2016)에서는 실험 설계를 통해 인위적으로 사회규범을 '창출'하고, 사람들이 그 규범에 반응해 어떤 행동을 하는지 살펴보았다(Bicchieri & Xiao, 2009; Banerjee, 2016도 참조). 이 연구에서는 부패 성향이 있는지에 따라 참가자들을 분류한 후, 상대적으로 부패 성향이 강한 사람은 강한 사람끼리, 약한 사람은 약한 사람끼리 둘씩 짝을 짓고 어떤 성향의 사람과 짝이 되었는지를 서로 알 수 있게 했다. 실험 결과, 부패 성향이 있는 사람과 짝이 되었을 때는 정직한 사람과 짝이 되었을 때보다 뇌물을 제안할 확률이 두 배로 높았다. 즉 사회 환경이 개인의 행동에 영향을 미친 것이다.

이러한 논의를 통해 다중균형을 설명할 수 있고, 왜 부정부패가 확산되기도 하고 드물기도 한 것인지 역시 설명할 수 있다.[21] 또한 이것

---

21 역사에서도 배울 점이 많다. 한 유형에서 다른 유형의 균형으로 전환한 국가들이 있는데, 이에 대해 글래이저와 골딘(Glaeser & Goldin, 2006)은 19세기 말에서 20세기 초에 걸쳐 미국에서 부패가 꾸준히 감소했음을 보여준다. 선델(Sundell, 2014)과 로드스타인(Rothstein, 2011)은, 공공행정 시스템이 세습적이고 부패했던 19세기 스웨덴이 어떻게 오늘날 부정부패가 가장 적은 나라가 되었는지에 관한 흥미로운 시사점을 제시한다. 19세기 초 정부에서 일하던 사람들은 여러 가지 일을 겸직했고, 이에 따라 주가 되어야 할 공무에 소홀해졌으며, 부수입 형태의 사적인 수금을 일삼았다. 이 모든 것이 한번에 바뀌었는지 점진적인 개혁이었는지는 이론의 여지가 있으나, 실제로 그 성격은 극적으로 바뀌었다. 즉 같

은 부패 방지에도 큰 시사점을 주며, 왜 그 많은 진실된 노력이 어긋나는지 설명해준다. 때로 중국, 인도, 브라질 등의 여러 나라에서 이러한 노력이 이루어져, 지도자가 진지하게 부패 근절을 위해 나서지만 상당 부분에서 실패하고, 결과적으로 상황이 더 악화하는 경우도 발생한다. 그 경로는 다들 묘하게도 비슷하다. 지도자는 부정부패를 엄중히 처벌하는 조치를 발표한다. 그러나 곧 부정부패가 너무나 만연하여 그 혹은 그녀he or she(이 대명사는 정치적으로 올바르게 표현하기 위해 쓴 말이 아니다. 실제로 그와 그녀 양쪽 모두의 사례를 들 수 있다)가 물에 들어가기만 하면 어떤 물고기든 낚을 수 있음이, 그리고는 결국 그 물고기가 부정부패임이 드러나는 것이다.

만약 당신이 n명의 부패한 사람을 체포해 기소할 역량을 갖추었다고 가정해보자. 당신이 기소할 이 n명의 부패한 사람은 누구로 선택해야 할까? 파당적인 정치 세계에서 개인적인 친분이 있는 사람이나 같은 당 사람을 골라 처벌하기 시작한다면 당신은 곧 따돌려져 고립될 것이다. 친구와 당은 당신을 버릴 것이며, 그렇다고 너무 감사한 나머지 반대파가 당신의 지지자가 될 리도 없다. 정치는 그렇게 흘러가지 않는다.

그러니 다른 당이나 반대 진영의 부패한 사람을 쫓는 게 당연하다. 이로써 사심 없이 시작된 부정부패 척결 캠페인은 '정권의 지도자에게 비판적인 사람'과 야당을 향한 마녀사냥으로 끝이 난다.

본인 스스로가 부정부패를 통해 얻는 게 워낙 많다 보니 부패를 척

은 사회라도 서로 전혀 다른 균형에 놓일 수 있음을 스웨덴의 사례를 통해 알 수 있다는 것이다. 최근의 예로는 부정부패가 상대적으로 빠르게 감소한 싱가포르와 홍콩 등지의 사회를 들 수 있다. 이러한 예는 부정부패의 정도가 암울하리만치 높은 나라에 희망을 주며, 추가적인 연구가 필요할 것이다.

결할 생각이 그다지 없는 지도자도 세상에는 많다. 그렇지만 진심으로 나섰으나 뜻대로 되지 않은 사례도 있다. 부패가 만연한 사회에서는 어느 쪽으로도 치우치지 않고 부패를 진압할 경우, 지도자로서는 그것이 곧 정치적 자살 행위임을 깨닫게 되기 때문이다.

흔히 부패를 척결하기 위해서는 강단과 결의만 있으면 된다고 생각한다. 하지만 현실의 부정부패는 복잡한 현상으로서 사회규범과 관습, 전략적 고려가 경제적 유인 동기와 한데 얽혀 있고, 이로 인해 많은 진실된 노력이 실패로 귀결된다.[22]

대부분의 정치 지도자와 달리 경제학자 및 법학자들은 부패 방지의 학문적이고 과학적인 측면을 인식하고 있지만, 현실적인 정책과 계획을 만드는 데 있어서는 그동안 그리 성공적이지 못했다. 그 이유 가운데 하나는 법경제학을 개념화하는 방식에 결함이 있다는 것이다. 물론 토대적 결함이 있는 학문도 여러 방식으로 유용한 역할을 할 수 있지만, 특정한 영역에서는 그 결함이 오히려 부각될 수 있다. 부패 방지 영역에서의 법경제학이 특히 그러하다. 그도 그럴 것이, 부패 방지는 국가의 정책집행자를 제대로 모델화하는 것이 결정적인 영역임에도 불구하고, 바로 이 부분에서 기존의 법경제학이 취약하기 때문이다. 가까운 미래에 초점접근법을 통해 중요한 변화를 끌어낼 수 있는 현실의 영역 가운데 하나가 부정부패의 방지 및 억제가 되기를 바란다.

22 World Bank(2017)를 참조할 것. 이 보고서에서는 이러한 문제를 다루는 데 있어 법의 역할과 법치에 관해 상세히 설명한다. 법치 및 규범과 사회적으로 바람직한 결과 간의 관계를 실증적으로 살펴보기 위해서는 Pistor, Haldar, & Amirapu(2010)를 참조할 것.

7장

합리성과 정당성, 그리고 법

1. 합리성을 넘어서

지금까지 보다 넓은 차원에서 인간의 동기를 탐색해보기도 했으나, 그보다는 줄곧 개인의 합리성을 전제로 한 시각을 견지했다. 외부적으로 주어진 효용이나 대가를 따라가는 합리적 개인은 법경제학의 시발점이 된 근대적 사고의 전제이자 주류 경제학의 표준이다. 앞서 5장과 6장에서는 주류 경제학 교과서에서 흔히 다루지 않는 낙인과 사회적 제재의 문제를 살펴보았다. 또한 인간은 '소비의 대상'뿐만 아니라 '다른 사람들에게 받는 대우와 평가'로부터도 효용을 얻는다는 점을, 최근의 연구를 활용해 짚어봄으로써 분석의 틀을 풍부히 했다. 한편으로 사회적 승인은 기쁨을 주고 낙인은 상처를 준다는, 본론에서 벗어난 짧은 논의를 제외하고는 상당히 표준적인 틀에 머물러 논지를 전개했다.

여기에는 세 가지 이유가 있다. 첫째, 주류 법경제학에 내재한 결정적인 결함을 강조하는 한편, 개인의 합리성이라는 주류 법경제학의 토대적 가정을 포기하지 않고도 이 결함을 바로잡을 수 있음을 보이기 위해서이다.

둘째, 이 분야의 결함을 바로잡기 위해서 최선의 노력을 기울여야 하겠지만, 완벽히 들어맞고 일관되기까지 한 학문 분야는 없다는 사실을 인정하고, 이것이 학문을 포기하는 이유가 되지 않아야 한다는 점을 강조하기 위해서이다. 현상을 과학적으로 설명하는 모델을 만들 때는 언제나 현실의 일부분을 누락하여 단순화할 수밖에 없다(Sen, 1980). 그렇지 않은 설명은 일어난 일을 의미 없이 되풀이할 뿐이고, 그것은 명료한 이해에 별 도움이 되지 않는다. 곧 누락은 이해와 핵심적인 대응 관계에 있다.

전통적인 신고전주의 경제학을 비판하는 한편으로 그 장점은 장점대로 짚어보아야 한다. 어떤 과학에서든 가정은 단순하게 적용할 필요가 있다. 외재적exogeneous 합리성의 가정이 그러하다. 그 가정이 항상 참이 아니라는 사실 그 자체만으로는 가정을 내칠 이유가 되지 못한다. 그 자리를 달리 다른 무엇으로 대체하지도 못하고, 이 가정이 없이는 어떤 정책에 대해서든 제대로 평을 하지도 못하게 된다. 신고전주의 경제학자에는 두 부류가 있다. 첫 번째 부류는 전적으로 합리적이고 이기적인 개인을 가정하고, 이 가정이 항상 타당하다고 믿으며 스스로를 속이는 부류이다.[1] 두 번째 부류는 항상 참은 아니지만, 그럼에도 불구하고 이 가정이 큰 틀에서 옳은 예측을 끌어내기에는 여러 정황상 유용하다고 판단하는 부류이다. 두 번째 부류에 속하는 몇몇 진보적인 경제학자의 이름을 댈 수도 있지만, 언급되지 않은 이와 척을 지고 싶지는 않으니 이들에 대해서는 거명하지 않기로 하겠다.

그리고 앞서 살펴본 부분과도 밀접히 관련되는 세 번째 이유는, 합리성의 가정을 보편적인 대안으로 대체해 전면적이고 유용한 모델을 구축할 만한 위치에 우리가 아직 이르지 못했다는 점을 보이기 위해서이다. 합리성을 비판하고 그 자리를 다른 구성요소로 채워 넣는다 할지라도, 그것은 그야말로 구성요소에 불과하다. 그런 만큼 이번 장은 법

---

1 로드릭(Rodrik, 2015, 29쪽)은 경제학에서 공리와 가정의 역할을 논하며, "결국 우리는 가정의 비현실성을 회피할 수 없다."라고 말한다. 우리가 가정을 했다는 사실을 잊어버릴 때 실수가 생긴다. 그리고 안타깝게도 이 실수는 우리가 예상하는 것만큼 드물지 않다.

경제학의 종결부가 아니라 초점접근법에 바탕을 둔 도입부라고 할 수 있다. 여기서 다룰 법경제학은 인간의 동기가 다양하다는 것을 인정하고, 그 동기가 경험에 의해서나 사회적 맥락에 의해서, 심지어 잘 쓰인 책에 의해서도 바뀔 수 있다는 사실을 받아들인다.

'연구 결과에 따르면 모든 인간이 항상 합리적이지는 않더라'는 경제학자의 말이 당혹스러울 수도 있겠다. 다른 사람들은 살아온 경험으로 아는 것을 연구까지 해가며 주장하는 유일한 분야가 경제학이기 때문이다. 뒤에서 언급하겠지만, 엄밀한 연구가 아니라도 삶의 경험과 직관 역시 소중한 지식의 원천인데 말이다. 다른 한편으로는 경제학의 이러한 특이함이 대단히 유용한 결과를 낳기도 했는데, 즉 '체계적인 비합리성systematic irrationality'을 발견해냈고 이 비합리성이 사회 및 시장에서 벌어지는 일을 결정할 때 어떠한 역할을 하는지 파악해내기도 했다. 체계적인 비합리성을 통해 기존 연구가 심리학의 틀로 재해석되고 실험실과 필드에서 보강되었다. 이렇게 해서 탄생한 것이 바로 행동경제학이다. 이 분야의 범위가 넓어지고 깊이가 더해지기 위해서는 실험과 필드에서 밝혀진 체계적 비합리성이 경제학과 게임이론의 핵심인 '균형' 개념과 잘 연결될 필요가 있다.[2]

7장과 8장에서는 합리성이라는 가정이 가지고 있는 특이점에 대한 비판을 제시하는 것이 목표이다. 특이idiosyncratic하다는 것은 포괄적comprehensive이 아니라는 뜻이며, 대신 행동경제학의 방법론을 써서 체계적 비합리성이 사회정책, 법, 시장 개입에서 얼마나 중요한 함의를

---

2 이는 애컬로프와 실러의 연구(Akerlof & Shiller, 2015)에 잘 강조되어 있다. 내가 행동경제학에 대해 비판하는 바는 이 연결이 잘 이루어지지 않아 실험과 필드에서 얻어낸 결과를 경제적·사회적 현상을 이해하는 데 충분히 활용하고 있지 못하다는 점이다. 이렇게 하지 않는다면 행동경제학은 실험 결과를 길게 나열하는 데 그칠 위험을 안는다(Basu, 2018).

띠는지 알아보려고 한다.

왜 체계적인 비합리성을 이해해야 하는지 보여주는 두 가지 예로 시작해보자. 그 첫 번째는 개인적인 경험이자 (공개하기에는 무리가 있는) 비공식적인 실험에서 가져왔다. 특정한 시간에 친구와 만나기로 했다고 가정해보자. 친구가 평소와 달리 약속 시간을 잘 지키길 바란다면 시간을 살짝 늦춰서 약속을 잡는 흥미로운 방법을 써볼 만하다. 말하자면 다음과 같다.

친구와 만나고 싶은 시간이 오후 5시라고 하면, 친구에게 '오후 5시 5분에 만나자'라고 할 경우 '오후 5시에 만나자'라고 했을 때보다 5시 정각에 올 가능성이 커진다. 실제로도 그러할 것이다. 평소에 직접 실험해본 바로는 아주 잘 통하는 방법이다. 5시 5분으로 약속을 잡으면 거의 정각에 오지만, 5시로 약속을 잡으면 그 사람의 국가, 지역, 문화적 배경에 따라 5분, 10분, 15분가량 늦게 온다. 상대방이 의아해하긴 하겠지만 심지어 오후 5시 2분에 오라고 할 경우, 상대는 더 제시간에 맞게 도착할 것이다.

이는 책보다 삶에 더 많은 것이 있음을 보여준다. 사람들은 말에서 신호를 읽는다. 5시 5분이라는 정확한 시간은 듣는 사람의 머릿속에서 심리적 기제를 불러일으켜 행동에 영향을 미친다. 즉 5시 5분은 보다 정확한 정신적 틀 안에 우리를 두게 된다. 누군가 5시 5분에 와달라고 하면, '이 사람은 시간을 대단히 정확하게 관리하는 사람이구나'라고 느끼게 되고 그 사람을 실망케 하거나 그 사람의 저녁 시간을 망쳐선 안 되겠다고 생각하게 된다. 그도 그럴 것이 여러 교과서에서 말하는 것과 달리, 인간에게는 이기심뿐 아니라 이타심도 내재해 있고, 상대방을 좋게 하는 것이 곧 나 자신에게도 좋은 것other-regarding preference(즉 다른 사람이 기뻐하거나 행복해하면 그로 인해 나도 기뻐지고, 그것이 곧 나의 선호가 되는 것)이라고 여기는 본성을 타고나기 때문이다.

두 번째 예는 내가 사업으로 제안하고 싶은 내용이기도 하다. 롤러코스터는 질주하는 재미가 있으므로 사람들은 기꺼이 돈을 내고 롤러코스터를 탄다. 이렇게 해서 놀이공원 사업은 상당한 수익을 올려왔다. 그렇지만 더 많이 벌 수 있다. 흔히 롤러코스터가 달리기 시작한 후에 사람들이 느끼는 무서움은 크게 고려되지 않는데, 그런 점에서 다음과 같은 가격 정책을 제안한다. 탑승할 때는 돈을 조금만 받는다. 그리고 중간쯤에서 롤러코스터를 세운 뒤 돈을 많이 내면 내릴 수 있는, 즉 남은 '질주'를 하지 않을 선택지를 탑승자들에게 주는 것이다.

심리와 행동의 결합이 결국 행동경제학이다. 다행히, 5시 5분에 만나자고 하고 상대방의 행동을 살핀다든지 롤러코스터를 중간에 세운다든지 하는 실험을 굳이 하지 않아도 된다. 경제와 심리가 결합하고 다양한 실험 관찰을 통한 연구실과 현장의 데이터가 충분히 모이면서 인간의 행동을 더 풍부하게 이해하는 데 큰 역할을 하고 있다. 행동경제학의 큰 기여라 하겠다.

이 책과 관련된 문제로 돌아가서 2장에서 살펴본 '죄수의 딜레마'를 다시 떠올려보자. 죄수의 딜레마는 두 명의 플레이어가 각기 두 개의 전략 또는 행동을 두고 펼치는 게임이론의 예제로서 일면 추상적이기도 하다. 이 예제가 널리 파급력을 떨친 이유는 우리의 심리에 호소하며 우리를 난처하게 만들기 때문이다. 이 딜레마에서 가장 잘 알려진 형태인 두 명의 죄수가 등장하는 유형은 어느 수학자가 심리학자들의 관심을 끌기 위한 만들어낸 시도로, 흥미롭게도 죄수의 딜레마가 주목을 받은 데에는 이 시도의 공이 컸다.[3] 죄수의 딜레마는 온전한 이기

3 프린스턴대학교의 수학자 앨버트 W. 터커Albert W. Tucker는 스탠퍼드대학교 심리학과 학생

심이 위험하다고 말함으로써, 또 우리 시대의 가장 시급한 문제인 기후 변화를 비롯, 여러 다양한 맥락에서 나타나는 공유지의 문제에서 알 수 있는 것처럼 보이지 않는 손이 무참히 실패하고 있음을 경고하여 기성 경제학자들을 당혹스럽게 만들었다. 또한 '사람들이 현실에서도 전적으로 이기적인가 혹은 그렇지 않은가'라는 문제도 제기한다. 초기의 실험 결과에 따르면 사람들은 죄수의 딜레마 게임을 이론에서 예측한 것과 다르게 펼쳤다. 이 결과는 우리가 우리 자신, 타인을 향한 태도, 팀 간의 협력, 이타주의를 어떻게 생각하고 있는지를 보여준다.[4] 예컨대 우리는 죄수의 딜레마 게임을 펼치면서 비협조적인 전략을 선택하는 경우, 즉 <게임 2-1>에서 행동 B(위법)를 선택하는 경우 자책감을 느낀다고 주장할 수 있다. 이때 자책하며 괴로워하는 감정을 외부적으로 부과된 벌금과 같게 본다면, 이제 이 게임은 사실상 <게임 2-2> '벌금을 부과했을 때 죄수의 딜레마'가 된다. 그렇게 되면 흔히 우리가 법, 처벌, 합리적인 이해타산을 통해 달성하려던 것이 인간의 심리를 통해서 달성되는 것이다.

이러한 이타적 성향에는 애초에 우리가 생각했던 것보다 더 탄탄한

들과 교수들에게 자신의 연구를 설명하기 위해 죄수의 딜레마 이야기를 만들어냈다. 터커가 스탠퍼드대학교에 초빙교수로 갔을 때 마침 수학과에 연구실 공간이 부족해 심리학과에서 자리를 내주었는데, 터커가 계속 종이에 뭔가를 끄적이는 것을 보고 궁금해하던 연구실 동료들이 터커에게 뭘 연구 중인지 설명을 듣고 싶다고 했다. 지난 저서(Basu, 1993)에서도 밝혔듯이 나는 이 사실을 프린스턴대학교의 교수이자 터커와 공동저자로 참여해 고급미시경제학에서 최적화optimization 문제를 해결할 때 자주 등장하는 그 유명한 '쿤-터커 조건Kuhn-Tucker condition'을 만들어낸 해럴드 쿤Harold Kuhn과의 대화에서 알게 되었다. 터커가 만들어낸 이야기 혹은 우화가 아니었다면 죄수의 딜레마는 분명 지금과 같은 영향력을 경제학에 미치지 못했을 것이다. 딱딱한 수식 예제가 시장과 신고전주의의 합리성, 그리고 보이지 않는 손과 연결되어 흥미로운 이해를 제공한 경우라 할 수 있다.

4 사후에 출간된 마이클 배커랙Michael Bacharach의 저서 『개인의 선택을 넘어서: 게임이론의 조직과 구성*Beyond Individual Choice: Teams and Frames in Game Theory*』(2006)을 참조할 것.

분석적 토대가 있을지 모른다는 새로운 연구 결과도 있다. 알제와 와이블(Alger & Weibull, 2013)의 연구 결과, 전적으로 이기적인 사람은 진화에 유리하지 않았다. 옳은 일을 하려는 내적 경향이 있는 사람이 생존에 기여하는 유용성이 더 크므로, 친사회적인 행동이 사회적으로 지배적인 행동이 되며, 그렇게 보면 이마누엘 칸트Immanuel Kant의 정언명령의 뿌리도 진화에 있을지 모른다(Alger & Weibull, 2018).[5] 보울스(Bowles, 2014)는 개인의 이익만을 추구self-seeking하는 인간상과 사회구성원의 이익까지 고려civic-minded하는 인간상의 구분이 마키아벨리와 아리스토텔레스 시대까지 아우르는, 즉 좋은 시민을 양성해내기 위한 역사로 거슬러 올라간다고 말한다. 칼라브레시(Calabresi, 2016)도 인간에게 있어 친사회적 선호의 중요성을 언급하며, 기존의 법경제학에 이 점이 빠져 있음을 주류 경제학에 실망한 이유로 꼽았다(Sunstein, 2016 참조).

'딜레마'라는 말을 쓰고 있기는 하나 '죄수의 딜레마'는 합리성과 이기심의 '의미'에 대해 의문을 제기하지 않는다. '죄수의 딜레마'에서 그 특성을 일부 가져온 게임으로서 합리적인 행위의 의미에 대해 의문을 제기하고, 오늘날의 행동경제학에서 제기되는 일부 문제와도 더 직접적으로 맞닿아 있는 게임은 오히려 2장에서 간단히 살펴본 '여행자의 딜레마'이다. '여행자의 딜레마'는 충분히 복잡한 상황에서는 신고전주의적 합리성을 넘어서는 것이 어떻게 논리적으로 불가피한가를 보여준다. 이 논리적 불가피성logical compulsion은 전통적으로 분석철학자들의 관심사에만 그쳤을 뿐 경제학자와 법학자들의 관심은 그다지 끌지 못했다.

---

5 이와는 다르지만 로머(Roemer, 2015)는 칸트적인 행동을 개개인의 입장에서 탄탄한 이론적 근거를 들어 설명하고 모델화했다.

2. 여행자의 딜레마와 합리성의 의미

'여행자의 딜레마'에서 두 플레이어는 각기 100달러를 얻을 수 있었지만, 이기적이고 미미한 이익을 얻으려 한 선택의 결과 둘 다 형편없는 선택에 이르러 결국 2달러씩을 얻었다. 현실에서도 실제로 이러할까? 또, 이는 순수이성의 측면에서도 타당할까? 여기에 어떻게 답하는가에 따라서 법이 어떤 수준에서 어떤 성격으로 개입할지가 좌우되므로, 이것은 대단히 중요한 질문이라고 할 수 있다.

전통적인 법경제학에서라면 제3자가 개입해 유인 동기를 바꾸고, 그래서 두 플레이어의 행동을 바꾸어야 한다는 결론으로 서둘러 넘어갔을 것이다. 그러나 만약 개개인이 스스로 문제를 해결할 능력이 있고 실제로 그렇게 하는 경우라면, 법적 개입과 처벌에 대해 상당히 다르게 생각해보아야 한다. 게임이론에서 제시하는 예측이 반박될 수 있음을 실험이나 이론을 통해 보여주는 문헌은 많다.[6] 예컨대 합리화 가능성 rationalizability, 후진귀납법, 열등전략의 반복적 제거 등에서는 합리성을 두 플레이어 간의 공통지식으로 전제한다. 즉 A는 B가 합리적임을 알고, B는 A가 합리적임을 알며, A가 합리적임을 B가 안다는 것을 A가 알고, B가 합리적임을 A가 안다는 것을 B가 안다는 식으로 끝없이 계속된다. 우리는 이 가정을 반박할 수 있다.

실증적·실험적 연구 자료에서는 이러한 비판이 상당히 명확하게 드러난다. 실험실에서 여행자의 딜레마 게임을 해보거나, 혹은 상황을 가정하고 설문에 답하게 해봤을 때 2달러를 선택하는 사람은 거의 없는

6 Goeree & Holt(2001), Gintis(2009), Velu, Iyer, & Gair(2010), Arad & Rubinstein (2012), Manapat, Rand, Pawlowitsch, & Nowak(2012), Capraro(2013), Morone, Morone, & Germani(2014), Bavly(2017) 등을 참조할 것.

것으로 나타난다. 2장에서 제시한 전략 집합을 기준으로 보면 가장 높은 숫자 쪽인 95~100 사이에 대개 선택이 집중된다.

여기서는 여러 실증적·이론적 논쟁으로 들어가기보다는 여행자의 딜레마 게임을 넘어서는 경제·사회 영역에서의 두 가지 주요 쟁점에 집중하기로 하자. 첫째, 죄수의 딜레마와 마찬가지로 여행자의 딜레마는 시장의 보이지 않는 손이 개개인의 이기적인 행동을 통해 우리를 사회적인 최적의 결과로 이끈다는 주장이 항상 참일 수 없음을 선명하게 상기시킨다. 만약 외부성externality이 없는 완전 경쟁 구도가 아니라, 그와는 다른 구도로 이 경제게임이 바뀐다면 여행자의 딜레마 게임에서 그러하듯이 개인의 합리성만 가지고는 제대로 된 결론[7]에 다다를 수 없다. 물론 이론의 여지는 있지만, 기술이 발전한 덕에 시장의 구조는 지능적·집단적 개입이 요구되는 방식으로 개편되고 있다. 각자 더 많은 이익을 얻기 위해서만 애쓰다 자칫 배가 가라앉는 일이 없도록 말이다. 기술의 발전이 우리의 세계와 시장을 바꿔놓고 있는 만큼 경제가 효과적으로 작동하기 위해서는 법과 정부가 지금까지와는 다르게 개입할 방법을 생각해야 한다.

둘째, 앞서 인용한 많은 실증적 증거를 통해 볼 수 있는 바와 같이, 개개인이 경제학 교과서의 가정과 다르게 행동한다면 다행스럽게도 우리는 개인적 이익을 넘어서는 동기가 작용한다고 인식할 수 있다. 우

7 감수자주: 외부성이 없고 구성원 모두 시장 가격에 손댈 수 없는 가격 수용자price taker인 완전균형 구도에서 개인의 합리적 선택으로 얻어지는 사회적 배분은 '파레토 효율Pareto efficient'이라는 것이 '제대로 된 결론'에 대한 제대로 된 설명이다. 이는 저 유명한 '후생경제학 제1정리'로, 애덤 스미스의 '보이지 않는 손'의 논리를 정당화하고 시장에서의 자유로운 거래를 중시하는 신고전주의 경제학의 핵심 이론이다. '제대로 된 결론'은 3절 첫 단락의 '성공적인 경제'(자원이 낭비 없이 사회 구성원들에게 파레토 효율적으로 배분되는 경제)와도 일맥상통한다.

리가 택할 수 있는 경로는 두 가지이다. 첫째, 각각의 플레이어는 오직 보수에만 관심이 있지만, 그럼에도 불구하고 단순히 보수를 극대화하려고만 노력하지는 않는다는 가정이다. 이를 '보수 중심적 비판payoff-focused critique'이라고 하자. 둘째, 플레이어는 보수 이상의 것에 관심을 둔다는 인식이다. 다른 사람의 보수, 전략의 명칭, 게임의 명칭, 혹은 다른 플레이어가 누구인지가 고려될 수 있다. 이를 '일반적 비판generalized critique'이라고 하자. 이러한 비판은 플레이어들을 그냥 내버려 둘 경우 표준 모델과는 다른 결과가 나올 수 있고, 따라서 개입도 달라져야 함을 보여준다.

보수 중심적 비판과 관련한 흥미로운 연구들 가운데 하나를 살펴보면, 사람들은 보수에 관심을 둘 때 단지 '보수를 극대화'하는 것뿐 아니라 마지막에 느낄 '후회를 줄이는' 데에도 관심을 둔다는 것을 알 수 있다(Savage, 1951). 이러한 접근, 특히 후회를 최소화하려는 전략은 핼펀과 패스(Halpern & Pass, 2012)의 논문에 잘 이론화되어 있다. 그 개념은 이러하다. 여행자의 딜레마 게임에서 당신 앞에 놓인 각각의 선택지를 생각해보자. 우선 내시균형인 2에서 시작한다. 그리고 상대방이 선택할 수 있는 각각의 선택지별로 당신이 2를 선택했을 때 느끼게 될 후회의 최대치, 즉 2를 선택해서 잃게 되는 보수의 양을 따져본다. 상대가 90을 선택하면 당신은 4의 보수를 얻지만, 당신이 만약 89를 선택했더라면 91의 보수를 얻을 수 있었다. 따라서 상대가 90을 선택하고 당신이 2를 선택하면 91-4=87만큼의 후회가 따른다. 그런데 만약 상대도 2를 선택하면 당신에게는 2보다 나은 선택지가 없으므로 후회는 0이다. 상대가 100을 선택하면 짐작하듯이 당신에게는 97의 후회가 따른다. 이렇게 계속된다.

즉 당신의 2라는 선택과 상대 플레이어의 선택이 대응하는 후회의

벡터가 생긴다. 2라는 선택에 따르는 '후회의 최대치'는 이 벡터값 가운데 가장 큰 수이고, 따라서 '후회를 최소화'하는 행동이란 후회의 최대치를 최소화minimize the maximum regret하는 선택을 하는 것이다.

흥미롭게도 여행자의 딜레마에서는 모든 플레이어가 후회를 최소화했을 때 도출되는 결과가 명백하다. 각각의 플레이어는 96, 97, 98, 99, 100 중에 하나를 선택할 것이고, 따라서 플레이어가 후회를 최소화하고자 하면, 균형은 {96, 97, 98, 99, 100}에서 선택된다. 베커와 카터, 나에베(Becker, Carter, & Naeve, 2005)의 연구는 이러한 결과에 흥미를 더한다. 이 연구에서 게임이론협회 회원들을 대상으로 여행자의 딜레마 상황이라면 어떤 선택을 하겠는지 물었을 때 가장 많이 나온 답은 2, 96, 97, 98, 99, 100이었다. 이 협회 회원들은 게임이론 전문가 자격을 갖춘 사람들로서 내시균형을 알고 있었으므로 2는 논외로 둔다면, 후회를 최소화하는 행동과 실증적 증거가 우연히도 일치한다는 점에 주목할 필요가 있다.

'후회의 최소화'만이 정답인 것은 아니다. 핼펀과 패스(Halpern & Pass, 2012)가 말한 대로 어떤 게임에서는 후회의 최소화가 비현실적인 답으로 귀결될 수도 있다.[8] 그 밖에도 진화 동학進化動學·evolutionary dynamics에 기반하거나 유전 알고리즘genetic algorithm을 얻어내는 데 기반한 접근법도 있다. 이러한 접근법에서는 게임의 구조를 모른 채 플레이어들이 각자의 보수를 극대화하고자 반복하는 양상을 보이는데, 이를 통해 어째서 합리적인 플레이어들이 선택한 결과가 내시균형에서

8 나아가 행동경제학과 심리학에 관한 최근의 연구에서는 사람들이 후회의 문제를 다루는 또 다른 방식을 보여준다. 그 가운데 하나는 '의도적인 무시', 즉 알고 싶어 하지 않는 선호이다. 기거렌처와 가르시아레타메로(Gigerenzer & Garcia-Retamero, 2017)에 따르면 미래의 부정적인 사건을 제시했을 때 85~90%의 사람들이 의도적인 무시를 선호했으며, 이를 후회를 다루는 방식의 하나로 꼽았다.

벗어날 수도 있는지를 이해할 수 있다.[9]

향후 개척해볼 만한 가치가 있다고 생각되는 다음과 같은 길도 있다. 죄수의 딜레마와 여행자의 딜레마 간 큰 개념적 차이에 기반을 둔 것으로, 먼저 두 플레이어 중 한 명이 당신이라고 하고, 상대 플레이어는 전적으로 합리적이라고 하자. 두 사람 다 완벽하게 이기적이기로 합의했으며, 이는 공통지식이다. 이제 스스로에게 어떻게 게임을 펼칠지 물어보라. 죄수의 딜레마에서라면 분명 우위전략인 B(위법)를 선택하고 그 결과 내시균형에 이를 것이다.

하지만 여행자의 딜레마에서는 다른 결과가 나올 것 같다. 추측해보자면, 당신의 선택은(그리고 같은 추론에 따라 상대방의 선택도) 내시균형 전략인 2가 아닌, 그보다 큰 수인 90~99일 것이다. 즉 이타심, 공정함, 그밖의 다른 인간적 특성을 전제하지 않고 가차 없이 이기적일 것을 요구한다 하더라도 여행자의 딜레마에서 당신이 내시균형 전략을 선택할 가능성은 별로 없다. 이 게임에서는 합리성을 거부하는 것이 합리적이라고 주장할 수 있기 때문이다. 두 플레이어 모두 이를 알고 선택하며, 그렇게 함으로써 이익을 얻는다. 4장의 전진귀납법 맥락에서 이미 살펴보았듯이 '합리성을 합리적으로 거부rational rejection of rationality'한다는 것이 철학적으로 어려운 개념이기 때문에 과학적으로도 문제가 생기는 것이다.

이 개념에는 분명 뭔가가 있다. 그 비밀은 두 플레이어 모두 '큰 수'를 선택하는 것을 일종의 내시균형으로 볼 수 있다는 데 있다. 아마 당신은 단독으로 '작은 수'로 이탈해 결과를 망치고 싶지 않을 것이다. 그러나 여기서의 핵심은 큰 수와 작은 수가 명확히 정의되지 않은ill-

9 Pace(2009)와 Manapat, Rand, Pawlowitsch, & Nowak(2012)을 참조할 것.

defined 집합이고, 이러한 정의의 불명확성이 분석에서 결정적이라는 사실에 있다. 만약 명확히 정의된well-defined 집합이 제시된다면 각각의 플레이어는 상대방보다 하나 더 작은 수를 선택할 것이고, 결국 두 사람 다 2를 선택할 것이다. 그러나 '명확하게 정의되지 않은 집합'과 '합리성의 합리적인 거부'는 어려운 개념이다. 이를 어떻게 이론화할지에 대한 답은 없지만 많은 합리성의 역설이 여기에 뿌리를 두고 있으며, 이 문제는 결론짓지 않은 채로 독자들에게 남겨두겠다.[10]

여행자의 딜레마는 합리성이 곧 고통의 원인이 되는 게임으로서, 자신이 비합리적이라는 신호를 게임 시작 전부터 상대방에게 보내는 것이 유리함을 보여준다. 이는 4장에서 살펴본 돈 태우기의 문제이다. 초점접근은 종이 위의 잉크로 법을 제정하는 것과 같지만, 법 제정에는 비용이 들기 때문에 법적 절차에는 돈 태우기의 측면이 있고, 이 절차는 일단 법이 제정된 후에는 개개인이, 이 경우 입법자가 어떻게 행동

10 이와 가장 가까운 예를 다룬 최근의 문헌으로는 Arad & Rubinstein(2017)이 있다. 이 연구는 실증적 관찰에서 시작한다. 즉 개개인에게 많은 수로 구성된 복잡한 전략 집합 가운데 선택을 하라고 하면 이들은 전체를 신중히 다 따져보지 않고 의미 있는 방식으로 집합을 분할한 뒤, 분할된 조합들을 연관 지어 검토하는 것으로 나타났다. 구체적인 내용은 건너뛰고 중요한 점만 꼽자면, 이 분석의 결과는 집합지향적 균형 개념, 즉 다차원균형MD-equilibrium으로 귀결된다. 여행자의 딜레마에서 만약 개개인이 한 자리, 두 자리, 세 자리 전략 가운데 하나를 선택하기로 한다면 집합 S={2, 3, …, 9}, D={10, 11, …, 99}, T={100}과 같은 식으로 보게 되는 것이다. 이 게임에는 두 개의 다차원균형, 즉 S와 D가 있다. 다시 말해 두 플레이어가 {10, 11, …, 99} 집합 가운데 하나의 전략을 선택한다면 이들은 균형에 이른다. 하지만 여기서 만약 개개인에게 한 번 더 생각할 기회를 주면, 즉 다차원균형을 선택한 후에 다시 생각할 기회를 주면 이들은 그 다차원균형 내에서 어떤 전략을 선택할지를 다시 분할하려 할 것이므로 어떤 구성에서는 가장 낮은 숫자로까지 분할해 들어가게 된다. 이는 앞의 연구에서 제시한 아이디어와 유사한 아이디어를 결합하는 방식으로 진행되는 한편, 불명확하게 정의된 집합 또는 특성을 그 조건으로 함을 보여준다. 따라서 우리는 '꽤 큰 수'를 선택하기로 결정할 수 있다. '꽤 큰 수'가 무엇인지에 대해 정확한 공통의 이해는 없으므로 이 조합에서는 후진귀납법으로 시작해 계속 분할해 들어갈 가장 큰 수가 없다. 그러나 이 개념을 어떻게 이론화하는가는 아직 미완의 문제로 남아 있다.

할 것인지에 대한 신호로 작동한다. 여행자의 딜레마에서 태워지는 돈은 '합리성이라는 전통적인 전제를 당신에게 적용하는 것'이 실수라는 신호를 상대방에게 전달하고, 그로써 결과적으로 더 나은 결과를 끌어낸다. 그러므로 입법은 돈이 들지 않는 단순한 종이 위의 잉크 그 이상인 것이다.

이로써 초점접근 법경제학이 확장되는 커다란 연구의 장이 열린다. 이 맥락에서 합리성의 의미는 그 자체를 목적으로 하는 것만으로도 추가적인 분석이 필요할 만큼 철학적으로 어려운 문제이지만, 또 한편으로는 법이 사회적인 결과에 어떤 영향을 미치는지에 대한 보다 풍부한 관점을 우리에게 제시해준다.

3. 행동경제학적 초점접근법

보수 중심적 비판에서 일반적 비판으로 넘어가게 되면 또 다른 많은 과제가 제기된다. 인간을 이끄는 것은 단지 보수만이 아니라 습관, 공정성, 이타심, 공감, 시기 등의 여러 감정적·심리적 경향성이기도 하다. 100달러를 두고 고민할 때 고작 1달러 더 받겠다고 혼자 99달러를 선택해 상대방을 실망하게 만드는 것이 옳지 않다고 느낄 수 있다.[11] 즉 여행자의 딜레마에서 명확히 드러나듯이 한 사회의 성공은 개인의 욕망만큼이나 공정성과 이타심에 의해서도 좌우된다고 주장할 수 있다. 따

11 캐프라와 괴레, 고메즈, 홀트(Capra, Goeree, Gomez, & Holt, 1999)의 연구 결과에 따르면 처벌과 보상이 커질수록(2달러에서 시작한다) 결과는 내시균형에 가까워지는 것으로 나타났다. 이는, 사람들은 오직 충분히 보상이 클 때에만 다른 사람의 몫을 깎을 마음을 먹는다는 것을 뜻한다(2장의 예시로 보면, 두 플레이어 모두 100달러를 적어내면 둘 다 100달러를 받게 되지만 혼자서만 99달러를 적어내면 게임의 규칙상 101달러를 받게 된다. — 감수자주).

라서 애덤 스미스가 주장한 대로 보이지 않는 손이 항상 사회를 최적의 결과로 이끌어가리라는 것을 믿고 이기적 행동을 묵과하는 보수적인 신고전주의 경제학자들은, 결국 실패한 사회를 만들기 마련이고, '성공적인 경제'에 관한 애덤 스미스의 관점을 그릇되게 전파한다.[12]

행동경제학의 부상으로 이러한 비판은 주류로 진입했다. 연구실과 현장에서 이루어진 실험, 그리고 현재의 행동경제학은 다양한 동기를 뒷받침하는 강력한 증거를 제시한다.[13] 그러나 우리는 자기 자신의 살아온 경험과 자기성찰을 통해서도 이에 대해 알고 있다. '나는 여행자의 딜레마 게임을 어떻게 펼칠 것인가?'라고 스스로에게 묻는 것은 의미가 있다. 실증적 연구를 통해 사람들 대부분이 90보다 큰 수를 선택할 것이라고 짐작할 수 있겠지만, 실제 경험을 통해서도 대부분의 이들이 90보다 큰 수를 선택하리라는 결론에 이를 수도 있을 것이다.

여러 실험을 통해 사람들이 어떻게 결정을 내리고, 결정을 내리기까지 얼마나 많이 숙고하는지 알 수 있다. 루빈스타인(Rubinstein, 2016)은 독재자게임Dictator game, 최후통첩게임Ultimatum game, 여행자의 딜레마 등에서 사람들이 의사결정을 내리는 데 걸리는 시간과 선택의 유형을 살펴보았다. 어떤 선택은 심사숙고해서 결정을 내리지만 어떤 선택은 본능적으로 이루어진다는 것이 밝혀졌다. 그 배경에는 심리학이 있으며, 특히 카너먼과 트버스키(Kahneman & Tversky, 1979)의 연구는 '경제적 인간' 패러다임에 문제를 제기하며 행동경제학의 토대를 제시했다(Kahneman, 2011도 참조). 이들의 연구에 따르면 그야말로 심

12 Gintis, Bowles, Boyd, & Fehr(2005), 특히 1장을 참조할 것.

13 긴티스(Gintis, 2003)는 세대에서 세대를 거치며 통시적으로 전승되고, 사회화 기관을 통해 간접적으로 사회 전반에 전파되는 인간의 친사회성을 설득력 있게 설명한다. 이 때문에 인간은 개인적으로 비용이 드는 행동임에도 불구하고 집단에 이로운 행동을 받아들인다.

사숙고하여 내리는 결정도 있는 반면, 많은 선택은 그 맥락에 따라 사전에 거의 프로그램화되다시피 기계적으로 내려진다. 이는 정책을 결정하고 발전을 촉진하는 데 있어 대단히 중요한 함의를 지니는 것으로, 『세계개발보고서: 생각, 사회, 행동』(World Bank, 2015)에 잘 나타나 있다.[14]

순전히 연역적인 방법으로 이런 결론에 이르기도 한다. 그 첫 번째 경로는 의식적으로 심사숙고해서 내리는 의사결정에는 비용이 따름을 인식하는 것이다. 정보를 모으고 깊이 생각을 해야 하기 때문이다. 그러니 A와 B 중에 하나를 선택하기에 앞서 심사숙고해서(이때 생각하는 비용이 발생한다), 둘 중 효용이 큰 쪽을 고를지(이를 선택 A′라고 하자), 아니면 기계적으로 혹은 무작위로 생각 없이 단박에 고를지(이를 B′라고 하자), 어느 것을 택할지 선택해야 한다. 이렇게 되면 따져보고 둘 중에 나은 것을 고를지, 아니면 생각 없이 하나를 고를지를 두고 A′와 B′ 중에 또 선택을 하느라 다시 같은 딜레마에 부딪히게 된다. 이에 따라 무한히 거슬러 올라가는 문제가 명백히 발생하면서 전통적인 합리적 인간이 되기란 논리적으로 불가능해진다(Basu, 1980).

두 번째 경로는 건건이 심사숙고하여 선택을 하기에는 살아가면서 해야 할 선택들이 너무 많다는 것을 인식하는 것이다. 그도 그럴 것이, 전공을 문과로 할지 이과로 할지도 선택해야 하고 아침마다 오른쪽으로 가르마를 탈지 왼쪽으로 가르마를 탈지도 선택해야 한다. 그러니 세상사의 이치로 몇몇 결정의 경우에는 의식하지 않고 기계적으로 내릴 수밖에 없다. 이때 기계적으로 내린 선택이 늘 효용을 극대화하지는 않

14 나아가 인간은 외부에서 주어진 이익에 따라서도 좌우되지만, 인지행동 치료를 통해서도 자아에 대한 인식을 바꿀 수 있음을 보여주는 연구가 있다. 예컨대 범법자가 아니라는 정체성을 강화하면 범죄를 억제할 수 있다(Blattman, Jamison, & Sheridan, 2017).

으며, 더욱이 기계적인 선택의 범주로 분류해놓은 것에 특정한 의도가 작용했는지 여부도 확실치 않다.[15] 주류 경제학에서 주장하는 대로 인간이 언제나 효용극대화니 이윤극대화니 하는 것에만 몰두하는 주체라는 가정은 단지 그것이 잘못된 믿음이라는 것뿐만 아니라 논리적으로도 불가능할 수 있다는 문제를 지닌다.

그러니 그 불가능성을 극복하려면 경제학 연구에 있어 행동경제학을 더 많이 고려하자는 견해에도 여지를 내주어야 한다. 이 글의 맥락에서 보자면 이러한 견해는 '지킬 때와 어길 때의 비용편익을 계산하는 것이 아닌 응당 지켜야 하기에 법을 지키는 시민', '집행할지 방관할지 고민하는 것이 아닌 집행하는 것이 당연하기 때문에 법을 집행하는 경찰', '법을 어기면 단지 내야 할 벌금만이 아니라 감당해야 할 죄책감까지 걱정하는 사람'에게도 문을 열어주는 것이다.[16]

이 모든 것에는 사회적인 요소가 다분하다. 어떤 사회는 법을 지키는 것이 당연해서, 지키지 않을 경우 사회적인 낙인에 직면한다. 어떤 사회는 법(적어도 일부 법은 그러하다)을 어기는 것이 당연하고, 지키는 것이 일종의 나약함으로 비치는 사회도 있다. 이 말이 이해되지 않는다면 인도에서 번잡한 길을 건너기 전에 보행 신호가 바뀌기를 기다려보라. 그러면서 길을 건너는 다른 사람들에게 자신이 얼마나 구경거리가 되고 있는지를 보면 된다. 요약하면, 일단 신고전주의 경제학의 호모사

---

15 이 가운데 일부는 진화론적인 이유에 정확히, 혹은 상당히 부합한다. 상대적으로 중요한 결정을 기계적이거나 무작위적 선택에 많이 맡기는 사람은 성공적인 삶을 영위하지 못하므로 이 사람과 이 사람의 유전적 기질을 물려받는 사람은 장기간에 걸쳐서는 사라질 것이다. 이러한 진화론적 주장은 이제 주류 게임이론의 한 부분이 되었다(Weibull, 1995).

16 이는 종종 규범의 내면화로 묘사된다. 즉 사람들은 규범을 어겼을 때 내면적으로 부적절하다고 느낀다(Young, 2008). 비공식적인 관행이 매우 잘 작동되는 경우가 더러 있는 것도 부분적으로는 이 때문인지 모른다. 퍼거슨(Ferguson, 2013, 8장)은 비공식적인 관행과 그 유형에 대한 논의를 탁월하게 풀어낸다.

피엔스 정의를 넘어서면 법경제학의 연구 과제가 활짝 열린다. 이 연구 과제는 초점접근법을 활용하지만, 인간 행동의 특성을 더 넓게 바라봄으로써 도덕심과 심리적 요인에도 자리를 내어준다.[17] 7장의 나머지 부분과 8장에서는 이 가능성에 대해 살펴보자.

행동경제학은 '외부 요인에 따른 개인의 합리성'이라는 전제에 의문을 제기하는 데 그치지 않고 여기서 더 나아간다. 즉 행동경제학은 비합리성의 '패턴'을 밝혀냈으며, 흔히 나타나는 이 패턴을 이용하면 사람들의 선택을 예측하고 궁극적으로 더 나은 정책을 설계할 수 있다.[18] 선택의 틀이 어떻게 구성되는지, 선택을 거부하면 기본값으로 무엇이 주어지는지, 미래의 어떤 시점에 이르러야 선택이 효력을 발휘하는지, 사람들이 믿는 것이 정상적인 행동에 해당하는지 등 선택에 뒤따르는 영향을 두루 보여주는 일련의 연구가 현재 이루어져 있다(O'Donoghue & Rabin, 2001; Thaler & Sunstein, 2008; Kahneman, 2011; World Bank, 2015 참조). 죄수의 딜레마를 그저 죄수의 딜레마로 부르는지, 혹은 더 친절하게 '동료 죄수와의 협력'으로 부르는지에 따라서도 게임의 전개 양상은 달라진다.[19] 곧 누군가가 어떤 일을 하기 전에 듣는 말은 그 일이 수행되는 방식에 영향을 미친다(Hoff & Pande, 2006; Field & Nolen, 2010). 센은 초기의 연구에서(Sen, 1973; 1997) 결코 선택되지 않을 만한 선택지임에도, 단순히 그것의 존재만으로 다른 두 선택지 사이의 선호를 뒤바꿔놓을 수 있음을 보여주었다. 특히 재미있는 예로, 누군가 처음 만난 사람이 당신에게 (A) '우리 집에 가서 차나 한잔해요'와 (B)

---

17 타일러(Tyler, 2006)는 법의 맥락에서 이 부분이 지니는 중요성을 실증적으로 보여준다.

18 감수자주: 비합리적 선택을 예측하는 것에 대한 매우 흥미로운 논의는 댄 애리얼리Dan Ariely 교수의 『상식 밖의 경제학*Predictably Irrational*』(2008)에 제시되어 있다.

19 게임과 전략의 명칭을 어떻게 짓는지가 왜 중요한가에 대해서는 Dreber, Ellingsen, Johannesson, & Rand(2013)와 Georg, Rand, & Walkowitz(2017)를 참조할 것.

'당신 집으로 가버리세요' 중 하나를 고르라고 하는 상황을 생각해보자. 이때 선택은 전적으로 (A)일 수 있다(그 사람에게 어느 정도 호감이 있거나 믿을 만한 사람이라는 전제하에). 그런데 그 사람이 세 번째 선택지로 (C) '우리 집에 가서 같이 마약이나 합시다'를 내놓았다면 선택은 (B)로 바뀔 수 있다.[20]

이타심, 타인에 대한 배려, 시기심, 조바심이 어떻게 이기적 합리성을 조절·완화하는지 보여주는 연구가 있으며, 이러한 연구는 대개 체계적이고 예측할 수 있는 방식으로 이루어진다.[21] 행동경제학의 부상에 비추어 봤을 때, 의회에서 발언되거나 법령으로 쓰이는 말, 즉 '종이 위의 잉크가 특정한 상황에서는 사람들의 선호에 영향을 미쳐 결과적으로 행동에까지 영향을 미치는 것이 아닐까?'라는 질문을 자연스럽게 해볼 수 있다. 만약 영향을 미친다면 전통적인 법경제학으로 돌아가지 않아도 되는 것이 아닐까? 첫 번째 질문의 답은 '그렇다'이고, 두 번째 질문의 답은 '아니다'이다. 법령에 적힌 단어와 구절은 선호와 행동

---

20 센(Sen, 1993)은 이를 활용해 이미 드러낸 선호라도 자명한 이치에 부합하지 않는다면 합리적인 플레이어는 일관성을 깰 수 있다고 주장했다((A)와 (B) 두 개의 선택지 중에서는 (A)를 선택했지만, (C)라는 선택지가 하나 더 늘어나면 (B)를 선택한다는 것은 합리적으로 선택한 것이 일관되지 않다는, 즉 선택은 비합리적일 수 있다는 증거이다. 이 사례는 (A)와 유사한 계열이나 (A)보다 훨씬 안 좋은 (C)라는 선택지를 제시함으로써 상대적으로 (B)가 돋보이게 하는 경우로, 이때의 (C)를 미끼효과decoy effect라고 한다. 이런 사례를 마케팅에 활용하여 (A)로 쏠려 있는 소비자의 선택을 (A)의 미끼인 (C)를 제시함으로써 (B)로 바꾸는 것도 충분히 가능하다. 이에 대해 더 알고 싶다면 앞쪽에서 언급한 『상식 밖의 경제학』을 읽어보기를 권한다. — 감수자주).

21 현재는 이에 대해 다룬 문헌이 아주 많다. Loewenstein(1987), Frank(1988), Akerlof (1991), Sunstein(1996b), O'Donoghue & Rabin(2001), Ariely(2008), Karna Basu (2011), Ifcher & Zarghamee(2011), Mullainathan & Shafir(2013), Rabin(2013) 등을 참조할 것. 세계은행의 보고서(World Bank, 2015)에는 이러한 연구의 많은 부분이, 특히 발전의 맥락에서 요약되어 있다. 이 새로운 연구들을 반기는 것과 동시에 Veblen(1899)이나 Leibenstein(1950) 등과 같은 초기의 선구적인 연구가 있었다는 사실도 놓치지 않아야겠다.

에 영향을 미친다. 이는 법의 표현적 기능에 관한 문헌을 통해서도 알 수 있다(Lessig, 1996; Sunstein, 1996a; Cooter, 1998). 하지만 그렇다고 해서 국가의 정책집행자와 시민들이 '법이 제정됨과 동시에 법에서 명령하는 대로 따를 것'이라고 믿을 이유는 없다. 법이 행동에 영향을 미친다는 데 동의하는 것과, 법의 효과가 법에서 정한 글귀대로 발휘된다고 전제하는 것은 상당히 다르다. 즉 과속운전자를 단속하라고 법에서 정했다고 해서 경찰이 꼭 그렇게 하지는 않는다.

이 문제로 들어가기 위해 우선 하나의 사례부터 살펴보자. 2장에서 본 식량 보조금의 문제로 돌아가보려고 한다. 어느 나라에서 정부가 저소득층에게 식량 바우처나 스탬프를 지급하는 법을 새롭게 만들었다. 만약 이 법이 통과된 후에도 정부의 정책집행자들이 바우처를 지급하지 않거나 식료품점에서도 바우처와 식품을 교환해주지 않는다면, 평범한 사람들은 정부의 정책집행자들에게 분개하며 그들을 낙인 찍을 것이다. 바로 이런 이유에서 이 법이 여러 나라에서 효과를 발휘하는 것이라고 주장할 수 있다. 낙인과 배척의 두려움 때문에 관료들은 주어진 임무를 수행하고, 그 결과 법은 효과를 발휘하는 것이다.[22]

이와 같은 시민 모니터링 덕분에 정부가 제 일을 하는 경우도 더러 있는 만큼, 이 주장은 타당하다. 그러나 여기서 중요하게 깨달아야 할 점은 이 주장이 신고전주의 법경제학 표준 모델 너머로 우리를 이끈다는 사실이다. 베커와 코즈가 제시한 이 모델이 대단히 효과적이었던 이유는 인간의 선호를 엄밀하지 않게sparse 다루었기 때문이다. 인간은 법을 지향하는 태도를 타고나지 않았다. 과속에 대해 처벌하는 것은 오렌

22 시카고대학교의 D. 게일 존슨D. Gale Johnson 강좌에서 강의를 한 적이 있었는데, 그 후 나는 이러한 주장을 제기했다.

지 가격을 인상하는 것과 같다. 오렌지 가격을 높여서 수요를 줄이는 것과 같은 방법으로 법은 과속운전을 제지해왔다. 즉 법을 도덕적인 태도로 대하는가와는 아무런 상관이 없었다. 바로 이 점에서 전통적인 법경제학의 관점은 법철학자들이 오랫동안 제시해온 주장과 구별된다.[23] 전통적인 법경제학에서 인간의 선호를 이렇게 가정한 것이 옳다 그르다를 판단하려는 것은 아니며, 여기서는 다만 시민들이 관료들을 제재한다는 시민모니터링에 근거한 주장이, 우리를 전통적인 법경제학 너머로 이끈다는 점을 언급하려는 것이다.

나아가, 일단 이 너머의 길을 선택하게 되면 왜 우리에게 관료와 경찰이 필요한지가 명확하지 않게 된다. 법을 존중하지 않더라도 시민들은 서로를 제재하고, 그래서 법집행 주체가 없더라도 법에 순응하는 결과를 끌어낼 수 있게 되기 때문이다. 그리고 사람들은 법이 요구한 대로 따를 것이므로, 결국 제재조차 필요하지 않게 될 것이라고도 전제할 수 있다.

요약하면, 행동경제학의 새로운 연구에 비추어 볼 때 우리는 법이 게임을 바꿀 수 있음을 인식해야 한다. 그러나 그렇다고 해서 꼭 신고전주의 법경제학 문헌에서 가정하는 방식대로 게임이 바뀌는 것은 아니다. 즉 행동경제학의 연구 결과는 우리를 전통적인 법경제학으로 돌아가게 하는 것이 아니라, 더 새로운 길로 가도록 촉구한다. 그 길을 '행동경제학적 초점접근법focal point approach with behavioral feature'이라고 부르기로 하자.

이 접근법에서는 새로운 법이 인간의 선호와 가치에 영향을 미친다는 것을 인정한다. 다시 말해 앞서 살펴본 식량 바우처의 예에서처럼

23 이 부분에 관한 칼라브레시(Calabresi, 2016)의 회고적인 성찰도 흥미롭게 읽힌다.

어떤 상황에서는 새로운 법에 순응하기를 촉구하지만, 어떤 상황에서는 이 법이 돌발적인 효과를 낳기도 하며, 또 서로 충돌하거나 의도적으로 법에 반해 엇나가는 행동을 초래하기도 한다. 독립운동 당시 인도인들은 바다에서 소금 제조를 금지한 식민지법에 반대하는 시위를 했다. 과연 식민지법에서 이를 금지하지 않았더라도 인도인들이 바다에서 대규모로 소금을 만들고자 했을까?

지금까지의 접근법은 외생적 선호를 지닌 합리적 인간이라는 가정을 견지한 신고전주의적 초점접근법이었다. 이제부터는 인간의 선호가 유연하고 언제든 바뀔 수 있음을 인식하는 행동경제학적 초점접근법으로 나아가보자.

언급해두자면 비非신고전주의적 특성의 한 종류, 즉 시간과 경험에 따라 인간의 선호가 바뀔 가능성은 4장에서 살펴본 전개형 게임을 통해 충분히 모델화할 수 있다. 물론 인간의 선호는 평생에 걸쳐 바뀐다. 그런데 이러한 유의 내생적 선호는 '시간에 걸쳐 변화하는 다양한 자아'라는 개념을 활용해 포착할 수 있다. 즉 시점 t에 있는 사람 i는 시점 t나 시점 k에 있는 사람 j와 다른 사람일 뿐만 아니라, 시점k와 시점t가 또 다르므로, 시점 k에 있는 나 자신(사람 i)과도 다른 사람이다. 실제로 이 방법은 장기간에 걸친 선호의 변화를 용인하는 '중독에 관한 모델'이나, 해야 할 일을 미룬 뒤에 후회하는 '지연성procrastination에 관한 모델'에서도 활용된다(Akerlof, 1991).

법이 인간의 선호에 영향을 미친다는 인식은 새로운 연구의 장을 열었고, 이에 따라 사회적인 행위와 결과에 영향을 미칠 수 있는 새로운 방법이 요구되게 되었다. 많은 사회에서는 종종 '현실게임에 참여하는 모든 개인이 단지 법의 명령이라는 이유만으로 그것을 (일관성과 현실성을 갖춘 명령이라면) 이행하도록 잘 프로그램화되어 있는 것'을 궁극적인 목표로 삼곤 한다. 여기에는 단점도 없지 않아서, 사회가 너무 정적으로 머물게 되고 창의성이 결여될 수 있다. 또한 어떤 사회든 약간의 무질서는 감당할 수 있다. 그러나 이런 반론을 차치하면, 흥미롭게도 이러한 프로그램화는 신고전주의 주류 경제학자들이 우려하는 만큼 불가능하지는 않다. 한정적이긴 하지만 사실 우리는 이미 그러하지 않은가. 공공장소에서의 금연법을 대체로 받아들이는 이유는 경찰이나 국가의 정책집행자들이 무서워서가 아니라, 그 법에 합당한 측면이 있다고 여기기 때문이다. 모든 법을 이런 태도로 대한다면 집행기구는 전혀 필요하지 않을 수 있다.

물론 가까운 미래에 이렇게 되지는 않을 것이다. 그렇게 되기 위한 중간 단계로, 최소한 국가의 정책집행자만이라도 법을 따르도록 설득해, 단지 그것이 법이라는 이유만으로도 개인적 이익과 무관하게 법에서 정한 대로 집행하게 하는 것이 중요하다. 일부 사회에서는 부분적으로나마 이를 이루었다. 예컨대 선진국에서 법이 더 잘 시행되는 이유 가운데 하나는 경찰과 판사가 이런 가치를 충분히 내재화하고 있기 때문이다. 그들도 다른 모든 사람과 마찬가지로 물건을 사거나 다닐 대학을 선택하거나 주식을 사고팔 때는 효용을 극대화하지만, 교통 업무를 보거나 판결을 내릴 때만큼은 그렇지 않다.[24] 개발도상국의 문제 가운데 하나는 국가의 정책집행자를 포함한 모든 개개인이 선진국과 비교했을 때 법은 당연히 지켜야 한다는 보편적 가치가 아닌 자신의 이익에 부합할 때에만 법을 지키는 '합리적 개인'이라는 신고전주의의 전제에 더 잘 부합한다는 데 있다. 물론 그런 사람들이 많아 후진국으로 남아 있는 것인지, 혹은 후진국이기 때문에 그런 사람들이 많은 것인지

---

24 이와 반대되는 견해로는 Meade(1974)와 Posner(1993)를 참조할 것.

인과성의 방향은 명확하지 않다. 후자일 가능성도 전적으로 있다. 즉 선진국이 되었기 때문에 국가의 정책집행자에게(그리고 어느 정도 시민들에게까지) '법은 보편적으로 지켜야 한다'라는 가치를 주입하는 데 성공했을 수도 있다. 그럼에도 불구하고 또 다른 인과 방향(이러한 가치를 관료나 경찰, 판사들에게 심어줌으로써 선진국으로 도약할 수 있는 토대를 마련하는 것)을 위해서도 노력해야 한다. 이는 최소한 보다 공정한 사회를 만드는 데 기여한다. 관료들이 법을 집행하기 위해서는 6장에서 그 방법을 살펴본 바와 같이 관료들끼리 서로 통제하는 게임에 그들을 묶어둘 수 있어야 하며, 그래야만 관료들이 시민들을 통제할 수 있다. 일단 인간의 선호가 바뀔 수 있음을 알게 되면 기존의 접근법만이 유일한 접근법은 아님을 알게 될 수 있다.

법이 인간의 행위에 미치는 영향에 관한 앞의 두 가지 접근법을 더 명확히 살펴보기 위해 사례를 들어 그 개념을 설명해보기로 하자. 3장에서 기술한 죄수의 딜레마 게임을 그 형태를 달리해 <게임 7-1>로 제시했다. 앞에서처럼 이번에도 세 명이 게임을 펼친다. 플레이어1은 가로행 중에 선택하고, 플레이어2는 세로열 중에 선택하며, 플레이어3은 왼쪽 행렬 L과 오른쪽 행렬 R 가운데 선택한다. 이 게임에서 플레이어3인 경찰이 L(묵인)을 선택한다는 것은 가만히 앉아 아무것도 하지 않는다는 뜻이다. 보수행렬에서 볼 수 있듯이 이 경우에 경찰은 플

L

	A	B
A	7, 7, ②	1, ⑧, ②
B	⑧, 1, ②	②, ②, ②

R

	A	B
A	⑦, ⑦, 1	①, 6, 1
B	6, ①, 1	0, 0, 1

<게임 7-1> 죄수의 딜레마 현실게임 2

* A: 준법, B: 위법, L: 묵인, R: 법집행.

레이어1과 플레이어2가 어떤 선택을 하든 상관없이 2의 보수를 얻는다. 하지만 만약 경찰이 R(법집행)을 선택하면 그는 경계 태세를 갖추고 법을 집행하는 상태에 있게 된다. 이제 경찰은 행동에 나서고, 누구든 B(위법) 행위를 하는 사람을 처벌한다. 그러나 경계 태세는 경찰에게 비용을 발생시키므로 R(법집행)을 선택했을 때 경찰이 얻는 보수는 1에 그친다.[25]

이제 우리는 서로 다른 두 가지 차원의 도덕적 준수moral compliance가 어떻게 작동하는지 알 수 있다. 첫째, 국가의 법집행 주체, 즉 플레이어3(경찰)만 법을 내면화하여 어떤 경우에든 무조건 법을 지키기로 했다고 가정한다. 따라서 플레이어1과 플레이어2가 B(위법)를 한 경우에 플레이어3이 두 사람을 처벌해야 한다(즉 R[법집행]을 선택해야 한다)고 법에서 말하는 순간, 플레이어3은 법에서 하라는 대로 R(법집행)을 하지 않으면 기분이 편치 않게 될 것이다. 다시 말해 경찰이 L(묵인)로 이동하면, 즉 아무것도 하지 않기로 선택하면 그에게는 불현듯 죄책감이 밀려들어 앞서 L(묵인)에서 얻었던 보수가 2에서 0으로 2만큼 줄어든다. 따라서 법이 공표되면 경찰은 R(법집행)을 '선호할' 것이다. 이를 아는 플레이어1과 플레이어2는 A(준법)를 선택해 각기 7의 보수를 얻는다.

이 경우에 플레이어들의 유형은 혼재해 있다고 전제한다. 곧 플레이어1과 플레이어2는 외생적으로 주어진 보수함수가 통하는 신고전주의의 전형적인 사람이지만, 플레이어3은 법에 의해 선호가 형성된 도덕적인 사람이다.

---

25 감수자주: 사실 이 게임은 앞서 이미 소개된 바 있다. 3장 4절에서 경찰이 절대로 단속할 리 없다는 '합리적' 믿음을 가지고 시민들이 법을 지키지 않는, 즉 (B, B, L)의 단일균형 상황을 소개하며 이러한 사회에서는 법을 만들어봤자 실패할 것이 뻔하다doomed to fail고 설명했다. 하지만 이 장에서는 경찰 또는 시민들에게 준법에 대한 도덕적 가치가 심어져 (A, A, R)이 균형으로 도출될 수 있는 가능성을 논한다는 점이 앞의 논의와 차별화되는 점이다.

둘째, 시민들이 도덕적인 인간으로 설정된 사회를 생각해볼 수 있다. 새로 법이 공표됨과 동시에 플레이어1과 플레이어2는 B(위법)를 저질렀을 때 양심의 가책을 느껴, 이전에 비해 보수가 2만큼 낮아지게 된다. B(위법)를 선택하면 상대적으로 낮은 효용인 2를 각각 얻는다. 다시 말해 (A, A, L)이 균형이 되어 법을 집행하는 사람이 없이도 법은 이행될 것이다. 이 두 가지 접근 방식[26] 모두에서 우리는 신고전주의의 개개인을 바라보는 관점과는 거리를 두어야 한다. 물론 집행자가 없어도 법이 집행되는 상태는 오늘날 우리가 생각하는 것만큼 대단한 이상향이 아닐지도 모른다. 다만 행동경제학은 지금 우리의 생각과는 달리, 또 신고전주의 경제학이 우리에게 믿게 한 것과는 달리, 그런 일이 불가능하지 않은 미래의 현실이 될 수 있음을 상기시킨다.

26 감수자주: 이 두 가지 접근 방식을 보수행렬로 나타내면 각각 다음과 같다.

<법준수가 내면화된 시민>

L

	A	B
A	⑦, ⑦, ②	①, 6, ②
B	6, ①, ②	0, 0, ②

R

	A	B
A	⑦, ⑦, 1	①, 4, 1
B	4, ①, 1	-2, -2, 1

<법집행이 내면화된 경찰>

L

	A	B
A	7, 7, 0	1, ⑧, 0
B	⑧, 1, 0	②, ②, 0

R

	A	B
A	⑦, ⑦, ①	①, 6, ①
B	6, ①, ①	0, 0, ①

4. 이익, 반발심, 그리고 정당성

'법의 정당성'은 법학자와 철학자들 사이에서 많은 논의와 논쟁이 있어온 주제이다. 법의 정당성이 준법과 관련될 가능성을 고려한다면 이 주제는 도덕적·현실적으로 중요하기 때문이다.[27] 지금부터는 앞서 살펴본 논의에 비추어, 행동경제학적 초점접근법을 활용해 이 논쟁을 보다 구체적으로 살펴보도록 하자.

법이 지켜지기 위해서는 그 법이 정당해야 한다고들 말한다. 그러나 이 말은 사실이 아니다. 지금까지 살펴보았듯이 평범한 시민과 국가의 정책집행자들은 결국 개인적 이익에 부합할 때 법을 집행한다. 평범한 시민들이 법을 지키는 이유는 그렇지 않을 경우 처벌의 위험이 따르기 때문이고, 국가의 정책집행자들이 법을 지키지 않는 사람을 처벌하는 이유는 그렇지 않으면 자신이 처벌받는다는 것을 알기 때문이다. 이것이 초점접근법을 뒷받침하는 핵심적인 개념이다. 그러나 행동경제학적 초점접근법으로 보면 이익과 반발심의 개념을 이론적으로 분리할 수 있고, 이익에 부합하기 때문에 법을 지키는 한편으로 여전히 법에 반감을 가질 가능성도 허용된다.

예를 들어 설명해보자. 다음에 제시된 <게임 7-2> '이익 반발심 게임'을 보면, 플레이어는 세 명이다. 플레이어1은 가로행 X와 Y 중에 선

27 이 논의는 막스 베버Max Weber와 허버트 라이어널 A. 하트Herbert Lionel A. Hart로 거슬러 올라가며 이때부터 계속되어왔다. 이 논쟁을 다룬 연구로는 Macey(1997), Singer(2006), Huq, Tyler, & Schulhofer(2011), Tyler & Jackson(2014) 등이 있다. 국가뿐 아니라 조직 차원의 맥락에서도 정당성 개념을 이론화하고 있는 Kornhauser(1984)와 Akerlof(2017) 역시 이 글의 논의와 유사한 이슈를 제기한다. 대규모 설문조사에 기반해 사람들이 실제로 법을 준수하는 이유에 대해 흥미롭게 다룬 연구로는 Tyler(2006)가 있다.

택하고, 플레이어2는 세로열 X와 Y 중에 선택하며, 플레이어3은 L과 R 중에 선택한다. 플레이어3이 L을 선택했을 때 주어지는 보수행렬은 L로 표시된 왼쪽 행렬이며, 반대로 R을 선택했을 때 주어지는 보수행렬은 R로 표시된 오른쪽 행렬이다.

L

	X	Y
X	⑤, ⑤, ⑤	0, 1, ⑤
Y	1, 0, ⑤	①, ①, 5

R

	X	Y
X	0, 0, 4	0, ①, 4
Y	①, 0, 4	①, ①, ⑥

<게임 7-2> 이익 반발심 게임

보수를 읽는 방법은 앞서와 같다. 플레이어1이 X(위법)를 선택하고 플레이어2가 Y(준법)를 선택하고, 또 플레이어3이 R을 선택하면 각각의 플레이어가 얻는 보수는 0, 1, 4이며, 이를 (0, 1, 4)로 표시한다.

쉽게 알 수 있듯이 이 게임에는 두 개의 균형 (X, X, L)과 (Y, Y, R)이 있다. 이 사회를 법이 없는 사회라고 가정하면 이 사회는 (X, X, L)에 자리한다. 결과적으로 모든 플레이어는 공평하게 5를 얻는다. X를 위법 행위로 규정한 법을 누가 만들었는지는 독자들의 짐작에 맡기기로 하고, 이제 새로운 법이 생겼다고 가정하자. 두 시민이 법을 지키는 결과는 (Y, Y, L), (Y, Y, R) 두 가지뿐이다. 만약 상대방이 모두 법을 지키리라고 믿는다면 이 중에서 (Y, Y, R)이 초점 결과가 될 것이고, 이것이 바로 '초점으로 부각되는' 내시균형이다. 물론 이제 플레이어1과 플레이어2는 각각 1밖에 얻지 못하므로 이전의 (X, X, L)에 비해 밑졌다는 생각에 기분 나빠할 수도 있다. '그럼에도 플레이어1과 플레이어2는 왜 법을 지키는가'라는 질문에 대한 답은 간단하다. 이들이 법을 지키는 이유는, 지키는 편이 각자의 이익에 부합하기 때문이다.[28]

표준 신고전주의 경제학에서라면 이쯤에서 마무리를 짓겠지만, 이제 우리는 사람들의 선호가 더 다층적임을 알게 되었다. 개인적인 이익에 부합하는 측면이 있기는 하지만, 그럼에도 불구하고 플레이어1과 플레이어2는 법을 지킨 댓가로 더 적은 보수만을 얻게 되어 전반적인 결과가 법적으로는 타당하나 도덕적으로 부당하다고 느낄 수 있다. 법으로 인해 생긴 지금의 결과를 놓고 보면 그렇게 느낄 이유가 충분하다. 즉 플레이어1과 플레이어2는 (5, 5)라는 보수를 얻을 수 있었던 게임에서 (1, 1)로 보수가 대폭 감소하게 됨으로써 그 결과가 도덕적으로 부당하다고 여기게 되어 새로운 법에 대해 충분히 '반감'을 가질 수 있다는 것이다. 반감과 준수는 각기 다른 문제이다. 개인적 '이익'에 부합하기 때문에 법은 지키면서도 동시에 법에 '반감'을 가질 수 있다. 또한 반감을 가지는 사람이 많으면 그 법은 정당성을 잃는다.

이 예시는 정당성이 없는 정부가 능력을 발휘해 제 뜻대로 하는 것이 불가능하지는 않음을 보여준다. 이론화된 모델이 아니더라도, 플레이어들 간의 이해를 편 가르기 해서 소수(앞의 예에서는 플레이어3)에게 이익을 돌리고 다수(플레이어1과 플레이어2)에게는 큰 손해를 발생시켜 그 차액을 빼돌리는 정부를 쉽게 생각해볼 수 있다. 여기서 핵심은 '정부가 바라는 대로 따르는 것이 각자의 이익에 부합하게끔' 만드는 것

---

28 감수자주: 플레이어1 입장에서 플레이어2가 Y를 선택할 것이라고 믿는다면 본인도 Y를 선택해야 그나마 더 많은 보수를 얻는다. 마찬가지로 플레이어3이 R을 선택할 것이라고 굳게 믿는다면 오른쪽 보수행렬에서 플레이어1과 플레이어2가 Y를 선택할 경우 이들은 1의 보수라도 얻지만, X를 선택하면 이들이 얻을 수 있는 보수는 0이다. 이 게임은 <게임 3-2>와 비슷해 보이나 다르다. L과 R이 반드시 방관 및 법집행일 필요도 없고, 무엇보다 플레이어3이 경찰일 필요도 없다. 오히려 바로 이어나오는 사례에서처럼 정부일 수도 있고 지역 토착민 출신 식민통치자일 수도 있다. 이 게임의 목적은 새로운 법이나 제도가 다수에게 손해를 발생시키고 소수에게 이익을 몰아줄 때, 다수는 이 법이나 제도에 반감을 가지면서도 따르는 것이 그나마 더 나은 결과를 가져오는 상황을 설명하고자 함이다.

이다. 게임을 온전히 서술한다면 정부도 외적 요인으로만 남을 수는 없다. 그렇게 두지 않기 위한 한 가지 방법으로 정부를 플레이어3이라고 해보자. 플레이어3은 사회가 (Y, Y, R)이라는 결과로 나아가게 하는 새로운 법을 만들고, 이렇게 되면 플레이어3은 플레이어1과 플레이어2를 쉽게 나쁜 결과에 이르게 할 수 있다. 그럼에도 불구하고 플레이어1과 플레이어2는 사회의 이익 구조가 아주 잘 짜여 있기 때문에 법을 따를 수밖에 없다.

이를 보여주는 좋은 예가 식민 지배이다. 자신의 군대를 이끌고 와서 다스리며 다른 땅의 신민들을 착취했던 고대의 정복자 왕과 달리, 식민 지배는 정교하게 고안된 경영 방식을 통해 극히 소수의 지역 토착민을 통치자로 삼아 다수의 지역 토착민을 착취하는 특성을 보인다. 아프리카, 아시아, 라틴아메리카, 이 가운데에서도 특히 아프리카와 아시아에서 유럽이 식민 지배를 했을 때 보인 놀라운 특징은, 이 거대한 경제를 움직이고 착취하는 데 필요한 지역 토착민 출신 통치자colonizers는 정작 극히 소수만 필요했다는 점이다. 고대처럼 직접 정복을 당하든 식민지 경영 방식을 통해 지배를 받든 그 어느 쪽도 마음에 들지 않는 결과였지만, 고대의 정복자 군대나 식민 시대의 통치자들에게 사람들은 협력할 수밖에 없었다. 순응하는 것이 개인의 이익에 부합했던 것이다.[29] 결국에는 늘 그러하다. 그러므로 순응과 불순응의 정도는 어떤 정권이 얼마나 정당한가, 또한 그 정권에서 시행되는 규칙이나 법이 얼마나 정당한가를 가늠하는 지표가 될 수 없다.

---

29 감수자주: 물론 독립국의 시민으로서 누리는 보수가 가장 크겠지만 일단 식민 지배를 받게 되면 순응할 때의 보수가 불순응할 때의 보수보다 높아, '순응'이 개인의 이익에 부합하는 합리적 선택이 되는 것이다. 게임 <7-2>에서 도출된 (X, X, L) 균형과 (Y, Y, R) 균형을 가지고 생각해보면 쉽게 이해가 갈 것이다.

이제 여기서 더 나아가, 아직은 단정하기 어려운 미지의 영역에도 이 분석을 적용해보자. 중요한 주제를 이렇게 논의의 장에 올려놓으면 미래의(혹은 당대의 더 뛰어난) 연구자들이 이론화할 수 있으리라 믿는다.

우선 '이익에 반하게 행동하기로 마음 먹는 상황'도 있다는 사실에서 비롯되는 복잡한 문제들을 생각해보자. 인간은 부당하게 대우받거나 분노를 느끼고 싶어 하지 않기에 어떤 방식으로든 이러한 상황에 맞서려고 한다. 이로 인해 다중선호mutiple preference와 초超선호meta preference의 문제가 발생한다.

사람들이 분노를 해소하는 방식은 저마다 매우 다르다. '지금의 역경은 나의 지난 과오와 죄 등이 가져온 불가피한 처벌이므로 당연하다'라고 (종종 스스로에게) 말하며 감내하는 경우도 있고, 더 극단적으로는 오랜 시간에 걸쳐 착취를 당한 사람이 그 상황에 적응하고 불평을 멈추며, 심지어 기꺼이 받아들이게 되는 경우도 있다. 이는 한편으로는 순수한 생존 전략이다. 분노와 적의를 품고 살기는 어렵기 때문이다. 식민 지배, 인종 간의 착취, 성차별을 비롯한 특정 집단에 대한 차별 등이 오랫동안 자행되어온 이유가 여기에 있다. 부당한 대우를 당하는 쪽의 사람들이 현재의 역경을 응분의 대가로 받아들이고 체념했기 때문이다. 종종 착취자들은 노예제와 성차별이 신의 뜻이라 말하며 이런 체념을 고착시킨다.[30]

분노를 다루는 또 다른 방법은 앞서와는 반대로, 자기 몫의 손해를 감수하면서까지 스스로의 주장을 펼치기로 마음먹는 것이다. 반란, 해

30 기원전 3세기의 명작인 인도 철학자 차나키야Kautilya의 『아르타샤스트라*Arthashastra*(국내 번역서명: 강국론)』에서 왕의 조언자는, 사람들의 역경이 신의 뜻이라는 인상을 만들어낸다면 얼마나 손쉽게 이들을 착취할 수 있는가를 왕에게 상당히 노골적으로 되새긴다. '아르타샤스트라'는 '부자의 법'을 뜻하는 산스크리트어로서 초기 마키아벨리즘에 영감을 준 글로 칭송받는다.

방 운동, 폭동의 경우가 그러하다. <게임 7-2>에서 플레이어3이 R을 택하는 것이 명백한 상황일지라도 플레이어1 또는 플레이어2가, 아니면 두 명 모두가 스스로에게 손해라는 것을 알면서 X를 기꺼이 선택하는 상황이 이러한 경우에 해당한다. 이는 플레이어3에게 손해를 끼치기 위한 목적, 즉 억압하는 자(혹은 정부)의 부당함에 맞서기 위해 취하는 행동이다(결국 플레이어3의 보수도 6에서 4로 내려간다).

앞선 예에서 사람들의 이익을 불공정하게 해치는 법은 반발심의 근원이자 그 법을 부당하게 여기게 만드는 원천이다. 그러나 우리는 행동경제학을 통해서 그 반대의 경우가 생길 수 있음을 안다. 눈앞에 놓인 이익을 법이 무력화해주기를 '원할' 수도 있는 것이다. 보수 경제학자들이 실험실에서 행동 연구를 한 결과 드러난 사실과, 그 밖의 사람들이 살면서 경험으로 알게 된 바에 따르면 인간은 종종 다중적인 선호를 타고난다. 다중선호는 다음과 같은 여러 가지 방식으로 나타난다.

1. 임신 초기의 임신부는 진통제를 쓰지 않는 자연분만을 선호하지만, 막상 막달이 된 임신부는 분만 시 진통제 사용을 선호할 수 있다.
2. 100일 후 작은 사과 하나를 먹는 것과 101일 후 그보다 큰 사과 하나를 먹는 선택 가운데 영희는 두 번째를 선호한다고 말할 수 있다. 그런데 막상 100일이 되었을 때 말을 바꿔, 이튿날 먹게 될 큰 사과를 포기하고 그날 바로 작은 사과를 달라고 할 수도 있다.
3. 철수는 담배를 피우고 싶어 하지만 자신이 담배를 피우지 않길 바란다.

이러한 경우에 우리는, 선택을 바꾸려면 벌금을 지불해야 한다는 규정을 두는 등의 방법으로 제3자가 위력을 사용하는 것이 합당하다고 볼지 모른다. 즉 100일째 되는 날에 사과를 사려 하면 벌금을 많이 내게 해서 영희가 더 '나은' 선택을 하도록 돕는다면, 물론 위력이 수반되기는 하겠지만 그 위력은 '더 나은 영희'가 했을 선택을 '지금의 영희'가 하도록 도와주는 것이다. 게임이론의 맥락에서 앞의 2번 사례를 다룰 때는 '시점이 달라질 경우 같은 사람을 다른 사람으로 보는 방식'을 취한다. 이를 통해 우리는 사람들이 장차 어떤 선택을 하고, 그것이 '다양한 자아의 후생welfare of the many selves'에 어떤 영향을 미칠 것인지 예측할 수 있다.[31] 그러나 이렇게 되면 다시 그 여러 명 가운데 누가 우선인지, 또 그중 누구의 편에서 개입해야 하는지와 관련된 까다로운 문제가 생긴다.

앞의 모든 사례에서 합당하다고도 볼 수 있는 개입의 여지가 생긴다. 개개인에게는 다중적인 자아가 있으며, 따라서 동일인의 여러 자아 가운데 으뜸인 자아를 만들기 위한 것이지 그 사람을 방해하려는 것이 아니라고 본다면 그 개입은 합당한 개입일 수 있다는 것이다.

그런데 그 사람에게 무엇이 좋은지를 국가가 더 잘 안다고 여기며 개입을 하는 경우가 있다. 이런 개입은 개개인의 입장에서 본 다중선호와 아무런 관련이 없다. 이렇다 보니 개인은 명확히 흡연을 선호하고 안전벨트 미착용을 선호할 때조차도 국가가 담배에 세금을 부과하거나 운전자에게 안전벨트 착용을 의무화하는 법을 시행한다.

이러한 사례 가운데 일부는 개인의 자유와 개입주의paternalism를 둘

---

31 '가치폄하 효과hyperbolic discounting'(당장의 편익을 중요하게 생각하고 미래의 편익은 낮게 평가하는 경향 — 옮긴이주)라는 특성은 행동경제학의 토대를 이루는 개념 가운데 하나였으며, 관련된 문헌이 많다. Akerlof(1991), Laibson(1997), O'Donoghue & Rabin(2001), Karna Basu(2011)를 참조할 것.

러싼 복잡한 이슈와 관련된다. 나 역시 개인적으로는 차에 아무도 태우고 있지 않을 때 안전벨트 착용법을 지켜야 하는지가 애매하다. 정부가 굳이 이렇게까지 하면서 한편으로 등산은 왜 괜찮다고 허용하는지도 잘 이해가 되지 않는다. 만약 내가 위험을 안고 스릴을 즐기고 싶어 한다거나 안전벨트를 매지 않고 목적지까지 가는 도전을 즐긴다면 어떨까? 이것은 에베레스트에 오르는 도전과 다르지 않고, 사실 그보다 훨씬 더 안전하다. 운전 중 안전벨트 착용을 의무화하는 법을 두겠다면 최소한의 일관성을 위해서는 등산을 금지하는 법도 두어야 하는 것이 아닌가?

여기서 짚어봐야 할 부분은 사람들에게 여러 자아가 있는 경우이다. 법의 힘을 빌려 어느 한 자아를 다른 자아보다 현저히 부각시키는 경우는 실제로도 있다. '어떤 자아를 우선에 두어야 하는가'라는 질문이 나올 수 있지만, 이 질문은 우리가 여러 자아를 가지고 있는 한 피해갈 수 없다. 때로 이 문제는 사람들에게 종종 초超선호meta preference가 있다는 사실, 즉 선호 위의 선호preferences over preferences가 있다는 사실 덕분에 해결이 한결 수월해진다. 초선호는 선택의 위계를 고려하는 것으로, 여기에 개입주의는 관여하지 않는다. 이것은 그 사람의 바닥에 있는 자아를 단념시키기 위해 더 높이 있는 자아를 이용하는 것이다. 앞의 세 가지 예에서 사실 3번은 서로 상충되는 다중선호의 예라기보다는 이러한 초선호의 예이다. 철수에게는 '담배를 피우고 싶다'와 '담배를 피우고 싶지 않다'라는 두 가지 선호가 있는 것이 아니다. 철수의 선호는 상당히 명백하다. 철수는 지금 당장은 담배를 피우고 싶어 하지만, 그에게 흡연을 선호하는지 그렇지 않은지 물어보면 후자를 택할 것이다.[32]

---

32 감수자주: '지금 담배를 피우고 싶다'라는 밑바닥 선호 위에 '금연하고 싶다'라는 선호가 있

다행히 인간은 서로 상충되는 다중선호만이 아니라 초선호도 지니고 있으며, 특별히 초선호의 경우에는 그에 대한 개입에 설사 위력이 수반되더라도 합당한 개입으로 정당화될 수 있다. 일반적으로 행동경제학에서는 현재의 가치를 중시하고 미래의 가치를 폄하하는 자아, 즉 당장의 소비가 주는 즐거움을 위해 많은 것을 포기하는 자아에 대해서는 개입이 정당하다고 본다. 그리고 이런 경우, 스스로가 자신이 처한 상황을 이해하고 선호를 바꾸는 것을 지향한다. 이때는 법을 이용해 적절한 유인책을 만들어내는 것이 정당화되기도 한다.

일단 우리가 신고전주의 경제학의 영역을 넘어서서 행동경제학적 초점접근에까지 이르렀다면, 동일인의 다중선호뿐만 아니라 한 사람이 지닌 '이기적' 선호와 도덕적 선호를 구분하는 것도 고려해야 한다. 여기에서 흥미로운 논리가 생기는데, 예컨대 법이 정당하고 국가도 정당성이 있다고 느낀다면 편협한 개인적 이익에 반하더라도 '순전히 법이라는 이유로 법을 지키는' 순환논리 말이다. 이 경우, 법 준수를 원칙으로 삼고 이를 견지할 가능성이 커진다(Bilz & Nadler, 2009; Feldman & Teichman, 2009; McAdams, 2015).

흥미롭게도 정당성의 개념은 두 가지로 구분해볼 수 있다. 여기서는 1차 정당성first-order과 2차 정당성second-order이라고 부르기로 하자.[33] 1차 정당성은 일종의 '최소한의 정당성'으로서 이 단계에서는 국

는 셈이다. 당장 담배를 한 대 피우면서도 '금연해야 하는데…' 하고 걱정하는 상황을 떠올려보자. 체중 감량을 원하면서도 군것질을 하거나 성적 향상을 원하면서도 지금 게임에 몰두하고 있는 것도 마찬가지이다.

33 감수자주: 1차first-order니 2차second order니 하는 표현은 경제학에서 최적화 문제를 풀 때 첫 번째 미분값을 0으로 하는 값을 구하는 일계조건first order condition과 극값이 최대인지 최소인지를 알아보고자 한 번 더 미분한 값을 0으로 놓는 이계조건second order condition에서 따왔다.

가의 정책집행자, 즉 국가의 법을 수호할 의무가 있는 직분의 사람이 법을 준수한다. 이들은 법을 집행하리라는 기대를 받으므로 법을 집행하지만, 시민들은 각기 자기 자신의 이익과 통상적인 효용의 극대화에 따라 움직인다. 반면에 2차 정당성은 더 전방위적으로 정의된다. 이 단계에서는 '법은 법이기 때문에 지켜야 한다'라는 내면화된 규범이 모든 플레이어(시민과 정책집행자 모두)에게 깊이 배어 있다.

법이 1차 정당성의 단계에 있다면 우리가 사는 세상은 전통적인 법경제학의 세계이다. 이곳의 정책집행자들은 기계적으로 법을 따르고, 이로써 새로운 법은 시민들이 펼치는 게임을 바꿔놓는다. 반면 앞서 살펴본 것처럼, 만약 국가와 국가의 법령이 2차 정당성의 단계에 있다면 법은 그 효과를 내는 데에서 나아가 집행하는 사람이 없더라도 효과를 발휘하게 된다.[34]

소득 수준이 높은 국가들은 1차 정당성에 근접해 있기 때문에 이들 국가에서 법이 전반적으로 효과를 발휘하는 것이라고 볼 수도 있다. 그 정당성이 어떻게 달성되는지가 늘 명확하지는 않지만, 국가는 분명 그러하기를 열망한다. 그러한 정당성이 법을 더 효과적이게 하고, 나아가 성장과 발전을 돕기 때문이다. 즉 국가의 정당성은 민주주의에만 이로운 것이 아니라 경제적 효율과 발전까지 촉진한다.

본론에서는 다소 벗어나지만 심리학과 행동경제학에 관한 앞선 논의에서 도출되는 두 가지 평가로 이번 장을 마무리 짓기로 하자. 두 가지 모두 이 글의 논지에 직접적으로 영향을 미치는 부분은 없지만 향후의 연구와 조사에 활용될 수 있는 중요한 부연이다.

---

34 감수자주: 주26의 '법준수가 내면화된 시민'이 펼치는 게임의 (A, A, L) 균형과 같은 결과이다.

첫 번째 쟁점은 '만들어진 타깃created target'이다. '외생적 선호를 지닌 인간'이라는 신고전주의적 가정의 취약점을 일단 인식하면 다른 기회와 도전이 열린다. 경제학에서는 드러나지 않지만, 삶에서는 흔히 나타나는 현상으로 '만들어진 타깃'이라 이름 붙일 만한 것이 있다. 스포츠의 예가 두드러진다. 축구를 생각해보자. 운동장의 양쪽 끝에 네모난 골대를 두 개 두고 한 무리의 사람들에게 공을 준 다음, 빨간 팀복을 입은 사람들에게는 이쪽 골대로 공을 차고 파란 팀복을 입은 사람들에게는 저쪽 골대로 공을 차서 넣으라고 말한다. 그런 다음 어느 쪽이 더 자주 공을 넣었는지를 센다. 이내 사람들은 서로 걸려 넘어지고, 기꺼이 부상을 입고, 골대에 공을 넣으려 하거나 넣는 것을 막으려 들게 된다. 경기를 펼치는 사람들에게 돈이나 사과, 오렌지, 옷을 줄 필요도 없다. 골대에 공을 넣는 기쁨과 득점을 지켜보는 즐거움만으로도 충분한 동기가 되는 것이다.

시간이 흐르면 이제 이들은 스스로를 A팀 혹은 B팀과 동일시하며, 해당 팀이 득점하는 모습을 보기 위해 응원하는 구경꾼들이 생겨난다. 그래서 많은 사람이 퇴근 후에 여가로 이 '게임'을 시청하게 되고, 자신이 동일시하는 팀의 승률을 높이기 위해 기꺼이 돈을 걸게 되며, 맥주를 마시다가 상대 팀을 응원하는 이들과 싸움이 붙게 되기도 한다.

선호의 외부적 생성에 대한 설명은 이쯤으로 해두자. 삶은 만들어진 타깃으로 가득하고, 이러한 타깃은 사회나 경제가 어떻게 작동되는지를 보여준다. 우려스럽게도 선거를 통한 정치가 종종 이와 유사한 양상을 띤다. 일단 사람들이 민주당이나 공화당, 토리당이나 노동당을 지지하기 시작하면 시간이 흐름에 따라 이들의 정당에 대한 지지는 마치 평범한 사람들이 리버풀이나 첼시 같은 프로 축구팀을 응원하는 것과 같아진다. 지지를 끌어내는 것이 정당의 공약이나 이데올로기가 아니게 되는 것이다(최초의 동력은 그러했을지라도 말이다). 공화당을 지지하는 이유는 단지 공화당이 승리하는 모습을 보는 기쁨이 리버풀이 득점하는 모습을 보는 기쁨과 같기 때문이다.

타깃을 만들어내는 인간의 능력은 정치인, 기업, 힘 있는 단체에게 하나의 기회가 된다. 일단 사람들의 머릿속에 타깃이 심어지면 그 자체로 하나의 목표가 되므로, 이때 골대가 이동하면 사회적인 결과는 크게 달라진다. 세계은행에 재직할 당시 나는 국가별 기업환경의 순위를 평가하는 부서를 책임지고 있었는데, 많은 나라가 이 순위의 사다리를 올라가는 것 자체를 목표로 하고 있음이 이내 분명해졌다. 더 성장하거나, 생활수준을 높이거나, 빈곤을 줄이거나, 일자리를 늘리기 위해서가 아니라 '단지 사다리를 오르기 위해' 사다리를 오르고 싶어 하는 나라들이 있었다. 축구에서 골을 넣고 득점하는 게임을 펼치는 것과 같았다. 나는 이 순위가 오용될 수 있음을 절감했다. 랭킹을 매기는 기준을 약간 바꾸어서, 투자은행이 고객을 더 많이 착취할 수 있게 해주는 국가일수록 해당 국가의 순위가 높아진다면, 순위를 더 높이기 위해 시민들의 고통은 아랑곳없이 착취의 영역을 더 늘려가는 국가도 생겨날 수 있다.

또 다른 예는 애국심과 관련된다. 일부 정통 신고전주의 경제학은 애국심에서 나오는 선호를 '효용의 극대화가 고착된 것'으로 본다. 그러나 애국심을 행동경제학 및 만들어진 타깃이라는 측면에서 보면, 간혹 의도한 바가 아닌 경우도 있겠지만 더러는 의도적으로 사회 지도층과 정치 지도자들이 나름의 이유를 가지고 이를 주입하고 고취시킨 것임을 알 수 있다. 애국심 자체가 하나의 훌륭한 재정 정책이다. 덕분에 정치 지도자들은 쥐꼬리만 한 급여를 주고도 군인들을 고용할 수 있다. 단지 하나의 직업으로서 군에 들어왔다면 마땅히 요구했을 수준의 급여임에도 그에 훨씬 못 미치는 돈을 받게 되는 것이다. 이 나라가 다른 나라보다 중요하고, 이 나라 사람들의 목숨이 다른 나라 사람들의 목숨보다 중요하다는 감정을 고취함으로써 애국심은 유용한 감정이 된다. 그 감정 덕분에 우리는 군인들에게 헐값을 지불하고 재정적으로 막대한 금액을 절약한다.

이제는 명확해졌듯이 만들어진 타깃(주류 경제학에 근거해서는 불가능하지만 우리 주변에서는 흔하게 볼 수 있는)은 좋은 쪽으로든 나쁜 쪽으로든 큰 힘을 발휘한다. 그리고 이를 통해 사회를 다른 방향으로 이끌 수 있다. 더불어 이는 방향의 전환이 정당한지 부당한지의 문제도 발생시킨다. 여기서 다시 한번 앞서 적용한 기준들을 활용하여 그 전환이 시민들 스스로의 이익을 위한 것인지, 즉 사람들이 '스스로 판단해서 내린' 더 높은 차원의 선호인지를 점검해야 한다. 물론 정당성의 근거에 대한 문제는 결코 논란에서 자유로울 수 없겠지만, 우리가 기본적인 개념에 대해 어느 정도 합의에만 이른다면 최소한 정당성을 극도로 훼손하는 시도는 모두에게 명백히 드러날 것이므로, 바라건대 그 시도를 꺾을 힘을 구축해낼 수 있다.

만들어진 타깃에 덧붙여 두 번째로 부연할 쟁점은, 법은 대개 위력과 처벌로 뒷받침된다는 사실과 관련된다. 이 말이 게임의 맥락에서 무엇을 뜻하는지는 앞서 언급한 여러 사례에서 잘 드러난다. 그러나 게임 모델을 벗어나 보면 경제학자들과 여타의 사회과학자들 사이에서 위력과 강요의 의미는 잘못 이해되고 있을 때가 많다.

그 의미는 정당성과 관련된다. 전통적으로 정당성의 개념은 위력과 반대된다. 싱어(Singer, 2006, 229쪽)는 "정당성을 갖춘 정부는 단지 위력에 의한 통제를 일삼는 정부와 구분되며, 개념적으로도 반하는 것으로 보인다. 이러한 구분이 일반적으로 인정되는 만큼, 그에 수반되는 개념인 권위 및 통치권과 더불어 정당성의 개념은 널리 인정된다."라고 했다. 그러나 '위력에 의한 통제'와 '정당성을 갖춘 정부' 사이의 명확해 보이는 대비도 자세히 들여다보면 까다로운 문제에 봉착한다. 그 반대말인 자발성에 견주어보면 위력과 강요의 의미가 모호해진다는 데 문제의 원인이 있다.

프리드먼(Friedman, 1962)의 견해처럼 만약 누군가가 일련의 선택지 가운데 자발적으로 선택을 했다면 그 사람은 강요를 당하지 않았다는 것이 일반적인 관점이다. 하지만 이러한 '신고전주의적 기준'은 오해의 소지를 지닌다. 이런 문제가 끊이지 않는 이유는 '강요'를 정의 내리기가 쉽지 않기 때문이다. 강요에 대해 분명히 정의 내리지 못하면 어떤 일이 강요인지 아닌지를 제시할 수 없다. 다행히 우리에게는 택할 수 있는 또 다른 접근법이 있다. 즉 일반적으로 받아들여지는 정의가 없다면, 강요를 정의 내리지는 못하더라도 강요가 있었다는 데 모두가 동의할 수 있는 상황을 생각해보고(아이들이 코끼리를 정의 내리지 못하면서 코끼리를 알아보는 것과 같다[35]), 그 상황에서 신고전주의의 기준이 유효한지를 보는 방법이다.

이러한 논지에서, 어두운 골목에서 손에 총을 쥔 채 '시계를 내놓으라고 한 강도 R'에게 '시계를 준 사람 P'가 있다고 해보자. 이 상황에서 밀턴 프리드먼을 포함한 우리는 모두 P가 자발적으로 시계를 주지 않았고, 이는 강요 또는 위력이 행사된 사례라는 데 동의한다. 이쯤에서 신고전주의의 기준으로 돌아가보자. 이 이야기에서 벌어진 일은 R이 P에게 선택지를 제시한 것이다. 즉 '나에게 시계를 주거나(x)' 아니면 '나에게 너의 목숨을 주거나(y)' 선택하라는 것으로, 이것이 총이 갖는 의미이다. 그래서 P는 더(사실은 상당히 더) 마음에 드는 선택지인 x

35 꼭 아이들이라고 할 필요가 있는지는 확신할 수 없다.

를 골랐다. 하지만 신고전주의의 기준으로 보면 P는 강요를 당하지 않은 것이다. 따라서 신고전주의의 기준에 결함이 있음이 이 사례를 통해서도 드러난다.

이 결함 때문에 신고전주의 경제학이 '자발성은 대체로 어디에든 있다'라는 견해로 기울게 된다는 점을 나는 다른 책에서 주장한 바 있다(Basu, 2000; 2003). 하루에 12시간을 일하며 착취당하는 광부에서부터 아무런 도움 없이 모든 가사노동을 홀로 하기로 선택한 여성에 이르기까지 모두가 자발적이고 강요가 없는 선택을 한 것으로 취급된다. 더불어 언급하자면, 거의 모든 관계를 강요로 보는 일부 학파에서는 이와 정반대되는 문제가 발견된다. 이는 모두 분명하게 정의 내리지 못하는 문제에서 비롯된다.

강요는 기본적으로 규범적인 개념임을 인식할 필요가 있다(Steiner, 1994; Basu, 2000; Vallentyne, 2000). 이보다는 사람의 권리를 우선에 두어야 한다. 그러므로 설사 선택지가 주어졌다 하더라도 우선되는 권리를 박탈당했다면 그 사람에게는 위력이나 강요가 가해졌다고 말할 수 있다. 가벼운 저녁 산책을 나선 사람에게는 자신이 차고 나간 시계와 목숨 둘 다를 집으로 되가져올 권리가 있다. 갑자기 둘 중 하나만을 선택해야 한다면 그는 둘 다 가질 권리를 빼앗긴 것이므로 강요를 당한 것이다. 이 문제에서는 권리의 기준선baseline이 중요하다.

이 개념을 이론화하기 위해서는 단순히 사람들이 취할 수 있는 선택의 조합을 기술하는 데 그치지 않고, 이 가운데 어떤 선택이 그 사람의 권리이고, 그래서 거부되지 않아야 하는지를 명확히 밝히는 방식(물론 마지못해 동의하고 결국 선택하는 식으로 거부되었다면 분별해내기가 쉽지 않다)으로 현실게임을 더 상세히 규정해야 한다. 그렇게 한다면 법의 정당성을 정의하고 분석할 수 있는 보다 풍성한 장이 펼쳐질 것이다.

8장

되짚어보기:
법경제학이 나아갈 길

1. 우리의 앞에 놓인 길

지난 세기 후반에 법경제학이라는 학문이 탄생하고 부상한 것은 주된 두 학문의 결합이 낳은 대단한 성공담으로 꼽힌다. 그 결합은 인간의 행동을 이해하고 정책의 틀을 고안하는 데 기여했다. 그러나 여러 선구적인 학문적 진전이 그러하듯이 법경제학도 취약한 지점이 있다. 이 책에서도 법경제학의 토대를 면밀하게 들여다보면 내적 모순에 부딪힌다는 것을 보여주고자 했다. 그 모순은 너무나 중요해서 일단 알게 된 이상 모른 척하기가 불가능하다. 더욱이 토대에 깔린 취약점을 해결하지 못하다 보니, 개발도상국에서 법이 제대로 시행되지 못하거나 부정부패가 지속되는 등 법경제학의 실패를 보여주는 지점들은 더욱 심화하고 있다.

한 가지 큰 취약점은 법이 시행되지 않는다는 점이다. 헌법과 한 나라의 성문화된 법규, 그리고 행동의 규칙으로 건실히 쓰이고 더없이 좋은 의도에서 제정된 법들이 제정된 뒤로 무시되거나 제대로 시행되지 않는 예가 전 세계에 걸쳐 나타난다. 시민들이 그 법을 무시하고 위반할 뿐만 아니라, 경찰이나 징계권자, 그 밖의 정책집행자들 역시 법을 집행하지 않고, 때로는 뇌물의 수단으로 삼거나 또 때로는 그런 법이 있다는 사실조차 모른다. 기본적인 식량에 대한 권리, 건강권, 교육권 등과 같이 중요하게 개입해야 할 사항들이 종종 국가의 법전에만 잘 모셔진 채 양심의 가책을 던 후에는 무시된다. 이 만연한 현상을 기존의 법경제학은 어떻게 이해해야 할지 대체로 몰랐고, 그래서 해결할 수 없었다.

뿐만 아니라, 법경제학은 경제 현상에 대한 이해를 통해 생활 수준을 높이는 정책을 도모할 수 있는 학문적 잠재력을 지녔음에도 불구하고 심각하리만큼 그 잠재력이 활용되지 못하고 있다. 법경제학의 근저에 깔린 결함이 그 원인 가운데 하나이다. 이 책의 목적은 이러한 취약점을 드러내어 바로잡는 데 있다. 법경제학은 중요한 학문 분야임에도 그 잠재력에 비해 이제껏 성취한 바는 매우 초라하다. 방법론적 토대만 굳건히 한다면 법경제학은 사회, 경제, 정치의 근간이 되는 중요한 학문이 될 것이며, 성장과 발전을 촉진하고 갈등과 불안을 막을 수 있을 것이다.

다행히 그 결함은 제대로 이해하면 바로잡을 수 있다. 이 문제가 훨씬 더 선명하게 드러나도록 엄밀하게 법경제학의 방법론을 기술해볼 수 있다. 이것이 '초점접근 법경제학'이 시도하는 바이다. 앞서 언급했듯이 전통적·신고전주의적 접근에서 초점접근으로의 이동은, 어떤 면에서는 부분균형 경제에서 일반균형 경제로의 이동에 비견된다. 이때 우리가 활용할 수 있는 이 새로운 접근법은 엄밀히 적용해야 할 모델인 동시에 전통적 방법론보다 전반적으로 훨씬 더 복잡하다. 에지워스 상자Edgeworth Box[1]가 일반균형을 쉽게 표현해주었듯이 이 역시 기본 모델을 만들어볼 수는 있다. 그러나 19세기의 레옹 왈라스Leon Walras와 20세기 중반의 케네스 애로Kenneth Arrow, 제라드 드브루Gerard Debreu,

1 감수자주: X와 Y 재화에 대해 초기 부존자원initial endowments을 가지고 두 개인이 교환을 통해 효율적 배분을 찾아가는 과정을 나타낸 상자로, 이를 통해 X 재화 시장과 Y 재화 시장 간의 동시균형, 즉 일반균형에 대해 직관적으로 이해할 수 있으며, n개의 시장으로 일반화할 수도 있다.

라이오넬 매킨지Lionel Mackenzie의 연구를 통해서 우리는 완전한 모델화의 과정이 오히려 더 복잡하고, 또한 현실 세계의 특성이 계속 모델에 더해짐에 따라 그 결말 역시 열려 있음을 안다.

부분균형과 일반균형 간의 비교를 들면서 언급해둘 점은 초점접근법이 전통적·신고전주의적 접근법을 굳이 무효화하지 않는다는 점이다. 그도 그럴 것이, 그 한계를 앎에도 불구하고 지금도 여전히 경제학자들은 부분균형 분석을 발전시키고 활용하고 있지 않은가. 여기에는 두 가지 이유가 있다. 많은 경우에 있어 일반균형 분석은 여러 시장을 동시에 고려해야 하기에 전면적으로 적용하기가 너무 복잡해서 분석의 역량을 넘어선다. 이런 상황에서는 특정 시장만 고려하는 부분균형 분석을 하며 운이 좋기만을 바랄 수밖에 없다. 일반균형 분석을 알지만 부분균형 분석을 하게 되는 두 번째 이유는, 현실적으로 부분균형 분석이 합당할 만큼 경제가 충분히 세분화되어 있는 지점이 언제 어디쯤인지를 이제 우리가 알게 되었기 때문이다. 이 지점에서 우리는 자신이 분석하는 섹터를 제외한 나머지 부문에서 이렇다 할 피드백이 없으리라는 것을 안다. 이러한 맥락에서 부분균형 분석에는 무리가 없다. 신고전주의 법경제학에도 같은 논리가 적용된다. 현실적인 법경제학의 문제들을 용이하게 분석하려면 기존의 접근법을 계속 활용해야 할지 모른다. 그러나 이때 일반화된 관점의 초점접근법을 알고 있다면 터무니없는 실수는 피할 수 있다. 5장 5절에서 살펴보았듯이 시민들 간의 상호작용을 분석할 때는 정책집행자들의 행위를 외부적인 것으로, 즉 이들이 개인적인 이해 충족을 위해 법집행을 하는 것으로 충분히 간주할 만한 상황이 있다. 이 맥락에서는 신고전주의 법경제학을 적용할 만하다.

다시 한번 일반균형 모델과의 비교를 통해서, 또 일반균형 모델이 더없이 현실적이면서도 복잡할 수 있다는 것을 앎으로써 우리는 초점접근 법경제학이 더 발전해갈 여지가 있음을 인식해야 한다. 그러한 영역 가운데 일부를 앞선 장에서 살펴보았으나, 그럼에도 불구하고 나는 여전히 초점접근 법경제학이 아직은 미진하며 더 많은 연구가 필요한 어젠더임을 절감하고 있다. 또 내가 초점접근법을 들여다보며 그러했듯이, 한 접근법을 오래 보고 있으면 끝이 보이지 않을 정도로 더 짚어봐야 할 영역과 해결해야 할 새로운 난제들이 나타난다. 이는 모든 연구 프로젝트와 학문 활동의 피할 수 없는 운명이다.

이 책에서는 기본적으로 이론과 방법론을 다루었으며, 이는 현실적인 질문에 답할 때, 그리고 정책 입안가들이 고민해야 할 문제들을 해결할 때 활용할 수 있을 만한 분석의 틀을 수립하려는 시도였다. 그러나 이런 질문에 답하고 문제를 해결하는 것이 이 책의 당면한 목표는 아니었다. 즉 이 책에서 논의를 전개함에 있어 다소 미해결된 부분이 있었으나, 책의 주된 목표에서 벗어나지 않기 위해 이것들을 포기하고 가야 했다는 것이다. 마지막 장의 목표는 주된 논의에서 미완의 결말로 남았던 부분에, 앞서도 언급했듯이 그 피할 수 없는 불완전성에 관심을 갖게 하는 것이다. 이로써 추후에도 연구가 이루어지길 바라며, 지금부터는 앞선 장에서 제시되었을 때는 그 중요성에도 불구하고 법경제학의 중심 화두가 아니라는 이유로 그냥 넘겨야 했던 아이디어의 자락들을 되짚어보기로 하자.

이어질 세 절에서는 특히 세 가지 아이디어를 되짚어보고자 하며, 그 가운데 둘은 추상적인 주제이고 다른 하나는 현실적인 주제이다. 규칙이나 법을 고안할 때 우리는 과거의 데이터에 기초한 통계 정보나 확률이 그 역할을 발휘하는 것을 보게 된다. 이러한 통계 정보와 명백한 데이터는 어떻게 직관과 사회적 감각에 부합하는가? 이 책에서는 합리적인 직관과 삶의 경험이 지니는 역할을 몇 차례에 걸쳐 강조했다. 이제 이 문제들을 되짚어보자. 특히 두 가지 이슈가 있다. 첫째, 규범적인 문제이다. 예컨대 집단별 특성으로서나 법률 소송의 증거로서 어떻게 통계 정보를 이용할 것인가? 5장에서 살펴보았듯이 생각 없이 활용했다가는 집단에 대한 끔찍한 차별, 혹은 누군가를 드높이기 위해 다른 누군가를 소외시키는 결과로 이어질 수 있다. 이때 우리의 윤리적 입장은 어떠해야 하는가? 둘째, 통계 정보의 방법론적 위상에 대한 문제이다. 인간에 대해 알려주는 유일한 출처가 통계 정보인가? 무작위 통제실험 randomized controlled trials: RCT[2] 등을 통해 얻은 지식과 그보다 덜 체계적인 방법을 통해 얻은 지식 간의 차이는 어떻게 정리되는가? 이 장 2절과 3절에서는 이 두 가지 질문에 답하며, 그 과정에서 앞으로 나아가야 할 새로운 방향을 제시한다.

4절에서는 이 시대의 문제를 정면으로 다룬다. 이는 앞선 장에서도 간접적으로 제기한 바 있는 문제이다. 국가와 시민이 관여되는 현실게임이라면 그 게임의 경계가 한 국가의 경계로만 국한된다고 보는 것이 옳지 않을 수 있다. 특히 오늘날의 세계에서는 한 국가의 정부가 하는 일이 다른 국가의 국민에게 영향을 미치고, 그에 따라 그 국가의 정부도 대응을 하게 되는 경우가 있다. 이는 세계의 생존과 보건이 걸린 대단히 중요하고 현실적인 문제이다. 1장에서 간단히 언급한 것을 제외하면 이 책에서는 방법론과 이론이라는 주된 어젠더를 좇으며 줄곧 이러한 우리 시대의 논쟁과 거리를 두어왔다. 그러나 이 책을 쓰고 있는

2 감수자주: 개발경제학에서 최근 크게 주목받는 연구 방법으로, 개발도상국의 몇몇 마을을 무작위로 추출해 특정한 정책(가령 말라리아 감염을 막기 위한 모기장 무상 보급 정책 등)을 실시하고, 아무것도 실시하지 않은 대조군과 비교하여 정책의 효과를 테스트해보는 기법이다. 2019년 아비짓 배너지Abhijit Banerjee와 에스더 뒤플로Esther Duflo, 마이클 크레이머 Michael Kremer가 이 분야 연구에 기여한 공로로 노벨경제학상을 받은 바 있다.

지금도 세계는 정치적 격변이 고조되는 시기를 지나고 있다. 해묵은 정치적 분열은 드러나게 심화하고, 배타적 집단의 정체성이 강화되며, 갈등과 취약성은 빠르게 커져간다. 나는 이것이 '법과 관습이 경제의 세계화를 따라가지 못한 것'과 관련이 있다고 생각한다. 이제 이 부분을 조망해볼 것이며, 물론 내가 단정적으로 기술할 만한 입장에 있지는 못하지만, 마지막 장에서 이 부분에 대해 의견을 개진해보고자 한다.

2. 통계 정보와 도덕성

통계 정보와 확률은 법을 만들고 시행하는 일 모두에서 중요한 역할을 한다. 우리는 수많은 데이터를 통해 안전벨트 착용이 사고 시 차량 탑승자의 생존 확률을 높인다는 것을 안다. 우리는 과거의 통계치를 통해 흡연이 발암 확률을 높인다는 것을 안다. 또 우리는 행동경제학자들이 실험실과 현장에서 수행한 연구를 통해 흔히들 실험 결과 추출된 낮은 사건 발생 확률을 실제보다 더 낮게 평가하는 경향이 있다는 것을 안다. 그래서 차량 탑승자에게 안전벨트 착용을 의무화하는 법을 두고, 담배를 사는 사람에게 더 비싸게 세금을 매기며, 텔레비전에서 담배 광고를 금지하는 법을 둔다.[3]

물론 인정하고 싶지 않겠지만, 법을 집행할 때도 통계 정보가 활용된다. 형사사건에서는 흔히 피고의 유죄가 입증되기 전에는 무죄로 추

3 광고 금지 조치로 인해 담배 제조사의 이윤이 증대되었다는 증거가 있으며, 이는 경제학의 아이러니이다. 이렇게 되는 이유는 많은 광고가 결국 경쟁입찰과 유사하기 때문이다. 다들 고객을 잃지 않으려면 계속 광고를 할 수밖에 없으므로, 결과적으로는 모든 기업이 돈을 더 쓰게 되는 것이다.

정해야 한다는 무죄추정의 원칙을 주장한다. 그러나 현실적으로는 피타고라스의 정리나 애로의 불가능성 정리Arrow's Impossibility theorem[4]와 같이 논리적으로 참인 것을 제외하면, 삶의 그 어떤 것도 '입증될' 수 없다. '합리적인 의심을 넘어선다'라고 간주될 만한 특정한 상황에 대한 기술에 바탕을 두고 누군가를 유죄로 판단할 때 우리는 과거의 경험을 활용하고, 또 점점 더 자주 다량의 데이터를 활용한다. '합리적인' 의심은 확률의 간접적인 표현이다. 또 법정에서는 논리적으로 참인가를 따져서 판결할 수 있는 사건이 그리 많지 않기 때문에 결정적 증거를 통해 판단을 할 수밖에 없다. 즉 현실에서는 결정적 증거만이 있을 뿐이다.

5장에서 살펴보았듯이 통계 정보나 확률 정보의 활용은 다른 여러 문제와 더불어 도덕적인 문제를 야기한다. 우리는 이상한 세계에 살고 있어서, 한편으로는 인권의 범위를 확장하려 애쓰지만 다른 한편으로는 집단 간 차별이 심화되고 특정 집단에게 기본권을 부여하지 않는 상황을 보게 된다.[5] 어째서 이런 문제가 생기는지 그 이유를 살펴보기로 하자.

이미 살펴보았듯이 차별을 가하는 쪽에서는 악의가 없다 하더라도 특정한 유형의 정보는 활용하기에 따라서 집단에 대한 차별을 초래할 수 있다. 노동생산성이 상호보완성complementarities[6]을 띠는 시장에서 인

---

4 감수자주: 합리적 선호 체계를 가진 공동체에서 합리적이면서도 민주적인 의사결정을 하는 것이 불가능함을 보인 정리이다. 가령 정치에서는 아무리 유권자들의 선호 체계가 합리적이라도 어떠한 투표 제도로든 공동체의 일관된 선호 순위를 찾아낼 수 없다고 본다.

5 인종 말살이나 대규모 학살 등 가장 끔찍한 인권 침해의 맥락에서 이 이슈를 다룬 책으로는 Barkan(2011) 참조.

6 감수자주: 경제학에서 '보완적이다'라는 것은 '함께 취급된다'라는 것을 의미한다. 가령 커피에 언제나 우유를 넣어서 마시는 사람이 있다면, 그 사람에게는 커피와 우유가 상호보완적이 되어서 우유가 비싸지면 우유뿐 아니라 커피의 소비까지 줄이게 마련이다. 따라서 여

종이나 성별은 초점으로 작용했다. 어떤 사람이 속한 특정한 집단의 생산성이 '평균적으로' 낮다고 여겨지기 때문에 그 사람의 생산성 역시 낮게 본다고 해보자. 이러한 믿음은 자기실현적이다.

같은 결과가 누군가의 인종차별이나 성차별 없이도 일어날 수 있으므로, 이를 바로잡을 방법은 명확하지 않다. 한 가지 가능성은 국가의 권력을 동원해 의도적으로 약자 우대조치를 시행하는 것이다. 인도 정부는 지역의회의 대표자 가운데 여성이 차지하는 비율을 보장하는 법을 시행한다. 1993년 통과된 헌법 개정안에 따라서 지역의회 의원의 3분의 1에 해당하는 수가 추첨을 통해 여성들에게 돌아가도록 했다. 즉 이 자리에는 여성들만 입후보할 수 있다. 2008년에 만들어져 아직 법제화되지 않은 여성할당법안에서도 이와 유사하게 의회 및 내각 구성원의 3분의 1을 여성에게 할당하도록 하고 있다.[7] 나아가 인도에서는 모든 전문대학 및 종합대학, 그리고 정부의 지원을 받는 기업·조직에서 낮은 카스트에 속하는 학생 또는 노동자를 일정한 비율만큼 모집·고용하도록 의무화하고 있다.

그러나 이렇게 해도 현실적인 영향력은 제한적이다. 사회는 성별, 인종, 종교, 카스트, 학력, 체중, 코의 생김새 등에 따라 갖가지 방식으로 구분될 수 있다. 이 모든 특성이 일자리 채용에 반영되도록 국가가 나선다면 그러한 개입이 경제의 발목을 잡을 것이다. 또한 시장이 차

기에서의 사례처럼 노동생산성을 '보완적'으로 인식하게 될 경우, 특정 집단의 생산성이 평균적으로 낮은 걸 가지고 그 집단의 모든 구성원의 생산성이 낮은 것으로 함께 취급하게 된다. 또한 이러한 믿음이 자기실현적이라는 것은, 어떤 사람의 생산성이 낮다고 믿으면 그것이 선입견이 되어, 그 사람이 일을 잘하지 못하는 모습만 눈에 들어오고, 이에 대해 질책하게 되어, 결국 그 사람은 주눅이 들어서 실제로 낮은 생산성을 보일 우려가 있다는 것이다.

7 2022년 현재도 이 법안은 계류 중이다. 인도 의회의 상원, 즉 라지야 사바Rajya Sabha에서 2010년에 통과되었으나, 총선에서 집권당이 패배함에 따라 2014년에 의회가 해산되었기 때문에 아직 하원에서는 법안이 검토되지 않고 있다.

별의 필요성을 계속 부르짖는다면 우리는 또 온갖 차별의 표식들을 이용해 그것을 이루어낼 것이다. 중앙 기관이 이를 감독하고 바로잡기란 불가능에 가깝다. 마찬가지로 일상생활에서 통계 정보를 활용하는 일은 무수히 많다. 맞은편에서 특정 인종 혹은 특정 체격 조건의 사람이 다가오는 경우에 보행자들은 그 사람을 피해서 길을 건너는 것으로 알려져 있다. 이는 때로는 편견이지만 또 때로는 순전히 통계 정보가 반영된 것이다. 국가가 나서서 바로잡는 데에는 한계가 있으며, 우리가 그렇게까지 국가의 일상생활 개입을 원하는지도 분명치 않다.

여기서 도덕성이 개입한다. 인간은 타고난 도덕성을 통해 행동을 '바로잡을' 수 있다. 우리가 할 수 있는 일은 올바른 도덕성을 발휘함으로써 보다 도덕적인 추론을 할 수 있음을 그들에게 보여주는 것이다.

차별의 문제에 직면했을 때, 선한 사람들은 특정한 유형의 사람을 피해 걷지 않거나 채용 시 불이익을 주지 않는 등의 행보를 보인다. 즉 이들은 (우리가 동의할 수 없는 주장을 뒷받침하는) 통계 정보를 '부정하는' 노선을 택하는 것이다. 그러나 이는 증거를 조작하는 것에 해당하므로 좋은 노선이 아니다. 물론 어떤 증거는 틀렸을 수 있고, 어떤 증거는 저 내면 깊은 곳의 본능을 감추기 위해 꾸며낸 것일 수 있으며, 또 다음 절에서 살펴보겠지만 통계 정보나 무작위 통제실험의 결과가 지니는 의미를 잘못 읽은 것일 수도 있다. 그러나 이 모든 주의 사항을 염두에 두더라도, 그 동기가 고귀하다고 해서 뜻하는 바가 마음에 들지 않는다는 이유로 정보를 거부하는 것은 여전히 좋은 생각이 아니다. 이렇게 되면 비과학적인 사고로 이어지며 잘못된 믿음과 거짓된 진실이 초래된다.

그렇다면 이 문제를 어떻게 다루어야 할까? 다행히 또 한 번 데이비드 흄이 우리를 구원할 수 있으며, 여기서 언급하려는 것은 흔히 '흄의 법칙Hume's Law'으로 불린다. 즉 '당위명제should-statement' 혹은 규범적normative 주장은 결코 보다 순수한 '사실명제is-statement' 혹은 실증적positive 주장으로부터 추론되어서는 안 된다는 것이다. 흄의 말처럼(Hume, 1739[1969]) 많은 도덕주의자가 현상적으로 있고 없음에 대한 여러 주장을 당위의 가부와 연결되는 규범명제로 감쪽같이 옮겨와 논의한 후 이를 추론으로 취급했다. 이는 용인될 수 없는 일이었다. 실증적 진술과 규범적 입장을 넘나드는 것이 불가능하다는 점은 철학자 막스 블랙Max Black의 논문 「흄의 단두대Hume's Guillotine」(1964)를 통해 알려진 바 있다.

흄의 법칙은 '일면 실증적으로 보이는 명제로부터 규범명제로 이르게 될 때는 이미 숨겨진 규범명제가 있었음'을 뜻한다. 예컨대 '어떤 집단은 통계적으로 생산성이 낮거나 범죄를 저지를 가능성이 높다'라는 실증적 명제로부터 '특정한 성별의 사람은 채용하지 않겠다'라거나 '특정한 집단에 속하는 사람이 다가오는 게 보이면 다른 쪽으로 길을 건너겠다'라는 규범명제에 이르렀을 때는, '나는 이윤을 극대화해야 한다'라거나 '나는 신체적인 상해를 입지 않아야 한다'라는 규범명제가 이미 전제되어 있었을 것이다.

이제 우리는 숨겨진 규범명제의 전제를 머릿속에서 드러나게 해 잘 정리해둠으로써 유해한 의사결정에서 벗어날 수 있으며, 특정한 행위를 충분히 정당화하기 힘든 상황에서 판단을 내릴 때 그것의 도움을 받을 수 있다. 그렇게 해서 누군가의 채용 여부를 고려할 때 '설사 정체성에 정보가 담겨 있다 하더라도' 그 사람이 속한 인종이나 종교적 배경 등과 같은 집단적 정체성을 고려하지 않기로 결정할 수 있는 것이다(이렇게 하기를 개인적으로도 촉구한다). 학력과 경력은 보되, 집단적 정체성은 보지 않을 수 있다. 그래서 이윤은 조금 깎일지 모르지만 그 비용은 기꺼이 감수할 만하다. 만약 모든 사람이 집단적 정체성을 고려한다면 일부 집단은 덜 생산적이게 되고, 사회에서도 소외될 것이기 때문이다. 즉 여기서 말하려는 바는, 더 많은 이윤이라는 목표는 아주 중요한 것은 아니며, 비차별이라는 더 큰 사회적 선을 위해 개인이 이를 포기해야 한다는 것이다.

이해를 돕기 위해 X 종교를(여기서 굳이 X라는 기호를 쓴 이유는 내가 수학을 사랑해서가 아니라 논란이 두려워서이다) 믿는 사람의 생산성이 다른 사람들의 생산성보다 낮다는 사실을 누군가가 통계 정보를 통해 입증할 수 있다고 가정해보자. 또 우리가 적은 이윤보다 많은 이윤을 원한다는 사실을 참으로 전제하자. 이때 우리가 직원을 채용하는 상황에서 X 종교의 신도를 차별하지 않기로 결정한다면, 두 가지 수칙, 곧 (1) 'X 종교를 믿는 사람은 실제로 생산성이 낮다', 그리고 (2) '이윤을 극대화하고 싶다' 가운데 (2)를 포기해야 한다는 것이 여기서 내가 주장하려는 바이다. 즉 실증적·사실적 수칙을 포기한다면 현실을 부정하는 것에 해당하므로 그렇게 해서는 안 된다는 것이다.

사람들에게 이렇게 하라고 요구하는 것이 개인적 이익에 반한다는 것은 알지만 도덕적 존재란 그런 것이다. 그리고 그간 보아왔듯이 인간은 일단 납득이 가면 도덕적으로 행동할 수 있다. 그러나 여기에는 또 다른 문제가 있다. 개인적으로 다소간의 이익을 포기하고 '상대적으로 생산성이 떨어지는 집단의 인물'을 몇 명 채용하더라도 그 자체로는 차별받는 집단 전체의 생산성 혹은 사회에 미치는 영향이 미미할 것이고, 그만큼 우리가 호소하는 도덕성이 반드시 결실로 이어지지는 않을 것이라는 문제이다. 그러므로 우리는 사람들이 도덕적 행동을 견지하도록 하기 위해 의무론적 윤리에 호소해야 한다.[8]

한 가지 예를 더 들어보자. '노예제의 시행과 경제 성장률 사이에는 양의 상관관계가 있다'라는 말을 생각해보자. 이 진술은 순전히 실증적인 명제이다. 따라서 이 명제가 맞는지 틀린지는 전적으로 (노예제 시행 전후의 경제 성장률을 비교하는 등) 증거와 근거에 기반해 판단해야 한다.[9] 이 판단에서 도덕의 역할은 없다. 이 진술이 '노예제는 이롭다' 또는 '노예제를 단행해야 한다'라는 규범명제로 나아가기 위해서는 '경제 성장은 이롭다'[10]와 같은 또 다른 명제가 필요하다. '노예제는 이롭다'라는 주장을 받아들이고 싶지 않다면 '경제 성장은 이롭다'라는 규범명제를 받아들이지 않아야 한다. 바로 이 점이 내가 주장하는 바이다. '노예제가 경제 성장에 이롭다'라는 연구 결과가 나왔다면 나는 그 결론을

---

8 이를 의무론적 윤리라 부를 수 있는지에 대한 의문을 제기할 수 있다. 단순히 당위에 기반한 도덕만이 아니라 추구하는 바의 결과도 있어야 의무론적 윤리라 할 수 있기 때문이다. 사회적으로 바람직한 결과를 이루기 위해서는 모든 사람이 특정한 방식으로 행동해야만 한다. 설사 개별적인 행동은 아무런 영향을 미치지 못할지라도 말이다. 그러므로 집단적 결과가 궁극적인 정당성을 결정짓는다. 하지만 그렇다 해도 우리가 호소하는 것은 이른바 '개인주의적 의무론individualistic deontology'이라 부를 수 있는 행동이다. 개인주의적 의무론은 퍼핏(Parfit, 1984)이 말하는 도덕수학moral mathematics의 핵심이다. 맥락은 다르지만, 나도 개인주의적 의무론을 적용해서 파레토주의자가 되는 동시에 직장 내 '자발적 성희롱'을 금지할 수 있는 방법에 대해 보인 바 있다(Basu, 2003). 여기서 '자발적'이란 고용주가 '피고용인을 성희롱할 권리'를 가짐을 고용 시점에 밝히는 근로계약을 뜻한다. 즉 '상대적으로 높은 급여와 부가적인 상여의 혜택이 주는 이익'에서 '성희롱에 따르는 비용'을 제해 따져보고, 스스로에게 이익이 되는 방향으로 결정을 내릴 것을 미래의 피고용인에게 맡기는 것이다. 이런 계약은 개별적인 단위에서는 파레토적 증진이다. 고용인과 피고용인 모두에게 이익이고, 타인에게 미치는 확연한 부정적 여파도 없기 때문이다. 그러나 여기에 도덕수학을 가져오면, 설사 '자발적' 성희롱이라 하더라도 위법임을 분명히 해야 한다는 주장이 합리적이게 된다. 5장에서도 봤듯이 직장 내 성희롱에 관한 논의에서는 이것이 노동시장 불평등과 관련됨을 언급할 필요가 있다. 직장 내 성희롱을 금지하는 법이 구체화되어 도입되기 전에 미국 등지에서는 차별금지법을 적용해 이런 행동을 처벌했다. 또한 처벌을 통해 성희롱을 줄이는 법이 성별 노동력 공급 격차와 성별 임금 불평등을 감소시킨다는 증거도 있다(Chen & Sethi, 2007).

9 감수자주: 물론 노예제 시행 이후의 경제 성장률이 더 높더라도 그것이 반드시 노예제 때문인지, 아니면 산업의 혁신 등 다른 원인도 있는지는 모르지만 말이다. 제대로 된 연구를 위해서는 5장 3절에서 언급된 세트리스 파리부스cetris paribus를 고려하는 것이 중요하다.

10 물론 이 명제에는 '모든 조건에서'라는 부사구가 포함된 것으로 본다.

받아들이지 않기보다는 '경제 성장은 이롭다'라는 통상적인 원리를 받아들이지 않을 것이다.

마지막으로 학문적 관심을 지닌 독자, 고소인, 변호사, 판사들에게 '도덕적으로 불편한 행위를 낳는다는 이유로 통계적 사실을 왜곡하고 부정해서는 안 된다'고 강조함에 있어, 우리는 '불편한 사실을 왜곡하지 않고 받아들이는 것'과 '그 사실을 공개적으로 논하는 것'은 다른 문제임을 인식해야 한다. 후자는 말인 동시에 행동으로서 나름의 결과가 따르므로, 그 사실에 대해 말을 할지 말지 판단할 때는 반드시 그에 따르는 결과를 가늠해보아야 한다. 만약 데이터를 분석해보니 'X라는 사람의 지능지수가 낮다'라는 결론에 이르렀다면, 이 '사실'을 부정하는 것은 잘못이지만 그렇다고 해서 'X의 지능지수가 낮다'라는 해당 결론을 공공연히 '말해' X에게 마음의 상처를 주는 것은 옳지 않다. 사실, 개인의 안위에 영향을 미칠 단순한 결과론에 근거해서도 공개적으로는 X의 지능지수를 거짓으로 말하는 것이 심지어 도덕적일 수 있다.[11]

노예제의 예에서도 같은 문제가 발생한다. 통계 분석에 따르면 노예제가 경제 성장에 이롭다고 가정해보자. 비밀결사단체 'KKK'가 자신들의 연례회합일에 당신을 연사로 초청했다. 당신은 어떻게 해야 할까? 우선 초청을 받아들이지 않기를 조언한다. 그래도 받아들였다면 그들의 앞에서 노예제가 경제 성장에 이롭다고 말하지 않기를 조언한다. 그랬다가는 그들에게 도덕적으로 용인될 수 없는 행동을 촉발하게 만들 수 있기 때문이다. 심지어 '노예제는 경제 성장에 해롭다'라고 거짓을

11 물론 주의의 말을 덧붙여야 한다. 나는 이 부분에 대해 마우리츠 C. 에셔Maurits C. Escher의 유명한 작품인 '폭포waterfall'의 메타포를 활용해 게임이론의 관점에서 구체적으로 분석한 바 있다(Basu, 1994a; Voorneveld, 2010도 참조). 상대에게 상처를 주지 않기 위해 선의의 거짓말을 할 때의 위험은, 그런 거짓말을 너무 자주 하면 말의 효력이 떨어져 삶의 질을 떨어뜨리는 행위가 될 수 있다는 데 있다.

말할 도덕적인 이유마저 있다.

통계적 사실은 그 자체로 유용하지만 어느 정도 회의적인 시각으로 대해야 마땅하다. (앞서 주장했듯이) 우리가 받아들여야 할 규범적 결과가 마음에 들지 않는다는 이유로 통계적 사실을 부정해서는 안 되지만, 회의적이어야 할 다른 '실증적인' 이유가 있을 수 있다. 다음 절에서는 이 부분을 다루기로 하자.

3. 노아의 방주 비판

앞 절에서는 통계 정보를 활용하는 데 따르는 규범적·윤리적 문제를 특히 '집단에 대한 판단'과 관련하여 살펴보았다. 5장에서 보았듯이 통계 정보를 활용하는 것이 개개인에게는 합리적일 수 있지만 사회적으로는 바람직하지 않은 결과를 낳을 수 있다. 앞에서는 규범적인 문제를 다루었으니 이제 실증적인 문제로 넘어가보자. 다분히 과학적이라 할 수 있는 통계 정보는 언제 활용하는 것이 합당할까? 완벽하게 통제된 무작위 실험에 근거해 있다 하더라도 통계 정보의 활용에는 어느 정도 함정이 있으며, 이러한 점은 흔히 간과되곤 한다. 결론부터 말하자면 귀납적이고 통계적인 정보는 결코 그것만으로 지식이 되지 못하며, 불가피하게 직관이 활용될 수밖에 없다.

오랫동안 인간은 데이터와 통계를 활용한 지식 창출을 꺼려왔다. 그 가운데 가장 널리 알려진 사례가 인류 역사상 가장 위대한 사상가인 아리스토텔레스의 사례이다. 아리스토텔레스는 많은 면에서 남자와 여자가 다르다는 견해를 보였으며, 여자는 남자보다 피의 색깔이 어둡고 치아의 수가 적다고 확고히 믿었다. 영혼의 유무와 같은 문제라면 그

의미가 명확하지 않고 증명할 방법도 분명치 않으니 의견이 갈릴 수 있겠지만, 피나 치아는, 특히 치아에 대한 그의 믿음은 당혹스럽기까지 하다. 주변의 아무 남자와 여자에게 입을 벌려보라고 해서 직접 세어보면 될 일이다. 그렇게 하지 않는 것은 어떠한 형태의 데이터나 통계도 거부하겠다는 고집이다. 그러나 아리스토텔레스를 이렇게 비판할 때 신중해야 하는 것이, 그도 다른 영역에서는 사실의 중요성을 세심하게 강조했기 때문이다. 아리스토텔레스는 『동물의 역사*History of Animals*』(기원전 약 350년)에서 "사람, 양, 염소, 돼지의 경우에 수컷이 암컷보다 치아의 수가 많다. **다른 동물의 경우는 아직 관찰되지 않았다.**"(강조는 저자)라고 말하며 사실관계에 있어 세심함을 드러낸다.[12]

다행히 이런 부분은 오늘날 더는 논쟁거리가 되지 않는다. 이제 우리는 증거와 데이터의 시대에 산다. 이 책에서도 몇 차례 통계 정보를 언급했다. 통계 정보, 특히 무작위 수의 법칙에서 도출된 정보는 사회과학에서 그 역사가 오래되었고 짐짓 전지전능하기까지 하다. 통계 정보를 가장 먼저 활용한 분야 가운데 하나는 초심리학parapsychology(초감각적인 지각, 사후의 의식, 염력 등과 같은 초현상적 사건을 연구하는 학문 — 옮긴이주)이었다. 1884년 프랑스의 저명한 생리학자 샤를 리셰Charles Richet는 카드 게임을 할 때 자기 카드를 쳐다보기만 해도 다른 사람에게 그 정보가 전달되도록 할 수 있는지 알고 싶어 했다. 리셰의 연구는 특정한 몇 장의 카드 가운데 한 장을 어떤 사람이 보고 있으면 그 카드가 무슨 카드인지를 다른 사람이 맞추는 방식이었다. 완전히 무작위로 2,927번을 추측한다고 할 때 그 추측이 맞을 경우는 732번인데, 리

12 http://classics.mit.edu/Aristotle/history_anim.2.ii.html을 참조할 것. 이 부분에 관심을 갖게 해준 마이클 싱어Michael Singer에게 감사를 전한다.

셰의 통제실험에서는 실제로 789번의 추측이 맞았다. 이 실험을 바탕으로 리셰는 정보의 전달이 정신에서 정신으로 곧장 일어난다는 결론을 도출해(Hacking, 1988) 그의 추론 능력에 대한 의구심을 불러일으켰다(우생학 신봉자였던 리셰는 어떤 인종은 태생적으로 다른 인종보다 우월하며, 물론 자신이 속한 인종이 그 우월한 인종 가운데 하나라고 추론했던 만큼, 다행히 그의 추론 능력이 완벽한 것은 아니었다).

의학과 전염병학에서 시작해 이제는 경제학에 이르기까지, 통계 정보와 무작위 통제실험의 역할은 점점 더 두드러지고 있다. 그래야 마땅하다. 그러나 때로 개발경제학에서는 그 정도가 극단으로 향해, 모든 지식을 통계 지식, 예컨대 무작위 통제실험RCT을 통해 도출된 정보와 동일시한다. 이는 실수이다. 이 책에서는 몇 차례에 걸쳐 삶의 경험과 합리적 직관의 중요성을 언급했다.[13] 이러한 경험과 직관은 어떻게 데이터, 통계 정보, 무작위 통제실험RCT을 통해 드러난 규칙성에 부합할 수 있을까?

우선 이론과 순수 이성이 지식의 매우 중요한 원천임을 잊지 않아야 한다. 이를 부인한다면 제대로 알지 못하는 것이거나, 지식을 얻기 위해 불필요하게 번잡한 방법을 쓰는 것이다. 후자의 경우를 살펴보기 위해 '피타고라스는 경험적인 방법만을 쓸 수 있었을 것이다'라고 주장한다고 해보자. 이렇게 해서 피타고라스가 그 유명한 법칙을 증명할 수 있었을지는 의문이다. 물론 그가 삼각형을 잔뜩 모아서 두 변 길이의 각 제곱값을 구한 후 그 합이 빗변 길이의 제곱값과 같다는 결론에 이르렀을 수도 있다. 그러나 이는 대단히 비효율적인 방법이며, 그가 모은 삼각형들이 정말 무작위로 선택된 것인지의 여부 역시 논란의 소지

13 나는 합리적 직관과 그 중요성에 대해 다른 책에서도 다룬 바 있다(Basu, 2014).

가 있었을 것이다. 또한 비판적인 사람들은 분명 그가 지중해 지역에서도 삼각형을 수집해 다시 증명해야 한다고 주장했을 것이다.[14]

물론 순수 이성을 통해 밝혀낸 바는 그 정의상 '동어반복의 덫'[15]에 빠진 것과 같지만, 이러한 동어반복의 덫 가운데 일부는 애로의 불가능성 정리와 같은 대표적인 예에서처럼 상당히 복잡하고 불분명해서 그 발견이 우리의 지식에 크게 기여한다. 그러나 순환논법적인, 혹은 동어반복적인 참을 떠나서도 통계 정보의 한계를 인식하고 지식을 얻을 수 있는 다른 길이 있다는 사실을 아는 것은 중요하다.

통계 정보의 한계에 있어서, 아무리 잘 이루어진 무작위 통제실험RCT이라 하더라도 그 추출의 근거는 '과거의' 모집단이다. 즉 이 결과가 미래에도 적용된다는 확실한 근거는 없다. 개발경제 분야에서 가장 잘 이루어진 무작위 추출 실험의 결과 가운데 하나인 차토파디야와 뒤플로의 논문(Chattopadhyay & Duflo, 2004)을 예로 들면, 지역 의회에서 여성을 지도자로 뽑으면 그 지역의 공공재 공급이 늘어나는 것으로 나타났다. 그러나 이 결과는 여성 지도자 선출이 미래에는 어떤 양상을 만들어낼 것인지와 관련해서는 어떤 정보도 제공하지 않는다. 특히 무작위 추출론자들이 내세우는 원칙, 즉 모집단에서 무작위로 잘 추출된 표본을 살펴보아야지만 해당 모집단에 대해 뭔가 말할 수 있다는 원칙을 적용한다면 더더욱 그러한데, 이 경우에 미래의 사람들은 표본이 추출된 모집단의 일부가 아니기 때문이다.

미래의 여성 지도자가 만들어낼 변화에 관해 일반화된 주장을 하려

14 감수자주: 피타고라스도 지중해 동부 에게해 연안의 사모스섬 출신이므로 지중해 지역이 아니라고는 할 수 없지만, 저자는 지중해의 보다 중심부를 의미한 것으로 보인다.

15 감수자주: '항진명제tautology'라고도 번역되며, 이는 '동어반복적인 요소와 결합하여 언제나 참인 명제'로서, 가령 "정의는 언제나 옳다"와 같은 명제가 그러하다.

면 직관과 사회적 감각을 동원해야 한다. 이처럼 지식 창출의 영역에서는 동어반복적인 진리를 발굴해내는 것 말고도 삶의 경험에 기초한 직관의 활용을 피해갈 수 없다.

다른 책에서도(Basu, 2014) 주장했듯이[16] 인간이 지식을 얻는 방법은 매우 다양하고, 이러한 지식 습득의 통로를 거부하는 것은 막대한 손해일 수 있다. 친근한 미소는 따라할 만한 좋은 것이며, 칼을 들고 인상을 찌푸린 사람은 혼자 두는 편이 최상이고, 때리면 아프다는 것과 같은 여러 가지 사실을 아이는 태어나서 성장하는 동안 배운다. 만약 부모가 아이에게 '그런 지식이 적절히 수행된 무작위 실험의 결과인지'를 묻고, 그렇지 않다는 이유로 그 지식을 버리라고 강변한다면 아이는 무지한 사람으로 자랄 것이다. 비과학적인 방법을 통해 얻는 지식이 전체 지식에서 차지하는 비중은 학술지나 과학적인 논문을 통해 얻는 지식의 비중보다 훨씬 크다. 같은 경로를 통해 잘못된 믿음도 들어올 수 있지만, 그 이유로 해당 경로를 차단해서는 안 된다.

마지막으로, 우리가 살아가면서 접하게 되는 잘 수집되고 분석된 통계 정보를 오히려 경험과 합리적 직관을 통해 내쳐야 하는 경우도 있음을 보이고자 한다. 어떤 연구자가 당신이 사는 '마을'에 와서 무작위 통제실험RCT을 한다고 가정해보자. 마을의 여러 사람들 가운데 무작위 추출된 표본을 대상으로 녹색 액체를 주입한 뒤, 그 결과로서 부작용 없이 모발 성장이 촉진됨을 보이고자 하는 실험이다. 모발이 더 잘 자라기를 바라는 당신은 이 액체의 주입에 동의할 것인가?

이제부터 설명할 시나리오대로라면 동의하지 않아야 할 이유가 충

16 이 주제와 관련해서는 많은 문헌이 있으며, 이 방법이 지니는 힘과 인과성을 찾아내는 능력에 대해 다루고 있다. 적게나마 몇몇을 꼽자면 Banerjee(2005), Mookherjee(2005), Rodrik(2008), Cartwright(2010), Deaton(2010), Rust(2016) 등이 있다.

분하다. 우연히도 이 마을이 '노아의 방주'였다고 가정해보자. 즉 당신과 또 다른 인간이 있고, 그 밖에 뱀 두 마리, 개구리 두 마리, 두꺼비 두 마리가 있는 등 모집단의 개체는 다종다양하다. 액체 주입 실험은 이 노아의 방주 전체를 대상으로 무작위 표본을 추출함으로써 통계적으로 적합한 방식으로 이루어졌다.[17]

이번에는 당신과 생김새나 행동 방식이 유사한 인간만이 거주하는 이웃 마을이 있다고 가정해보자. 이웃 마을 사람 일부가 같은 녹색 액체를 주입받았으나, 모발 성장이 촉진되리라는 기대에도 불구하고 주입받은 사람들 모두가 심한 두통과 탈모를 겪었다는 일이 잘 알려져 있다. 그러나 이 이웃 마을에서의 실험은 통계적으로 통제된 연구가 아니었다. 가령 성씨의 첫 글자가 A, B, C로 시작하는 사람들만 주입을 받았다고 치자. 알파벳 순으로 시술이 진행되었지만 급작스러운 예산 삭감으로 중간에 실험이 취소된 것이다.

이런 상황에서 사람들은 대개, 우연히도 노아의 방주였던 우리 마을의 모집단에 기반해 적절히 이뤄진 통계 연구보다는 설사 무작위 실험에 실패했더라도 이웃 마을의 경험을 통해 교훈을 얻는 편이 낫다는 것을 직관적으로 감지한다. 그렇게 하는 편이 분명 합당해 보인다.

노아의 방주 비판은 두루 적용된다. 의약을 예로 들어보자. 우리는 언제 어떻게 약을 먹어야 할지 판단할 때 의사가 됐든 구글 검색이 됐든, 어쨌든 전문가에게 점점 더 많이, 또 으레 여러 경로를 통해 의존하게 되었다. 그러나 이 다량의 '전문적' 견해는 통계치에 기반하고 있으며, 따라서 오랜 기간에 걸쳐 축적된 나름의 지식을 활용하여 이러한

17 감수자주: 하지만 당신이 관심을 가질 만한 '인간'은 당신을 포함해 단둘이라는 문제가 있다. 즉 인간만 놓고 보면 표본이 무작위가 되기 어렵다.

전문적 견해를 듣지 않아야 하는 경우도 있음을 깨닫는 것이 중요하다. 다행히 이런 견해에 동조하는 의사들이 있다. 그루프먼과 하츠번드(Groopman & Hartzband, 2011)는 환자의 고유한 견해가 갖는 역할에 대한 많은 증거를 제시한다. 이들에 따르면 "20세기의 저명한 의사인 윌리엄 오슬러 경Sir William Osler은 (…) 의학적으로 복잡한 진단을 풀어낼 때는 환자의 말을 주의 깊게 들어야 한다는 유명한 말을 남겼다. 환자가 답을 말해주기 때문이다."라고 하며 견해를 같이했다.

이를 노아의 방주 비판을 적용해서도 이해해볼 수 있다. 의사와 의학 서적이 우리에게 알려주는 것은 많은 경우, 무작위 추출된 수백 수천 명의 환자를 연구해 밝혀낸 결과이다. 이 정보는 유용하지만 무조건 다른 모든 종류의 정보에 선행하여 활용되어서는 안 된다. 비록 과학적으로 수집·분석되지 않았다 하더라도 수년간 살펴보면서 직접 터득한 바는 앞선 예의 이웃 마을에서 얻은 정보와 같다. 이웃 마을의 주민들은 노아의 방주인 당신의 마을에 거주하는 개체들보다도 당신과 더 유사하기 때문이다.

여기서 더 나아가자면, 의학적으로는 노아의 방주 비판을 주의 깊게 적용해야 한다는 조언을 해두고 싶다. 신체적인 통증과 우울감을 다루면서 본인의 경험을 활용할 때는 더욱 신중해야 한다. 무엇이 그와 같은 통증 혹은 슬픔을 유발했는지 알아내야 한다. 원인을 찾았다고 생각되면 몇 차례에 걸쳐 의도적으로 그 원인을 유발시키면서 통증과 우울감이 생기는지 재차 확인한다(이런 과학적인 실험을 할 만큼 통증과 우울감이 극심하지 않다는 전제에서이다). 얼마나 통계적으로 수집·분석되었든 간에 타인에 관한 통계치를 활용하는 의사나 의학 서적으로서는 제시할 수 없는 자기 자신에 관한 진실을 발견해낼지도 모른다.

우리는 점점 더 많은 지식이 통계에 기반을 두는 시대에 산다. 신용 등급 평가기관에서는 사람들의 행동 양식과 채무 불이행 간의 상관관계를 조사하여 그들의 돈을 갚을 가능성이 얼마나 되는지 등급별로 분류한다. 또한 사람들이 범죄를 저지를 가능성을 판단할 때도 통계치를 수집해 그에 따라 예방적 조치를 취한다. 전 세계 단위의 인구 집단을 다룸에 있어서 이는 자연스러운 경향이나, 노아의 방주 예가 경고하듯이 합리적인 직관과 살아온 경험에서 나온 지식을 점점 더 등한시하는 것은 큰 실수이다. 또한 주의를 당부하자면, 우리는 집단별 특성을 통계적으로 취합하여 그것을 집단별 생산성 판단의 근거로 삼으며, 이후에는 노동시장에서의 차별 근거로 삼게 되는데, 이러한 집단별 특성은 또다시 회의적인 시각을 가지고 활용되어야 한다.

사회적 감각과 합리적 직관이 어떻게 지식의 출처로서 힘을 지니는지 분명히 정의 내리기는 힘들지만, 진화와의 관련성도 추측해볼 수 있다. 우리가 공통지식으로 받아들이는 것은 분명 수세대의 자연선택을 거치며 살아남은 것이므로, 때로 우리를 잘못된 곳으로 인도한다 할지라도 공통지식은 간단히 내칠 만한 것이 아니다. 나아가 모든 통계 정보에도 불구하고 과거에 있었던 일을 미래에 있을 일에 적용해도 좋을 만한 확실히 입증된 방법은 여전히 우리에게 없으므로, 견해를 구축하고 판단할 때는 합리적 직관과 사회적 감각이 함께 고려되어야 할 때도 있음을 염두에 두어야 할 것이다.

4. 세계헌법 서문

책의 말미에 '서문'이라니 이례적이지만, 이는 이 책의 주된 관심사였던 이론과 방법론의 목적이 보다 실천적인 과업의 토대를 구축하는

데 있음을 상기시키려는 의도이다. 이렇게 구축되는 것을 목표로 해야만 더 효과적인 정책, 더 나은 규제, 더 효율적이고 공정한 개입을 이룰 수 있다. 그런 만큼 이론은 보다 나은 세상을 만들려는 바람을 통해 더 적극적으로 사회에 개입하기 위한 서문의 역할을 한다.

우리는 힘든 시대에 살고 있다. 경제 활동이 가능하고 보다 안전한 안식처가 있는 곳을 찾아서 고향을 떠나오는 수많은 사람과 난민들은 우리가 성경에서 접한 것과 같은 시대를 떠올리게 한다. 빈곤은 서서히 감소하고 있지만 불평등은 재앙에 가까울 정도로 심화하고 있다. 국제빈민구호단체 '옥스팜Oxfam'이 최근의 한 보고에서 산출한 수치에 따르면 세계에서 가장 부유한 여덟 명이 소유한 부의 총합이 전 세계 인구의 절반인 36억 명이 소유한 부의 총합과 같았다(Oxfam, 2017). 스위스 투자은행 '크레디트 스위스Credit Suisse'의 데이터베이스를 활용해서 내가 계산한 바에 따르면 세계에서 가장 부유한 세 사람이 소유한 부는 A(앙골라Angola), B(부르키나파소Burkina Faso), C(콩고민주공화국Democratic Republic of the Congo) 세 나라의 국민 모두를 합친 수인 1억 2,200만 명이 소유한 부의 총합보다 컸다. 국가 내의 정치 분열 양상이 그 어느 때보다 고조되고 있는 것도 놀랍지 않다. 제2차 세계대전이 끝난 후로는 부각되지 않았던 민족주의와 타인을 향한 혐오가 다시 부상하고 있다. 이론의 여지는 있지만, 세계가 점차 글로벌화되고 사람들 간의 상호작용이 늘어나는 가운데 갈등이 증대되면서 '우리가 알고 있는 바대로의 사회가 존속 가능할 것인가' 우려가 되는 수준에까지 이르고 있다.[18]

---

18 지배구조와 법에 관한 세계은행의 보고서(World Bank, 2017)에서 이 문제를 다루고 있다. 이 보고서에서는 다음과 같이 말한다. "오늘날의 국가는 자본, 교역, 아이디어, 기술, 사람의 이동 속도가 빠르고 대단히 많은 것을 그 특징으로 하는, 글로벌화되고 서로 연결된 세계에 직면해 있다."(257쪽). 그리고 이어 이런 상황에서 생기는 특정한 문제들을 논한다.

불평등의 문제는 악화할 것이고 다른 형태의 정치적 불안정으로 번져나갈 것이다. 빈곤층과 소외된 사람들은 자신들이 처한 상황이 자연스러운 곤경이고 신의 뜻이며, 자연이 의도한 것이자 전생의 업보를 포함한 과거의 죄로 인한 응분의 대가(이게 무슨 뜻인지는 아무도 모르니 신경 쓰지 않아도 된다)에 불과하다는 말을 오랫동안 들어왔다. 혼미하게 뒤섞인 이 말들에 신고전주의 경제학자들의 주장도 더해진다. 이들은 전 세계에서 목도되는 불평등이 '일과 여가 사이의 균형을 각자가 자유롭게 선택한 결과'라고 주장하면서 불평등의 많은 부분이 태어날 때부터 정해진다는 사실은 간과한다. 아기들은 빡빡한 노동과 여가 사이에서 선택을 하지 않으니 이는 선택과 무관하다. 가난이 온당하다고 안심시키며 사람들에게 불어넣었던 신화가 이제는 그 실체를 드러내기 시작했다.

법이 복잡해짐에 따라 등장한 새로운 형태의 박탈로는 '법률 서비스에 대한 접근'을 들 수 있다. 변호사 비용을 치를 돈이 없다면 우리는 결코 자신의 권리를 주장할 수 없을지 모른다. 법에 고이 모셔진 권리가 단지 종이 위의 잉크로만 머물게 되는 것이다. 법적 박탈에 대해 쓴, 공감을 불러일으키는 라코프(Rakoff, 2016, 4쪽)의 글에는 다음과 같은 문장이 있다. "지난 몇 십 년간 점점 더 많은 평범한 미국 시민들이 효과적으로 소송을 진행할 기회를 잃어가고 있다." 그는 이 말의 함의를 일목요연하게 풀어내며 "변호인이 사건을 대리하지 않으면, 변호인이 대리한 그와 유사한 다른 사건에 비해 패소할 확률이 크게 높아진다. 담보주택 압류 소송의 예에서 변호인이 대리하지 않았을 때 집을 잃은 확률은 두 배로 높아진다."라고 덧붙인다. 극심한 불평등에 동반되는 이러한 추가적인 박탈은 극도의 불평등이 단순히 그 자체로 나쁠 뿐만 아니라 민주주의에도 타격을 입힌다는 것을 시사한다. 가난한 사람들은 기본권마저 빼앗긴다.

불평등의 시대는 정보의 시대와 결합해 위험한 혼돈을 만들어낸다. 이 현상에는 여러 가지 원인이 있다. 다른 책(Basu, 2016b)에서도 언급했듯이 두 가지 기술, 즉 '이곳의 노동이 저 멀리에 있는 회사나 구매자에게로 향하는 새로운 시대의 노동력 연결labor-linking 기술'과 '기존의 노동력 절감labor-saving 기술'이 동시에 발전하는 것이 이 현상의 주된 원인이며, 그 결과는 '국내총생산에서 임금소득이 차지하는 비중'이 거의 모든 중위·상위 소득 국가에서 줄어드는 형태로 나타난다. 또한 적은 수의 사람들만 꾸준히 지능지수가 높아지는 상황에서, 인류의 진화와 뇌 용량 증가 경향이 지능지수의 지니계수[19]를 높이리라는 예상은 단순한 추측이긴 하지만 가능성 있는 이야기이다. 이는 비전문가와 전문가 간의 불화를 유발한다. 전문가가 최상의 조언을 주고 있다 하더라도 비전문가는 그 조언이 정말 최상인지 의구심을 품게 되기 때문이다.

전례가 없지는 않다. 17세기 영국의 경제학자이자 발명가인 윌리엄 페티 경Sir William Petty은 토지 측량 분야에서 선구적인 역할을 했다. 1654년 아일랜드에서 상당히 넓은 군사 용지를 측량하게 된 페티는 대단히 혁신적인 방법을 써서 매우 신속하고 놀랍게 일을 처리해냈다. 그런데 이와 더불어 그가 측량한 토지의 상당 부분이 결국 그의 소유가 되는 결과가 나타났다. 우리 시대의 정치적 불안정 가운데 일부는 그 뿌리가 이 '페티의 문제Petty problem'에 있다. 여기에는 본질적인 딜레마가 있다. 즉 많은 나라에서 많은 사람이 그 어느 때보다 더 많이 전문가를 의심하게 되며, 그 결과 실제 민주주의의 절차에서 전문가와 유

19 감수자주: 흔히 불평등지수를 뜻하며, 완전히 평등한 상태를 0, 완전히 불평등한 상태를 1로 표시한다. 여기에서는 사람들 간의 지능 격차도 점점 벌어지고 있다는 의미로 지니계수가 높아진다는 이야기를 하고 있다.

능한 인재를 거부하게 되고 결국은 뒤틀린 선택으로 귀착되고 만다는 것이다.

이를 바로잡을 유일한 방법은 불평등의 문제를 직접적으로 다루는 것이다. 곧 부자와 빈자 사이의 격차를 제한하는, 연구에 기반한 정책을 고려해야 한다. 만약 페티가 자기 몫으로 가질 수 있는 땅에 상한선이 있었다면 아일랜드로서는 이익이었을 것이다. 하지만 여기에서 실질적인 법적 개입을 바로 제안하려는 것은 아니다. 불평등에는 상한을 두기 위해 노력하되, 개인적인 동기와 활동을 저해하지 않기 위해서는 법적 개입이 대단히 신중하게 설계되어야 함을 아주 잘 알기 때문이다.

그러나 이 문제는 시급히 해결되어야 한다. 이것이 쉽지 않은 이유는, 짐작할 수 있듯이 모든 법적 개입에는 그 개입을 피해가려는 사람들이 보이는 시장의 반응이 뒤따르기 때문이다. 예컨대 세금을 덜 내려고 집단적으로 공모해, 개인 재산은 늘리지 않으면서 대신 그들이 향유할 수 있는 공적 재산(공원, 병원, 학교 등)을 엄청나게 보유하고 있는 사람들이 있다. 이를 전 세계적인 단위에서 보면, 설사 개별 국가 단위에서는 더 평등해지는 경우도 있다 하더라도 국가 간의 불평등은 처참한 수준에 이를 수 있다. 특히 선진국과 개발도상국 간의 격차는 국제사회의 개발 협력 노력에도 불구하고 점차 커지는 추세이다. 따라서 글로벌 불평등의 문제는 앞선 장에서 언급한 모든 이슈를 상정해두고, 국제적인 단위에서 정책적으로 개입해야 한다.[20]

이러한 주제를 논하기에 사회과학의 토대를 다루는 이 책은 적합한

---

20 감수자주: 근간의 글로벌 불평등은 단순히 선진국과 개발도상국 간의 불평등이라는 이분법적 구도를 넘어 선진국 내의 저소득층이 상대적으로 피해를 입고, 신흥국의 중산층이 수혜를 받기도 하는 등 복잡한 양상을 띠고 있다. 이에 대한 자세한 견해는 브랑코 밀라노비치Branko Milanovic(2016)의 『왜 우리는 불평등해졌는가*Global Inequality*』를 참조할 것.

지면이 아닐 수 있으며, 여기에서도 포괄적인 논의를 할 생각은 아니다. 그러나 이 책의 주제는 이러한 현실적인 문제와 중요한 관련이 있으므로, 이 주제에 대해 짧게나마 더 다루어보고자 한다. 다만 이것은 미래 과업에 대한 서막이라는 취지에서 사변적이고 다소 빈틈이 있는 주장을 담은 제안에 불과하다는 점을 미리 밝혀둔다.

글로벌화되는 세계에서 규제 이슈가 제대로 다루어지지 못하는 이유는 법의 힘이 국가에서 나온다는 추정 때문이며, 이로 인해 법은 국가를 넘어 세계로 나아가는 순간 기본적인 개념에서부터 난항을 겪게 된다(Dixit, 2004; Hadfield & Weingast, 2013의 논의 참조). 사라트와 더글러스, 메릴(Sarat, Douglas, & Merrill, 2011, 3쪽)은 "국가가 부재한 상태에서는 지시적인 목소리가 없으면 계약이 힘을 잃는다. 따라서 사회적 계약이 체결되려면 이의를 제기할 대상이 되는 국가 자체가 전제되어야 한다."라고 말한다. 그리고 같은 페이지에서 홉스의 법에 대한 관점을 언급하며, "만약 국가만이 독점적으로 법을 만들어낼 수 있다면 국가가 부재한 상태에서 존재하는 법의 '자격을 지닌' 법이란 불가능하다. 사리분별의 원칙과 합리성의 격언, 그리고 정당성의 개념은 국가가 부재한 상태에서도 존재할 수 있지만, 사회적 갈등을 해결하기 위해 고안되고 집행되는 행동의 규칙으로서의 법은 국가 없이는 상상하기 힘들다."라고 지적한다. 아울러 이들은 대척점에 선 개념에 대해서도 면밀히 살펴보는데, 이 부분은 이 글의 논의와도 맞닿아 있다.

여기서는 법이 국가의 뒷받침을 받을 때만 힘을 얻는다는 홉스의 견해를 반박하고자 한다. 최종적으로 분석해 들어가면 결국 중요한 의미에서 국가는 공허한 구성체라는 것이 이 책에서 취하는 관점이다. 일각의 견해와 달리 국가는 강력한 외재적 권위체가 아니다. 물론 그 권력이 중요하기는 하지만, 국가의 권력은 '다른 사람들이 어떻게 행동할지'에 대해 평범한 사람들이 머릿속에 지니고 있는 믿음의 산물이고, 또 그러한 믿음에 대한 믿음의 산물이며, 그런 등등으로 이어진다. 물론 국가 단위의 법에 대한 견해와 우호적인 국가들의 연합체를 아우르는 법에 대한 견해는 저마다 다르지만, 경제학 및 법학 문헌에 너무나 많이 스며 있는 전제, 즉 법은 국가를 넘어서서 효과를 발휘할 수 없다는 전제는 틀렸다. 초점접근 법경제학이 보여주듯이, 우리는 자신이 법을 어겼을 때 다른 사람들이 어떻게 하리라는 예상 때문에 법을 따르며, 다른 사람들도 그들 자신이 법을 어겼을 때 또 다른 사람들이 어떻게 하리라는 예상 때문에 법을 따른다. 그러므로 우리에게 적절한 관행과 신뢰가 자리 잡힌다면 국가 단위에서처럼 전 세계적 단위에서도 법치가 이뤄질 수 있다. 앞서도 보았듯 법의 효과가 외부에서 주어진 국가의 권력과 권위로부터 나온다는 주장에는 결함이 있기 때문이다.

국가 단위에서 전 세계적인 단위로 나아가는 데에는 엄청난 난관이 있다. 그러나 우리가 다 함께 자기강제력을 띤 합의점에 집중한다면 그 난관은 불가항력적이지 않다. 대부분이 아직 개척되지 않았으나 이를 통해 펼쳐질 영역은 광활하다.

우리가 서로 다른 민족국가의 틀로 분할되어 사는 동안에는 일국의 법에 대해 말하고, 또 그런 채로 사는 것에 문제가 없었다. 사람들이 펼치는 현실게임은 대개 한 나라의 경계 안에 국한되었기 때문이다. 물론 교역과 이동은 태곳적부터 있어왔지만, 그 부분은 연구분석의 지엽적인 것으로 간주하여 간단하게 각주 처리하는 것이 가능했다. 꾸준히 글로벌화를 향해 나아가는 가운데, 이제 우리는 더 이상 그와 같은 호사를 누릴 수 없다. 해드필드(Hadfield, 2016, 129쪽)는 다음과 같이 이야기했다. "저렴한 통신과 운송은 우리에게 글로벌 공급망을 가져다주었다. 그러나 글로벌 공급망의 생산 공정을 매끄럽게 만드는 데에는 기술과

화물선 그 이상의 것이 필요하다. 즉 협력과 거래를 조율하고 지원하는 기본적인 문제가 해결되어야 한다. 이를 위해서는 경제생활의 대격변이 빚어내는 외부성과 분쟁을 해결할 방법이 뒷받침되어야 한다.”

이러한 문제는 어느 정도 수준에서는 늘 있어왔다. 한동안은 이른바 ‘법규 분류적statutist’ 개입을 통해 이 문제를 해결했다. 14세기 이탈리아에서 유래된 이 법규 분류주의는 교역과 상거래에서 야기된 다중사법관할권multijurisdictional의 문제를 해결하고자 했다. 브라이어(Breyer, 2015)는 중세 시대의 가상 상황을 설정해 법규 분류주의의 문제를 논한 바 있다. 즉 어느 로마 시민이 로마에서 자신에게 재산상 손해를 입힌 피렌체 시민을 상대로 피렌체에서 소송을 걸었다면, 이 사건에 어느 쪽의 법이 적용되어야 할까? 법규 분류적 체계는 이러한 다중사법관할권의 문제에 일련의 간명한 규칙을 적용한다. 이 경우에 설사 재판은 피렌체에서 이루어지더라도 적용되는 법은 재산의 소재지인 로마의 법이다. 그러나 오늘날에는 분쟁 중인 국가를 넘나들고 교역과 외주의 연결고리가 깊어지는 등 이동과 자본의 흐름이 장거리화됨에 따라, 더 이상 법규 분류적 체계만으로는 야기되는 문제들을 모두 다룰 수 없게 되었다. 브라이어(Breyer, 2015, 96쪽)는 다음과 같이 이야기했다. “큰 기업은 여러 나라의 사업장을 잇는 네트워크를 만들어내곤 한다. (…) 사법관할권의 경계가 모호해지고 그 결과가 국제 상거래에 지대한 영향을 미치는 가운데 상거래 소송은 갈수록 복잡해지고 있다.” 우리 주변에서 어떤 일이 벌어지고 있는지, 또 오늘날 분쟁의 원인은 어디에 있는지 파악하는 것은 어렵지 않은 일이 되었다.

다른 수준에서이기는 하나, 전통적인 봉건사회에서도 유사한 문제가 있었다. 19세기 영국의 법학자로서 고대 유럽 법에 폭넓은 지식이 있고, 후에는 대영제국의 법률 고문으로 일하며 인도를 경험하기도 했던 헨리 메인Henry Maine의 사례이다. 그는 마을 고유의 법으로 다스려지는 작은 공동체들의 문제를 아주 잘 알고 있었다. 그는, 지역적으로 진화해온 고유의 법을 가진 공동체가 기술의 변화로 다른 공동체와 접촉하게 되자 특수한 문제가 생겨났다고 기록했다(Maine, 1871). 이런 작은 사회에 갈등이 생겼을 때 그 갈등을 줄이는 역할은 분명 더 큰 단위의 통치주체가 맡아야 하며, 이는 오늘날 국제기구가 국가들 사이에서 해야 하는 역할과 유사하다.

세계화와 디지털 기술의 부상에 따라 노동 현장에서 발생하는 급격한 변화는 법규 분류주의만으로 해결할 수 있는 수준을 넘어섰다. 이런 이야기는 세계 곳곳에서 찾을 수 있다. 나이키를 예로 들어보자. '디자인 및 상품 판매는 미국에서 하고, 제조는 다른 나라로 보내는' 나이키의 초창기 모델은 1964년에 시작되었다. 첫 제조국은 일본이었다. 일본의 임금 수준이 높아지고 나이키의 생산 규모가 확대되면서 제조국은 한국을 거쳐 이후 인도네시아, 베트남, 중국, 라틴아메리카로 옮겨갔다. 현재는 46개국, 600개 하청기업이 나이키에 물건을 공급한다(Katz, Kochan, & Colvin, 2015, 267쪽). 인공지능의 부상으로 조만간 독일의 로봇이 방글라데시의 노동자보다 돈이 덜 드는 시점에 이른다면, 이러한 제조국 혹은 하청기업 가운데 일부는 다시 고임금 국가로 이전될 가능성도 있다.

이 같은 전 세계적인 연결은 정보기술 부문에서 더욱 두드러진다. 이론의 여지는 있으나, 인도 경제가 성장하게 된 배경에는 1990년대 초에 이루어진 경제 개혁과 정보기술 부문의 고무적인 역할이 있었다. 인도의 '인포시스Infosys'가 좋은 예이다. 1981년 일곱 명의 기술자가 대략 250달러의 자본금으로 시작해, 처음에는 미국 기업을 상대로 데이터 처리와 백오피스 업무를 담당했던 인포시스의 현재 고객사는 50여개국 1,000여 곳에 이른다. 또한 전체 직원 수는 32개국에 걸쳐 20만 명에 육박한다. 이러한 변화는 희망과 기회를 가져다주기도 했지만, 일자리의 대규모 해외 이동, 정치적 문제와 의견 차이 등 분열을 가져오기도 했다. 이러한 문제들을 잘 해결해가면 더 나은 세상을 만들 수 있겠지만, 그러기 위해서는 우리가 이제껏 보지 못한 전 세계적인 단위의 규칙과 법이 일정한 수준에서 뒷받침되어야 하며, 이를 얼마나 잘 해낼 수 있는지는 숙제로 남아 있다.[21]

세계화로 인해 생겨나는 새로운 유형의 문제를 살펴보기 위해서는 사회적인 면과 문화적인 면을 모두 고려해야 한다. 사람들이 서로 섞이면 과거에는 겪지 않았을 어려움이 생긴다.[22] 종교가 다른 사람들이 지리적으로 인접해 살게 되었다고 해보자. 그 결과 문화적·종교적 갈등이 생길 수 있다. 때로 선의를 가진 사람들은 얼핏 보기에는 쉬운 해결책을 제시한다. 방금 전의 예에서 이들은 타인의 종교 생활을 막거나 자기 자신의 종교를 강요하지 말고, 각자 나름대로 종교 생활을 하게 두는 방법으로 문제를 해결하자고 말할 것이다. 이렇게 되면, 예컨대 우리에게는 돼지고기를 먹지 않을 권리가 있고, 상대방에게는 소고기를 먹지 않을 권리가 있으니 우리는 그저 '한 집단의 식습관에 따르는

21 바수와 스티글리츠(Basu & Stiglitz, 2015)는 여러 경제가 통합되었을 때 생기는 기회와 걸림돌에 대해 두드러진 예를 통해 살펴본다. 그 예로 제시된 유럽연합의 구축은 리스본조약과 그 전신인 마스트리히트조약을 통해 이루어졌다(Basu, 2016a도 참조). 앞의 논문에서 우리는 공동책임의 실현이 유럽연합의 모든 국가에 이익일 수 있음을 제시했다. 그럼에도 불구하고 리스본조약 125조가 걸림돌이 되고 있다. 공동책임에는 그 나름의 위험이 생겨날 수 있는 만큼 이 조항이 생겨난 배경은 이해가 가지만, 2011년에 유럽의 재정위기가 여실히 드러나기 전까지는 125조의 함의가 충분히 드러나지 않았다.

22 '이런 큰 세계가 조화롭게 작동할 수 있는가'라는 문제를 떠나서도, 세계화는 우리의 규범적인 목표가 무엇이어야 하는가에 관한 논쟁적인 이슈를 제기한다. 공동의 목표를 설정하는 일은 작은 공동체에서도 충분히 힘들진대, 하물며 여러 국가가 모여 있는 곳에서는 두말할 필요도 없다(Posner, 2006).

규칙'을 다른 집단에 강요하지 않으면 된다. 마찬가지로 우리에게는 유일신을 숭배하거나 여러 신을 숭배하거나, 혹은 이견은 있겠지만 가장 합리적인 것으로 보일 만한 선택지로서 어떠한 신도 숭배하지 않을 권리가 있다. 이 땅에 평화가 깃들게 하기 위해서는 이 같은 생활양식을 '타인의 사적 공간에 속하는 소유물'로서 대하는 태도를 시민들이 익히도록 해야 한다. 하지만 이러한 태도를 권함에 있어서 '타인의 사적인 생활양식을 존중하는 원칙'을 견지하도록 모든 사람을 설득하기란 쉽지 않음을 선의를 가진 사람들도 안다. 이들이 늘 깨닫지 못하는 것은, 원칙이 그러하더라도 그 원칙이 통하지 않을 수 있다는 점이다. 이들은, 우리는 우리의 종교와 문화에서 요구되는 것을 따르고, 상대방은 상대방의 종교와 문화에서 요구되는 것을 따르게 두는 한 갈등은 없으리라 추정한다. 앞서 살펴본 두 가지 예, 즉 식습관과 종교 수칙에서는 이 추정이 들어맞는다. 그러나 이런 규범적인 원칙이 난관에 부딪히는 다른 예가 있다. 억지스럽기는 하지만, 종교적인 요구에 따라 좌측주행을 하는 사람들과, 마찬가지로 종교적인 요구에 따라 우측주행을 하는 사람들이 있다고 가정하자. 두 집단이 서로 떨어진 나라에 산다면 각자의 종교 생활을 하게 두는 원칙이 통한다. 그러나 두 집단이 같은 공간 혹은 같은 지역에 살게 된다면 그 원칙은 더는 통하지 않으며, 최소한 정면으로 충돌하는 사고가 불가피하게 발생하게 된다.

세계화의 또 다른 사회적·정치적 문제는 우리가 타인에게 공감하지 못하는 데에서 비롯된다. 우리 대부분이 그러하듯이 고유한 문화적 영토 안에서 살아갈 때는 차이를 충분히 이해하기 어렵다. 가령 아프가니스탄과 파키스탄의 가난한 이슬람 지역에 사는 시골 사람들은 소아마비 백신을 가지고 마을에 나타난 서구의 자원봉사자를 보면 종종 도망쳐 숨어버리곤 한다. 여러분은 이 사실에 당혹감을 느낄 것이다. 이때 시골 사람들의 입장이 되어보는 사고실험을 통해 공감력을 높일 수 있다. 이제 우리에게 필요한 한 가지 사고실험을 해보자. 해외에 자선을 베풀고 싶어진 북한의 김정은이, 감염병에 대한 면역력을 높여주는 빨간 주사액을 나눠주기 위해 북한의 자원봉사자들을 전 세계로 파견했다. 우리 지역으로 오게 된 북한 사람들을 본다면, 우리 지역 사람들은 대개 아프가니스탄이나 파키스탄의 시골 사람들이 서구의 자원봉사자들을 봤을 때와 같은 반응을 보이게 될 것이다.

세계화는 완전히 이질적인 여러 문화를 점점 더 같은 지붕 아래로 포함시키고 있다. 우리 주변에서 보게 되는 분쟁은 여기에 뿌리를 두고 있다. 이 새로운 도전을 감당하기에 국가 단위의 법은 적합하지 않다. 오늘날 국제적인 갈등을 조정하는 데에는 두 가지 방법이 있다. 첫 번째는 국제노동기구ILO, 세계무역기구WTO, 세계은행World Bank, 국제통화기금IMF처럼 국가들을 넘나들며 일하면서 그들 사이를 조정하는 다자간기구를 통하는 방법이다. 한 가지 좋은 예는 노동법과 관련된다. 노동 기준을 낮추고, 노조의 권리를 제한하며, 해외 자본을 끌어들이기 위해 최저임금을 낮추는 정책은 오랫동안 여러 나라에서 흔히 시행되어왔다. 이는 '바닥을 향한 경쟁'이라는 비판을 낳았고, 그러한 관행을 막기 위한 여러 가지 방법이 활용되었다. 기본적으로는 국제적인 약속인 국제노동기구의 노동협약lobor convention도 그러한 예 가운데 하나이다.[23] 앞으로 아웃소싱과 다국적 생산이 늘어남에 따라 이러한 문제는 더욱 심화할 것이다.

---

23 Engerman(2003)과 Katz, Kochan, & Colvin(2015) 참조. 또한 모하메드 엘에리언Mohamed El-Erian이 「신디케이트 프로젝트Project Syndicate」에서 언급했듯이 개혁은 국제 기구의 이익에 부합한다. 만약 개혁을 하지 않는다면 중국이 새로운 다자 간 기구를 출범시켜 이들을 지배적인 입지에서 밀어낼 위험이 있기 때문이다(El-Erian, 2017).

국제협약과 다자간기구를 통해 이 일을 잘 해내기 위해서는 다자간기구 내부의 투표권 행사 시스템이 보다 민주적으로 구성되어야 한다.[24] 예컨대 브레턴우즈 체제에서 만들어진 기구들의 규정은 개략적으로 말해, 체제에 기여한 정도에 따라 그에 상응하는 몫의 투표권을 행사할 수 있게 하는 방식이다.[25] 이 방식이 얼마나 공정하냐면, 미국이 자기 나라 대통령을 뽑는 선거에서 국민 개개인에게 각자가 납부한 세금만큼 투표할 수 있게 하는 시스템을 두는 것만큼이나 공정하다. 이 시스템대로라면 제프 베이조스, 빌 게이츠, 워런 버핏 등 몇몇 소수의 사람만이 미국에서 이루어지는 의사결정에 대한 대다수 발언권을 갖게 되며, 이 시스템이 현재 해당 체제에서 만들어진 기구들이 적용하는 방식인 것이다. 이 시스템은 개혁하고 다시 설계되어야 한다. 전 세계적으로 다자간기구의 역할은 점점 더 중요해지고 있는 데다, 또 무엇보다도 사람들이 이들 기구가 전 세계의 의견을 가장 공정하고 대표성 있게 다룬다고 인식할 수 있어야 하기 때문이다.

국제적 갈등을 줄이는 두 번째 방법은 오늘날의 세계에서 점점 더 그 필요성이 커지고 있는 세계헌법, 즉 모두가 따르기로 합의하는 최소한의 일련의 규칙을 마련하는 것이다.[26] 세계헌법은 모두가 견지해야 할 기본적인 법 규범이라는 배경을 제공함으로써 국가 안에서 헌법이

---

24 스티글리츠는 오늘날의 글로벌화되는 세계에서 다자 간 기구, 특히 브레턴우즈 체제에서 만들어진 기구들을 분석하고, 왜 이들 기구가 제구실을 하지 못하는지 분석한다(Stiglitz, 2002). 스티글리츠는 세계화가 글로벌 국내총생산의 증대를 가져올 가능성이 매우 크다고 본다. 그러나 이는 많은 논란을 사고 있는데, 그 이유 가운데 하나는 글로벌 지배구조가 제대로 구축되지 않은 상태에서 경제의 세계화가 이루어졌기 때문이다.

25 감수자주: 브레턴우즈 체제에서 세계은행과 국제통화기금IMF이 그러하다. 반면 비교적 최근인 1995년에 설립된 세계무역기구WTO는 국가별로 한 표씩 투표권이 주어진다는 점에서 상대적으로 민주적 정당성이 있다고 볼 수 있다.

26 국제협약은 세계헌법을 향한 중간 단계의 역할을 한다. 또한 국가 간 관행이 실질적인 국제법으로 진화하는 경우도 더러 있다(Choi & Gulati, 2016).

하는 역할과 같은 역할을 전 세계에 대해 해야 한다. 물론 개별 국가도 계속해서 국내법을 제정할 수 있지만, 그것을 시행하고 집행할 때에는 세계헌법을 존중해야 한다. 한동안 '인류보통법ius commune humanitatis'을 두자는 아이디어도 있었다(Stone, 2011). 이상적으로 들릴 수 있겠지만 이를 포기해서는 안 된다. 비단 기후 위기뿐만 아니라(이 부분은 우리가 모두, 혹은 거의 모두 안다), 통화·회계 정책의 불협화음이 미치는 파장, 일자리 감소와 그에 따르는 갈등 등과 관련해 갈수록 국가 간 마찰이 커지고 부정적인 외부요인이 많아지는 상황에서 이러한 아이디어가 없다면, 인간은 멸종될 위기에 놓여 있다고 보아도 과언이 아닐 것이다.

이러한 법의 목표는, 다른 나라의 법과 충돌하지 않는 방식으로 국내법을 구성할 수 있는 장을 만드는 데 있다. 쉽지 않은 일이다. 자신이 믿는 종교에 따라 좌측주행을 하는 사람들과, 마찬가지로 자신이 믿는 종교에 따라 우측주행을 하는 사람들에 대해 세계헌법은 어떤 규칙을 적용해야 할까? 어느 쪽으로 판결하든 논란이 일겠지만 글로벌화된 세계에서 규칙 없이 지낼 수는 없다. 마찬가지로 히잡을 쓰거나 비키니를 입을 권리는 마땅히 주어져야 하는가? 어디에 사는지와 무관하게 모든 사람에게는 입고 싶은 대로 입을 권리가 있음을 당연한 주장이라 여기는 사람들도 있다. 나 역시 그 같은 관점에 동의하지만, 자신이 뭘 입었는지를 다른 사람이 볼 수밖에 없다는 사실도 무시해서는 안 될 것이다. 한 사람의 자유가 끝나고 다른 사람의 자유가 시작되는 곳이 어디인지는 분명치 않다. 입는 사람의 권리는 보는 사람의 권리보다 중요한가?

센이 그의 표현대로 '최소한의 자유'의 원칙과 파레토 우위의 법칙 사이에서 생기는 갈등에 관해 쓴 유명한 논문(Sen, 1969)에 따르면, 개개인에게는 그 사람의 지배권이 가장 우선한다고 인정되어야 할 사적 선택의 영역이 있고, 타인은 이를 바꿔놓을 수 없다. 센은 『채털리 부인의 사랑*Lady Chatterley's Lover*』(1928)을 읽을지 말지는 그 사람의 결정에 달렸음을 예로 든다. 그 사람이 이 책을 읽는 것을 다른 누군가가 선호하는지 아닌지는 중요하지 않게 다루어져야 한다. 센은 역설을 야기함으로써 파레토와 자유 가운데 무엇이 더 두드러져야 하는지를 생각해 보게끔 하는 데 목표를 두었다. 사람들은 대부분 최소한의 자유의 원칙, 즉 사적 영역이 '있음'에 동의하겠지만, 그 영역이 정확히 어떻게 '규정되는가'는 명확하지 않다. 예컨대 많은 사람이 '가장 현란한 색이든 가장 차분한 색이든 누구에게나 원하는 대로 입을 자유가 있다'라고 주장할 것이다. 그러나 '누구든 원하는 만큼 큰 소리로 말할 권리가 있다'라는 주장을 옹호하는 사람은 없다. 이 둘의 차이는 생물학에 근거해 정당화될 수도 있다. 즉 우리에게 눈꺼풀은 있지만 귀꺼풀은 없으므로(설계자가 누구든 이 부분은 우주 창조의 큰 설계적 결함이라는 게 나의 오래된 생각이다) 현란한 색깔의 옷을 입은 사람은 애써 보지 않을 수 있지만, 크게 말하는 소리를 듣지 않기는 힘들다. 그러므로 사적 영역을 가질 권리를 고려한다 하더라도 그 영역이 무엇이고, 또 그 경계가 어디인지는 논란의 대상이라는 문제가 남는다. 문화와 국가를 넘어 모든 인간에게 적용되는 원칙을 작성할 때는 더더욱 그러하다. 그러나 점점 더 많은 사람이 같은 공간에서 함께 살아가게 될 오늘날의 글로벌화된 세계에서 이 문제를 모른 척하는 호사를 누릴 수는 없다.

오늘날 세계헌법이 갈수록 시급성을 띠는 데에는 또 하나의 이유가 있다. 세계화의 부상은 필연적으로 민주주의의 침식을 초래한다. 민주주의의 결정적인 구성요소 가운데 하나는 자기 자신의 안위에 영향을 미칠 수 있는 지도자를 자기가 직접 뽑을 투표권을 갖는 것이며, 이런 이유로 모든 민주주의 사회에서는 선거 제도를 둔다. 세계 경제가 대체로 국가 단위로 분할되어 있던 시절에는 이 시스템이 잘 작동되었다. 그런데 시간이 흐르면서 세계화가 이를 상당히 빠르게 바꿔놓았다. 한 나라가 도입한 정책은 국경 너머에도 영향을 미친다. 자본이 손쉽게 이동하는 오늘날의 세계에서 미국의 통화 공급 확대는 베트남의 물가 상승으로 이어진다. 또한 말레이시아가 노조의 권리를 제한하기로 결정하면 외국인의 직접투자는 말레이시아로 대거 흘러들고, 인도네시아로 향했던 투자는 고갈된다. 세계은행 보고서에서 다루었듯이(World Bank, 2017) 이는 서로 연결된 세계에서 발생하는 지배구조의 문제이다.

이러한 세계에서는 자신이 사는 나라의 지도자를 뽑는 선거에서 발언권을 갖는 것이 큰 관심사가 아닐 수 있다. 멕시코인들에게는 멕시코 대통령이 누가 되는지보다 미국 대통령이 누가 되는지가 그들의 삶에 더 큰 영향을 미칠 수 있다. 하지만 멕시코인은 미국 대통령 선거에서 투표권이 없으므로, 글로벌 민주주의에는 분명 결함이 있다(2016년 11월에 치러진 미국 대통령 선거의 결과를 통해 추론해볼 수 있다). 이를 이해하기 힘들다면, 워싱턴 D.C.에 사는 사람들만 유일하게 미국의 대통령을 뽑을 투표권을 가졌다고 가정해보자. 이렇게 되면 미국은 제대로 된 민주주의 국가가 아니지 않느냐고 캘리포니아 사람들이나 뉴욕 사람들을 설득하기는 어렵지 않다. 같은 맥락에서, 우리는 세계가 글로벌화되는 가운데에도 선거 제도는 국가 기반에 머묾으로써 글로벌 민주주의가 서서히 침식당하고 있다고 주장할 수 있는 것이다.

그래서 어떻게 해야 하는지는 확실치 않지만, 과도기적 단계로 국가 지도자의 권한을 제한하는 글로벌 규범을 마련하는 것이 합리적일 수 있다.[27] 즉 미국의 연방정부가 주지사들에게 제약을 두듯이, 조 바이든

27 나는 브라이어의 제안에 대해서도 같은 맥락에서 앞서와 같은 말을 한 적이 있다. 브라이어

이나 시진핑, 리시 수낵이 하는 일을 제약할 수 있는 글로벌 규범이 그들의 권한보다 선행되어야 한다.

일단 세계헌법이 구체화되고, 그에 따라 헌법을 위반한 사람들을 처벌하는 규칙이 생겨나면 이 같은 세계적인 규범은 더욱 힘을 얻을 것이다. 그리고 이는 국가 단위에서뿐만 아니라 세계 각지의 평범한 시민들에 의해서도 자기강제력을 띤 믿음의 연결망을 통해 이행될 것이다. 그도 그럴 것이, 국가 단위의 분석이기는 하나 결국 최종 단계로 들어가면 통제의 주체는 개개인이기 때문이다. 우리 모두가 살아내야 할 운명인 믿음의 공화국이 지닌 위험은 단 하나의 가시적인 권력의 원천이 없다는 사실에서 비롯된다. 그러나 다른 한편으로 이러한 집단성은, 과거에는 법치에서 제외되었던 지역과 영토에도 법과 질서를 가져다주리라는 희망, 그 희망의 원천이기도 하다.

불평등과 전 세계적 갈등을 해결하기 위해서는 기후 변화나 환경 문제에 쏟기 시작한 것과 같은 국제적인 노력이 뒷받침되어야 한다. 이러한 개입은 이제까지 보지 못했던 법과 법제적 실천의 영역으로 우리를 이끌 것이다. 하지만 이 모든 개입에는 부정적인 여파가 따를 위험이 있는 만큼, 개인적 동기가 저해되어 복지의 총계가 하락하는 수준에도 이를 수 있다. 시장 원리를 잘 들여다보지 않은 채로 법을 앞세워 개입한다면 재앙에 가까운 결과가 초래될 수 있다는 것이다. '법경제학'이 그토록 중요한 주제인 이유도 이 점에 있다. 법경제학의 성공이 새로운 기회를 낳듯이, 그 실패의 여파는 인간의 삶을 불균등하게 만들

는 "세계의 대법원이라는 것은 없으므로 국가 단위의 법원은 타국의 법령을 작동시킴에 있어서 충돌하기보다는 일치할 수 있는 해석을 찾기 위해, 곧장 조정에 들어가기보다 점진적인 적용을 꾀해야 한다."라고 제안했다(Breyer, 2015, 92쪽). 나아가 브라이어는 힘 있는 나라에서 많은 사람이 극도로 싫어하는 것은 "우리 법원에서도 마찬가지로 싫어한다. **그러니 반드시 타국의 목소리에 귀를 기울이라.**"(강조는 저자)라고 덧붙인다.

수 있다.

공산주의를 예로 들어보자. 예컨대 근본적인 동기부터 무지하고 분파적이며 이기적인 각종 파시즘 유의 다른 이데올로기와 달리, 공산주의는 카를 마르크스의 가장 초기 저술에서부터 20세기 초반의 현실화된 실험에 이르기까지 진정한 평등주의가 그 목표의 근간을 이룬다. 그러나 공산주의는 일단 안착된 후 어떻게 운영되어야 할지에 대한 청사진 없이 구상된 시스템이었다. 또한 그나마 있었던 개략적인 청사진에서도 시장 원리와 경제에는 거의 관심을 두지 않았다. 시스템을 현실적으로 어떻게 운영할지에 대한 청사진이 없었으니 그 결과는 불 보듯 뻔한 것이었다. 소유와 거래의 원칙이 바뀌고, 중앙으로 집중된 부는 국가의 통제 아래로 들어갔다. 단 하나의 통솔권 아래에 모였으니 그것을 탐내는 시선이 집중되었고, 그리하여 불가피한 결과가 초래된 것이다. 공산주의의 마지막 단계는 정실 자본주의crony capitalism임이 포착되었고, 이는 곧 확연히 드러났다.

잘못은 애초의 야심찬 의도가 아니라 지적 사고를 하지 못했다는 데 있다. 사회와 시장의 원리가 지니는 복잡성을 이해하지 못했고, 그 결과 현실로 구현 가능한 설계를 하지 못한 것이다.

세계화와 디지털 발전의 시대로 접어들며 전 세계적으로 기회가 증대되자, 과거에는 결코 볼 수 없었던 수준의 성장을 구가할 잠재력이 창출되었다. 그러나 그에 따른 문제도 곧 생겨날 것이며, 지금 우리는 그 역풍을 느끼기 시작했다. 만약 노동생산성이 지금처럼 계속해서 빠르게 성장한다면 우리는 둘 중 하나, 즉 폭발적으로 성장하거나, 아니면 임금 하락 및 일자리 감소를 경험할 것이다. 둘 중 어느 쪽으로 가게 될지는 분명치 않다. 다만 이 새로운 문제에 대응하는 우리의 능력에 많은 것이 달렸으며, 우리의 머리와 마음 둘 다를 쏟아 이 문제를 해결해야 한다. 과거에는 자유시장에 맡겨두었던 문제에 이제는 법과 집단적 개입이 필요할 수도 있으며, 과거에는 국가가 해결했던 문제를 이제는 자유시장과 개인 단위에서 해결할 수 있을지도 모른다. 개별적 활동·선택의 영역과 법을 통한 개입이 얼마나 적절히 어우러지는가에 많은 것이 달려 있다.

5. 맺음말: 법경제학의 가치

법경제학은 경제발전에 있어 대단히 중요한 학문이며, 점차 그 중요성이 커지고 있음이 분명하다. 경제생활이 복잡해지고, 기술이 전 세계의 사람과 기업을 연결하며, 로봇이 노동자를 대신하게 되면 새로운 법과 규제로 풀어나가야 할 새로운 문제가 생겨난다. 시장의 보이지 않는 손은 중요하지만, 그 효과는 보이지 않는 손을 작동시킬 규제의 영역에 달렸다.

우리가 흔히 저지르는 큰 실수 가운데 하나는 시장의 보이지 않는 손을 양극단에 놓인 이데올로기의 문제, 즉 '모두 시장에 맡기거나 모두 정부가 맡거나'의 문제로 바라보는 것이다. 곰곰이 생각해보면 누구나 알 수 있듯이 현실에는 둘 다 필요하지만, 이 역시 너무나 진부한 말이기도 하다. 어떤 유형의 규제가 필요한가는 기술의 수준, 세계화의 정도, 기후의 변화에 따라 달라질 수 있다. 마을 공동체 시절이나 소규모로 흩어져 정착해 살던 시절에도 주된 생계가 농업이었던 만큼 환경에 대한 우려는 있었지만, 이는 마을 공동체의 규칙과 공유지 사용에 관한 규범, 그리고 공동체 공유분의 사용에 관한 규범을 통해 대부분 관장될 수 있었다(오스트롬의 글[Ostrom, 1990]에 잘 나타나 있다). 그러나 지구 온난화와 환경적 여파가 거대한 규모로 국가를 가로질러서, 심지어는 대륙을 가로질러서 영향을 미치는 오늘날의 세계에서 과거의 방식으로는 역부족이다. 오늘날 우리에게는 다국가적 협약에 관여하는 규제가 필요하며, 이는 과거 농경사회에서 요구되었던 것보다 훨씬 복잡한 규제가 될 것이다.

시장이 작동하려면 언제나 구조화된 규제의 틀이 필요하다. 그 틀은 때로는 국가와 법에 의해 명시적으로 제시되어야 하며, 때로는 행동의 길잡이가 되는 사회규범과 관행에 의해 제시되어야 하고, 또 때로는 다국가적 합의와 이행을 통해 제시되어야 한다. 우리가 택시를 탈 때마다 '목적지에 도착하면 요금 안 내고 도망가야겠다'라고 생각하지 않는 이유는 대개 규범을 내재화하고 있기 때문이다. 이런 일에는 법이 설사 있더라도 불필요하다. 반면 자유시장의 작동은 어떠한지, 미국 농산물 직거래 장터farmers' market의 경우를 들어 생각해보자. 우리는 지역의 소비자들이 일주일 치 먹을거리로 '유기농' 마카다미아와 '수제' 캐러멜 사탕, 그리고 '할머니표' 초콜릿칩 쿠키를 즐거이 고르는 이곳을 자유시장의 궁극적인 안식처로 여기곤 한다. 하지만 잘 운영되는 농산물 직거래 장터가 사실은 정교하게 쓰인 규칙과 규제 하에서 돌아가는 시장이라는 사실은 인식하지 못한다.[28]

대규모 산업시설, 여러 대륙을 넘나드는 사업 운영, 많은 나라에 관여하는 전문 인력을 통해 글로벌화되어가는 오늘날의 세계에서는 전세계적인 단위의 개입이 필요하다. 실제로 그 중요성은 대단히 크며, 우리가 전 세계적인 차원의 규제 시스템을 만들 수 있는지의 여부는

---

28 미국 위스콘신주 매디슨의 '데인 카운티 농산물 직거래 장터'에 관한 분석은 Basu(2000)와 Ferguson(2013) 참조.

인류 생존의 문제와도 직결된다. 시스템의 창출을 더욱 어렵게 만드는 요인은 문제의 특성이 꾸준히 진화하고 있다는 점이다.

케인즈는 1930년에 쓴 유명한 글 「우리 후손들이 누릴 경제적 가능성Economic Possibilities for Our Grandchildren」에서 앞으로 100년 후에는 모든 중요한 경제 문제가 이미 해결되었거나 해결 방향이 드러날 것이므로, 경제학이 더는 중요한 학문이 아닐 것이라고 예측했다. 이는 케인즈가 한 드물게도 형편없는 예측이었다. 그가 저지른 실수는 인류의 경제 문제를 고정된 하나의 꾸러미로 보았다는 점이다. 연구가 발전하니 꾸러미의 크기는 줄어들고, 결국 100년 안에 완전히 사라지리라는 게 케인즈의 예측이었다. 하지만 2030년이 몇 년 남지 않은 지금, 그의 예측이 실현될 가능성은 없어 보인다. 현실의 경제 문제는 지금도 진화를 거듭하고 있다. 인간이 술책과 지략을 동원해 할 수 있는 일에는 끝이 없다. 비단 상품만이 아니라 인간의 심리적 특성을 이용하는 새로운 마케팅도 진화하며, 주기적인 전단 발송 등의 여러 방법을 동원해 사람들을 묶어놓고, 같은 업체의 상품을 꾸준히 사도록 만드는 새로운 가격 정책도 계속해서 진화한다. 그런 만큼 규제도 진화하고 바뀌어야 한다. 이 프로세스는 아마 끝없이 이어질 것이고, 법경제학의 중요성도 커질 것이다.

19세기 후반의 반독점법에서부터 이곳까지 우리는 먼 길을 지나왔다. 그러나 이제는 시간이 없다. 갈수록 경제생활이 복잡해지고 그에 따른 문제가 확산되고 있는 만큼, 우리가 가진 모든 지식과 통계를 한데 모으고, 논증력과 추론력을 십분 동원해 이 문제에 쏟아야 한다. 이는 우리 모두가 해야 할 의무이다. 누군가에게는 이것이 고된 과업을 끝없이 이어나가는 시지프스의 모험에 다 같이 동행하는 것으로 보일 수도 있겠다. 바라건대 그 과업이 다른 한편으로는 과학적 모험이 되어

지적 자극과 설렘의 원천이 되기를 바란다.

이 모험이 가능할 수 있도록 법경제학의 근간에 잡힌 주름을 펴는 것이 이 책의 목표였다. 최대한 꼼꼼히 해보았지만 아직 할 일이 많이 남은 것 같아 미련을 떨칠 수 없다. 연구를 향한 시도에는 끝이 없다. 마음이 크게 움직였다면 그저 어떤 순간엔가는 하던 일을 매듭 짓고 글을 써 내려가야 한다. 그 후에는 마음이 움직인 또 다른 누군가가 취약한 점과 미진한 점을 찾아내어 그 어젠더를 앞으로 끌고 나가줄 것이다.

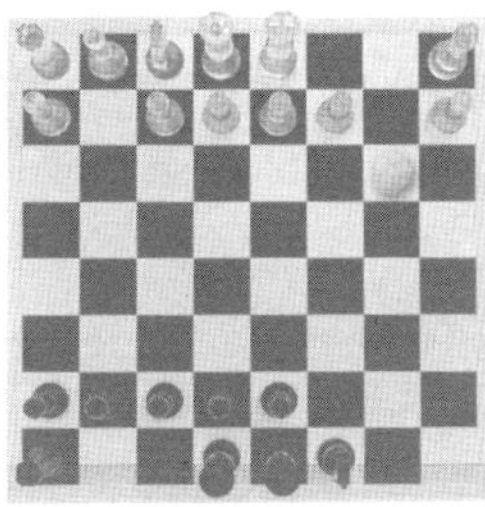

Abbink, K., Dasgupta, U., Gangadharan, L., & Jain, T. (2014). "Letting the Briber Go Free: An Experiment on Mitigating Harassment Bribes", *Journal of Public Economics, 111.*

Abbink, K., Freiden, E., Gangadharan, L., & Moro, R. (2016). "The Effect of Social Norms on Bribe Offers". mimeo: Monash University.

Acconcia, A., Immordino, G., Piccolo, S., & Rey, P. (2014). "Accomplice-Witnesses and Organized Crime: Theory and Evidence from Italy", *Scandinavian Journal of Economics, 116.*

Acemoglu, D., & Jackson, M. O. (2015). "Social Norms and the Enforcement of Law". mimeo: Harvard University.

Acemoglu, D., & Wolitzky, A. (2015). "Sustaining Cooperation: Community Enforcement vs. Specialized Enforcement", National Bureau of Economic Research Paper 21457.

Acemoglu, D., Johnson, S., & Robinson, J. (2005). "Institutions as a Fundamental Cause of Long-Run Grouth", in P. Aghion & S. Durlauf (eds.), *Handbook of Economic Grouth*. Elsevier.

Akerlof, G. (1976). "The Economics of Caste, Rat Race and Other Woeful Tales", *Quarterly Journal of Economics, 90.*

_______ (1991). "Procrastination and Obedience", *American Economic Review, 81.*

Akerlof, G., & Kranton, R. (2010). *Identity Economics: How Our Identities Shape Our Work, Wages, and Well-Being*. Princeton University Press.

Akerlof, G., & Shiller, R. (2015). *Phishing for Phools: The Economics of Manipulation and Deception*. Princeton University Press.

Akerlof, R. (2017). "The Importance of Legitimacy", *World Bank Economic Review, 30*.

Aldashev, G., Chaara, I., Platteau, J.-P., & Wahhaj, Z. (2011). "Using the Law to Change the Custom", *Journal of Development Economics, 97*.

_______ (2018). "Morality: Evolutoinary Foundations and Policy Implica-tions", in K. Basu, C. Sepulveda, & D. Rosenblatt (eds.), *The State of Economics, the State of the World*. MIT Press.

Ali, S., & Liu, C. (2017). "Laws, Norms, and Authority: Self-Enforcement Against Coalitional Deviations in Repeated Games". mimeo: Pennsylvania State University.

Arad, A., & Rubinstein, A. (2012). "Multi-dimensional Iterative Reasoning in Action: The Case of the Colonel Blotto Game", *Journal of Economic Behavior and Organization, 84*.

_______ (2017). "Multi-dimensional Reasoning in Games: Framework, Equilibrium and Applications", mimeo: Tel Aviv University.

Ariely, D. (2008). *Predictably Irrational: The Hidden Forces That Shape Our Decisions*. HarperCollins.

Arrow, K. (1973). "The Theory of Discrimination", in O. Ashenfelter & A. Rees (eds.), *Discrimination in Labor Markets*. Princeton University Press.

_______ (1998). "What Has Economics to Say about Racial Discrimination?", *Journal of Economic Perspectives, 12*.

Arrow, K., & Debreu, G. (1954). "Existence of an Equilibrium for a Com-petitive Economy", *Econometrica, 22*.

Aumann, R. (1976). "Agreeing to Disagree", *Annals of Statistics, 4*.

_______ (1987). "Game Theory", in S. N. Durlauf & L. E. Blume (eds.), *The New Palgrave Dictionary of Economics*. Palgrave Macmillan.

Austin, J. (1832). *The Province of Jurisprudence Determined*. Cambridge University Press.

Ayer, A. (1980). *Hume: A Very Short Introduction*. Oxford University Press.

Bac, M., & Bag, P. (2001). "Law Enforcement and Legal Presumptions", *Journal of Comparative Economics, 29*.

Bacharach, M. (2006). *Beyond Individual Choice: Teams and Frames in Game Theory*, N. Gold & R. Sugden (eds.). Princeton University Press.

Bagenstos, S. (2013). "Employment Law and Social Equality", Michigan Law Review, 112.

Baird, D., Gertner, R., & Picker, R. (1994). *Game Theory and the Law*. Harvard University Press.

Banerjee, A. (2005). "'New Development Economics' and the Challenge to Theory", *Economic and Political Weekly, 40*, October 1.

Banerjee, R. (2016). "On the Interpretation of Bribery in a Laboratory Corruption Game: Moral Frames and Social Norms", *Experimental Economics, 19*.

Banuri, S., & Eckel, C. (2015). "Cracking Down on Bribery", *Social Choice and Welfare, 45*.

Baradaran, S., & Barclay, S. (2011). "Fair Trade and Child Labor", *Columbia Human Rights Law Review, 43*.

Bardhan, P. (1997). "Corruption and Development: A Review of Issues", *Journal of Economic Literature, 35*.

Barkan, E. (2011). "Ethnic Cleansing, Genocide and Gross Violations of Human Rights: The State versus Humanitarian Law", in A. sarat, L. Douglas, & M. Umphrey (eds.), *Law without Nations*. Stanford University Press.

Barrett, C., Garg, T., & McBride, L. (2016). "Well-Being Dynamics and Poverty Traps", *Annual Review of Resource Economics, 6*.

Barrett, S. (2007). *Why Cooperate: The Incentive to Supply Global Public Goods*. Oxford University Press.

Basu, Karna (2011). "Hyperbolic Discounting and the Sustainability of Rotational Saving Arrangements", *American Economic Journal: Microeconomics, 3*.

Basu, Kaushik (1977). "Information and Strategy in the Iterated Prisoner's Dilemma", *Theory and Decision, 8*.

_______ (1980). *Revealed Preference of Government*. Cambridge University Press.

_______ (1983). "On Why We Do Not Try to Walk Off without Paying after a Taxi Ride", *Economic and Political Weekly, 18*, November.

_______ (1986). "One Kind of Power", *Oxford Economic Papers, 38*.

_______ (1990). "On the Non-existence of a Rationality Definition for Extensive-Form Games", *International Journal of Game Theory, 9*.

_______ (1993). *Lectures in Industrial Organization*. Basil Blackwell.

_______ (1994a). "Group Rationality, Utilitarianism and Escher's Waterfall", *Games and Economic Behavior, 7*.

_______ (1994b). "Traveler's Dilemma: Paradoxes of Rationality in Game Theory", *American Economic Review, Papers and Proceedings, 71*.

_______ (1995). "Civil Institutions and Evolution: Concepts, Critiques and Models", *Journal of Development Economics, 46*.

_______ (1998). "Social Norms and Law", in P. Newman (ed.), *The New Palgrave Dictionary of Economics and the Law*. Macmillan.

_______ (2000). *Prelude to Political Economy: A Study of the Social and Political Foundations of Economics*. Oxford University Press.

_______ (2001). "The Role of Norms and Law in Economics", in J. Scott & D. Keaters (eds.), *Schools of Thought: Twenty-Five Years of Interpretive Social Science*. Princeton University Press.

_______ (2003). "The Economics and Law of Sexual Harassment in the Workplace", *Journal of Economic Perspectives, 17*.

_______ (2005). "Racial Conflict and Malignancy of Identity", *Journal of Economic Inequality, 3*.

_______ (2007). "The Traveler's Dilemma", *Scientific American, 2*.

_______ (2011a). *Beyond the Invisible Hand: Groundwork for a New Economics*. Princeton University Press.

_______ (2011b). "Why, for a Class of Bribes, the Act of Giving a Bribe Should Be Treated as Legal", Ministry of Finance, Government of India, http://mpra.ub.uni-muenchen.de/50335/.

_______ (2014). "Randomization, Causality and the Role of Reasoned Intuition", *Oxford Development Studies, 42.*

_______ (2015). *An Economist in the Real World: The Art of Policymaking in India*. MIT Press.

_______ (2016a). "The Economics and Law if Sovereign Debt and Risk Sharing: Some Lessons from the Eurozone Crisis", *Review of Law and Economics, 12.*

_______ (2016b). "Globalization of Labor Markets and the Growth Prospects of Nations", *Journal of Policy Modeling, 38.*

_______ (2017). "Discrimination as a Coordination Device: Markets and the Emergence of Identity", *Forum for Social Economics.*

_______ (2018). "Markets and Manipulation: Time for a Paradigm Shift", *Journal of Economic Literature*. Forthcoming.

Basu, K., & Dixit, A. (2016). "Too Small to Regulate", *Journal of Quantitative Economics, 15.*

Basu, K., & Emerson, P. (2000). "The Economics of Tenancy Rent Control", *Economic Journal, 110.*

Basu, K., & Stiglitz, J. (2015). "Sovereign Debt and Joint Liability: An Economic Theory Model for Amending the Treaty of Lisbon", *Economic Journal, 125.*

Basu, K., & Van, P. H. (1998). "The Economics of Child Labor", *American Economic Review, 88.*

Basu, K., & Weibull, J. (1991). "Strategy Subsets Closed under Rational Behavior", *Economics Letters, 36.*

_______ (2003). "Punctuality: A Cultural Trait as Equilibrium", in R. Arnott, R. Kanbur, B. Greenwald, & B. Nalebuff (eds.), *Economics for an Imperfect World: Essays in Honor of Joseph Stigliz*. MIT Press.

Basu, K., & Zarghamee, H. (2009). "Is Product Boycott a Good Idea for Controlling Child Labor: A Theoretical Invenstigation", *Journal of Development Economics, 88.*

Basu, K., Basu, K., & Cordella, T. (2016). "Asymmetric Punishment as an

Instrument of Corruption Control", *Journal of Public Economic Theory.*

Basu, K., Bhattacharya, S., & Mishra, A. (1992). "Notes on Bribery and the Control of Corruption", *Journal of Public Economics, 48.*

Battigalli, P., & Siniscalchi, M. (2002). "Strong Belief and Forward Induction Reasoning", *Journal of Economic Theory, 106.*

Bavly, G. (2017). "Uncertainty in the Traveler's Dilemma", *International Journal of Game Theory, 46.*

Becher, G. (1957). *The Economics of Discrimination.* University of Chicago Press.

_______ (1968). "Crime and Punishment: An Economic Approach", *Journal of Political Economy, 76.*

_______ (1971). The Economics of Discrimination. University of Chicago Press.

Becher, G., & Stigler, G. (1974). "Law Enforcement, Malfeasance, and Compensation of Enforcers", *Journal of Legal Studies, 4.*

Becker, T., Carter, M., & Naeve, J. (2005). "Experts Playing the Traveler's Dilemma", Institut für Volkswirtschaftslehre, Universität.

Benabou, R., & Dekel, E. (1992). "Signaling Future Action and the Potential for Sacrifice", *Journal of Economic Theory, 53.*

Benabou, R., & Tirole, J. (2006). "Incentives and Pro-social Behavior", *American Economic Review, 96.*

Berlin, M., & Qin, B., & Spagnolo, G. (2018). "Leniency, Asymmetric Punishment and Corruption: Evidence from China", CEPR, Discussion Paper No. DP 12634.

Bernheim, D. (1984). "Rationalizable Strategic Behavior", *Econometrica, 52.*

Bernstein, L. (1992). "Opting Out of the Legal System: Extra-legal Contractual Relations in the Diamond Industry", *Journal of Legal Studies, 21.*

Bertrand, M., & Mullainathan, S. (2004). "Are Emily and Greg More Employable Than Lakisha and Jamal? A Field Experiment on Labor Market Discrimination", *American Economic Review, 94.*

Besley, T., & Coate, S, (1992). "Understanding Welfare Stigma: Tax Payer Resentment and Statistical Discrimination", *Journal of Public Economics, 48.*

Besley, T., & Persson, T. (2009). "The Origins of State Capacity: Property Rights, Taxation, and Politics", *American Economic Review, 99.*

Bhardwaj, P., Lakjawala, L., & Li, N. (2013). "Perverse Consequences of Well Intentioned Regulation: Evidence from India's Child Labor Ban", National Bureau of Economic Research Working Paper 19602.

Bicchieri, C., & Xiao, E. (2009). "Do the Right Thing: But Only if Others Do So", *Behavioral Decision Making, 22.*

Bilz, K., & Nadler, J. (2009). "Law, Psychology, and Morality", *Psychology of Learning and Motivation: Moral Judgement and Decision-Making, 62.*

Binmore, K. (1994). *Game Theory and the Social Contract: Playing Fair*. MIT Press.

_______ (1995). "The Game of Life: Comment", *Journal of Institutional and Theoretical Economic Behavior, 55.*

Binmore, K., & Samuelson, L. (2006). "The Evolution of Focal Points", *Games and Economic Behavior, 55.*

Black, M. (1964). "The Gap between 'Is' and 'Should'", *Philosophical Review, 73.*

Blattman, C., Jamison, J., & Sheridan, M. (2017). "Reducing Crime and Violence: Experimental Evidence from Cognitive Behavioral Therapy in Liberia", *American Economic Review, 107.*

Blume, A., & Sobel, J. (1995). "Communication-Proof Equilibria in Cheap-Talk Games", *Journal of Economic Theory, 65.*

Blume, L., & Durlauf, S. (2003). "Equilibrium Concepts for Social Interaction Models", *International Game Theory Review, 5.*

Bobbio, N. (1989). *Thomas Hobbes and the Natural Law Tradition*, D. Gobetti (trans.). University of Chicago Press.

Boettke, P., Coyne, C., & Leeson, P. (2008). "Institutional Stickiness and the New Development Economics", *American Journal of Economics and Sociology, 67.*

Borooah, V. (2016). "Deconstructing Corruption", *Journal of South Asian Development, 11.*

Bose, P., & Echazu, L. (2007). "Corruption with Heterogeneous Enforcement Agents in the Shadow Economy", *Journal of Institutional and Theoretical Economics, 163.*

Bourguignon, F., Ferreira, F., & Walton, M. (2007). "Equity, Efficiency and Inequality Traps", *Journal of Economic Inequality, 5.*

Bowles, S. (2004). *Microeconomics: Behavior, Institutions, and Evolution.* Princeton University Press.

_______ (2014). "Niccolo Machiavelli and the Origins of Mechanism Design", *Journal of Economic Issues, 48.*

Bowles, S., Durlauf, S., & Hoff, K. (eds.). (2006). *Poverty Traps.* Princeton University Press.

Breyer, S. (2015). *The Court and the World: American Law and the New Global Realities.* Knopf.

Bull, R., & Ellig, J. (2017). "Judicial Review of Regulatory Impact Analysis: Why Not the Best?", *Administrative Law Review, 69.*

Burguet, R., Ganuza, J. J., & Montalvo, J. G. (2016). "The Microeconomics of Corruption: A Review of Thirty Years of Research", mimeo: Pompeu Fabra University.

Burlando, A., & Motta, A. (2016). "Legalize, Tax and Deter: Enforcement Policies for Corruptible Officials", *Journal of Development Economics, 118.*

Cadot, O. (1987). "Corruption as a Gamble", *Journal of Public Economics, 33.*

Calabresi, G. (1961). "Some thoughts on Risk Distribution and the Law of Torts", *Yale Law Journal, 70.*

_______ (2016). *The Future of Law and Economics: Essays in Reform and Recollection.* Yale University Press.

Cameron, L., Chaudhuri, A., Erkal, N., & Gangadharan, L. (2009). "Propensities to Engage in and Punish Corrupt Behavior", *Journal of Public Economics, 93.*

Capra, M., Goeree, J., Gomez, R., & Holt, C. (1999). "Anomalous Behavior in a Traveler's Dilemma", *American Economic Review, 89.*

Capraro, V. (2013). "A Model of Human Cooperation in Social Dilemmas", *PLOS*

One, 8.

Carothers, T. (2003). "Promoting the Rule of Law Abroad: The Problem of Knowledge", Carnegie Endowment for International Peace Working Paper 34.

Cartwright, N. (2010). "What Are Randomized Trials Good For?", *Philosophical Studies, 147.*

Chakravarty, S., & Macleod, W. B. (2009). "Contracting in the Shadow of the Law", *RAND Journal of Economics, 30.*

Charness, G., & Dufwenberg, M. (2006). "Promises and Partnership", *Econometrica, 74.*

Chattopadhyay, R., & Duflo, E. (2004). "Women as Policymakers: Evidence from a Randomized Policy Experiment in India", *Econometrica, 72.*

Chen, D., & Sethi, J. (2017). "Insiders, Outsiders, and Involuntary Unemployment: Sexual Harassment Exacerbates Gender Inequality", mimeo: Toulouse School of Economics.

Chernushkin, A. A., Ougolnitsky, G. A., & Usov, A. B. (2013). "Dynamic Models of Corruption in Hierarchical Control Systems", *Game Theory and Management, 6.*

Choi, S., & Gulati, M. (2016). "Customary International Law: How Do Courts Do It?", in C. A. Bradley (ed.), *Custom's Future: International Law in a Changing World*. Cambridge University Press.

Cigno, A., & Rosati, F. (2005). *The Economics of Child Labor*. Oxford University Press.

Coase, R. (1960). "The Problem of Social Cost", *Journal of Law and Economics, 3.*

Cole, D. (2017a). "Trump's Travel Ban: Look beyond the Text", *New York Review of Books, 64*, May 11.

_______ (2017a). "Why Free Speech Is Not Enough", *New York Review of Books, 64*, March 23.

Cooter, R. (1982). "The The Cost of Coase", *Journal of Legal Studies, 11.*

_______ (1994). "Market Affirmative Action", *San Diego Law Review, 31.*

_______ (1998). "Expressive Law and Economics", *Journal of Legal Studies, 27.*

_______ (2000). "Do Good Laws Make Good Citizens? An Economic Analysis of Internalized Norms", *Virginia Law Review, 86.*

Cooter, R., & Ullen, T. (1988). *Law and Economics*. Pearson.

Cotterell, R. (1997). *Law's Community: Legal Theory in Sociological Perspective*. Oxford University Press.

Crawford, V., & Sobel, J. (1982). "Strategic Information Transmission", *Econometrica, 50.*

Davis, K. (2016). "Multijurisdictional Enforcement Games", New York University School of Law Working Paper 438.

Deaton, A. (2010). "Instruments, Randomization, and Learning about Development", *Journal of Economic Literature, 48.*

Debroy, B. (2000). *In the Dock: Absurdities of Indian Law*. Konark.

Del Carpio, X., Loayza, N., & Wada, T. (2016). "The Impact of Conditional Cash Transfers on the Amount and Type of Child Labor", *Worked Development, 80.*

Deshpande, A. (2011). *The Grammar of Caste: Economic Discrimination in Contemporary India*. Oxford University Press.

Dharmapala, D., Garoupa, N., & McAdams, R. (2015). "Punitive Police? Agency Costs, Law Enforcement, and Criminal Procedure", mimeo: University of Chicago Law School.

Dixit, A. (2004). *Lawlessness and Economics: Alternative Modes of Governance*. Princeton University Press.

_______ (2015). "How Business Community Institutions Can Help Fight Corruption", *World Bank Economic Review, Papers and Proceeding, 29.*

Doepke, M., & Zilibotti, F. (2005). "The Macroeconomics of Child Labor Regulation", *American Economic Review, 95.*

Dreber, A., Ellingsen, T., Johannesson, M., & Rand, D. G. (2013). "Do People care about Social Context? Framing Effects in Dictator Games", *Experimental Economics, 16.*

Dufwenberg, M., & Essen, M. (2017). "King of the Hill: Giving Backward Induction Its Best Shot", mimeo: University of Arizona.

Dufwenberg, M., & Spagnolo, G. (2015). "Legalizing Bribe Giving", *Economic Inquiry, 53.*

Durlauf, S. (2001). "A Framework for the Study of Individual Behavior and Social Interactions", *Sociological Methodology, 31.*

Dworkin, R. (1986). *Law's Empire*. Harvard University Press.

Edmonds, E., & Schady, N. (2012). "Poverty Alleviation and Child Labor", *American Economic Journal: Economic Policy, 4.*

El-Erian, M. (2017). "The Risk of a New Economic Non Order", *Project Syndicate*, September 19.

Ellickson, R. (1991). *Order without Law: How Neighbors Settle Disputes*. Harvard University Press.

Ellingsen, T., & Johannesson, M. (2008). "Pride and Prejudice: The Human Side of Incentive Theory", *American Economic Review, 98.*

Ellingsen, T., Johanneson, M., Tjotta, S., & Torsvik, G. (2010). "Testing Guilt Aversion", *Games and Economic Behavior, 68.*

Ellingsen, T., Ostling, R., & Wengstrom, E. (2013). "How Does Communication Affect Behavior?", mimeo: Stockholm School of Economics.

Elster, J. (1989). "Social Norms and Economic Theory", *Journal of Economic Perspectives, 3.*

Emerson, P., & Souza, A.-P. (2003). "Is There a Child Labor Trap? Intergeneration Persistence of Child Labor in Brazil", *Economic Development and Cultural Change, 51.*

Engerman, S. (2003). "The History and Political Economy of International Labor Standards", in K. Basu, H. Horn, L. Roman, & J. Shapiro (eds.), *International Labor Standards*. Blackwell.

Esteban, J., & Ray, D. (2008). "On the Salience of Ethnic Conflict", *American Economic Review, 98.*

Fehr, E., & Falk, A. (2002). "Psychological Foundations of Incentives", *European*

Economic Review, 46.

Fehr, E., & Gachter, S. (2000). "Fairness and Retaliation: The Economic of Reciprocity", *Journal of Economic Perspectives, 14.*

Feldman, Y., & Teichman, D. (2009). "Are All Legal Probabilities Created Equal?", *New York Law Review, 84.*

Ferguson, W. (2013). *Collective Action and Exchange: A Game-Theoretic Approach to Contemporary Political Economy.* Stanford University Press.

Field, E., & Nolen, P. (2010). "Race and Student Achievement in Pst-Apartheid South Africa", mimeo: Harvard University.

Fish, S. (1994). *There's No Such Thing as Free Speech.* Harvard University Press.

Fisman, R., & Miguel, T. (2007). "Corruption, Norms and Legal Enforcement: Evidence from UN Diplomatic Parking Tickets", *Journal of Political Economy, 115.*

Frank, R. (1988). *Passions within Reason: The Strategic Role of the Emotions.* Norton.

Fried, R. (1990). *Nightmare in the Red: The McCarthy Era in Perspective.* Oxford University Press.

Friedman, L. (2016). *Impact: How Law Affects Behavior.* Harvard University Press.

Friedman, M. (1962). *Capitalism and Freedom.* University of Chicago Press.

Funcke, A. (2016). "Instilling Norms in a Turmoil of Spillovers", mimeo: University of Pennsylvania.

Gaertner, W., Pattanaik, P., & Suzumura, K. (1992). "Individual Rights Revisited", *Economica, 59.*

Gamba, A., Immordino, G., & Piccolo, S. (2016). "Corruption, Organized Crime and the Bright Side of the Subversion of Law", Department of Economics, University of Naples Working Paper 446.

Gambetta, D. (2009). *Codes of the Underworld: How Criminals Commu-nicate.* Princeton University Press.

_______ (2017). "Why Is Italy Disproportionately Corrupt? A Conjecture", in

K. Basu & T. Cordella (eds.), *Institution, Governance and the Control of Corruption*. Palgrave Macmillan.

Gard, S. (1980). "Fighting Words as Free Speech", *Washington University Law Review, 58*.

Gautier, B., & Goyette, J. (2014). "Taxation and Corruption: Theory and Firm-Level Evidence from Uganda", *Applied Economics, 46*.

Geisinger, A. (2002). "A Belief Change Theory of Expressive Law", *Iowa Law Review, 88*.

Genicot, G., & Ray, D. (2003). "Endogenous Group Formation in Risk-Sharing Arrangements", *Review of Economic Studies, 70*.

Georg, S. J., Rand, D., & Walkowitz, G. (2017). "Framing Effects", mimeo: Yale University.

Gigerenzer, G., & Garcia-Retamero, R. (2017). "Cassandra's Regret: The Psychology of Not Wanting to Know", *Psychological Review, 124*.

Gintis, H. (2003). "Solving the Puzzle of Prosociality", *Rationality and Society, 15*.

_______ (2009). *The Bounds of Reason: Game Theory and the Unification of the Behavioral Sciences*. Princeton University Press.

_______ (2010). "Rationality and Common Knowledge", *Rationality and Society, 22*.

Gintis, H., Bowles, S., Boyd, R., & Fehr, E. (2005). *Moral Sentiments and Material Interests*. MIT Press.

Giraud, G., & Grasselli, M. (2017). "The Macrodynimcs of Household Debt, Growth, and Inequality", mimeo: Centre d'économie de la Sorbonne, Paris.

Glaeser, E., & Goldin, C. (eds.). (2006). *Corruption and Reform: Lessons from America's History*. University of Chicago Press.

Gluckman, M. (1955). "The Judicial Process among the Barotse of Northern Rhodesia". Free Press.

Goeree, J., & Holt, C. (2001). "Ten Little Treasures of Game Theory and Ten Intuitive Contradictions", *American Economic Review, 91*.

Goldsmith, W. (1996). "Hobbes on Law", in T. Sorrell (ed.), *The Cambridge*

Companion to Hobbes. Cambridge University Press.

Govindan, S., & Wilson, R. (2009). "On Forward Induction", *Econometrica, 77.*

Granovetter, M., & Soong, R. (1983). "Threshold Models of Diffusion and Collective Behavior", *Journal of Mathematical Sociology, 9.*

Greif, A. (1993). "Contract Enforcement and Economic Institutions in Early Trade: The Maghribi Traders' Coalition", *American Economic Review, 85.*

Greif, A., Milgrom, P., & Weingast, B. (1994). "Coordination, Commitment and Enforcement: The Case of the Merchant Guild", *Journal of Political Economy, 102.*

Groopman, J., & Hartzband, P. (2011). *Your Medical Mind: How to Decide What Is Right for You*. Penguin.

Habyarimana, J., Humphreys, M., Posner, D., & Weinstein, J. (2007). "Why Does Ethnic Diversity Undermine Public Goods?", *American Political Science Review, 101.*

Hacking, I. (1988). *The Emergence of Probability: A Philosophical Study of Early Ideas about Probability, Induction and Statistical Inference*. Cambridge University Press.

Hadfield, G. (2016). *Rules for a Flat World: Why Humans Invented Law and How to Reinvent It for a Complex Global Economy*. Oxford University Press.

Hadfield, G., & Weingast, B. (2013). "Law without the State: Legal Attributes and the Coordination of Decentralized Collective Punishment", *Journal of Law and Courts, 1.*

_______ (2014). "Microfoundations of the Rule of Law", *Annual Review of Political Science, 17.*

Hahn, F. (1980). "Unemployment from a Theoretical Viewpoint", *Economica, 47.*

Hall, G. (ed.). (2002). *The Treatise on the Laws and Customs on the Realm of England Commonly Called Glanvill*. Oxford University Press.

Halpern, J. Y., & Pass, R. (2012). "Iterated Regret Minimization: A New Solution Concept", *Games and Economic Behavior, 74.*

Han, B. (2016). "The Role and Welfare Rationale of Secondary Sanctions",

Conflict Management and Peace Science. Forthcoming.

Hardin, R. (1989). *Liberalism, Constitutionalism and Democracy*. Oxford University Press.

Harrington, J. E. (1999). "Rigidity of Social Systems", *Journal of Political Economy, 107*.

Hart, H. L. A. (1961). *The Concept of Law*. Oxford University Press.

Hart, H. L. A., & Honore, T. (1959). *Causation in the Law*. Oxford University Press.

Hashimoto, T. (2008). "Japanese Clocks and the History of Punctuality in Modern Japan", *East Asian Science, Technology, and Society: An International Journal, 2*.

Hatlebakk, M. (2002). "A New and Robust Model of Subgame Perfect Equilibrium in a Model of Triadic Power Relations", *Journal of Development Economics, 68*.

Havel, V. (1986). "The Power of the Powerless", in J. Vladislav (ed.), *Living in Truth*. Faber & Faber.

He, Q., Pan, Y., & Sarangi, S. (2017). "Lineage-Based Heterogeneity and Cooperative Behavior in Rural China", REPEC-MPRA Paper No. 80865.

Heilbroner, R. (ed.). (1986). *The Essential Adam Smith*. Norton.

Hindriks, J., Keen, M., & Muthoo, A. (1999). "Corruption, Extortion and Evasion", *Journal of Public Economics, 74*.

Hobbes, T. (1668[1994]). *Leviathan*, E. Curley (ed.). Hackett.

Hockett, R. (1967). "Reflective Intensions: Two Foundational Decision Points in Mathematics, Law and Economics", *Cardozo Law Review, 29*.

_______ (2009). *Law*. Chicago Review Press.

Hoff, K., & Pande, P. (2006). "Persistent Effects of Discrimination and the Role of Social Identity", *American Economic Review, 96*.

Hoff, K., & Stiglitz, J. (2001). "Modern Economic Theory and Development", in G. Meier & J. Stiglitz (eds.), *Frontiers of Development Economics*. Oxford University Press.

_______ (2015). *Frontiers of Development Economics*. Oxford University Press.

Hollis, M. (1994). *A Treatise on Human Nature*. Penguin.

Hovenkamp, H. (1990). "The First Great Law and Economics Movement", *Stanford Law Review, 42*.

Hume, D. (1739[1969]). *A Treatise on Human Nature*. Penguin.

_______ (1742[1987]). "Of the First Principles of Government", in *Essays: Moral, Political and Literary*. Liberty Fund.

Humphries, J. (2013). "Childhood and Child Labour in the British Industrial Revolution", *Economic History Review, 66*.

Huq, A., Tyler, T., & Schulhofer, S. (2011). "Why Does the Public Cooperate with Law Enforcement? The Influence of the Purposes and Targets of Policing", *Psychology, Public Policy, and Law, 17*.

Ifcher, J., & Zarghamee, H. (2011). "Happiness and Time Preference: The Effect of Positive Affect in a Random-Assignment Experiment", *American Economic Review, 101*.

Jain, S. (1995). "The Coherence of Rights", in D. Andler, P. Banerjee, M. Chaudhury, & O. Guillaume (eds.), *Facets of Rationality*. Sage.

Janssen, M. (2001). "Rationalizing Focal Points", *Theory and Decision, 50*.

Jha, S., & Ramaswami, B. (2010). "How Can Food Subsidies Work Better? Answers from India and the Philippines", Asian Development Bank Working Paper 221.

Johnson, D. (1976). "Increased Stability of Grain Supplies in Developing Countries: Optimal Carryovers and Insurance", *World Development, 4*.

Jolls, C. (2013). "Product Warnings, Debiasing, and Free Speech: The Case of Tobacco Regulation", *Journal of Institutional and Theoretical Economics, 169*.

Jolls, C., Sunstein, C., & Thaler, R. (1998). "A Behavioral Approach to Law and Economics", *Stanford Law Review, 50*.

Joshi, S., & Mahmud, S. (2016). "Sanctions and Networks: 'The Most Unkindest Cut of All'", *Games and Economic Behavior, 97*.

Kahneman, D. & Tversky, A. (1979). "Prospect Theory: An Analysis of Decision under Risk", *Econometrica, 47.*

Kahneman, D. (2011). *Thinking, Fast and Slow*. Farrar, Straus and Giroux.

Kaplow, L., & Shavell, S. (2003). "Fairness versus Welfare: Notes on the Pareto Principle, Preferences, and Distributive Justice", *Journal of Legal Studies, 32.*

Karabarbounis, L., & Neiman, B. (2014). "The Global Decline of the Labor Share", *Quarterly Journal of Economics, 129.*

Katz, H., Kochan, T., & Colvin, A. (2015). *Labor Relations in a Globalizing World*. Cornell University Press.

Kelsen, H. (1945). *General Theory of Law and State*. Harvard University Press.

Khera, R. (2011). "Trends in Diversion of Grain from the Public Distribution System", *Economic and Political Weekly, 46*, May 21.

Klitgaard, R. (1988). *Controlling Corruption*. University of California Press.

Kohlberg, E., & Mertens, J.-F. (1986). "On the Strategic Stability of Equilibria", *Econometrica, 54.*

Kornhauser, L. (1984). "The Great Image of Authority", *Stanford Law Review, 36.*

Kranton, R., & Swamy, A. (1999). "The Hazards of Piecemeal Reform: British Civil Courts and the Credit Market in Colonial India", *Journal of Development Economics, 58.*

Kugler, M., Verdier, T., & Zenou, Y. (2005). "Organized Crime, Corruption and Punishment", *Journal of Public Economics, 89.*

Kuran, T. (1998). "Ethnic Norms and Their Transformation through Reputational Cascades", *Journal of Legal Studies, 27.*

La Ferrara, E. (2007). "Descent Rules and Strategic Transfers: Evidence from Matrilineal Groups in Ghana", *Journal of Development Economics, 83.*

Lacey, N. (2004). *A Life of H. L.. A. Hart: The Nightmare and the Noble Dream*. Oxford University Press.

Laibson, D. (1997). "Golden Eggs and Hyperbolic Discounting", *Quarterly Journal of Economics, 112.*

Landa, J. (ed.). (2016). *Economic Success of Chinese Merchants in Southeast Asia:*

Identity, Ethnic Cooperation and Conflict. Springer.

Larkin, P. (1982). "The Art of Poetry No. 30", *Paris Review, 24*.

Lebovic, S. (2016). *Free Speech and Unfree News: The Paradox of Press Freedom in America*. Harvard University Press.

Ledyaev, V. (2016). "Gatekeeping as a Form of Power", *Journal of Political Power, 9*.

Leibenstein, H. (1950). "Bandwagon, Snob, and Veblen Effects in the Theory of Consumers", *Quarterly Journal of Economics, 64*.

Lessig, L. (1996). "Social Meanings and Social Norms", *University of Pennsylvania Law Review, 144*.

Levi, E. (1949). *An Introduction to Legal Reasoning*. University of Chicago Press.

Levine, R. V., West, L. J., & Reis, H. T. (1980). "Perceptions of Time and Punctuality in the United States and Brazil", *Journal of Personality and Social Psychology, 38*.

Lewis, D. (1969). *Convention: A Philosophical Study*. Harvard University Press.

Li, X. (2012). "Bribery and the Limits of Game Theory: The Lessons from China", *Financial Times*, May 1, http://blogs.ft.com/beyond-brics/2012/05/01/guest-post-bribery-and-the-limits-of-game-theory-the-lessons-from-china.

Lindbeck, A., Nyberg, S., & Weibull, J. (1989). "Social Norms and Economic Incentive in the Welfare State", *Quarterly Journal of Economics, 114*.

Loewenstein, R. (1987). "Anticipation and the Valuation of Delayed Consumption", *Economic Journal, 97*.

Lopez-Calva, L.-F. (2003). "Social Norms, Coordination and Policy Issues in the Fight against Child Labor", in K. Basu, H. Horn, L. Roman, & J. Shapiro (eds.), *International Labor Standards*. Blackwell.

Lopucki, L., & Weyrauch, W. (2000). "A Theory of Legal Strategy", *Duke Law Journal, 49*.

Lui, F. T. (1986). "A Dynamic Model of Corruption Deterrence", *Journal of Public Economics, 31*.

Lukes, S. (1974). *Power: A Radical View*. Macmillan.

Macey, J. (1997). "Public and Private Ordering and the Production of Legitimate and Illegitimate Legal Rules", *Cornell Law Review, 82*.

Mailath, G., Morris, S., & Postlewaite, A. (2007). "Maintaining Authority", mimeo: University of Pennsylvania.

_______ (2017). "Laws and Authority", *Research in Economics, 71*.

Maine, H. (1871). *Village Communities in the East and West*. John Murray.

Makowsky, M., & Wang, S. (2015). "Embezzlement, Whistle-Blowing, and Organizational Architecture: An Experimental Investigation", GMU Working Paper in Economics.

Malinowsky, B. (1921). "The Primitive Economics of the Trobriand Islanders", *Economic Journal, 31*.

Manapat, M., Rand, D., Pawlowitsch, C., & Nowak, M. (2012). "Stochastic Evolutionary Dynamics Resolve the Traveler's Dilemma", *Journal of Theoretical Biology, 303*.

Maskin, E. (2016). "How Can Cooperative Game Theory Be Made More Relevant to Economics? An Open Problem", in J. F. Nash & M. Rassias (ed.), *Open Problems in Mathematics*. Springer Verlag.

Maskin, E., & Sjostrom, T. (2002). "Implementation Theory", in K. Arrow, A. Sen, & K. Suzumura (eds.), *Handbook of Social Choice Theory and Welfare*. Elsevier.

Mauro, P. (1995). "Corruption and Growth", *Quarterly Journal of Economics, 110*.

McAdams, R. (1995). "Cooperation and Conflict: The Economics of Group Status Production and Race Discrimination", *Harvard Law Review, 108*.

_______ (2000). "A Focal Point Theory of Expressive Law", *Virginia Law Review, 86*.

_______ (2015). *The Expressive Powers of Law: Theories and Limits*. Harvard University Press.

Meade, J. (1974). "Preference Ordering and Economic Policy", in A Mitra (ed.), *Economic Theory and Planning: Essays in Honour of A. K. Dasgupta*.

Oxford University Press.

Medema, S. (1998). "Wandering the Road from Pluralism to Posner: The Transformation of Law and Economics in the Twentieth Century", *History of Political Economy (supplement), 30.*

Menon, N., & Rogers, Y. (2017). "Child Labor and Changes in the Minimum Wage: Evidence from India", *Journal of Comparative Economics.* Forthcoming.

Mercouro, N., & Medema, S. (1997). *Economics and the Law: From Posner to Postmodernism.* Princeton University Press.

Mishra, A. (2002). "Hierarchies, Incentives and Collusion in a Model of Enforcement", *Journal of Economic Behavior and Organization, 47.*

_______ (2006). "Corruption, Hierarchies, and Bureaucratic Structures", in S. Rose-Ackerman (ed.), *International Handbook on the Economics of Corruption.* Edward Elgar.

Moene, K., & Soreide, T. (2015). "Good Governance Facades", in S. Rose-Ackerman & P. Lagunes (ed.), *Greed, Corruption and the Modern State.* Edward Elgar.

Mookherjee, D. (2005). "Corruptible Law Enforcers: How Should They Be Compensated?", *Economic and Political Weekly, 40*, October 1.

Mookherjee, D., & Png, P. L. (1995). "Is There Too Little Theory in Development Economics Today?", *Economic Journal, 105.*

Morita, H., & Servatka, M. (2013). "Group Identity and Relation-Specific Investment: An Experimental Investigation", *European Economic Review, 58.*

Morone, A., Morone, P., & Germani, A. (2014). "Individual and Group Behavior in the Traveler's Dilemma: An Experimental Study", *Journal of Behavioral and Experimental Economics, 49.*

Morris, S., & Shin, H. (1998). "Unique Equilibrium in a Model of Self-Fulfulling Currency Attacks", *American Economic Review, 88.*

_______ (2001). "Rethinking Multiple Equilibria in Macroeconomics", in B.

Bernanke & K. Rogoff (eds.), *NBER Macroeconomic Handbook*. MIT Press.

Mukherjee, P. (2015). "The Effects of Social Identity on Aspirations and Learning Outcomes: A Field Experiment in Rural India", mimeo: College of William and Mary.

Mullainathan, S., & Shafir, E. (2013). *Scarcity: Why Having Too Little Means So Much*. Times Book.

Murphy, J., & Coleman, J. (1997). *The Philosophy of Law*. Rowman and Littlefield.

Myerson, R. (1983). "Mechanism Design by an Informed Principal", *Econometrica, 51*.

_______ (2004). "Justice, Institutions and Multiple Equilibria", *Chicago Journal of International Law, 5*.

_______ (2006). "Fundamental Theory of Institutions: A Lecture in Honor of Leo Hurwicz", mimeo: Department of Economics. University of Chicago.

_______ (2008). "The Autocrat's Credibility Problem", *American Political Science Review, 102*.

_______ (2017). "Village Communities in Economic Development", mimeo: University of Chicago.

Myerson, R., & Weibull, J. (2015). "Tenable Strategy Blocks and Settled Equilibria", *Econometrica, 83*.

Naipaul, V. S. (1961). *A House for Mr. Biswas*. Andre Deutsch.

Nash, J. (1950a). "Equilibrium Points in n-Person Games", *Proceedings of the National Academy of Sciences, 36*.

_______ (1950b). "The Bargaining Problem", *Econometrica, 18*.

Nussbaum, M. (1997). "Flawed Foundations: The Philosophical Critique of (a Particular Type of) Economics", *University of Chicago Law Review, 64*.

O'Donoghue, T., & Rabin, M. (2001). "Choice and Procrastination", *Quarterly Journal of Economics, 116*.

Oak, M. (2015). "Legalization of Bribe Giving When Bribe Type Is Endogenous", *Journal of Public Economic Theory, 17*.

Oleinik, A. N. (2015). *The Invisible Hand of Power*. Pickering and Chatto.

Osborne, M., & Rubinstein, A. (1994). *A Course in Game Theory*. MIT Press.

Ostrom, E. (1990). *Governing the Commons*. Cambridge University Press.

Oxfam (2017). "An Economy for the 99% January 16, https://www.oxfam.org/sites/www.oxfam.org/files/file_attachments/bp-economy-for-99-percent-160117-en.pdf.

Pace, M. (2009). "How a Genetic Algorithm Learns to Play Traveler's Dilemma by Choosing Dominated Strategies to Achieve Greater Payoffs", mimeo: Institut de Mathématiques de Bordeaux.

Pani, N. (2016). "Historical Insights into Modern Corruption: Descriptive Moralities and Cooperative Corruption in an Indian City", *Griffith Law Review, 25*.

Parfit, D. (1984). *Reasons and Persons*. Clarendon.

Persson, M., & Siven, C.-H. (2006). "How Much Do We Really Know about Criminal Deterrence?", *Journal of Criminal Law and Criminology, 100*.

Pethe, A., Tandel, V., & Gandhi, S. (2012). "Unravelling the Anatomy of Legal Corruption in India: Focusing on the Honest Graft by the Politicians", *Economic and Political Weekly, 47*.

Phelps, E. S. (1972). "The Statistical Theory of Racism and Sexism", *American Economic Review, 62*.

Pigou, A. (1920). *The Economics of Welfare*. Palgrave Macmillan.

Pistor, K., Haldar, A., & Amirapu, A. (2010). "Social Norms, Rule of Law, and Gender Reality: An Essay on the Limits of the Dominant Rule-of-Law Paradigm", in J. J. Heckman, R. L. Nelsen, & L. Cabatingam (eds.), *Global Perspectives on the Rule of Law*. Routledge.

Platteau, J.-P. (1994). "Behind the Market Stage, Where Real Societies Exist: The Role of Public and Private Order Institutions", *Journal of Development Studies, 30*.

_______ (2000). Institutions, Social Norms, and Economic Development. Harwood.

Polinsky, A. M., & Shavell, S. (2001). "Corruption and Optimal Law Enforcement",

Journal of Public Economics, 81.

Popov, S. V. (2015). "Decentralized Bribery and Market Participation", *Scandinavian Journal of Economics, 117.*

_______ (2016). "On Basu's Proposal: Fines Affect Bribes", mimeo: Queens University Management School.

Posner, E. (1996). "Law, Economics and Inefficient Norms", *University of Pennsylvania Law Review, 144.*

_______ (2000). *Law and Social Norms.* Harvard University Press.

_______ (2006). "International Law: A Welfarist Approach", *University of Chicago Law Review, 73.*

Posner, R. (1977). *Economic Analysis of the Law.* Little Brown.

_______ (1993). "What Do Judges Maximize? (The Same Thing Everybody Else Does)", *Supreme Court Economic Review, 30.*

Rabin, M. (2013). "An Approach to Incorporating Psychology into Economics", *American Economic Review, 103.*

Rahman, D. (2012). "But Who Will Monitor the Monitor?", *American Economic Review, 102.*

Rakoff, J. (2016). "Why You Won't Get Your Day in Court", *New York Review of Books, 63,* November 24.

Rarrell, J., & Rabin, M. (1996). "Cheap Talk", *Journal of Economic Perspective, 10.*

Rasmussen, E. (2001). "Explaining Incomplete Contracts as the Result of Contract-Reading Costs", *Advances in Economic Policy Analysis, 1.*

Ray, D., & Esteban, J. (2017). "Conflict and Development", *Annual Review of Economics, 9.*

Ray, R. (2000). "Child Labor, Child Schooling, and Their Interaction with Adult Labor: Empirical Evidence for Peru and Pakistan", *World Bank Economic Review, 14.*

Raz, J. (1980). *The Concept of a Legal System.* Clarendon.

Reny, P. (1992). "Rationality in Extensive-Form Games", *Journal of Economic Perspectives, 6.*

Reuben, E., Sapienza, P., & Zingales, L. (2014). "How Stereotypes Impair Women's Careers in Science", *Proceedings of the National Academy of Sciences, 111*.

Robson, A. (2012). *Law and Markets*. Palgrave Macmillan.

Rodrik, D. (2008). "The New Development Economics: We Shall Experiment but How Shall We Learn?", in J. Cohen & W. Easterly (eds.), *What Works in Development?*. Brookings Institution.

_______ (2015). *Economics Rules: The Rights and Wrongs of the Dismal Science*. Norton.

Roemer, J. (1998). *Equality of Opportunity*. Harvard University Press.

_______ (2015). "Kantian Optimization: A Micro-foundation for Cooperation", *Journal of Public Economics, 127*.

Rose-Ackerman, S. (1975). "The Economics of Corruption", *Journal of Public Economics, 4*.

Rose-Ackerman, S., & Palifka, B. (1999[2015]). *Corruption and Government: Causes, Consequences, and Reform*. Cambridge University Press.

Rothstein, B. (2011). "Anti-corruption: The Indirect 'Big Bang' Approach", *Review of International Political Economy, 18*.

Rothstein, R. (2017). *The Color of Law: A Forgotten History of How Our Government Segregated America*. Liveright.

Roy, T., & Swamy, A. (2016). *Law and the Economy in Colonial India*. University of Chicago Press.

Rubinstein, A. (1989). "The Electronic Mail Game: Strategic Behavior under Complete Uncertainty", *American Economic Review, 79*.

_______ (1991). "Comments on the Interpretation of Game Theory", *Econometrica, 59*.

_______ (2006). "Dilemmas of an Economic Theorist", *Econometrica, 74*.

_______ (2016). "A Typology of Players: Between Instinctive and Contemplative", *Quarterly Journal of Economics, 131*.

Runciman, W., & Sen, A. (1965). "Games, Justice, and the General Will", *Mind, 74*.

Rust, J. (2016). "Mostly Useless Econometrics? Assessing the Causal Effect of

Econometric Theory", *Foundations and Trends in Accounting, 10.*

Samuelson, L. (2016). "Game Theory in Economics and Beyond", *Journal of Economic Perspectives, 30.*

Sanyal, A. (2015). "Bribe Chains in a Police Administration", in S. Guha, R. P. Kundu, & S. Subramanian (eds.), *Themes in Economic Analysis*. Routledge.

Sarat, A., Douglas, L., & Merrill, M. (2011). *Law as Punishment/Law as Regulation*. Stanford University Press.

Savage, L. J. (1951). "The Theory of Statistical Decision", *Journal of the American Statistical Association, 46.*

Schafer, H.-B., & Ott, C. (2005). *The Economic Analysis of Civil Law*. Edward-Elgar.

Schauer, F. (2015). *The Force of Law*. Harvard University Press.

Schelling, T. (1960). *The Strategy of Conflict*. Harvard University Press.

Schlicht, E. (1998). *On Custom in the Economy*. Oxford University Press.

Schrecker, E. (1994). *The Age of McCarthy: A Brief History with Documents*. Bedford Books.

Sen, Amartya (1969). "The Impossibility of a Paretian Liberal", *Journal of Political Economy, 78.*

_______ (1973). "Behaviour and the Concept of Preference", *Economica, 40.*

_______ (1980). "Description as Choice", *Oxford Economic Papers, 32.*

_______ (1993). "Internal Consistency of Choice", *Oxford Economic Papers, 32.*

_______ (1997). "Rational Fools: A Critique of the Behavioral Foundations of Economic Theory", *Philosophy and Public Affairs, 6.*

_______ (2006). *Identity and Violence*. Norton.

Sen, Arunava (2007). "The Theory of Mechanism Design: An Overview", *Economic and Political Weekly, 42*, December 8.

Shih, M., Pittinsky, T., & Ambady, N. (1999). "Stereotype Susceptibility, Identity Salience and Shifts in Performance", *Psychological Science, 10.*

Shleifer, A., & Vishny, R. (1993). "Corruption", *Quarterly Journal of Economics, 108.*

Singer, M. (2005). *The Legacy of Positivism*. Palgrave Macmillan.

_______ (2006). "Legitimacy Criteria for Legal Systems", *King's College Law Journal, 17.*

Smith, A. (1762[1978]). *Lectures on Jurisprudence*, in R. L. Meek, D. D. Raphael, & P. G. Stein (eds.). Clarendon.

_______ (1776[1976]). *An Inquiry into the Nature and Causes of the Wealth of Nations*, R. H. Campbell & A. S. Skinner (eds.). Clarendon.

Spengler, D. (2014). "Endogenous Detection of Collaborative Crime: The Case of Corruption", *Review of Law & Economics, 10.*

Starr, W. C. (1984). "Law and Morality in H. L. A. Hart's Legal Philosophy", *Marquette Law Review, 67.*

Steiner, H. (1994). *An Essay on Rights*. Blackwell.

Stern, N. (1978). "On the Economic Theory of Policy towards Crime", in J. M. Heineke (ed.), *Economic Models of Criminal Behavior*. North-Holland.

Stiglitz, J. (1973). "Approaches to the Economics of Discrimination", *American Economic Review, 63.*

_______ (1974). "Theories of Racial Discrimination and Economic Policy", in G. von Furstenberg (ed.), *Patterns of Racial Discrimination*. D. C. Heath.

_______ (2002). *Globalization and Its Discontents*. Norton.

Stone, S. (2011). "Law without Nation? The Ongoing Jewish Discussion", in A Sarat, L. Douglas, & M. Umphrey (eds.), *Law without Nations*. Stanford University Press.

Stoppard, T. (1982). *The Real Thing*. Faber & Faber.

Subramanian, S. (2011). "Inter-group Disparities in the Distributional Analysis of Human Development: Concepts, Measurement, and Illustrative Applications", *Review of Black Political Economy, 38.*

Sugden, R. (1989). "Spontaneous Order", *Journal of Economic Perspectives,, 3.*

_______ (1995). "A Theory of Focal Points", *Economic Journal, 105.*

Sundell, A. (2014). "Understanding Informal Payments in the Public Sector: Theory and Evidence from Nineteenth-Century Sweden", *Scandinavian*

Political Studies, 37.

Sunstein, C. (1996a). "On the Expressive Function of Law", *University of Pennsylvania Law Review, 144.*

_______ (1996b). "Social Norms and Social Roles", *Columbia Law Review, 96.*

_______ (2016). "Listen, Economists", *New York Review of Books, 58*, November 10.

Surowiecki, J. (2004). "Punctuality Pays", *New Yorker*, April 5.

Suthankar, S., & Vaishnav, M. (2014). "Corruption in India: Bridging Academic Evidence and Policy Options", *India Policy Forum, 10.*

Swedberg, R. (2005). *Interest*. Open University Press.

_______ (2014). *The Art of Social Theory*. Princeton University Press.

Thaler, R., & Sunstein, C. (2008). *Nudge: Improving Decisions about Health, Wealth and Happiness*. Yale University Press.

Thorat, S., & Newman, K. (2007). "Caste and Economic Discrimination: Causes, Consequences and Remedies", *Economic and Political Weekly, 42.*

Thorat, S., Banerjee, A., Mishra, V. K., & Rizvi, F. (2015). "Urban Rental Housing Market", *Economics and Political Weekly, 50.*

Tirole, J. (1996). "A Theory of Collective Reputations (with Applications to the Persistence of Corruption)", *Review of Economic Studies, 63.*

Treisman, D. (2000), "The Causes of Corruption: A Cross-National Study", *Journal of Public Economics, 76.*

_______ (2007). "What Have We Learned about the Causes of Corruption from Ten Years of Cross-National Empirical Research", *Annual Review of Political Science, 10.*

Tversky, A., & Kahneman, D. (1986). "Rational Choice and the Framing of Decisions", *Journal of Business, 59.*

Tyler, T. (2006). *Why People Obey the Law*. Princeton University Press.

Tyler, T., & Jackson, J. (2014). "Popular Legitimacy and the Exercise of Legal Authority", *Psychology, Public Policy, and Law, 20.*

Vallentyne, P. (2000). "Introduction: Left-Libertarianism—A Primer", in P.

Vallentyne & H. Steiner (eds.), *Left-Libertarianism and Its Critics*. Palgrave.

Van Damme, E. (1989). "Stable Equilibria and Forward Induction", *Journal of Economic Theory, 48*.

Vanberg, C. (2008). "Why Do People Keep Their Promises?", *Econometrica, 76*.

Veblen, T. (1899). *The Theory of the Leisure Class*. Macmillan.

Velu, C., Iyer, S., & Gair, J. (2010). "A Reason for Unreason: Returns-Based Beliefs in Game Theory", mimeo: Cambridge University.

Vermeule, A. (2016). *Law's Abnegation*. Harvard University Press.

Vershney, A. (2002). *Ethnic Conflict and Civic Life: Hindus and Muslims in India*. Yale University Press.

Villanger, E. (2005). "Company Interest and Foreign Aid Policy: Playing Donors Out against Each Other", *European Economic Review, 49*.

Voorneveld, M. (2002). "Preparation", *Games and Economic Behavior, 48*.

_______ (2010). "The Possibility of Impossible Stairways: Tail Events and Countable Player Sets", *Games and Economic Behavior, 68*.

Weber, R., & Camerer, C. (2003). "Cultural Conflict and Merger Failure: An Experimental Approach", *Management Science, 49*.

Weibull, J. (1995). *Evolutionary Game Theory*. MIT Press.

Weinrib, L. (2016). *The Taming of Free Speech: America's Civil Liberties Compromise*. Harvard University Press.

Wihardja, M.-M. (2009). "Corruption in Public Procurement Auctions", mimeo: Center for Strategic and International Studies. Washington, D.C.

Wolpert, D. (2008). "Schelling Formalized: Strategic Choices of Non-rational Persons", mimeo: Santa Fe Institute, Santa Fe, NM.

World Bank (2015). "World Development Report 2015: Mind, Society, and Behavior", World Bank.

_______ (2016). "World Development Report 2016: Internet for Development", World Bank.

_______ (2017). "World Development Report 2017: Governance and the Law", World Bank.

Worstall, T. (2016). "India's Mistake in Trying to Ban Child Labor", *Forbes*, March 15, http://www.forbes.com/sites/timworstall/2016/03/ 15/indias-mistake-in-trying-to-ban-child-labour/#21f748714f3e.

Wu, K., & Abbink, K. (2013). "Reward Self-Reporting to Deter Corruption: An Experiment on Mitigating Collusive Bribery", mimeo: Monash University.

Yang, J. (2014). "The Politics of Pai ma Pi: Flattery as Empty Signifiers and Social Control in a Chinese Workplace", *Social Semiotics, 24*.

Yoo, S. (2008). "Pretty Corruption", *Economic Theory, 37*.

Young, P. (1993). "The Evolution of Conventions", *Econometrica, 61*.

_______ (2008). "Social Norms", in S. Durlauf & L. Blume (eds.), *The New Palgrave Dictionary of Economics*. Macmillan.

Zambrano, E. (1999). "Formal Models of Authority: Introduction and Political Economy Applications", *Rationality and Society, 11*.

Zantovsky, M. (2014). *Havel: A Life*. Grove Press.

찾아보기

[ㄴ]

[ㄷ]

[ㄹ]

[ㅁ]

[ㅂ]

[ㅅ]

[ㅇ]

[ㅈ]

[ㅋ]

[ㅌ]

믿음의 공화국

게임이론으로 풀어낸 법경제학의 새로운 패러다임

펴낸날 1판 1쇄 2022년 12월 28일
지은이 카우식 바수
옮긴이 박연진
감수자 오진환
펴낸이 주소현
펴낸곳 이화여자대학교출판문화원
주소 서울특별시 서대문구 이화여대길 52(우 03760)
등록 1954년 7월 6일 제9-61호
전화 02) 3277-2965 (편집), 02) 362-6076 (마케팅)
팩스 02) 312-4312
전자우편 press@ewha.ac.kr
홈페이지 www.ewhapress.com
책임편집 이지예
디자인 정혜진
찍은곳 한영문화사

ISBN 979-11-5890-476-0 93320
값 23,000원

* 잘못된 책은 구입처에서 바꾸어 드립니다.